アジアの社会保障

広井良典・駒村康平 ── [編]

東京大学出版会

Social Security in Asia
Yoshinori HIROI and Kohei KOMAMURA, Editors
University of Tokyo Press, 2003
ISBN4-13-050153-4

まえがき

　本書は，アジア諸国の社会保障について，その全体的な概観と主な国々の制度の概説を行うものである．

　これまでの日本における社会保障／福祉国家に関する議論や研究は，基本的に「先進諸国の社会保障を正確に把握・理解し，それを日本に取り入れていく」という発想ないし姿勢が暗黙の基調をなしていた．この場合，"先進諸国"＝ヨーロッパ及びアメリカ」であり，その結果，欧米諸国の社会保障に関する研究や書籍は数多く存在するものの，途上国あるいはアジアの社会保障に関しては，個別的な分野を扱ったものは若干存在するものの，包括的なものはなおほとんど皆無に近い状態のまま現在に至っている．

　しかしながら，現在のようにこれまでの「欧米諸国へのキャッチアップ」型の思考だけでは諸課題の解決が困難な時代においては，欧米諸国のみならず，それ以外の諸地域とりわけ日本にとって近い位置にあるアジアに視点を向け，より全体的な文脈の中で，経済発展や社会的・文化的背景と社会保障とのダイナミックな関係や今後のあり方を探求していく作業が強く求められている．

　同時にまた，アジアの社会保障についての研究や理解を深めていくことは，今後きわめて重要なテーマとなってくる「社会保障分野における国際協力」という課題を実践していくにあたって不可欠の基盤となるとともに，実は日本の社会保障そのものの深い理解と今後の展望や改革にとっても本質的な意味をもつものと考えられる．

　『アジアの社会保障』と題する本書は，基本的に以上のような問題意識からまとめられたものとなっている．どこまでその趣旨が実現しているかどうかは別として，執筆にあたっての基本的な留意点ないし本書の特徴として以下のような点が挙げられよう．

a）　アジア各国の社会保障について，社会保障の個別分野だけでなくその全体像をトータルに把握することに努めるとともに，個々の国を切り離してと

らえるのではなく，経済発展や文化的多様性を踏まえた全体的なパースペクティブの中で各国の社会保障を理解しようとした内容となっていること．

b）　上記の点とも重なるが，社会保障分野だけを取り出して分析するのではなく，その国の置かれた経済発展の状況や産業構造，人口構造，就業・家族構造ひいては政治的・文化的状況等とのダイナミックな関連の中で社会保障をとらえるという視点を重視したこと．

c）　日本そのものが「アジア」の1国であることを踏まえ，日本の経験との比較あるいは今後の日本にとっての示唆という点を分析・考察にあたっての問題意識の基礎に置いていること．この中には，"「社会保障のアジア型モデル（ないし「アジア型福祉国家」）」と呼びうるものは存在するか？"という本書全体を貫く主題が含まれる．

以上のような関心をベースとして，本書は以下のような構成から成り立っている．まず第Ⅰ部（アジアの社会保障の全体的展望）は，「アジアの社会保障」というテーマにおけるいわば総論をなすもので，アジアの社会保障を見ていく際の基本的な視点や枠組み（第1章），アジアにおける経済発展と社会保障の関係についての総括的な分析（第2章），とくに中国における人口高齢化と社会保障改革をめぐる考察（第3章）を柱とするものとなっている．

一方，第Ⅱ部（各国の社会保障制度）はアジアの主な国々の社会保障についての国別の記述・分析であり，「アジアの社会保障」の各論といいうるものである．具体的には，韓国（第4章），台湾（第5章），シンガポール・マレーシア（第6章），インドネシア・フィリピン・タイ（第7章），ベトナム・カンボジア（第8章），中国（第9章）という形でまとめられた内容となっている．なお巻末にアジアの社会保障に関連する基礎的な統計資料をまとめている．

以上が本書の基本的な趣旨・内容であるが，ここで若干の注釈を補足しておきたい．ひとつは本書で扱う「アジア」の定義ないし範囲である．これについてはそれ自体独立したテーマになりうるような話題であるが，本書が対象とするアジアは，基本的にいわゆる東アジア及び東南アジアの諸地域となっており，中央アジアや南アジア等は含まれていない（ただし総論部分でそうした国々に

関する言及がなされることはありうる）．また国別に見た場合，各論において上記範囲のすべての国々が網羅的に取り上げられているわけではなく，たとえばモンゴル，北朝鮮，ラオス，ミャンマー等の国々は独立した記述の対象には含まれていない．こうした点については引き続いての課題のひとつとしたいと思う．

いまひとつは，本書における分析・記述の基本的な性格についてである．一般に特定の国ないし地域の社会保障に関する調査や研究は，（a）その国の社会保障制度そのものについての正確な把握・理解や，その背景をなす経済的・社会的状況及び両者の相関についての分析や展望等に関わるレベルと，（b）そこから発しつつ，より突っ込んだ形でその国の社会保障，経済，政治，文化，社会構造（家族やジェンダー等に関するものを含む）等のかかわりや全体像を分析し論じるレベルがありうると考えられるが，本書は，総論部分に若干（b）にかかわる議論は含まれているものの，基本的には（a）の次元を中心とするものとなっている．

この点については企画・編集の過程でも議論があったが，編者らは，なお調査研究自体が初発的段階にある「アジアの社会保障」というテーマについては，まず基本的な形での（a）の次元の事実関係の認識や理解が求められると考え，本書での主眼を（a）に置くこととした．しかし同時に，（b）の次元をより正面から取り上げ深めていきたいという問題意識は強くもっており——その中には，先ほどもふれた「アジア型福祉国家」というテーマをめぐる議論や，他の先進諸国等を含めた上でのより包括的な比較研究等が含まれる——，本書に続くステップでの大きな課題としたいと考えている．

以上のように，本書の内容はなお多くの深化されてゆくべき課題を残すものであるが，本書をひとつの手がかりとして，経済発展と社会保障，「社会保障のアジア型モデル」，文化・宗教的多様性と社会保障／福祉国家，「社会保障の国際協力」と日本が貢献しうること等々といった話題についての議論が活発になっていくことを心より願うものであり，本書の内容が読者の方々にとってなんらかの発見や新たな問題意識をもたらす部分があるとすれば，編著者一同望外の喜びと感じる次第である．

最後に，索引づくりを手伝っていただいた東洋大学大学院経済学研究科永井政治氏および本書の企画・編集において多大なご尽力をいただいた東京大学出版会編集部の白崎孝造氏に心より感謝申し上げたい．

2003年7月

編　　者

目　次

まえがき

第Ⅰ部　アジアの社会保障の全体的展望

第1章　アジアの社会保障の概観　　　　　　　　　　　　　広井良典　3
　　　　　――「アジア型福祉国家」はあるか――
　1　アジアの社会保障への視点　3
　2　アジアの社会保障をみる際の基本的枠組み　10
　3　アジア諸国の社会保障の概観　21
　4　アジアの社会保障と「日本の社会保障」　33
　5　残された課題と展望――「アジア福祉ネットワーク」の構築　41

第2章　アジアの経済発展と社会保障　　　　　　　　　　　駒村康平　47
　1　はじめに　47
　2　グローバル化と社会保障　48
　3　アジアの社会保障の方向性　52
　4　高齢化するアジア　57

第3章　人口の高齢化と中国の社会保障改革　　　　柯瓊芳・小川哲生　61
　1　はじめに　61
　2　東アジアの人口高齢化　62
　3　中国の社会保障の実践とその政策課題　66
　4　将来への改革と政策決定要因　78
　5　おわりに　92

第Ⅱ部　各国の社会保障制度

第4章　韓国の社会保障 ——————————— 許棟翰・角田由佳　101

1　はじめに　101
2　歴史・社会システム　103
    (1)歴史の概観　(2)近代化と社会・政治構図
3　人口と世帯　106
4　財政構造　107
    (1)租税体系と歳入規模　(2)歳出規模と社会保障支出
5　社会保障制度の仕組みと現状　111
    (1)年金保険制度　(2)医療保険　(3)雇用保険制度　(4)公的扶助制度（国民基礎生活保障制度）　(5)社会福祉制度
6　まとめ　132

第5章　台湾の社会保障 ——————————— 小島克久　135

1　はじめに　135
2　台湾の概況　135
    (1)経済力　(2)民主化　(3)人口構造の変化
3　台湾における社会保障の体系と沿革　140
    (1)沿革　(2)制度の体系と特徴
4　皆保険の確立と発展（全民健康保険について）　148
    (1)制度の概要　(2)現在の状況
5　皆年金に向けて（国民年金について）　159
    (1)高齢者に対する所得保障の現状　(2)「国民年金」に向けて
6　失業保険の導入　166
    (1)失業給付（労工保険）の導入
7　まとめ　167

第6章　シンガポール・マレーシアの社会保障 ——————— 駒村康平　173

1　はじめに　173
2　シンガポールの社会保障　174
    (1)シンガポールの概要　(2)シンガポールの社会保障　(3)CPF制度

(4)医療保障　　(5)労働災害補償制度他　　(6)高齢者問題　　(7)家族政策，住宅政策
　3　マレーシアの社会保障　197
　　　(1)マレーシアの概要　(2)マレーシアの社会保障制度　(3)所得保障の体系　(4)医療保障制度　(5)高齢者の生活実態　(6)高齢者の貧困と福祉

第7章　インドネシア・フィリピン・タイの社会保障──菅谷広宣　227
　1　はじめに　227
　　　(1)社会保障とアセアン4　(2)社会保障に関連する各国憲法の規定　(3)発展途上国の社会保障に共通する問題点
　2　社会保障の背景　232
　　　(1)宗教・民族・家族　(2)経済状況　(3)人口の状況　(4)財政構造
　3　インドネシアの社会保障　247
　　　(1)公務部門　(2)民間部門
　4　フィリピンの社会保障　260
　　　(1)GSIS（公務員への所得保障）　(2)SSS（民間への所得保障）　(3)NHIP（全国民への医療保障）　(4)ECP（公私両部門に対する労災保険）　(5)社会福祉
　5　タイの社会保障　275
　　　(1)公務部門の社会保障　(2)民間部門の社会保障
　6　むすびにかえて　291
　　　(1)社会保障費の規模　(2)公務部門の社会保障　(3)民間部門の社会保障　(4)開発独裁政権等と社会保障　(5)民主化と社会保障

第8章　ベトナム・カンボジアの社会保障──和泉徹彦　305
　1　はじめに　305
　2　ベトナムの経済社会　306
　　　(1)ベトナムの社会福祉サービス　(2)ベトナムの社会保険制度
　3　カンボジアの経済社会　317
　　　(1)カンボジアの公衆衛生・保健医療　(2)カンボジアの社会福祉　(3)カンボジア社会保障法制

第9章　中華人民共和国の社会保障　　　　　　　　金子能宏・何立新　333
　1　はじめに　333
　2　中国の人口構造——「一人っ子政策」の内容と生育保険制度　335
　　(1)中国の人口構造　(2)「一人っ子政策」の内容と生育保険制度
　3　人口の高齢化と社会保障の構造　337
　　(1)中国における人口の高齢化と地域格差　(2)戸籍制度の特徴と社会保障の構造
　4　年金保険制度　342
　　(1)年金保険制度の成立とその変容　(2)経済改革の進展に応じた年金保険制度の改革　(3)年金保険制度の現状
　5　医療保険制度　347
　　(1)公費医療制度　(2)労働保険医療制度　(3)農村合作医療制度　(4)医療保険制度改革の動向
　6　労働災害保険と失業保険　351
　　(1)労働災害保険　(2)失業保険
　7　社会福祉制度と農村年金保険制度　354
　　(1)社会福祉制度　(2)公的扶助制度　(3)農村年金保険制度の取り組み

アジアの社会保障・資料統計編　　　　　　　　　　　　　　和泉徹彦　359

索　引　367

第Ⅰ部　アジアの社会保障の全体的展望

第1章　アジアの社会保障の概観
―――「アジア型福祉国家」はあるか―――

広井良典

　本章では，「アジアの社会保障」を主題とする本書全体のイントロダクションとして，そもそもどのような視点でアジアの社会保障をとらえるかという論点から始め，「アジア型福祉国家」(ないし「社会保障のアジア型モデル」)と呼びうるものは存在するのか，という本書を貫く問題意識をベースにすえながら，アジアの社会保障についての基本的な概観を行ってみよう．

1　アジアの社会保障への視点

(1) なぜ今「アジアの社会保障」か

　「まえがき」でも触れたように，これまで「アジアの社会保障」ということが日本で正面から議論や学問的分析の対象とされることはきわめて稀であった．ひとつには，社会保障論という文脈からみれば，日本において関心が向けられたのはほぼもっぱら「先進諸国」の(=「欧米」諸国の)社会保障であり，そこで基調をなしているのは，そうした"進んだ"国の社会保障から日本は何を学ぶことができ，またどのような部分は日本に導入可能かといった問題関心であったといえる．このような視点からすれば，日本よりも経済発展や産業化において後発するアジアの社会保障という話題は，自ずとその視野からはずれることになる．

　一方，アジア(ないし発展途上国)の経済発展や経済システムを関心の対象とする文脈や議論においても，"市場化"ないし市場原理の導入と展開をもっぱら経済発展の主軸にすえる――新古典派経済学的とも呼ぶべき――視座からすれば，経済発展の過程における公的医療保険，年金，様々な福祉サービス等を含む社会保障システムの整備といったことは，ほとんど中心的な関心の対象

とはならなかった．さらにいえば，もしもそのような経済発展が展開する先の「到達点」たるモデルとしてたとえばアメリカの経済社会システムを想定するのであれば，アメリカそのものが（先進諸国のなかでは異例ともいうべき）最低限度の社会保障ないし公的な生活保障システムしかもたない——言い換えれば，ほぼ"純粋な"市場経済システムないし資本主義とも呼びうる——社会なのだから，社会保障システムの整備というテーマが経済発展のプロセスの本質的な要素として視野に入らないことは，ある意味で自然な帰結であった．

「アジアの社会保障」というテーマにこれまで主要な関心が向けられなかった背景についていま簡潔に述べたが，逆にいえば，アジアの社会保障というテーマへの関心は，以上のような旧来型の発想やパースペクティブを一歩乗り越えたところに展開するものということができる．

すなわち，前者の（社会保障論的な）文脈では，単純なキャッチ・アップ型の成長の時代が終わったいま，日本のたどってきた経済発展と社会保障政策の経験を肯定面・否定面を含め客観的に評価するとともに，社会構造の変化に対応した社会保障の根本的な再編を行っていくべき時代となっている．こうした作業において，日本がこれまでモデルと考えてきた先進諸国＝欧米諸国だけでなく，アジア諸国の経済発展や社会システムの特質に注目することはきわめて重要な意味をもつ．なぜなら，後に具体的に述べていくように，「欧・米ー日本ー他のアジア諸国」の全体を視野に入れて初めて，社会保障と経済社会システムの関係についての立体的な理解が可能となり，また日本の社会保障そのものについての深化された認識が得られると思われるからである．そうした意味では，アジアの社会保障というテーマは，日本にとっていわば"自らを映す鏡"としての機能ももっているといえる．

他方，後者の（経済発展や開発をめぐる）文脈にそくしてみれば，単純な"市場化"や市場原理導入が必ずしも望ましい発展をもたらさないことが様々なかたちで認識されるようになり，後にもふれるように，世界銀行等を含む国際機関の報告書等においても，経済発展のプロセスにおける社会保障政策の重要性が活発に論じられるようになりつつある．

「アジアの社会保障」という主題は，こうした刷新された問題意識や時代状況のなかで浮上してくるものということができる．その意味では，「アジアの

社会保障」というテーマは単にそれだけで完結するものでは決してなく，"欧・米―日本―アジアの社会システムをどうとらえるか"，"社会保障と経済システムや社会，文化等との関係をどのように理解するか"といった，ある意味で普遍的な広がりをもっているものといえるだろう．

（2）アジアの社会保障へのアプローチ

以上のような問題意識を踏まえてアジアの社会保障をみていくとき，どのようなアプローチの方法あるいは切り口がありうるだろうか．この場合，筆者自身は，できる限り多面的なアプローチを視野に入れ，またそうしたアプローチの多様性それ自体（や相互の関係）に意識的であることが重要と考えているが，ここでは主要なものとして次の3つを確認してみよう．

1) 経済（学）的アプローチ
2) 「比較福祉国家論」的アプローチ
3) その他（政治学的・社会学的アプローチ，文化や宗教的文脈に注目するもの等）

このうち1) は，主に経済学的な視点からアジアの社会保障をとらえるもので，「経済発展と社会保障」といった話題が主要な関心事となる．いわゆる開発経済学的な視点もここに含まれるものである．

ここで"経済学的"と一口にいっても，新古典派的ないし市場主義的な傾向の強いもの，ケインズ政策的な志向を有するもの，ひいてはいわゆる比較制度分析（ないし制度学派）と呼ばれるアプローチ等々ヴァリエーションがありうるが，「経済発展と社会保障」という話題にそくしてみれば，一般的にはこのアプローチは（とくに2) と対比した場合）"単線的な発展モデル"に向かいやすい傾向がある．とはいえ先ほどもふれたように，必ずしもそれは単純に市場メカニズムを順次導入していけばよいというものではなく，とくに近年になって，国際機関の報告書等でも経済発展のプロセスにおける社会保障政策の重要性を論じるものが増加している．

最近の例を挙げると，ILOの2000年の『世界労働報告』は，「変化する世界における所得保障と社会保護（Income Security and Social Protection in a

Changing World)」とのタイトルの下，発展途上国に主たる関心を向けつつ経済発展と社会保障政策のあり方について主題的に論じている（ILO, 2000）．また世界銀行の『世界開発報告 2000／2001』は，「貧困の制圧 Attacking Poverty」と題して相当部分を社会保障政策に関する分析にあてているが（World Bank, 2001b），世界銀行は同時期に『社会保護セクター戦略 Social Protection Sector Strategy』と題する社会保障政策そのものを主題とした初の報告書もまとめており，そこでは「社会リスク・マネジメント social risk management」というコンセプトを中心にすえた議論が展開されている（World Bank, 2001a）．いずれにしても「経済発展と社会保障」というテーマは近年その重要性を特に増しており，具体的には次節や次章以下で論じられていくように，アジアの社会保障をみていく際の主要な準拠枠のひとつとなるものである．

次に 2) の「比較福祉国家論」的アプローチはどうか．ここで「比較福祉国家論」とは，各国の福祉国家政策ないし社会保障政策を，その背後にある理念や価値志向，あるいは経済社会システム等との関連に注目しながら比較分析していくアプローチをさす．こうしたアプローチには，初期のものとしては福祉国家を①残余的（救貧的）モデル residual welfare model，②産業的業績達成モデル industrial achievement-performance model，③制度的再分配モデル institutional redistributive model という 3 つに分類してその特質を論じたイギリスの社会政策学者ティトマスのものがある（Titmuss, 1974）この分類では，前ほど「市場」中心的で，後ほど公的な介入が大きいことになり，アメリカなどが①，ドイツやフランスが②，北欧などが③にあたると考えてよい．しかしながら，近年になって比較福祉国家論がとくに活発な展開をみせたのは，この分野での画期的な著作といえるエスピン・アンデルセンの『福祉資本主義の 3 つの世界』が公刊されて以降のことである（Esping-Andersen, 1990）．詳細には立ち入らないが，エスピン・アンデルセンはこのなかで，いくつかの指標を用いながら福祉国家を①自由主義的（アメリカに典型），②コーポラティストまたは保守主義的（ドイツ，フランスなどに典型），③社会民主主義的（北欧に典型）に分類しつつ実証的な分析を展開した．この場合，分類に用いる指標や分析手法は異なっていても，基本的なタイポロジーにおいて

表1・1 福祉国家／社会保障のモデル

分類	特徴	例	基本となる原理
A．普遍主義モデル	・大きな社会保障給付 ・全住民対象 ・財源は税中心	北欧 イギリス （→Cに接近）	「公助」（公共性）
B．社会保険モデル	・拠出に応じた給付 ・被雇用者中心 ・財源は社会保険料中心	ドイツ，フランスなど	「共助」（相互扶助，共同体）
C．市場型モデル	・最低限の公的介入 ・民間保険中心 ・自立自助やボランティア	アメリカ	「自助」

ティトマスのものとエスピン・アンデルセンのものは概ね一致しているといってよい．筆者自身も，日本の位置づけも考慮しながら表1・1に示すような整理・議論を行ったことがある（広井，1999）．

さらに近年では，こうした福祉国家の諸類型や各国のヴァリエーションが，今後「接近」ないし収斂していく方向（convergence）に向かうのか，むしろ「多様化」の方向（divergence）に向かうのかという議論が，ひとつにはグローバリゼーション（やヨーロッパの文脈ではEUの展開）という背景との関連も含めて非常に活発になっている（興味深いものとして Kautto et al., 2001, Kautto, 2001）．

さて問題は，このような比較福祉国家論的な視点や議論が「アジアの社会保障」についてみていく際にどのような意味をもちうるかである．ここで結論的な内容を述べることはもちろん困難であるが，考えうる論点として次の2つが指摘できるだろう．

第1は，アジアの社会保障を総体としてみたときに，それがこうした福祉国家のタイポロジーやモデル分けとの関係で，どういう位置を占めるのか，という点である．これは本書全体の問題意識をなしている「アジア型福祉国家（ないし社会保障のアジア型モデル）なるものは存在するのか」という問いとそのまま連動することになる．たとえば非常に単純化して述べれば，「アジア型福祉国家」なるものは，上記のようなタイポロジーのいずれにも属しない，"第4のモデル"のような位置を占めるのか，それとも最終的にはいずれかのモデルに収まる性格のものなのだろうか等々といった議論である．この話題は，上

記のような福祉国家の3分類に対し「南ヨーロッパ型福祉国家 Southern European Welfare States」——「家族」への依存が大きく，公的な社会保障政策は断片的なものにとどまっているという姿——を追加的に対置する議論を思い出させる（南ヨーロッパ型福祉国家については Rhodes (ed.), 1997 参照）．さらにいえばこの論点は，上記のような**比較福祉国家論（あるいは福祉国家というコンセプト）そのものが"ヨーロッパ中心的 Eurocentric"なバイアスをもっているのではないか，という問題意識**とも呼応しうるものである（筆者は2001-2002年の1年間アメリカ・ヨーロッパで海外研究の機会を得たが，福祉国家論や社会政策等の研究者からこの点について幾度となく議論を投げかけられた）．

第2は，**逆にアジア内部ないしアジア諸国間での多様性に目を向けたときに，こうした比較福祉国家論的なタイポロジーや分析が何らかのかたちで可能か**，という点である（いわば「アジアのなかでの比較福祉国家論」の可能性）．言い換えると，次節においてもう少し具体的に論じる予定であるが，たとえばアジア各国の社会保障政策のあり方は，「経済発展の度合い（およびそれに伴う就業構造，家族構造，人口構造等の変化）」という座標軸によって，比較的"単線的"に理解することができるものなのか，それともそうした発展段階論的な理解では十分に説明がつかない多様性の要素がどの程度あるのか，あるとすればそこで重要な意味をもつのはどのような要因か，等々といった議論である．

ところで，いま指摘した第1の点，とくに「アジア型福祉国家」はあるかという話題に関して一般的に想定されるのは，a)「家族」が実質的な生活保障や相互扶助の担い手として大きな役割を果たしていること（この点に関連して，ジェンダー関係が（"家父長制"的な構造を含め）一定の特徴をもっていること），またこれとも一部重なるが，b)「個人」の権利・義務といった観念が希薄で，共同体的ないし集団主義的な相互扶助が基調をなしていること等といった点であろう．

こうした議論に関し，東アジアに限ったものであるが，ある研究者は「儒教型福祉国家 Confucianist welfare state」というコンセプトについて論じているし (Jones, 1993)，『東アジア型福祉モデル The East Asian Welfare Model』と題する著作も刊行されている（Goodman *et al.*（eds.），1998）．別の研究者は中国の社会保障に関して次のように論じている．

> 「中国の社会福祉システムは，伝統的に家族関係のネットワークの上に，それに依拠する形で構築されており，権利や責任に関わる問題としてとらえられているのではない．公的な援助についても，当初は皇帝から，後には国家からなされることになったものだが，それらですら慈悲ある父親によって示される親切のようなものとして理解されてきた．……家族が支援を行うことができない状態になったときに初めて，国家が出てきて支援を与えるべきものとされる」（Chow, 1987）．

　こうした議論は，一方でかつて70年代前後に日本で唱えられた「日本型福祉社会」論を思い出させる．同時に他方で，とくに「（ケアの担い手として）家族が国家に対し優先する」という点に関しては，カトリック文化圏における「補完性の原則 subsidiarity principle」（＝福祉の担い手は一義的には家族ないし教会であるべきであり，それらでは不十分なときに初めて国家 state が関与すべきとの考え方）が，イタリア，スペインなど南ヨーロッパ等において公的な社会保障の発展が遅れた要因としてなされる議論を連想させるものである．

　これらは今後実証的な分析とともに探求されるべき課題であり，ここで結論的な方向が出せる性格のものではないが，筆者自身は，基本的なスタンスとして，こうした要素が無視できない大きな意味をもつことは十分認識しつつも，「アジア型福祉国家（ないし社会保障のアジア型モデル）」なるものを当初から過度に強調すること，とくにそれを固定的なものとしてとらえることについては慎重であるべきではないかと考えている．

　というのも，ひとつには，「家族や地域共同体による相互扶助が一定の重要な役割を果たす」という点は，産業化ないし都市化が進展する以前の社会においては広く一般的にみられることであり，それは「前産業化社会」の特徴とはいいえても，「アジア型」の特質とは必ずしも断定できないからである．逆にいえば，次節でも述べるように，経済システムの進化に伴って，大家族から核家族，さらにはそれが「個人単位化」の方向に向かう流れ自体は，その形態や速度にヴァリエーションがありえても，ある程度普遍的な現象としてとらえうるのではないだろうか．

　ちなみに経済学者のアマルティア・センは，「アジアを一つの集合体として把握した誘惑にかられるのは，きわめてヨーロッパ中心主義的なまなざしで，

アジアを見つめること」であり，「『アジア的価値』の主唱者たちには，東アジアを『アジア的価値』が特にあてはまる地域とみなす傾向がしばしばあ」るとしつつ，「アジア的価値」を強調することに懐疑的な意見を述べている（セン，2002）．

他方で，家族関係という点だけをとってみても，たとえば老親とその子との同居や扶養関係，親と成人前後の子どもとの関係，そしてまたジェンダーに関する関係など，アジア諸国ないし地域の内部で多様なヴァリエーションがあることは確かであり，国家というものについての認識といった点も併せ，こうしたテーマと社会保障とのかかわりについては今後比較社会学的ないし比較政治経済（comparative political economy）的な分析を含めて探求が行われていくべき課題と思われる（東アジアの家父長制ないしジェンダー関係の諸相に関する比較分析として瀬地山，1996参照）．

以上，「アジアの社会保障」をとらえていく際の第1のアプローチとして経済（学）的な視点，第2のそれとして比較福祉国家論的な視点について述べた．これら以外にも，先に第3のアプローチとして示したように，政治学的・社会学的な視点を重視するもの，文化や宗教的文脈に注目するもの等多様な接近方法がありうる．政治学的な視点ということに関しては，植民地支配の歴史という点を含め「国民国家」としての統合のあり方という問題がアジアの社会保障を考える際には重要と思われるが，これについては次節でふれることとしたい．

2 アジアの社会保障をみる際の基本的枠組み

そもそも「アジアの社会保障」といっても，各国の経済発展をめぐる状況や政治的・文化的背景の相違を反映してきわめて多様であり，ある意味で"国ごとに異なる社会保障の姿がある"というに尽きるとの見方も可能である．しかしながら他方で，およそ社会保障と呼ばれるシステムは，経済発展に伴う産業構造や就業構造，家族形態の変容や都市化の進展の度合い，ひいては人口構造や疾病構造などの変化に対応するかたちで整備されていくものであり，各国の政治的状況や文化的相違等の相違を超えて，そこに何らかの普遍的なパターンを見出したり一定のグルーピング等を行うことは一概に不可能とはいえない．

こうした問題意識を踏まえ,また前節で示した視点を意識しながら,ここではアジア諸国における社会保障の全体像を把握するための基本的な枠組みについて整理してみたい.

(1) 概括的なグルーピング

アジアの社会保障についての概括的なイメージをもつために,日本を除くアジア諸国をその社会保障をめぐる状況という視点にそくして4つのグループに大別してみたい.ただし,後の記述にも示されるように,ここでのグルーピングはいわばひとつの切り口からのごく暫定的な分類であり,固定的な性格のものではない.

●第1グループ＝経済発展の度合いが日本を含む先進諸国に匹敵するかそれに準ずるレベルに達し,社会保障の面においても普遍的な給付（universal coverage）ないしそれに近い制度が整備されつつあると同時に,とくに近年では人口高齢化への対応や制度の効率化といった新たな課題に直面している国家群

　　　例）シンガポール,台湾,韓国

●第2グループ＝産業化の途上にあり,被雇用者（サラリーマン,公務員）グループについては一定の社会保障制度が整備される半面,なお人口の相当部分を占める農業従事者や自営業者等のインフォーマル・セクターについてはその大半について制度が未普及にとどまり,いわば"皆保険前夜"とも呼ぶべき状況（かそれに近い状況）にある国家群

　　　例）マレーシア,タイ,フィリピン,インドネシア

●第3グループ＝産業化の初期段階にあり,社会保障制度は主として一部の公務員・軍人等を対象とするものに限られ,医療保障の面では（感染症に対する）公衆衛生施策がなお中心を占めるような国家群

　　　例）ベトナム,ラオス,カンボジア,ミャンマーなど

●第4グループ＝いわば"超大国"として以上の分類に収まらない国家群
　　　例）中国，インド

　以上はごく暫定的なグルーピングであり，これらの他，社会保障制度と国の社会経済システムとの関連からみれば，「社会主義ないし共産主義か，それに準ずるシステムを採用する国家群（およびそこから市場経済への移行を図りつつある国家群）」という類型を立てることも考えられよう（中国，ベトナム，ラオス，モンゴルなど）．

　また，中国は90年代に入って「社会主義市場経済システム」という新たな理念に基づく改革を進めているが，考えてみればもともと「福祉国家」というコンセプトは"修正された資本主義"の社会モデルとして生成・展開したのであり（たとえば1930年代の社会民主主義政権以降のスウェーデンの社会モデルは当初"中間の道 the middle way"と呼ばれた），だとすれば，「福祉国家」と「社会主義市場経済」という2つの社会モデルは，ある意味で意外にも"市場経済と一定の公的介入の組み合わせ"（あるいは資本主義と社会主義の混合形態）という点では共通の側面を有することになる（前者は資本主義サイドからの社会主義への接近であり，後者はその逆）．こうした視点から中国や市場移行経済の諸国の社会保障システムをみていくことも面白いテーマとなるものと考えられる．

　こうした概括的なグルーピングを視野に収めながら，次節での各国に関するより具体的な記述に入る前に，アジア諸国（あるいはより一般的に発展途上国）における社会保障を理解するための基本的な枠組みについて若干の整理を行っておこう．

（2）経済発展と社会保障——家族・共同体の外部化と再・社会化
　一般に社会保障は，経済発展ないし経済システムの進化に伴って，産業構造や就業構造，都市化の進展や家族形態，あるいは疾病構造や人口構造等が変容していくことに呼応するかたちで，個人や家族の生活保障や一定の所得再分配を行う制度として整備されていくものである．
　より実質的には，経済発展に伴って，もともと家族や（農村）共同体のなか

でインフォーマルなかたちで行われていた「相互扶助」の機能が弱体化していくことに対応して，それを補完する（あるいはそれを再び「社会化」する）公的なシステムとして社会保障制度は展開していく．

たとえば年金という制度は，伝統的な共同体においては（3世代同居などの）大家族のなかで行われていた高齢者に対する経済的扶養が，産業化や都市化の進展に伴って（家族構造が核家族中心のものへと変容していくなかで）「外部化」されていくことに対応するかたちで，公的な制度として整備される．つまり家族内で行われていた「高齢者の経済的扶養」が外部化され公的なシステムとなったのが年金という社会保障制度である．そして年金制度に限らず，産業化の進展に伴って整備される社会保障の大部分は，都市化のなかで家族や地域という伝統的共同体（コミュニティ）から離脱しつつ形成される「核家族」という"脆弱な共同体"を支援するシステムとして整備される．医療保険や失業保険，様々な福祉サービス等もこれに該当するものである．

仮に以上を便宜上「前産業化社会（ないし伝統的社会）」から「産業化社会」への移行の段階とすれば，さらに経済発展が一層進み経済が成熟化していくなかで，一方で平均寿命が伸び「高齢者の"身体的"扶養」をめぐる課題が「介護問題」として新たに浮上するとともに，他方で女性の社会進出等の中で核家族自体がさらに"個人単位"化の方向に進み，こうしたなかで子育て等の社会化の必要性も高まっていく．こうした段階を「成熟化・高齢化社会」と呼んでみよう．

このような「伝統的な家族・共同体が果たしていた機能の外部化とその再・社会化」という点に着目すれば，経済発展と社会保障制度の対応に関して次のような3つの基本的段階を区分することがさしあたり可能であろう．

　A．前産業化社会　　　　伝統的な家族・共同体における相互扶助
　B．産業化社会　　　　　核家族化
　C．成熟化・高齢化社会　核家族のさらなる「個人単位」化

なお，Bの段階はさらに次のような2つに区分することが可能である．すなわち，社会保障制度は上記のように伝統的な農村共同体が果たしていた相互扶助機能を補完するものとして整備されていくものであるから，まずは産業化・

都市化の進展のなかで増加する都市労働者（ないし被雇用者）とその家族の生活を保障するシステムとして整備される（産業化社会・前期）．しかし農業従事者や自営業者についても，やがて共同体的な相互扶助機能はしばしば低下していくから，被雇用者について整備された一定の社会保障制度をそうした層にも拡大していく必要が高まっていく（産業化社会・後期）．もちろん，それでもなお農業・自営業の場合は被雇用者層に比べて一定の相互扶助機能が残っているのが一般的であるから，先進諸国においても農業・自営業者層への社会保障は被雇用者層のものに比して給付が限定的であったり制度への加入が任意であったりすることがしばしば起こり（とくに社会保険システムの場合），最終的に農業・自営業者層にどこまで被雇用者層と同様の社会保障制度を整備するかは各国の理念や状況に依存する要素が大きい．ただ一般的なパターンとしては，まずは被雇用者グループについて制度が整備される段階と，それを農業・自営業者グループを含む国民全体に拡大していくことが模索される段階の2つを区分することが可能であると思われる．

　実際，多くのアジア諸国においては，農業従事者や自営業者などのインフォーマル・セクターの割合が過半数を占めることも多く，被雇用者グループには一定の社会保障が整備されるものの，農業・自営業者への拡大にあたって大きな困難にぶつかるというケースがしばしばみられる（先に整理した「第2グループ」の国々はとくにそうした現状にある）．

　後に「日本の経験の評価」に関してふれたいが，実はこの「被雇用者グループから（農業者・自営業者を含む）国民全体への給付対象の拡大」を経済発展の比較的早い段階で行ったのが日本の社会保障発展プロセスの特徴のひとつであり，とくに医療における"地域保険"というかたちをとった国保制度はユニークなものであった．限られた範囲のものであるが，筆者自身これまでタイ，中国，ラオスなどアジアの国々の社会保障に関する調査を行う過程で政策担当者や研究者等とやりとりをする際，日本の制度のなかでもっとも関心が示されるのが国保の制度であることが多かった［以上に関し広井・小野（1999）参照．また社会保障のインフォーマル・セクターへの拡大につき Jenkins（1993），Ginneken（1999），Beattie（2000）参照］．いずれにしても，こうした農業・自営業従事者等のインフォーマル・セクターの社会保障における位置づけとい

う点が，アジア諸国の社会保障制度整備においてひとつの中心的な論点になることを確認しておきたい．

（3） 医療の場合——「健康転換」という座標軸

一方，社会保障のうち医療分野に関しては，上記のような産業化に伴う家族形態や就業構造の変化に加えて，「疾病構造」の変化という点が重要な要素となる．ここで1つの準拠枠として参照されるべきは，次のような「健康転換」と呼ばれる考え方である（ちなみに，アジアを含めた途上国における医療システムの整備に関しては，社会保障や福祉国家論の文脈とは独立に，いわゆる国際保健の分野において，WHOや国際医療協力等の活動も含めて研究と実践の長い蓄積がある．たとえばCleland and Hill, 1991, Kleinman *et al*. (eds.), 1994, Berman (ed.), 1995等）．

「健康転換 health transition」とは，公衆衛生や国際保健の分野で近年唱えられるようになったコンセプトであり，疾病構造の転換を，人口構造や就業構造，産業構造といった社会経済システムの転換と一体のものとして総合的かつダイナミックにとらえていこうという考え方である（長谷川，1993参照）．そこでは基本的に次のような3つの段階が区別される．

まず，健康転換第1相は（飢餓・疫病から）感染症への段階，同第2相は（感染症から）慢性疾患への段階であり，日本にあてはめると，この第2相が起こったのは，死因の1位が結核から脳卒中に代わった1951年（昭和26年）頃，ないし死因のベスト3として現在に続く「がん，心臓病，脳卒中」の3者が出そろった1960年頃（ただし当時は「脳卒中，がん，心臓病」の順）と考えられる．

続く健康転換第3相は，慢性疾患から「老人退行性疾患」への段階であり，医療費の大部分を65歳以上の高齢者に対する老人医療費が占めるようになり，またこの健康転換第3相はそのまま高齢者介護問題とつながり，医療と福祉の統合が求められるようになる．

そして，以上のような疾病構造の変化のそれぞれの段階に対応して，次のような形でそれにふさわしい医療システム（財政および供給システム）の整備が求められることになる．

すなわち健康転換第1相の感染症の段階では，疾病の原因は個々人の生活というより病原菌そのものや都市環境の衛生といった個人を超えた要素にあるから，予防接種や衛生水準の向上といった公衆衛生施策がキーとなる．これらは経済学でいう「公共財」整備に該当するものである．

第2相の慢性疾患の段階になると，こうした公衆衛生施策は表舞台から退く．なぜなら慢性疾患が「生活習慣病」と呼ばれるように，ここに来て"病気は（集団レベルから）「個人」レベルの問題となる"からである．したがって個人が保険料を支払い病気に備えるという「保険」というシステムが有力な選択肢となるのであり，多くの国で（強制加入の社会保険としての）医療保険制度が整備されていったのがこの段階である．また医療の供給面にそくしてみれば，この段階において「病院」中心の医療が浸透していく．つまり機能的にいえば，この第2相においては「医療＆施設」中心の対応が一般的となる（日本でいえば昭和30年代－40年代の高度成長期がこの基本的な整備期であった）．

さらに健康転換の第3相においては，高齢者ケアの比重が高まるが，高齢者の場合，狭義の医療的介入のみならず，介護や社会的関係など生活全体にわたる関わりを通じた生活の質（QOL）の向上が重要であり，「医療モデル」だけにとどまらない「生活モデル」の視点やケアのあり方が求められる．そこで制度面でも（a）医療から福祉へのシフト，（b）施設から在宅（地域）へのシフトという2つの方向が課題となっていき，併せてこれらの全体，つまり「医療と福祉」，「施設と在宅（地域）」という各種のケアをいかに統合しシステムの整備を図っていくかが重要な課題となっていく．

以上のように，社会保障のうち医療や福祉サービスの一部については，先ほど年金などの所得保障にそくして述べた産業構造や家族構造の変化といったことには尽きない座標軸が必要となることから，医療・福祉システムの整備のあり方を「健康転換」という枠組みにそくして概観した．

ここで述べた3つの段階と，先ほど「家族・共同体の外部化と社会保障の整備」という点にそくして述べた各段階（前産業化社会－産業化社会－成熟化・高齢化社会）とは，さしあたり互いに独立しているものである．しかしながら，たとえば一般に人口の高齢化は経済発展とそれに伴う平均寿命の伸びに伴って生じ，また疾病構造の変化も（経済発展に伴って衛生水準が改善され感染症か

表 1・2　経済発展および健康転換の段階と社会保障システム

健康転換／疾病構造	医療・福祉システム		年金（所得保障）システム		産業構造／家族構造／人口構造
	財政	供給	制度	背景	
第1相 感染症 ↓	公衆衛生施策（公共財）	プライマリケア＆保健所整備等	家族・共同体内部の相互扶助が中心		A．前産業化社会
第2相 慢性疾患 ↓	医療保険制度（被雇用者→農業・自営業者への拡大）	病院中心：医療＆施設	被雇用者を主対象とする制度	都市労働者の発生・増加ーコミュニティによる扶養の解体	B．産業化社会 前期
			農業・自営業者への拡大		後期
	「企業＆核家族」を単位とする社会保障				
第3相 老人退行性疾患	高齢者の医療・福祉を統合したシステム	福祉＆在宅へのシフト	制度の再編，医療・福祉との統合	高齢化の進展 女性の社会進出＆雇用の流動化	C．成熟化・高齢化社会
	「個人」を単位とする社会保障へ				

ら慢性疾患への変化が生じるなど）経済システムの進化と相関するという具合に，両者は相互に関連し合う側面ももっている．そこで，きわめて単純化して両者の各段階を対応させるかたちで概括したのが表1・2であり，左欄が疾病構造の変化とそれに対応した医療・福祉システム，右欄が産業構造や家族構造の変化と主に年金（ないし所得保障）システムの関係を示したものである．「経済発展と社会保障」の関係に関するひとつの座標軸として，このような枠組みを一種の理念型に想定してみることが可能ではないかと思われる．

（4）　多様性の要素

以上は経済発展と社会保障システムの関係を理解するためのいわば**「縦軸」**であり，この限りではきわめて"単線的な"モデルとなっている．しかしアジア各国の社会保障はこのような単線的な発展モデルだけでは到底把握できないような多様性をもっており，これをいわば「縦軸」に対する**「横軸」**と呼ぶことができるかもしれない．逆にいえば，アジア諸国の社会保障は，ここまで述

べてきたような経済発展に伴う発展段階的なモデル（＝縦軸）と，各国の政治的・文化的背景等に由来する多様性（＝横軸）とがクロスする一種のマトリクスのなかで理解することができるともいえる．

ではそうした横軸ないし多様性の実質をなす要素にはどのようなものがあるだろうか．ここではそのうちとくに重要なものとして，
1) 国民的統合の強さ（または民族的同質性／多様性）
2) 旧宗主国の影響
3) その他（個別的特殊性，宗教的・文化的要因など）

を挙げてみたい．

①国民的統合の強さ（または民族的同質性／多様性）

歴史的にみると社会保障制度（とくに第二次大戦後の文脈では「福祉国家」の理念を含む）は，いわゆる「国民国家」の理念と緊密な関係のなかで整備され展開されてきた．ある意味で当然のことながら，社会保障制度は基本的にその国の国民を対象とする"ドメスティック"な制度であり，また国民の間の「連帯」ということが社会保障制度を支える基本理念としてしばしば援用されてきた（こうした点に関し経済学者のミュルダールは，著書『福祉国家を超えて』（1960年）のなかで，社会保障あるいは福祉国家の理念のもつ「ナショナリズム」的性格を指摘していた）．またたとえば日本の場合，戦時期の強力な「国家的統合」への要請が，厚生年金制度の創設や，医療保険とくに国民健康保険の創設と普及においても主導的な役割を果たし，それが「国民皆保険」実現への基礎ないし動機づけとなったという歴史的経緯がある．

いずれにしても，ある国において何らかの社会保障制度を整備しようとする場合，その国民，あるいは少なくとも当該制度の対象となる人々の間で一定の連帯意識ないし参加意識がなければ制度の創設や運営はきわめて困難なものとなる．

こうした点からみると，アジアの国々の一部において社会保障制度を整備する場合の独特の困難さが浮かび上がる．たとえばマレーシアの場合，マレー系（半島部人口の約53％），華人系（同約35％），インド系（同約11％）等という人種構成の多様性があり，1969年の人種暴動を契機として特定人種の経済

的不利益等の構造改革を目指した「新経済政策」——いわゆる原住民(ブミプトラ)優先政策——が採られ人種間の不平等の是正や融和が図られてきているが,なお国民的統合に向けての困難な課題を抱えている.あるいはインドネシア等も様々な多様性をもった多民族国家であるが,そもそも東南アジアの多くの国々は,もともと西欧的ないし近代的な「国民国家」の観念や実態がなく,小規模な王国や民族が存在していたところに,西欧諸国による植民地化のなかで人為的な分割あるいは国境の"線引き"がなされたに過ぎないという面を強くもっている(たとえばマレーシアとインドネシアの境界はつまるところ当該地域におけるイギリス領とオランダ領の境界に過ぎない等.こうした主題につき白石,2000参照).したがって,たとえばインドネシアがひとつの統一的な国家でなければならないという必然性は希薄であり,こうした国民的統合の弱さは,「国民皆保険」といった制度への動機づけを脆弱なものにする.このような点は,日本の経験とは対照的な背景の違いとして意識されるべきであるし,また,「社会保障と国民国家」という主題や,全国民的な社会保障制度の整備における政治的統合の重要性をクローズアップさせるものである.

②旧宗主国の影響

これは上記の点とも部分的に重なる点であるが,多くのアジア諸国は欧米諸国の植民地支配から「国家」として独立した歴史をもっており,そのため宗主国の影響が各国の社会保障制度にも様々なかたちで現れている.

たとえばシンガポールやマレーシアの社会保障では,個人が口座をもち資金を積み立てていく一種の強制貯蓄制度としての「プロビデント・ファンド」と呼ばれる制度が大きな柱をなしているが,これはイギリスの植民地時代に基礎がつくられたものである.また,医療については社会保険のシステムを実施または志向する国が比較的多いなかで,マレーシアにおいて公的な医療保障が一般財源(税)によってまかなわれている(また供給面でも公的医療機関が多い)背景には,イギリスのNHS(国民保健サービス)の影響がみてとれる(ちなみに現在ではマレーシアは公的医療保険の導入を検討している).

あるいは,フィリピンにおいて最近に至り「国民医療保険法」(1995年,後述)が制定されるまで同国の医療保険制度は「メディケア」と呼ばれていたが

(1969年の Medicare Act に基づく），これは名称自体が旧宗主国のアメリカの制度の影響を受けたものである．また，あるフィリピンの研究者は，「フィリピンがなぜ福祉国家としての発展を妨げられてきたのかを理解する」要因のひとつとして「フィリピンにおけるアメリカの影響」を指摘し，「歴史的に西欧諸国との持続的接触がなかったために，フィリピンの諸制度は，大部分がアメリカモデルに倣って形作られてきた」と述べている（ロブレス・ジュニア「胎児期の福祉国家は死産へと向かうのか？」，白鳥，2000 所収）．

このように，各国の社会保障制度に旧宗主国の影響がみられ，このことがアジア諸国の社会保障の多様性や複雑性をかたち作るひとつの要素となっているといえる．

③その他（個別的特殊性，宗教的・文化的要因など）

最後の③その他は，各国の置かれた個別の特殊事情や性格に由来するものである．たとえばシンガポールの社会保障を考える場合，同国がほぼ完全な「都市国家」であり，農業人口（ないしインフォーマル・セクター）をもたない，その限りではきわめて"均質性"の高い国家であることはきわめて大きな意味をもっている．

一方，各国の社会保障のあり方を考えていくにあたって無視できない大きな重要性をもつのが，文化的・宗教的背景に関する要因である．

先に「南ヨーロッパ型福祉国家」にそくして述べたように，たとえばイタリア，スペイン等南ヨーロッパの国においてフォーマルな社会保障制度整備が遅れた背景として，"福祉の担い手は一義的に家族そして「教会」であるべきであって，それらでは対応できない場合にはじめて「国家」が対応する"という考え方（補完性の原則）があったとされる．逆にいえば，広義の「福祉」の担い手は必ずしも国家である必然性はなく，伝統的な家族や共同体，そして教会ないし何らかの宗教的組織が福祉の主要な担い手となるという姿は十分にありうるし，また公的な（国家による）社会保障制度が未整備であるからといって，ただちにその国の社会保障が不十分であると結論づけることはできないだろう．

たとえばタイの社会保障について，タマサート大学助教授のウティサン・タンチャイは，「西洋型の社会保障」に対してタイには 3 つの「伝統的な福祉の

形態」があるとし,それは(a)仏教をベースとした福祉,(b)コミュニティによる福祉,(c)97年の新憲法など新たな社会政策の展開であるとし,このうち(a)については8万人以上の若年者が寺院などで教育を受け,またホームレスや貧窮者等に対して寺院が福祉を提供することが一般的である旨指摘している(ウティサン・タンチャイ,2001).またタイには仏教寺院によるエイズ患者対象のケア施設なども存在する(間崎,1999).

以上は1例であるが,福祉における「国家と教会」の役割分担のあり方は,たとえばイスラム教圏等においてはまた異なるかたちや理念をとりうるものであり,アジア諸国における社会保障をみていく場合には,こうした宗教的・文化的背景や多様性に十分な関心を払っていく必要があり,かつこうした点を視野に収めた比較研究等が今後進められていく必要がある(鈴木,1976等).また,そもそも多くの社会保障制度は,家族内で主に女性が行っていたケア労働を社会化したという性格を多分にもつものであるから,前節で「アジア型福祉国家」という話題にそくして言及したように,文化的多様性という場合には「ジェンダー」関係(ないし家族構造)に関する各国・地域の多様性や特徴について注意を向けることが,社会保障のあり方を考えていく上でとくに重要な意味をもつといえるだろう.

3 アジア諸国の社会保障の概観

以上,アジアの社会保障を考える際の基本的な枠組みとして,「縦軸」としての「経済発展と社会保障」という視点,および「横軸」としての様々な多様性の要素について概観した.これらを意識しながら,先に示した概括的なグルーピングにそくしてアジア諸国の社会保障について若干の概観を行ってみよう.

(1) 第1グループ

先に整理したように,このグループに含まれるシンガポール,台湾,韓国という国々は,「経済発展の度合いが日本を含む先進諸国に匹敵するかそれに準ずるレベルに達し,社会保障の面においても普遍的な給付(universal coverage)ないしそれに近い制度が整備されると同時に,人口高齢化への対

応や制度の効率化といった新たな課題に直面している」国家群である（ちなみに 2001 年の 1 人当たり GNI［国民総所得，ドル］は，シンガポール 24,740，台湾 13,203，韓国 9,400［台湾のみ 98 年の 1 人当たり GNP］）．

●シンガポール——都市国家と CPF
　このうち特徴的な社会保障制度を展開しているのは先にもふれたシンガポールであり，1953 年に法律が整備され 55 年に発足した**中央積立基金 Central Provident Fund（CPF）**は同国の社会保障の中心的な役割を果たしてきた（背景として，先にも指摘した植民地時代のイギリスの影響と，1959 年から 90 年という長期にわたって政権を担当したリー・クアン・ユーが，とくにその初期においてイギリス労働党の政策をひとつのモデルとして一定の社会保障整備を行ったという点が挙げられる）．

　ただし CPF は，（しばしば誤解されるように）年金あるいは老後の所得保障を主眼とするものではなく，たとえば現在の保険料 40％（労使折半）の内訳が「30％ 通常口座（住宅と承認された投資），6％ 医療口座（Medisave Account），4％ 特別口座（老齢年金，偶発事故）」となっていることに示されているように，むしろ「住宅」部分が中心的な位置を占めている（この背景には，リー政権が「自分の住宅をもっていると国への帰属意識が強まる」との考えから住宅政策を重視したという背景が働いている）．また CPF は「社会保障」固有の制度というよりは，むしろ強制貯蓄を通じた資本蓄積の手段として，マクロ経済政策の一環として位置づけられ実施されてきたことにも留意する必要がある．加えて，

- CPF には政府による公費投入は一切なされておらず，所得再分配的な機能はもたないこと
- シンガポールには CPF 以外のセーフティ・ネットはないこと
- （既述のように）シンガポールが農村人口をもたない純粋な都市型国家という特殊性をもつ国であること
- 人口構成においてもなお若い国であること

等の点を考慮する必要があると思われる．

●台湾と韓国——民主化・政権交代の中での社会保障整備

　一方，台湾と韓国については，両者に共通する経緯として，80年代頃まで（軍事）独裁的な政権が続き，社会保障制度も限定的なものにとどまっていた後，民主化に向けた動きが浸透し，そうした流れや政権交代のなかで近年に至って大きく制度の充実が図られてきている，という点が挙げられる．

　このうち台湾については，独立以降国民党が労働保険創設を重要な政策課題に掲げ，一定の社会保障整備を行ってきたが，基本的には「まず経済発展が第一であり，そしてある一定のレベルまで経済発展が行われた段階で社会福祉とか社会保障について考えればいいという考え方だった」（ペング，2001）．大きく制度の展開が図られたのは80年代半ばの民主化以降であり（86年に民進党創設，87年に戒厳令廃止），そうしたなかで"なぜ韓国に（医療の）皆保険があるのに台湾にはないのか"といった議論もなされるようになっていった．最大野党である民進党が社会福祉・社会保障を重視し社会保障ビジョンを掲げていったこともあり，92年の選挙では社会保障が争点のひとつとなり，こうした流れのなかで，1995年には「**全民健康保険**」が創設され，皆保険が実現したのである（それまでは公的医療保険にカバーされていたのは国民の約60％．新たに保険をもつに至った層については政府が費用の40％を負担）．現在は，医療保険と並ぶ皆年金制度の創設が大きな議論の対象となっており（Kwon, 1996），新たな展開が進んでいる（第5章）．

　一方韓国の場合，87年に（60年からの）軍事政権が終わり民主化プロセスが進むのだが，台湾と同様，「80年代前半までの社会保障制度あるいは政策というのは，経済成長を優先させ，それで財政が余ったら社会保障にあてるという，いわば救済策」のようなものであり（Byen, 2001），公務員年金・生活保護，1961・軍人年金，1963といった制度が限定的な形で政権の正統性のために実施されるという範囲にとどまっていた．

　社会保障制度の整備が本格化するのは80年代後半の民主化プロセス以降であり，医療については77年に大企業が公的医療保険に強制加入となっていたが，88年に自営業者，89年に非都市住民が制度の対象となって（12年をへて）皆保険が達成された．年金については88年に国民年金制度がスタートし，

99年には都市部の自営業者なども対象となって国民皆年金が実現する．

　注目すべきは近年の展開であり，97年には「**国民医療保険法**」が成立し，すべての医療保険（227の自営業向け保険，公務員共済，140の被用者保険を統合）が統合，一元化されるに至った（実施は2000年の7月．保険者は単一の国民医療保険組織）．これらはある意味で日本の先をいくような大胆な改革であるが，さらに近年では年金や公的扶助の面を含めて社会保障全般につき実験的ともいえる改革が行われている．たとえば2000年には生活保護法が「**国民基礎生活保障法**」に改められ，それまで「保護の対象」とされていたものが「保障の対象」と位置づけられた．これらの基礎をなす理念として提示されているのは「生産的福祉」あるいは（イギリスの影響を受けた）ワークフェア（あるいはWelfare to Work）の概念である（Byen, 2001）．

　もともと韓国の社会保障制度は初期の段階から様々な面で日本の影響を強く受けるかたちで整備されてきたが，近年のこうした展開は日本の制度のエミュレーションといった段階から大きく離陸してきている．もちろんこれらの大胆な改革の背景には97年の深刻な経済危機があり，市場主義あるいは新保守主義的な流れと，98年以降の金大中政権がそれまでの政権よりも社会保障政策を重視している流れとが交差するなかで，ダイナミックな展開を生んでいるといえる（第4章参照）．

　ある意味では，（日本と異なって）政権交代や2大政党制的状況を実現させたことがこれら2国の社会保障改革を促進したとみることができ，社会保障改革が政治理念あるいは社会モデルについての価値選択に直結する問題として議論されていることは興味深い．こうした意味で，両国の展開は社会保障改革の政策プロセスという面でも日本にとって様々な示唆をもつものと考えられる．

（2）　第2グループ

　第2グループは先に確認したように「産業化の途上にあり，被雇用者（サラリーマン・グループについては一定の社会保障制度が整備される半面，なお人口の相当部分を占める農業従事者や自営業者等のインフォーマル・セクターについてはその大半について制度が未普及にとどまり，いわば"皆保険前夜"とも呼ぶべき状況（かそれに近い状況）にある国家群」であり，具体的にはマレ

ーシア，タイ，フィリピン，インドネシアなどが該当すると考えられる（ちなみに2001年の1人当たりGNIはこの順に3,640，1,970，1,050，680となっている）．

　全体としてみると，これらの国々は，近年において様々な法的整備の新たな展開が認められる半面，実態としてはいずれもインフォーマル・セクターあるいは農業・自営業者への制度の拡大において苦慮しているという共通性をもっている．また，マレーシアやインドネシアなどは，先にも指摘したように「国民的統合」という面で多くの困難を抱えている．

●タイ――社会保障法（1990年）と皆保険への模索
　このうちまずタイの場合，従来は公務員年金法（1951年），公務員・軍人に対する医療保障（1978年．国庫負担による）など限定的な社会保障制度しかなかったが，1990年に**「社会保障法」**の制定という大きな展開があった（施行は91年）．
　その内容は，「疾病，出産，障害，死亡，老齢年金，児童手当」という6つの給付を柱とし，社会保険の形式をとるものである．このうちはじめの4つについては保険料は労使および政府がそれぞれ1.5％（計4.5％．経済危機で1％に）であり，後の2つは98年に導入され，保険料は当初1％とされた（2001年より被用者・雇用者は3％，政府は1％）．また本制度の対象は当初は20名以上の企業であったが，93年より10名以上に拡大されている．
　しかしながら，いずれにしても本制度の対象は被雇用者（の一部）に限られており，農業従事者（人口の7割を占める）あるいは自営業者といったインフォーマル・セクターにはいまだ制度の普及はほとんど図られていない．
　たとえば医療についてみると，タイにおける医療保障は，
　A．社会保険スキーム
　B．ボランタリー（自発的）・スキーム
　C．社会福祉スキーム
という柱から構成されてきた．このうちAは上記の社会保障法に基づくものである（所管は労働・社会福祉省）．一方Bは，1）農村における「ヘルス・カード」プロジェクト（1983年より保健省によって行われている試みで，農

村における地域単位の自発的な医療保険の仕組み（ある意味で日本の国保に類似．ただしカバーされているのは全人口の5-6％程度）および 2) 民間医療保険（カバー範囲は同 1％ 弱）の 2 者からなるものである．

最後のCは税に基づくもので，「12歳未満の児童，60歳以上の高齢者，低所得者」を対象とする文字通り福祉的な性格のもの（保健省所管．75年より）および公務員を対象とする医療保障制度（財務省所管）である．

以上によってカバーされているのは全人口の61％であり，39％が無保険にとどまっていた（2000年11月の第3回東アジア社会保障高級実務者会合でのタイの country report による）．こうした状況のなかで皆保険に向けた検討が様々なかたちで進められており，2000年初めに政府は医療保険改革に関する国家委員会を任命し，皆保険に向けた方向が推進された．さらに2001年からは税に基づく医療保障制度（30バーツ制度）が実施されているが，なお制度の浸透に向けた模索が続けられている（第7章参照）．

● フィリピン——国民医療保険法（1995年）とその後の展開

次にフィリピンについては，65-86年のマルコス独裁時代をへて，86年のアキノ政権以降様々なかたちで民主化への試みが進められているのは周知の通りである．社会保障に関しては，原型としては1954年に社会保障法が制定されており（施行は1957年），これは基本的に民間被用者対象の社会保険システムであり，SSS（social security system）と呼ばれる．公務員については GISI と呼ばれる制度がある），(a) 社会保障プログラム（死亡，障害，病気，妊娠，老齢をカバー）および (b) 被用者補償プログラム（EC．労災をカバー．75年より）という2つの部門から成り立っている．

対象範囲は当初の被用者から 80 年以降は一定年収以上の自営業者も強制加入となり，92年からは一定年収以上の農業・漁業者，95年には一定収入以上のインフォーマル部門の労働者という具合に徐々に拡大されてきている．

医療については，Medicare Act of 1969 により
- メディケアⅠ…SSS および GSIS でカバーされる人を対象
- メディケアⅡ…主としてインフォーマル・セクターを対象

と呼ばれる制度が存在していたが，近年の注目すべき展開として，95年に国

民医療保険法 National Health Insurance Act of 1995 が制定され，単一の医療保険制度による全国民のカバーが志向されるようになった（上記のように同年から SSS が一定収入以上のインフォーマル・セクター労働者を強制加入にしたことと連動している）．

しかしながら現実には農業人口（労働力人口の44%）にとって SSS は縁がない状況にあり，なお全人口のうち多数が医療保障の外にある．医療費をめぐる財源構成（2000年）は，

39% 政府（国21%，地方18%）
7% 社会保険（＝Medicare/PhilHealth）＝National Health Insurance Program（NHIP）
54% 私的（out-of-Npocket 46%，民間保険2%，HMO 2% など）

となっており，公的な社会保険制度でカバーされている割合はなお少数である（第3回東アジア社会保障高級実務者会合の country report による）．したがって公的制度の拡充が最大の課題となっており，同 report では改革への戦略として，

- 5年の間に NHIP が全人口の70%をカバーすることを目標
- カバー範囲の拡大
    （今後1-2年）NHIPの貧困者向けプログラムの拡充，個人加入者の拡大
    （今後3-5年）従来からある自治体または地域ベースの保険システムとの連動

という目標がうたわれている．将来的には SSS，GSIS，貧困者向けプログラムに分立している National Health Insurance Fund（NHIF）を統合して財政調整を行い，基礎給付基金 Basic Benefit Fund と補足的給付基金 Supplementary Benefit Fund に再編するという方向が検討されている．

いずれにしても，インフォーマル・セクターへの社会保障制度の実質的な普及を通じた「皆保険」に向けて模索している，という点においてはタイと共通した状況にあるといえるだろう．

●マレーシアとインドネシア——国民的統合への模索と社会保障

　一方，先述のように多様な民族構成という状況や，そもそも近代西欧的な「国民国家」というコンセプトや実態そのものがなお流動的であることから，社会保障制度の構築にあたってひとつの基礎となる国民的統合という点で多くのハードルをもちつつ模索を行っているのがマレーシアやインドネシアである．

　このうちマレーシアについては，イギリスから独立したのが1957年であるが，先にもふれたように植民地時代よりイギリスの影響を受けた様々な社会保障関連制度が整備されつつあった（たとえば1951年の国家保険基金法，政府年金法，52年の労働者保障法，55年の雇用法など）．その後1969年の人種暴動を契機に種々の原住民（ブミプトラ）優先政策が採られるとともに，新経済政策（NEP）と呼ばれる積極的な経済政策が行われ，とくにマハティール政権（81年-）からはLook EastやAsian Wayといった理念を含む成長志向型の国家戦略が進められた（91年には「ビジョン2020」と呼ばれる，2020年までに先進国入りを果たすという目標が採択されている）．

　社会保障に関しては，(a) 雇用者積立基金（EPF）（52年の雇用者保険基金法に基づく）と呼ばれる，シンガポールの中央積立基金と類似した強制貯蓄制度と，(b) SOCSO（69年の雇用者社会保障法に基づく）と呼ばれる，労災と障害年金を内容とする制度が柱となっている．前者については91年時点で労働者の44.6%が加入しているが，シンガポールと同様，退職時引出しより住宅購入資金のほうが重きをなすものとなっている．また90年には「国家統一・社会開発省」が設けられるとともに（前身は82年の社会開発部），「国家社会福祉政策」が採択され，経済発展と並行したかたちでの社会保障の充実が志向されている．またマハティールの掲げるAsian Wayの理念もあり，公的制度のみならず家族・共同体など非政府部門も重視した社会保障の姿が模索されている．

　医療についてみると，現状では連邦政府が主要な医療費の担い手（一般財源）であり，民間では医療保険が発達しておらず直接支払い（out-of-pocket）が大部分を占めるほか，大企業の場合は自前の医療保険をもつ場合もある．また，政府による民営化政策（国立病院の民営化など）が進められる動きもあるなかで，医療の二極化といった公平性の問題も生じてきている．こうした状況

のもとで，85年に出された政府による医療財政検討報告 Health Sector Financing Study は強制加入の公的保険を提言したが，皆保険についての定まった結論はなお出ていない状況にある（第3回東アジア社会保障高級実務者会合におけるマレーシアの country report による）．

こうした背景には，イギリスの NHS の影響もあってもともと公的医療は一般財源のみだった同国において，民間の医療供給が増加するなかで私的な医療支出が拡大し，しかしそれに対応した保険システムが未整備であるという状況が働いている．

他方，インドネシアもマレーシアと同様に国家的統合に多くの課題を抱えてきた国である．1966年以降のスハルト政権の下では経済成長を志向した開発独裁体制がとられ，アメリカの大学で教育を受けた多くのテクノクラートが経済運営にあたるとともに，IMF・世銀などを通じた西側先進国の大きな援助を受けてきた．こうしたなかで社会保障制度もある程度整備されてきているが，上記のような国々に比べなお未整備の状況にある．

制度としては，公務員を対象とした ASKES（医療保険）・TASPEN（年金）や軍人向けの制度のほか，一定規模以上の企業の民間被用者を対象とする JAMSOSTEK と呼ばれる制度がある．

しかし人口全体からみるとこれらはごく一部の層に限られたものであるのが現実である．たとえば医療についてみると，その財政は70％が私的（うち75％ out of pocket，15％ 医療保険，10％ 事業主負担），30％が公的となっており，また医療保険のカバー範囲はなお人口の15％を超えていない（カバーされている者は公務員7％，一部のフォーマル・セクター2％など）．この背景には，フォーマル・セクターが全労働人口の40％前後に過ぎず，かつ，保険の概念がなお人々の間に定着していないという状況がある．最近の動きとして，92年の医療法（Health Act No. 23）によりマネジドケア的な性格をもつ地域健康保障制度（JPKM）が導入されたという展開があるが，ごく限定的な範囲にとどまっている（第3回東アジア社会保障高級実務者会合 country report による）．

医療以外の分野を含め，社会保障制度のインフォーマル・セクターへの拡充

が困難な課題となっているのがインドネシアの現状となっている．

(3) 第3グループ

アジアの社会保障における第3グループは，先述のように「産業化の初期段階にあり，社会保障制度は主として一部の公務員・軍人等を対象とするものに限られ，医療保障の面では（感染症に対する）公衆衛生施策がなお中心を占めるような国家群（その多くは社会主義からの移行経済にある国々）」であり，ベトナム，ラオス，カンボジア，ミャンマーなどが該当すると考えられる（2001年の1人当たりGNIはこの順に410, 310, 270, 不明となっている）．

このうちラオスについては，これまでの大きな歴史的経緯として，
(a) 1965-75年 社会主義国の援助を受けた左派とアメリカ・フランスの影響下にある右派との間の内戦が続いていた時期
(b) 1975-85年 （現在に続く）社会主義政権 Lao People's Republic が成立し計画経済に基づく体制が整備された時期
(c) 1985-現在 政府が従来の中央計画経済から市場指向経済への政策転換（New Economic Mechanism）を開始し，経済成長も年平均7％の高成長へと変化していった時期

という大まかな区分が可能である．

ラオスはもっとも低開発の国とされており，ほとんどが農村地帯で教育年限も平均わずか2.9年とごく短い．社会保障のうち医療についてみると，なお感染症が中心であることもあり医療サービスは公衆衛生施策が中心で医療保険はほとんど未整備である（筆者は97年8月に主としてラオスの医療保障に関する調査を実施した）．ただし国家公務員（人口全体の1.6％）については毎月の給与の6％を拠出し，これが退職年金および医療費に充てられるという仕組みが採られている．また，疾病構造も徐々に慢性疾患が増加しており，医療保険の導入，普及を段階的に図っていくことが課題とされている．ちなみに1997年にはASEAN加盟が果たされ，2010年を目途に工業化の推進を進めていくことが目標となっている．

カンボジアについては，75-79年の暗黒期（ポルポト時代）をへて79年以降社会保障制度の整備が模索されているがなおその途上にある．医療に関して

はやり公衆衛生が中心で「保険」の概念はなお浸透していない．ちなみに医療費の内訳は私的75％，政府4％，寄付21％となっている（第3回東アジア社会保障高級実務者会合での country report による）．

（4） 第4グループ

最後の第4グループは「いわば"超大国"として以上の分類に収まらない国家群」であり，具体的には中国，インドである（2001年の1人当たり GNI は中国890ドル，インド460ドル）．ここでは中国について簡潔に取り上げてみたい．

●中国——経済システム改革と社会保障

中国の社会保障については，大きく次のような時代区分が可能である（李，1997，劉，2002）．

 (a) 社会保険制度創設期…中華人民共和国の成立（1949年）を受け，1950年に「中華人民共和国労働保険条例」が制定され（51年施行．対象は従業員100名以上の国営・私営企業等），社会保障（社会保険）の基本的な枠組みが整備された時期

 (b) 社会保険改善期（1958-66年）…退職や医療保険に関して若干の改善が図られた時期

 (c) 社会保険衰退期（1966-77年）…文化大革命に伴う混乱で社会保険制度が壊滅的な状況に陥った時期

 (d) 社会保険改革期（1978-現在）…上記混乱から再出発し，鄧小平による「改革開放」への転換のなかで社会保険制度の改革が図られるとともに，92年の党大会で提起された「社会主義市場経済システム」の理念のもとで積極的な社会保障の再構築が進められている時期

ここで社会保障のうち医療に焦点をあててみると，経済改革期までの中国の医療保障は基本的に，

 A）労働保険医療＝国営企業労働者（発足は上記1950年の労働保険条例）

 B）公費医療＝政府機関職員

C）合作医療＝農民

の3本柱から成り立っていた（このうちCはいわゆる人民公社（58年-）に基盤を置くもので，強制加入ではなく自発的なものだったが，76年の時点では90％以上の農民が合作医療に加入していた．ただし低収入のため不安定な制度であった）．ちなみに当時の中国では都市と農村の完全な二元体制がとられ，都市と農村を分ける戸籍制度があり労働移動は存在しなかった．

やがて1978年に「農村経済体制改革」がスタートし人民公社体制の解体が進められていく．80年には農村の家族「単位」の生産請負が公認され，郷鎮企業の急速な成長がみられた（82年憲法改正により郷鎮が末端行政地域となり人民公社は解体）．この結果，それまでの「合作医療」は解体していくことになった．こうしたなかで，政府は農村社会全体に統一的な公的医療保険を創設することには消極的であった（理由として国庫負担増加の問題）．

一方，企業別に運営されてきた労働保険医療も企業単位（のリスク分散）であることの問題が顕在化していった．

このように経済改革に伴う大きな社会変動のなかで，労働保険医療と公費医療でカバーされる者は労働者の約28％にとどまり（91年），また合作医療を実施している村も全国で10-15％（91年）という低水準で，抜本的な社会保障制度の再編が求められる状況になっていったのである．

こうした状況を受けて，90年代以降制度の再編に向けた様々な改革が模索されている．医療については93-94年，政府による医療保険制度改革案が示されたが，これは「個人医療口座」という一種の強制貯蓄制度をベースとし，かかった医療費の規模に応じて自己負担さらに（リスク分散としての）基金を併用する内容のものであった（シンガポールの影響がみられる）．

続いてモデル都市での試行をへて，こうした案を具体化するかたちで，98年には国家委員会が都市被用者対象の医療保険案をまとめたが，それは

- すべての都市の企業が加入．県レベルで医療費をプール．
- 雇用者が6％を，被用者が2％を拠出．

うち，被用者個人の拠出＆雇用者拠出の30％→個人勘定（軽微な医療をカバー）

　　　残り→プール基金（入院および重篤な医療をカバー）

という内容になっており，99年より実施に移された．

一方，年金についても，91年に国家委員会が3層（国－企業－個人）からなる年金システムを提言し，こうした方向を受けて97年には「企業労働者統一養老保険制度を設立する決定」が公表されている（すべての企業被用者と都市の個人労働者が加入，地方政府が保険料決定，等）．

このように，経済改革と並行しながらとくに90年代以降，医療保険や年金などの分野で様々な社会保障改革が進められている．しかしながら，これらは基本的に都市部での被用者を対象とするものであり，財源の確保などその施行そのものをめぐる課題と同時に，人口の8割を占める農村部への拡大や，（「一人っ子政策」からも帰結する）今後のきわめて急速な人口高齢化への対応といった困難な課題に同時に直面しつつ改革の方向を模索しているのが現在の中国である．

なお，理論的には，中国の掲げる「社会主義市場経済システム」というコンセプトが，"修正された資本主義"としての福祉国家の理念といかなる関係に立つかというテーマが吟味されるべき興味深い課題であることは前節で指摘したとおりである．

また個別の主題としては，(a)ジェンダー関係に関して，社会主義下の中国が一種の「国家フェミニズム state feminism」的な女性の就労促進策をとったことや文化的な背景の帰結として，ジェンダー平等が相対的に推進されているとされる点をどう評価しまた他のアジア諸国と比較・展望していくかというテーマや，(b)医療における伝統医学の体系（中医学）と西欧近代医学を医療システムのなかでどう統合していくかというテーマ等は，今後掘り下げられていくべき重要な話題と考えられる（前者に関し瀬地山，1996，後者に関し渥美，2002，呉，2000参照）．

4　アジアの社会保障と「日本の社会保障」

(1)　「日本の経験」を評価する意味

アジアの社会保障について概観してきたが，こうしたテーマについて考えていく場合，あるいは「社会保障分野における国際協力」という，これまで未開

拓であった新しい課題に取り組んでいくにあたり，そこでどうしても避けては通れない重要な作業として浮上するのが，社会保障に関する「日本の経験」の評価というテーマである．

実は日本における社会保障研究や実践においてもっとも欠落しているのがこの点であるといっても過言ではない．ひとつには，これまでの日本における社会保障研究や政策展開は，ほぼもっぱら先進諸国（＝欧米諸国）の社会保障を"学び，吸収する"という視点をベースに行われてきたため，そもそも社会保障に関する日本の経験を評価してアジア等の諸国に"発信"しまた相互的なコミュニケーションを行うとか，アジアや途上国を視野に入れた上で日本の社会保障制度の特徴や問題点を位置づけるといった作業自体が十分に行われてこなかったのである．

さて日本はアジアの後発資本主義国家として，19世紀終わりからきわめて急速な産業化の途を歩んだが，「欧米諸国」を範にとって"国家主導・キャッチアップ型"の経済成長を遂げていったその過程自体に示されているように，それら先発の工業国群に対して一種の「途上国」として存在してきた．

そのことは，社会保障の制度設計自体に様々なかたちで現れているし，また，たとえば比較的後の時代まで第1次産業の従事者割合が高い水準にあったこと，就業構造の変化や都市化の進展，出生率低下等のスピードがきわめて速いものであったこと等といった点に特徴的な形で現れている（広井，1999参照）．こうした点を考慮すると，**日本の経験は，ある意味で，「後発国家における社会保障制度設計のあり方」**という点で，欧米先進諸国の経験にはない独特の意味を有するものとなっている．

一方将来に目を向けると，日本の場合，後発産業国ゆえの急激な経済社会システムの変化，とりわけ戦後の時期（昭和20年代）における出生率の急激な下落の帰結として，高齢化の速度が際立って急速なものとなっているが，こうした特徴は中国をはじめ現在のアジアの多くの国にもすでにみられるか今後予測される事態であり，このような点，つまり**「高齢化のスピードの速さ及びそれへの対応」**という面においても独自の特質をもっていると考えられるのである．

(2) 社会保障に関する「日本の経験」の特徴と評価

こうした点を視野に入れた上での日本の社会保障の評価について，ここでは紙面の制約もあり詳細に論じることはできないが，概略のみ整理すると以下のような点が指摘しうると思われる（詳しくは広井，1999参照）．

A．制度全体の設計に関すること
1) 当初ドイツ型の社会保険システムとして出発し，次第に（イギリス的な）普遍主義的方向に移行していったこと
2) 社会保険の「保険者」に「国」自身がなったこと（医療保険における政管健保，年金における国民年金・厚生年金）
3) インフォーマル・セクター（農林水産業者，自営業者）が相対的に多い経済構造のなか，その取り込みを積極的に行ったこと（とくに医療保険における国保のユニークさ）
4) 医療保険がまず整備され，年金が遅れて，しかし急速に膨らむという経過をたどったこと

B．社会保障制度と経済社会システムの関係に関すること
1) 経済成長の離陸期に国民皆保険のシステムを実現させ，このことが一種の産業政策として経済成長にプラスに寄与した面があると考えられること
2) 制度としての社会保障とは別に，企業（カイシャ）および家族が強固なコミュニティとして機能し，"インフォーマルな社会保障"としての役割を強く果たしたと考えられること（たとえば，終身雇用・低い失業率と失業保険・生活保護の比重の小ささ等）
3) 高度経済成長期がちょうど人口転換期にあたり，「若い」国のまま経済成長を遂げることができた半面，一種の財政錯覚が生じ，いわば「高齢化のツケ」を後に回してきた面があること

C．社会保障の個別分野に関すること
(1) 医療
1) 医療財政については国家の管理が強いシステムとしつつ，医療供給体制に

ついては民間中心のシステムとしたこと（「混合型」システム）
2) プライマリケア（開業医）優位のシステム・資源配分としたこと
3) 初期段階において保健所等公衆衛生システムの整備に力を注いだこと
4) 農村共同体をベースとした国保という「地域保険」システムを導入したこと
5) 政府公定の診療報酬システムが医療費のコントロールおよび配分にとくに大きな影響をもったこと
6) 全体として「量とアクセス」に重点を置いた"途上国型医療構造"ともいうべき姿となっており，医療の質，医療技術の評価，患者の権利，情報開示と競争原理の導入等に着目した"成熟経済型医療構造"への転換が求められていること

(2) 年金
1) ドイツ型の職域・所得比例型のシステムとして出発し，普遍主義的方向への志向のもと，（イギリス・北欧型の）基礎年金の導入に至ったこと
2) 国民年金・厚生年金ともに保険者に国自身がなったこと
3) 経済成長と人口転換のタイミングや，高齢化のスピードの速さ等を背景に，上記の財政錯覚，高齢化のツケといった負の側面がとくに強く現れていること

(3) 福祉
1) 戦前における未整備の後，戦後占領政策のなかで英米系の制度が導入されたが，「社会保険中心に社会保障を組み立てる」との方向づけとも相まって，公的扶助（生活保護）を含めきわめて限定的な範囲のものとして位置づけられたこと
2) その結果，社会保険の制度が多分に「福祉」的な（＝低所得者対策としての）要素を含むとともに，高齢化の進展のなか，「医療が福祉を引き受ける」傾向（社会的入院など）が顕著となっていったこと
3) 福祉あるいは「社会サービス」の分野が立ち遅れ，近年高齢者介護を中心に急拡大しているものの，なお大幅な拡充が求められること

なお，フォーマルな制度としての社会保障そのものにかかわるものではない

が，以上のうちBの1）および2）に関連する論点として，戦後の日本の経済政策においては，一見社会保障とはみえないが，事実上"社会保障的"な機能を果たした政策が広くみられるという点も銘記すべきと思われる．たとえば農水省による農業関係の補助金は他でもなく農家に対する「生活保障」として機能したし，地方交付税交付金のシステムは，実質的に「都市圏―地方（田舎）」の所得格差を是正する役割を担った．通産省現経済産業省による中小企業への様々な補助政策もそうである．これらに共通しているのは，いわば**「生産部門を通じた社会保障」**ともいうべき特徴である．つまり，戦後の日本においては，社会保障が社会保障として整備される以上に，生活保障の相当部分は，広義の産業政策的な政策を通じてなされた面が大きかった．こうした傾向は，後の時代（とくに70年代以降）には，いわゆる公共事業が（「職」の提供を通じての生活保障という）"社会保障的"な機能を果たすという，負の側面を多分にもった方向に展開していった（筆者はこれを**「公共事業型社会保障」**と呼んでいる）．後発国家の経済政策においては，経済成長ということに圧倒的なプライオリティが置かれ，かつ「生産中心的」な志向が前面に出るためこのようなことが生じやすいものと考えられ，その正負の側面を含めた評価が必要と考えられる．

また，C（3）の3）の点すなわち「社会サービスの発達の遅れ」ということは，先に述べた「アジア型福祉国家」をめぐる論点とも関連し，家族関係やインフォーマルな相互扶助関係が大きな意味をもつアジアの多くの国で生じやすい傾向と考えられ，こうした点についての比較研究が求められている．

(3)「日本の経験」の全体的評価

社会保障に関する「日本の経験」を全体としてながめると，先ほども述べたように日本の経験は，
(i) 後発国家における社会保障制度設計のあり方
(ii) ある段階からの急速な高齢化およびそれへの対応
という二重の意味で，成功と失敗ないし長所・短所の両面を含めて，「欧米モデル」にはない独自の，かつ途上国にとってより共通性の高いモデルとしての意味をもつものである．このうちとくに現下の途上国にとって意味をもつのは

(i)であるが、この点に関して日本の経験がもつとくに大きな特徴は、
(a)「農業，自営業等のインフォーマル・セクターが非常に大きな比重を占めるなかでの社会保障制度づくり」という問題に最初に直面し，対応を行った国であったという点，
(b)サラリーマングループについても「国自らが保険者」となり，国家主導型の社会保険システム（"国家保険"ともいうべき制度）を整備していった点にある．こうした点において，国保という「地域保険」のシステムや，中小企業向けの「政管健保」といったシステムは，途上国にとって，欧米諸国のものにはないユニークなモデルとしての価値をもつものと考えられる．同時に，これらのシステムは，戦後日本における，経済成長というゴールに向けての国民全体の強いコンセンサスや凝集性の高さ，社会保障以外の行財政・政治システムとも不可分のものであり，また，企業レベルでの日本型雇用慣行や，国家レベルでの「日本株式会社」とも呼ばれるような官民一体の体制とも深く連動したものであった．したがって，具体的な制度のフィージビリティ等について吟味していくにあたっては，そうした社会保障をとりまく全体的なシステムとの関連において，各々の国の状況に照らしてさらに深く検討されていく必要がある．

一方，(ii)の「ある段階からの急速な高齢化」については，逆にいえば，日本を含めた後発国の場合，そうした段階に至るまでは高齢化の問題のもつインパクトが十分自覚されないおそれが大きいことを意味するのであり，世界銀行も指摘するようにある種の"財政錯覚"に基づく年金給付の大幅拡大――基本的に積立金の取り崩しによる――に流れてしまう傾向が大となる．わが国の年金制度については，そうした面が多分にあったといえ，現在に続くその後の「改革」は，実質においてその"修復作業"としての給付削減という形となり，しかもそうした修正作業が繰り返し小刻みに行われているために，かえって制度の安定性に対する国民の不安を増幅させるものとなる．しかもこうした点は，日本を含めて後発国の場合，高齢化ないし人口転換のスピードが早いため，短期間にドラスティックなかたちで起こらざるを得ない．したがって，高齢化の初期段階においてとくに公的年金の給付水準を過大なものとしないことは，「負」の意味での日本の経験からの示唆――いわば"反面教師"としてのメッ

セージ——として位置づけられるべきであるものと筆者は考える．また(ii)の点については，「健康転換第3相」への対応を，高齢者ケアにおける「医療→福祉」への転換ないし福祉サービスの充実というかたちで初期の段階から進めておくことが，サービスの質の面でもコストの効率性の面からも重要であることはすでに指摘したとおりである．

（付論）社会保障における農林水産業者・自営業者の位置づけと日本の経験

既述のように，途上国の社会保障制度設計にあたって，もっとも問題となるのが非サラリーマン・グループ（農林水産業者，自営業者）の層である．たとえば国際社会保障協会（ISSA）コンサルタントのマイケル・ジェンキンズは「農村の農業従事者やインフォーマル・セクターの労働者は社会保障の保護を得られないことがこれまでも多かったが，このことはとりわけ発展途上国においてあてはまる」と指摘している（Jenkins, 1993）．そこで，日本における社会保障の展開の特徴的な点として，先に指摘した「非サラリーマン・グループが相対的に多い経済構造のなか，その取り込みを積極的に行ったこと（とくに医療保険）」という点が浮上する．

事実関係を確認すると，日本における第一次産業従事者の割合は，戦前はもちろん1970年代頃に至るまで先進国のなかで飛び抜けて高いものであった（同時にその低下のスピードは際立って速いものであった）．こうした点自体，日本の歩んできた道の"後発性"を表しているといえ，またその分現在の発展途上国にとって示唆するものが大きいということもできる．

逆にいえば，欧米先進諸国の場合，社会保障の制度設計にあたってこの問題に比較的頭を悩ませずにすんだということが可能である．というのも，19世紀終わりから20世紀半ばにかけて社会保障の制度を構築し拡大していく過程が，先行する産業化のプロセスをいわば追認していく過程であり，また，第二次大戦以降の段階では第1次産業従事者は既に少数となっていたので，仮にこの層を除外ないし任意加入としたとしても，大方の層に社会保障のネットを及ぼすことは実現できたのである．

こうした流れを考えると，この「農林水産業者ないしインフォーマル・セクターの社会保障システムへの取り込み」という問題に，いわば最初に大規模な

かたちで直面したのが後発産業国家たる日本であったということが可能ではないかと思われる．ちなみに，インドの経済学者 Guhan は「フォーマル・モデルの限界」と称して，「フランスやイギリス，アメリカなどの社会的プログラムをみて，それが途上国にとってとるべき政策の陳列棚とみることは誤りである．ベヴァリッジ・モデル，ビスマルク・モデル，ルーズベルト・モデルいずれも途上国の社会保障モデルとしては使えない」と論じている（Guhan, 1994）．まさにこの問題に最初に直面したのが日本であり，逆にいえば，「日本の経験」は現在の途上国にとって独自の示唆をもつ可能性を秘めているといえる．

　こうした点に関するもっとも象徴的な制度は，やはり国民健康保険のシステムである．ドイツ型社会保険から出発した日本にとって，初めてドイツにはない日本独自の制度として，しかもそのことを自覚しつつ創設したのが国保という地域保険のシステムであった．こうした意味では，日本の場合，第1次産業から第2次産業への産業構造のシフト，つまりは産業化の過程の比較的「早い」段階で社会保険の仕組みの導入・普及を図ったということも可能であろうし，また，こうした社会保障整備段階で巨大な第1次産業従事者を抱えその位置づけに苦慮するという問題は，途上国に共通の問題といえる．

　そして，この場合圧倒的に問題となるのは年金ではなく医療保険である．年金つまり高齢者の生活保障については，農村の場合家族による扶養が維持されているため，この段階ではさほど大きな問題として浮上しない．ところが医療についてはそうした家族による代替が困難であるから，その必要性は都市労働者層つまりサラリーマングループとさほど変わらない．そこで農林水産業者の医療保障問題が浮上する．日本の場合これを国保という，農村共同体を単位とする地域保険のシステムで対応した．これを中央政府が財政援助を通じて支援し，1961年には全市町村において国保がつくられるに至り，「国民皆保険」が完成することになる．

　いずれにしても，こうした農林水産業者・自営業者層を社会保障のなかでどう位置づけていくかは，アジアないし途上国の経済発展と社会保障という課題においてひとつの中心的なテーマとなるものである．

5 残された課題と展望――「アジア福祉ネットワーク」の構築

　以上，本書全体の導入ともなる本章においては，「なぜ今アジアの社会保障か」という基本的な問題意識から始め，アジアの社会保障にアプローチしていく際の複数の視点（経済発展論的視点，「比較福祉国家論」的視点など），アジアの社会保障をみていく場合の枠組み，暫定的なグルーピングを踏まえた各国の概観，「日本の経験」の評価等といった話題にそくして議論を進めてきた．

　「アジアの社会保障」というテーマを考えていく場合の論点や話題はなお多岐にわたり，本章で扱いえたのはその一部に過ぎず，この点はひとえに筆者の能力と蓄積の不足によるものであるが，ここでは本文でふれられなかった若干の話題について言及させていただくこととしたい．

　ひとつは，「環境」問題ないし環境政策との関連である．仮に社会保障をめぐるテーマが基本的に「富の分配」に関わる話題であるとすれば，環境をめぐる諸課題は「富の大きさ（成長）」そのものに関わる問題として位置づけることができ，そしてこの両者は，経済発展や社会変動のダイナミックな過程において相互に不可分の関係にある．この点は，たとえば経済成長と所得分布の関係に関するいわゆる「クズネッツの逆U字カーブ仮説」（経済発展の過程に伴って，所得分布の格差の大きさを示す指標であるジニ係数が，当初は増加し一定段階以降は減少するという仮説）とパラレルに，「環境汚染に関する逆U字カーブ仮説」が指摘されている文脈ともつながっている（この話題については広井，1999，同2001参照）．

　このように，「経済発展のプロセスと社会保障整備および環境問題への対応」という話題は，本来一体のものとして吟味されるべきものである．多くのアジア諸国において（社会保障整備をめぐる様々な課題とともに）急速な経済発展に伴う環境問題が深刻化している現状とも併せ，また社会保障と環境（ないし公害）問題への対応の双方を含めた「日本の経験」の評価という問題意識をふまえながら，今後掘り下げられていくべきテーマであると考えられる．

　いまひとつは，グローバリゼーションの進展と「国内的」な社会保障整備との関係や，広く「開発と文化」をめぐる様々な話題との関連である．前者に関していえば，本章では主として社会保障制度をドメスティックな制度として，

いわば各国別にみていくという視点が中心となったが，実は（ある意味で先進諸国の経験と異なり）国内的な社会保障制度の構築の過程が否応なくグローバリゼーションの波にさらされているという点が，現在のアジア諸国が直面している状況の最大の特徴ともいえる（第2章参照）．また，EUでのような展開とはなお様相を異にするとしても，今後アジアの社会保障というテーマを考えていくにあたっては，社会保障を「国民国家」単位のものとしてのみとらえるのではなく，国家間の経済協力や所得再分配といった視点を含めて，国家を超えた（supra-nationalな）レベルでとらえ，構想していくという視点がきわめて重要なものとなる（これは究極的には「地球レベルの福祉国家」という話題にもつながっていくものである）．今後は，21世紀の全体を視野に入れて，**「アジア福祉ネットワーク」**ともいうべきアジア諸国間の社会保障分野における相互協力や連携の拡大，ひいては国家レベルを超えた福祉圏の構想が大きな課題となっていくだろう．

他方で，そうした緊密化や統合に向かうベクトルとは別に，「開発と文化」という問題意識が示唆するように，アジアの各地域は決して一律に産業化ないし工業化という"経済発展"の方向を志向しているわけではなく，土着の文化や伝統的な社会構造を保持しつつ，多様な発展（あるいは伝統的なものの維持）のパターンを示している．こうした視野からすれば，そもそも（ある意味で西欧的な歴史パターンに由来する）「社会保障」というコンセプト自体が，そのままの形でアジア諸国の各地域にどこまで適用できるかということが問題として設定しうるのであり，「アジアの社会保障」という主題は常にこうした関心とともに考察されていく必要があるだろう（村上，1998，高谷，1993等参照）．

最後に，本文でも言及した点であるが，「社会保障の国際協力」という課題がある．このテーマは，(a)社会保障という文脈では，これまで"欧米諸国からの学習"に関心の大部分を向けてきた日本の社会保障研究において常に後回しにされてきた課題であり，また(b)国際協力という文脈では，様々に指摘されてきたように"ハード面"や土木建築等のインフラ整備を中心に展開されてきた日本の海外援助において問題意識の対象となってこなかった領域であり，この結果，いわばある種の（未開拓の）「ニッチ」のような分野として存在し

てきた (国際協力事業団・国際協力総合研修所, 2003).

アジア諸国の社会保障に関する調査研究と, 社会保障に関する「日本の経験」の評価という作業が, 相互にフィードバックする形で進められ, これらを通じて日本とアジア各地域とのコミュニケーションが拡大していくことがこれからの大きな課題である.

文献

渥美和彦 (2002), 『自分を守る患者学――なぜいま「統合医療」か』, PHP 新書.
アマルティア・セン (2002), 『貧困の克服――アジア発展の鍵は何か』, 集英社.
Beattie, Roger (2000), "Social Protection for all: But how?" *International Labour Review*, Volume 139, Number 2.
ベネディクト・アンダーソン (白石訳) (1997), 『想像の共同体』, NTT 出版.
Berman, Peter (ed.) (1995), *Health Sector Reform in Developing Countries*, Harvard University Press.
Byen, Jae-Kwan (2001), 「韓国における生産的福祉と積極的福祉」, 『海外社会保障研究』, No. 135, Summer 2001.
Chow, Nelson (1987), "Western and Chinese ideas of social welfare," *International Social Work*, vol. 30.
Cleland, John and G. Hill, Allan (1991), *The Health Transition: Methods and Measures*, The Australian National University.
Dixon, John and P. Scheurell, Robert (1995), *Social Security Programs*, Greenwood Press.
Esping-Andersen, Gosta (1990), *The Three Worlds of Welfare Capitalism*, Polity Press.
Esping-Andersen, Gosta (eds.) (1996), *Welfare States in Transition: National Adaptations in Global Economies*, Sage Publications.
van Ginneken, Wouter (ed.) (1999), *Social Security for the Excluded Majority*, International Labour Office.
Goodman, Roger and Peng, Ito (1996), "The East Asian Welfare States: Peripatetic Learning, Adaptive Change, and Nation-Building," Gosta Esping-Andersen (ed.), *Welfare States in Transition*, Sage.
Goodman, Roger et al. (eds.) (1998), *The East Asian Welfare Model*, Routledge.
呉澤森 (2000), 『鍼灸の世界』, 集英社新書.
Guhan, S. (1994), "Social security options for developing countries," *International Labour Review*, Vol. 133, No. 1.
原洋之介 (1996), 『開発経済論』, 岩波書店.

原洋之介 (2000),『アジア型経済システム』,中公新書.
長谷川敏彦 (1993),「日本の健康転換のこれからの展望」,武藤正樹編,『健康転換の国際比較分析と QOL に関する研究』,ファイザーヘルスリサーチ財団.
速水佑次郎 (1995),『開発経済学』,創文社.
広井良典・小野太一 (1997),『社会保障の国際協力に関する調査研究』,医療経済研究機構.
広井良典 (1999),『日本の社会保障』,岩波書店.
広井良典 (2001),『定常型社会 新しい「豊かさ」の構想』,岩波書店.
広井良典 (2003),『生命の政治学――福祉国家・エコロジー・生命倫理』,岩波書店.
ILO (2000), *World Labour Report 2000 (Income Security and Social Protection in a Changing World)*.
イト・ペング (2001),「台湾の社会保障制度――民主化と福祉の発展を巡る政治力学」,『海外社会保障研究』, No. 135, Summer 2001.
岩崎育夫 (2000),『現代アジア政治経済学入門』,東洋経済新報社.
岩崎育夫 (2001),『アジア政治を見る眼――開発独裁から市民社会へ』,中公新書.
『海外社会保障情報』(特集:東南アジアの社会保障の進展), Summer 1998, No. 123.
Jenkins, Michael (1993), "Extending social security protection to the entire population: Problems and Issues," *International Social Security Review*, vol. 46, 2/93.
Jones, Catherine (1993), "The Pacific challenge: Confucian welfare state," in Jones, C. (ed.), *New Perspectives on the Welfare State in Europe*, Routledge.
Jutting, Johannes (2000), "Social Security Systems in Low-Income Countries," *International Social Security Review*, vol. 53, 4/2000.
金子能宏 (編) (2001),「「アジアと社会保障」ディスカッション」,『海外社会保障研究』, No. 135, Summer 2001.
Kautto, Mikko et al. (2001), *Nordic Welfare States*, Routledge.
Kautto, Mikko (2001), *Diversity among Welfare States*, STAKES.
Kleinman, Arthur et al. (eds.) (1994), *Health and Social Change in International Perspective*, Harvard University Press.
国立社会保障・人口問題研究所 (2001),『第5回厚生政策セミナー アジアと社会保障 資料編』.
国際協力事業団・国際協力総合研究所 (2003),『ソーシャル・セーフティ・ネットに関する基礎調査研究会報告書』.
Kwon, Huck-ju (1996), "Democracy and the Politics of Social Welfare: a Comparative Analysis of Welfare Systems in East Asia," Goodman et al. (eds.) (1996).
間崎恵美子 (1999),「タイ仏教ホスピス印象記 エイズ:こころのケア」,『ターミナルケア』vol. 9, no. 2.

村上泰亮(1998),『文明の多系史観』,中央公論新社.
仲村優一・一番ヶ瀬康子編(1998),『世界の社会福祉 アジア』,旬報社.
Nitayarumphong, Sanguan and Mills, Anne (eds.) (1998), *Achieving Universal Coverage of Health care*, Ministry of Public Health.
OECD (2002), *Towards Asia's Sustainable Development: the Role of Social Protection*.
大野健一(2000),『途上国のグローバリゼーション』,東洋経済新報社.
Rhodes, Martin (ed.) (1997), *Southern European Welfare States*, Frank Cass.
李京(1997),「中国の医療制度のあり方と医療保険改革」(東京都立大学社会科学研究科修士学位論文).
劉暁梅(2002),『中国の改革開放と社会保障』,汐文社.
Saunders, Peter (2000), "Economic Growth and Social Security: Aspects of Recent Asian Experience," Dalmer D. Hoskins *et al. Social Security at the Dawn of the 21st Century*, Transaction Publishers.
世界銀行(柳原透監訳)(1998),『東アジア再生への途』,東洋経済新報社.
瀬地山角(1996),『東アジアの家父長制——ジェンダーの比較社会学』,勁草書房.
白石隆(2000),『海の帝国 アジアをどう考えるか』,中公新書.
白鳥令編(2000),『福祉国家の再検討』,新評論.
総合研究開発機構(2001),『保健医療分野における東南アジア諸国間の地域パートナーシップの構築』.
菅谷広宣(1998),「アジアの発展途上国における社会保障構築への視点」,『アジアの労働と生活(社会政策学会年報第42集)』,御茶の水書房.
鈴木秀夫(1976),『超越者と風土』,大明堂.
高谷好一(1993),『新世界秩序を求めて』,中公新書.
田中浩編(1997),『現代世界と福祉国家』,御茶の水書房.
The 2nd East Asian Meeting of High-Level Officials on Caring Societies: Country Report, 2000.
The 3rd East Asian Meeting of High-Level Officials on Caring Societies: Country Report, 2000.
Titmuss, Richard M. (1974), *Social Policy*, Allen and Unwin.
梅棹忠雄(1974),『文明の生態史観』,中央公論社.
ウティサン・タンチャイ(2001),「タイの社会保障」,『海外社会保障研究』, No. 135, Summer 2001.
渡辺利夫(1996),『開発経済学——経済学と現代アジア』,日本評論社.
World Bank (1993), *World Development Report 1993: Investing in Health*, Oxford University Press.
World Bank (1994), *Averting the Old Age Crisis*, Oxford University Press.
World Bank (2001a), *Social Protection Sector Strategy*.
World Bank (2001b), *World Development Report 2000/2001 (Attacking Poverty)*,

Oxford University Press.
World Bank (2003), *New Social Policy Agendas for Europe and Asia*.

第2章　アジアの経済発展と社会保障

駒村康平

1　はじめに

　経済のグローバル化,貿易による財市場の統合から始まり,資本市場,労働市場の国際的統合へと進んでいる．とくに資本の国際移動は一国のマクロ経済政策,公共政策を制約し,それに加え労働移動は社会保障政策にも影響を与えるようになった．

　一方,経済システムに関する新たな変化が生まれている．ニューエコノミーといわれる情報化経済において,経済成長を左右する重要な投入要素は知識・情報になり,知識労働者は稀少な資源となりつつある．一部の労働者は企業に対し強い交渉力をもつようになっている．

　財・資本・労働市場の国際化と経済システムの変化に対応した社会保障システムの再構築が必要になる．

　一方,アジア経済危機 (1997-98年) によって一時停滞を経験したアジア諸国は,再び経済成長経路を回復しつつある．一部の国ではアジア経済危機によって経験した経済,社会的混乱を克服,再発を予防するためソーシャル・セーフティネットの確立が認識され,社会保障システムが確立しつつある．

　また,台湾では民主化運動の一連としての社会保障整備が進み,韓国でも南北緊張緩和に伴う軍事費削減により社会保障制度への余力が生まれ,国民健康保険の統合などの改革も進んでいる．一方,中国では,社会保障制度の改革,都市部の高齢化への対応が課題となっている．

2 グローバル化と社会保障

経済のグローバル化は加速化しており,資本移動を通じて成長もショックも容易に国境を越えていく.その典型がアジア経済危機であった.一国の政策では社会・経済を安定させることはできなくなり,社会保障が整備されていない国の労働者・生活者はいっそう不安定にさらされている.

(1) アジア諸国が抱えるリスク

社会保障制度の役割は,所得の再分配と社会的リスクの分散である.社会的リスクは経済発展の程度によって異なる.社会的リスクは短期リスク,長期リスクに分けることができる.短期リスクは景気変動による所得の減少リスクである.長期リスクは将来の人口高齢化に伴うリスクである.経済成長の低い国では,都市化が進んでおらず,従来からある家族,コミュニティーによるインフォーマルな組織が,短期的な所得の変動に対応している.これらの国にとって必要な社会保障制度は,所得保障ではなく,公衆衛生,保健,基礎的医療サービスといった基礎的な社会インフラである[1]

短期リスクが深刻になるのは,中程度に経済発展し,都市住民が増大し,インフォーマルな相互扶助組織を失っているアジア諸国である.これらの国では,短期リスクに対応する社会保障制度,最貧層への社会支援,ソーシャル・セーフティネットの拡充が不可欠である.

①所得変動リスク

アジア経済危機は,労働需要の激減による失業者の増加,為替の減価で生活必需財の高騰などを引き起こし,社会危機へ広がった.多くの国で失業率は20年ぶりの高さまで上昇した[2].とくに失業保険や公的扶助が不十分であり,短期リスクに対する社会保障の整備が不十分なタイ,インドネシア,韓国で危機が深刻化した.

---

[1] 総合研究開発機構(2000)が詳しい.
[2] タイ,インドネシア,韓国では,農業部門,インフォーマル部門がある程度の失業を吸収した.しかし,この一方で労働力が統計から消滅するという現象が生まれた.とくにそれは女性労働に集中し,解雇は女子労働者が多く,女性労働力率は急低下した.

表 2・1　アジアのセーフティネット整備状況

	雇用職場プログラム	食料給付	現金給付	社会基金	保険・医療・教育	失業保険・手当	失業者への訓練
韓国	A		B		B/A	B	
マレーシア			C		C		B
タイ	B		B	A	B	B	B
フィリピン	C	B	C	C	C		
インドネシア	B	A		A	B		

A: 導入．B: 拡充．C: 既設．
出典；井上（2000）p.27.

さらに経済危機のコストは女性に集中し，初等教育の中断，売春など深刻な社会問題を引き起こした．アジア経済危機は，貧困層の急増，教育の機会の喪失，投資の減少というかたちで，不平等を拡大するインパクトをもち，将来へ影響を残す恐れがあった[3]．

一方，アジア経済危機をきっかけに都市部未熟練労働者に対するセーフティネットの整備の必要性が認識されるようになった（表2・1）．

世界銀行（2000a）は，アジア経済危機に伴う不平等の拡大に対する政府の役割として，①適切な経済政策，②労働市場，所得保障に関する政策，③経済サービス，社会サービスの改善，④汚職撲滅，⑤社会の絆の強化，⑥情報公開の重要性を強調している．さらに世界銀行は労働市場のゆがみを最小化する必要があるとも指摘し，労働市場政策，雇用訓練政策，民間による職業斡旋促進を提示した．

②人口変動・高齢化リスク

人口構造の転換も社会的なリスクである．人口転換期において，公衆衛生，食料の改善により死亡率が低下し，乳幼児の生存率が高くなると子どもを多くもつ必要性は小さくなり，出生率も低下する．東アジアの平均人口増加率は1950-70年の3％から1970-95年には1.4％に下がった．こうした多産多死から少産少死の人口転換の過程で，死亡率低下と出生率低下の間には時間的なギャップがあり，しばらくの間，人口増加率は高くなり，人口の年齢構成に「こぶ」，すなわち団塊の世代が生まれる．また政府の人口抑制政策も出生率低下

---

[3]　世界銀行（2000, p.145）．

を加速するため,「こぶ」の大きさは相対的に大きくなる. この人口の「こぶ」は若年人口として労働力となり, 経済成長にボーナスをもたらす. アジアの高い経済成長の源泉は, 有利な人口構成（高い労働力人口比率）と高い貯蓄率－投資率であった[4]. 1975年から90年まで東アジアの1人当たりGDP平均成長率6.1%のうち, 1.5%が人口構造の寄与によると推計されている[5]. とくに香港, 韓国, マレーシア, シンガポール, 台湾, タイが人口構成上のボーナスのメリットを享受した.

しかし, こうしたボーナスをもたらした人口の「こぶ」も, 加齢とともに退職期にはいり, 老齢人口となる. 東アジア諸国は, 1995年から2025年にかけて労働力人口の増加率は急速に低下し, 従属人口比率は上昇するようになり, 高齢化社会に突入する.

アジアはタイ92%, マレーシア82%, インドネシア76%と一般的に高い同居率を背景に, 高齢者は家族内ケアによって支えられていた. しかし, 所得と世帯規模の間には逆相関関係があり, 経済成長, 所得の増加とともに, 成人した親子の同居率は低下傾向にある[6]. 東アジアの多くの国でこれら高齢者のケアを担った家族扶養の機能が低下し, これを代替するために社会保障制度の充実が必要になるであろう. しかし, 日本, 韓国のように世代間移転の社会保障システムを導入した国では, 高齢化に伴う世代間の問題が不可避になる. これに対し, マレーシア, シンガポールは社会福祉的支出を抑え, 公的年金を採用せず, 個人・家計の倹約・貯蓄を奨励し[7], 強制加入個人勘定を採用し, 財政負担の増大を回避している.

(2) アジアの経済成長と貧困, 所得格差

貧困・所得格差の問題は, きわめて低い生活水準以下の所得の人々に関する絶対的貧困と, 所得分布のゆがみの問題, すなわち相対的な所得水準格差に分けることができる.

①アジアの絶対的貧困

---

4) 青木健 (2000, p.155).
5) アジア開発銀行 (1998, p.37).
6) アジア開発銀行 (1998, p.34).
7) アジア開発銀行 (1998, p.21).

表2・2 1日1ドル未満の生活をしている絶対的貧困層の割合（1985年）

	1975	1985	1995	ジニ係数
東アジア	58	37	21	
中国を除いた東アジア	51	36	18	
マレーシア	17	11	1	0.44
タイ	8	10	1	0.4
インドネシア	64	32	11	0.3
フィリピン	36	32	26	0.37
ラオス	61	47	41	
ベトナム		74	42	
中国	60	38	22	0.34

日本のジニ係数は，0.27，韓国は0.32と推計される．
出典：世界銀行（1994），原洋之介（1996b）．

　1日1ドル未満（1985年の購買力平価）の所得層を絶対的貧困層と定義すると，1975年時点で，東アジアの人口の60％がこの所得層にあったが，1975-95にかけて東アジアの貧困層[8]は急速に減少し，1／3に減少した[9]（表2・2）．

②所得格差

　経済成長と所得格差についてはクズネッツの逆U字カーブ仮説[10]が有名である．これは，経済発展につれて，はじめは所得分配の不平等化が進むが，やがて平準化に転じるというものである．この背景には，各生産要素の分配率，部門間移動，各部門の大きさがある[11]．しかし，この仮説は，仮説を裏付ける強い理論的根拠が明確ではないことから，今後も経済発展とともにアジア諸国の所得再分配が自動的に平準化するということは自明ではない[12]．またクズネッツの想定していた国際統合の程度が低い産業社会と，財，労働，資本市場でグローバル化が進んだ産業社会では，条件が全く変化している点も考慮する必要がある[13]．アジア諸国では，所得税のウェイトも小さく，社会保障，公的扶

---

8) 貧困線の各国比較については，富樫光隆（1997，pp.92-93）．
9) 世界銀行（2000a，pp.127-173）．
10) 経済成長の初期段階では，労働力が豊富で，賃金が低く資本収益率が高いため不平等度が増大するが，経済成長とともに次第に賃金が上昇し，収益率が低下し，不平等度が低下するというメカニズムが働く湯川摂子（1985）．
11) 原洋之介（1999，p.30）．
12) 池本幸生（1998）．
13) 原洋之介（1996a）p.150，また逆U字カーブ仮説に関する実証上の問題点については，アジア経済研究所・朽木昭文・野上裕生（1997，p.18）．

助も限定的であるため，政策的な再分配の効果は期待できない．

一方，東アジアは，「公平な分配を伴った成長」，すなわちクズネッツの逆U字カーブ仮説から逸脱し，いきなり所得格差が縮小しながら経済成長が継続したという見方もある．この見方に対し，逆に，東アジアでは，所得，教育，富の相対的平等が先にあり，平等が経済成長を高めたのではないかという指摘もある．また，青木（1999）は支配階層の欠如こそが，公平な分配と高い経済パフォーマンスを両立させた要因と指摘している．

3 アジアの社会保障の方向性

アジアの社会保障はひとつの「アジア型福祉国家」に収斂するのだろうか，それとも多様なままなのか，注目を集めるテーマである．

(1) 収斂論と多様化論

経済発展を達成した先進国間でも福祉国家のタイプに違いが生まれる原因については，政治的要素を強調する見方と経済的要素を強調する見方がある．

エスピン・アンデルセン（2000）は，各国が福祉国家形成に向かって同一の軌跡をたどるという収斂論を否定し，自由主義福祉国家，保守主義的福祉国家，社会民主主義的福祉国家の3種類に分かれていくとしている．こうした選択を決定づける要因についてエスピン・アンデルセンは，制度成立期における階級政治が重要であるとし，本格的工業化に先立つ体制形成期の政治的構造が工業化期におけるその国の社会保障政策の特徴を決定すると考える．エスピン・アンデルセンは階層間の同盟構造によって，北欧では普遍主義的な福祉国家，大陸ヨーロッパでは保守主義的な福祉国家が採用されたと説明している．

こうしたエスピン・アンデルセンの議論は，アジアに適用可能なのであろうか．

これまで，アジアでは，社会保障制度の未整備を家族で補ってきたと理解されてきた．しかし，東アジアを儒教，家族扶養への強い選好という家族主義像でひとまとめできるのか，あるいは家族主義が高齢化社会でも持続可能なのかという点が注目される．家族の機能は，世帯構造の変化のなかで少しずつ弱く

なっており，日本はその先行モデルとなっている．一方，中国，韓国では家族の老親扶養機能を高める方向へと政策的に誘導している．

アジア諸国の社会保障が今後どのように発達していくのかは，欧州の社会保障制度発展の経緯や日本の社会保障の発展の経緯が手がかりを与える．

(2) 産業化と福祉国家

ヨーロッパの福祉国家の発展プロセスと経済システムを分析した研究としては藤澤(1997)がある．藤澤はドイツにおいて社会保険，被用者中心の従前所得保障型社会保障制度が根付いた理由を，「遅れてきた産業化」であるとしている．イギリスよりも産業革命の遅れたドイツでは，労働者保護立法の遅れ，産業優先のひずみにより社会主義運動が活発化した．これに対し，政府は社会保険導入で対応した．また，国際競争のスタートに遅れたため，熟練労働者への保護を優先したという点も社会保障制度の選択に影響を与えた．こうした「遅れた産業化」という点では同様の環境に置かれ，先進工業国をキャッチアップすることを目標とした日本も，ドイツと同じように熟練労働者への社会保障が優先された．

一方で，ドイツにはギルドまでにさかのぼることのできる職域単位の生活保障システムの伝統があり，19世紀までに扶助金庫・共済組合の原型が存在していた．この点，日本は企業を超えた労働組合，職域単位の相互扶助組織が定着していなかった．工業化のプロセスのなかでようやく事業主主導で共済が生まれ，社会保険に統合されていくというように，社会保険の発展プロセスは独自の道をたどった．

経済発展の段階に応じて最初にだれの生活を保障するかは，その後の社会保障制度の発展に影響を与えた．図2・1は社会保険と最低賃金制度の成立タイミングの国際比較である．ドイツ，フランス，日本は，社会保険の成立からかなり遅れて最低賃金制度が成立した．一方，イギリス，オーストラリア，カナダ，ニュージーランドなどは，最低賃金法が社会保険に先行するか，あるいは同時に成立している．このような違いは，社会保障が保護する労働者に違いがあったことを示唆している．

最低賃金法は未熟練労働者に対する生活保障機能をもっている．工業化の進

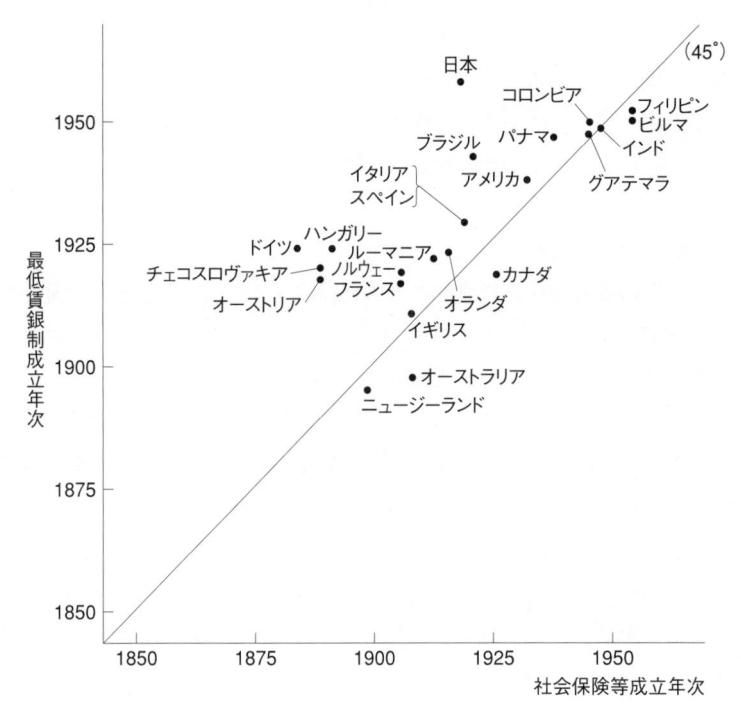

出典：藤澤（1997, p.147）より転載．
図2・1　社会保険成立と最低賃金制成立の関連

んでいたイギリスでは，未熟練労働者の労働条件に関する問題が表面化したため，最低賃金の確立が急がれた．一方，大陸型社会保障制度の国では，熟練労働者の生活保障を重視し，最低賃金制度の確立は後回しにされた．

（3）アジアの社会保障発展プロセス

先進国の社会保障の発展プロセスは，アジアの社会保障の方向性に多くの示唆を与える．しかし，ヨーロッパ型福祉国家は，産業革命，国際貿易の拡大の初期段階に整備されたが，アジアは経済の国際統合化が進んだ段階での社会保障確立であり，多くの点で異なった環境にある．

とくに文化的要素が社会保障制度をどの程度規定するかについては，重要な論点である．社会保障制度，経済システムと，文化，宗教の関係については，表面的な議論から離れた研究蓄積が進んでいる．そこでは，社会保障制度に対

する文化の影響は大きく,東アジア諸国はかなり独自の社会保障発展の途をたどるという見方がある.

一方,上村(1999)は老齢年金導入のタイミングが経済発展状況と関連がないという点から,社会保障の最初の制度化は,工業化や高齢化といった社会経済的要因によってよりも,政治的要因によって左右されるとみている.政府と労働組合の関係,労働組合の自律性などに着目し,政府と労働組合の関係が福祉国家を規定したという上村の見方は大変興味深い.労働組合を政治体制に組み込んだ国(包摂的政策を採用した国)である台湾,シンガポールでは,基幹労働者を対象にした社会保障制度が早期に成立した.一方,包摂政策をとらなかった韓国,香港では,社会保障制度の確立は遅れたとしている.上村が提示した工業化前の初期条件の違いや政府と労働組合の関係,自営業構成比,大企業比率の違いなども,アジアの社会保障制度を考察するのに重要な手がかりとなる.しかし,アジア諸国の全体的な動向をみると,社会保障制度の維持,拡張には産業,経済的な要素が不可欠であり,最初に選択された制度の影響は経済との整合性でチェックされる.輸出指向工業化戦略によって先進国にキャッチアップしようとしたアジア諸国は,豊富な労働力に依存した労働集約的な貿易財を中心に,その後,産業の裾野が広い産業の戦略的育成を行いつつある.このプロセスで外資系あるいは少数大企業と多数の中小企業が生まれ,労働市場も二重構造化する.外資系,大企業の労働者には年金などが整備されていくが,未熟練労働者については,彼らに対する社会保険などの整備の負担が労働コストに跳ね返り,国際競争力を低下させるため,社会保障整備は進まない.また政府の徴税能力が低いため,普遍的な社会保障を確立するための財源も脆弱であり,未熟練労働者と非被用者への社会保障の整備は遅れた.

(4) アジアの社会保障の類型化

アジアの社会保障の現状は大きく3グループに分けることができる(表2・3).もっとも充実しているのが,第1グループである.この第1グループには大きく2種類の社会保障システムがある.ⓘ日本,韓国,台湾など東アジア諸国は社会保険中心型社会保障制度を採用しているが,ⓘⓘ英国を旧宗主国するシンガポールなどは事前強制積立型年金(プロビデントファンド型)を採用して

いる．今後，アジア諸国の社会保障がどのように発展するかは，国家間の社会的・文化的・歴史的な違い・多様性を考慮する横軸と，長期的にはアジア諸国に共通するであろう，少子高齢化，経済発展，民主化という縦軸から考えていく必要がある．

横軸である国の個別状況を左右する要因は，経済的環境，民族・宗教，旧宗主国からの制度，知識・情報，農村部と都市部のバランス，家族の役割，地域コミュニティーの役割，労働市場，企業の役割，行政の執行能力などである．たとえば日本，韓国，台湾は宗教的，民族的に比較的同質的社会であった．一方，インドネシア，マレーシア，シンガポールには，国内激しい民族間の対立がある．

また，家族機能も社会保障の範囲に影響を与える．社会保障システムは，家族やコミュニティーといった私的な生活保障と補完・代替な関係にあるため，ひとつの方向へ収斂する力は必ずしも強くはない．また，社会経済要素以外にも重要な影響を与えているものとして旧宗主国の影響がある．近代社会システムを選択する最初の時点に旧宗主国がもち込んだ制度や，たまたま選択した制度がその後も影響を与えるという点で，経路依存効果も無視できない．この点，資本，財・サービス，労働のように国際的な移動，競争によって規定される経

表2・3 アジアの社会保障の類型化

		第1グループ 先進国	第2グループ 中進国	第3グループ 発展途上国
	日本	韓国，台湾，シンガポール	マレーシア，フィリピン，タイ，インドネシア	カンボジア，ラオス，ベトナム
都市化・産業化	高い	高い	途上	低い
少子高齢化	高い	上昇	低い	低い
再分配システム	確立	途上	途上	未整備
公衆衛生等基礎的社会保障インフラ	達成	達成	途上	未整備
短期リスク対策（生活保護等）	達成	途上	途上	未整備
長期リスク対策（高齢者介護）	達成	途上	未整備	未整備
環境対策				

済システムの柔軟さと異なる．とくに家族，コミュニティーを取り巻く民族，宗教の粘着性はきわめて強い．しかし，社会保障システムが経済システムから独立して存在できるものではない．

今後のアジアの社会保障発展の方向性は，宗教，民族といった粘着性の強い社会システム，旧宗主国によって導入された諸制度による経路依存性と，グローバル化していく経済システムとバランスによって決定されていくことになる．

4 高齢化するアジア

これまで，アジアの社会保障の現状と発展プロセスを説明してきたが，最後にアジアの社会保障に将来大きな影響を与える高齢化について考える．

中国，香港，日本，韓国，台湾は，すでに人口転換（少産少死型社会）したが，他のアジアの多くの国も，21世紀中に人口転換期を迎えるであろう．むしろアジアの高い経済成長を達成した東アジア諸国は21世紀には高齢化社会に突入する．

図2・2でもわかるように韓国・シンガポールなどのアジア諸国では65歳以上人口比は現在でこそ5％強であるが，2050年には軒並み20-25％になり高

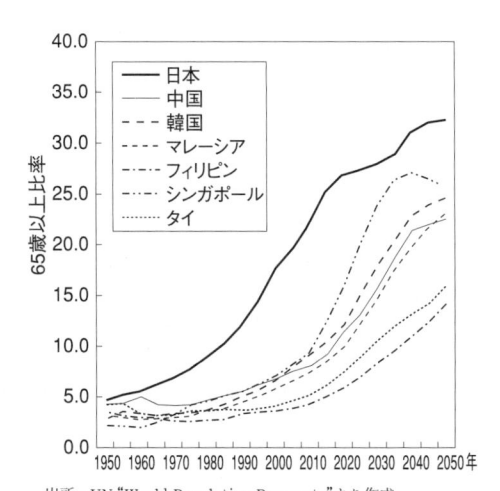

出所：UN "World Population Prospects" より作成．

図2・2 アジア主要国の高齢化率推移

齢化社会に突入する．なかでも韓国とシンガポールが少子高齢化で日本を追いかけることになる．

　平均余命の伸長により東アジアの平均寿命は70歳を超え，65歳以上の人口増加率は，シンガポール，フィリピン，マレーシアでは年率4％，中国は3％と急速に増加し，高齢者の絶対数が増加する．この一方，各国ともに出生率は急速に低下し始めており，国連によると合計特殊出生率はシンガポール1.57（1998年），韓国1.51（1998年），タイ1.74（2000年），中国1.80（2001年）となっている．とくに香港は1998年，99年と2年連続で合計特殊出生率が1を下回った．こうした急激な出生率の低下は，経済発展の成果だけではなく，むしろ経済発展のために人口抑制を政策的に誘導した結果による部分がある．長寿化，少子化により東アジアの高齢化は2010年に本格化し，東南アジアも2020年代に高齢化に直面する．日本が高齢化率7％から14％になるのに24年要したが，シンガポールは21年，韓国22年，中国25年と日本以上に速いと予想される．こうした高齢化は新しい社会リスクとなるが，とくに高齢化に伴う健康転換，慢性疾患の増加に対応した保健システムや高齢者福祉は各国ともに不十分であり，大きな問題になるであろう．また日本，韓国，台湾のように，賦課方式の社会保障システムにおいては，世代間の対立が発生する可能性もあり，これに対し，家族が防波堤になるか，それとも高い貯蓄率，高齢者の就業意欲がそうした高齢化に伴う問題を克服できるのかに注目が集まっている[14]．

参考文献

青木健（2000）『アジア経済　持続的成長の途』日本評論社．
青木昌彦（1999）「官僚制多元主義国家と産業組織の共進化」青木昌彦・奥野正寛・岡崎哲二編『市場の役割　国家の役割』東洋経済新報社．
青木昌彦・ケビン・マードリック・奥野正寛（1999）「『東アジアの奇跡』を超えて」『東アジアの経済発展と政府の役割』日本経済新聞社．
アジア経済研究所・朽木昭文・野上裕生（1997）『テキストブック開発経済学』有斐閣．
アジア開発銀行（1998）『アジア：変革への挑戦』東洋経済新報社．
荒木重雄（1998）「歴史・社会・文化からみた社会的公正」『社会的公正のアジアをめ

14）ピーター　G．ピーターソン（2001）．

ざして』日本評論社.
G. エスピン・アンデルセン (2000)『ポスト工業経済の社会的基礎』(渡辺雅男・渡辺景子訳) 桜井書店.
絵所秀紀 (1998)「経済開発理論の展開と国際機関」東大社会科学研究所編『開発主義』東京大学出版会.
藤澤道夫 (1997)『社会保障の発展構造』慶應義塾大学出版会.
初岡昌一郎 (1998)「社会的公正のアジアをめざして」『社会的公正のアジアをめざして』日本評論社.
初岡昌一郎・連合総研編 (1998)『社会的公正のアジアをめざして』日本評論社.
初岡昌一郎・連合総研編 (2000)『グローバル・アジアの社会的発展』日本評論社.
原洋之介 (1992)『アジア経済の構図』リブロポート.
原洋之介 (1994)『東南アジア諸国の経済発展』リブロポート.
原洋之介 (1996a)『アジアダイナミズム』NTT 出版.
原洋之介 (1996b)『開発経済論』岩波書店.
原洋之介 (1999)『グローバリズムの終焉』NTT 出版.
原洋之介編 (1999)『アジア経済論』NTT 出版.
速水佑次郎 (1995)『開発経済学 諸国民の富と貧困』創文社.
池本幸生 (1998)「ASEAN 4 の所得分配」東南アジア各国の財政金融政策に関する研究会・大蔵省財政金融研究所編『ASEABN 4 の金融と財政の歩み』大蔵省印刷局.
井上定彦 (1998)「アジア社会の所得分布と再分配」『社会的公正のアジアをめざして』日本評論社.
井上定彦 (2000)「アジアにおける所得再分配と是正の視点」『グローバル・アジアの社会的発展』日本評論社.
岩崎育夫 (1998)「開発体制の起源・展開・変容」東大社会科学研究所編『開発主義』東京大学出版会.
J. Lau Lawrence (1999)「経済発展における政府の役割」青木昌彦他編 (1999)『東アジアの経済発展と政府の役割』日本経済新聞社.
K. S, Jomo and Gomez Edmund Terence (1999)「多人種国マレーシアにおけるレントと開発」青木昌彦他編 (1999)『東アジアの経済発展と政府の役割』日本経済新聞社.
上村泰裕 (1999)「福祉国家形成理論のアジア NIES への拡張」『ソシオロゴス第 23 号』.
二村一夫 (1997a)「日韓労使関係の比較史的検討」『大原社会問題研究所雑誌 No 460』.
二村一夫 (1997b)「工員・職員の身分差別撤廃」『日本労働研究機構 No 443』.
野副伸一・朴英哲 (2000)『東アジア経済協力の現状と可能性』慶應義塾大学出版会.
ピーター G. ピーターソン (2001)『老いてゆく未来―少子高齢化は世界をこう変える』(山口峻宏訳) ダイヤモンド社.
Ravallion, M. and L. Dearden (1988)," Social Security and Moral Economy':

An Empirical Analysis for Java," *Review of Economics and Statistics*, 70(1): 36-44.

嵯峨座晴夫「東アジア諸国の人口高齢化と関連する諸問題」『老年社会科学第22巻1号 2000.4』.

世界銀行(1994)『東アジアの奇跡』東洋経済新報社.

世界銀行(1999)『世界開発報告1998/99 開発における知識と情報』海外経済協力基金開発問題研究会訳 東洋経済新報社.

世界銀行(2000a)『東アジアへの再生への道』東洋経済新報社.

世界銀行(2000b)『世界開発報告1999/2000 21世紀はどうなるか』小浜裕久監訳 東洋経済新報社.

末廣昭(1998)「発展途上国の開発主義」東大社会科学研究所編『開発主義』東京大学出版会.

菅谷広宣(1998)「アジアの発展途上国における社会保障構築への視点」社会政策学会編『アジアの労働と生活』御茶の水書房.

鈴木宏昌(1998)「アジアの労働市場制度」『社会的公正のアジアをめざして』日本評論社.

総合研究開発機構(2002)『保健医療分野における東南アジア諸国間の地域パートナーシップの構築』総合研究開発機構.

富樫光隆(1997)「アジアにおける貧困線の設定と貧困率の測定」『アジアにおける所得分配と貧困率の分析』多賀出版.

吉田勝次(2000)『アジアの開発独裁と民主主義』日本評論社.

湯川摂子(1985)「経済発展と所得の関係の実証分析」安場保吉・江崎光男編『貧困と所得分配』創文社.

第3章 人口の高齢化と中国の社会保障改革

柯瓊芳・小川哲生

1 はじめに

東アジアの社会における人口の高齢化は，21世紀に入りさらに意味が深く広範囲にわたるものとなると予想されている．最近の10年間でそれらの諸国の高齢化の状況は悲観的な結末をもたらすものとみなされるようになった．多くの国際連合の文書において強調されているように，高齢人口の影響は先進国の産業社会のみばかりなく，多くの発展途上のアジアの社会にも重要な意味もたらすことが明らかになったからである（Peng, D.・Phillips；UNDP, 1998）．本章では，それらの国のなかで中華人民共和国における人口の高齢化，その社会政策への影響と改革が進む社会保障政策について論じる．

一般的な傾向として人口が高齢化することにより，より少数の生産人口によって老年人口は養われなければならないと考えられている（OECD, 1998b）．それは，それぞれのアジアの地域で従来施行されていた社会保障政策に対しての挑戦を意味するかもしれない．今後その影響が顕著に現れるのが，アジアの地域では中国，台湾，大韓民国，香港などと日本を含めた東アジアの地域と考えられる．

中国の経済改革はある程度の経済的成功をもたらしたが，人口の高齢化の要因による経済生活の水準の変化が予想される（Zhao・Xu, 2002）．また将来の人口の構造の変化は，より多くの退職者・離職者の増加をもたらす．そして，扶養人口は少数の生産年齢人口に従属しなければならず，明らかに社会保障政策の財政上での問題が生じると考えられる．中国の社会においてのみならず，多くの高齢者が労働市場から離れてからの人生を楽しむことができる社会を模索することは，アジア各地域において重要な施策であろう．そのため，現在直

面している基本的な生活保障の問題とともに，将来の課題としての高齢化に対処できる社会保障が計画されなければならない．

これら多くの課題に対応するには，様々な長期的な視点からの社会保障・社会政策の改革が必要である．もちろん，将来の年金支出，医療政策，および介護政策[1]への支出の増大は高齢者のためだけのものであってはならない．いくつかのアジアの地域では，退職制度や所得の構造も改革されるかもしれないし，結果として OECD 諸国の傾向である早期退職を奨励する傾向が撤廃されるようになるかもしれない（OECD, 1998b）．また，高齢者にとっての基本生活保障は財政構造や市場構造の改革などとともに，年金保険料の大幅な増加にも対応するものでなければならない．中国の社会保障改革は今後，人口の高齢化[2]によってもたらされる否定的な側面を排除し，同時に経済成長をもたらすものでなければ受け入れられないであろう．中国では，人口の高齢化を「先富後老」と呼ばれる先進国の高齢化と別に「先富先老」と呼んでいる（エイジング総合研究センター，2000）．すでに，国家と地方の両方のレベルで，高齢化への対処とその方策を支えるため戦略的な枠組みを模索している．また，いくつかの政策原則の変更は，進行中の社会保障改革と共に成功裡に発展させるべきと考えられている．

本章の第2節では東アジアにおける人口の高齢化について考察し，次の第3節では進行中の中国の社会保障改革とその政策施行での問題点について論じる．第4節では中国での社会の変化，政策変更と将来の政策について論じる．最後の第5節では以上の議論を要約する．

2 東アジアの人口高齢化

(1) 高齢化による就業人口の減少とその影響

2000年にアジア諸国の60歳以上の人口の割合は全体人口の7.8％であった．この割合は OECD 諸国の平均である19.6％よりも非常に低かったが，2040年までにこの割合は2010年以降の急激な上昇によって20.1％に達すると予測さ

---
1) 中国語では「照護」という用語である．
2) 中国語の用語として「老化」が用いられている．

第3章 人口の高齢化と中国の社会保障改革　　63

表3・1　アジア諸国での60歳以上人口の割合　2000-2040年　　（％）

国・地域	2000	2005	2010	2015	2020	2025	2030	2035	2040
中国	10.2	10.7	11.9	14.2	15.8	18.4	21.7	24.2	24.8
香港	14.4	15.0	17.7	21.7	27.2	32.4	35.2	37.3	38.3
大韓民国	10.5	12.0	13.6	15.8	19.4	22.6	25.4	28.0	29.4
マレーシア	6.5	6.9	7.9	9.2	10.8	12.5	14.1	15.7	16.9
フィリピン	5.7	6.1	6.8	7.9	9.2	10.6	12.0	13.6	15.2
シンガポール	10.2	11.4	14.5	18.6	23.2	27.5	30.5	31.6	31.2
タイ	8.4	8.9	9.8	11.5	13.8	16.4	19.5	22.1	24.3
ベトナム	7.2	6.9	6.8	7.6	9.3	11.4	13.3	15.2	17.1
平均	7.8	8.3	9.3	10.9	12.8	14.9	16.9	18.7	20.1
OECD諸国	19.6	20.5	22.4	24.4	26.5	28.8	30.7	32.0	32.6

出典：Palacios and Pallarès-Miralles（2000）；UNESCAP（2002a）．

表3・2　中国の人口の将来推計

年次	総人口（千人）	65歳以上	65歳以上割合（％）
2005	1,321,364	99,473	7.5
2010	1,366,215	110,943	8.1
2015	1,410,217	131,508	9.3
2020	1,446,092	166,887	11.5
2025	1,470,787	194,793	13.2
2030	1,484,619	233,725	15.7
2035	1,490,726	283,283	19.0
2040	1,490,465	319,572	21.4
2045	1,480,932	327,533	22.1
2050	1,462,058	331,602	22.7

出典：世界人口予測2000年版（国連経済・社会局人口部）．

れる．アジア諸国では日本などの主要な経済国を除いて，老年人口は今までのところ大きな経済・社会の問題には至っていない．しかし，東アジアでは中華人民共和国と中国圏の香港，台湾[3]，それに加えて大韓民国で，今後の老年人口の急激な増加が，生産人口の減少とともに労働・社会問題が引き起こされ，社会政策における大きな課題となることが確実である（UNESCAP, 2002a）．

表3・1は2000年から2040年の間でアジア諸国での60歳以上の人口の割合の比較である．中国の60歳以上の老年人口の割合は，2000年の10.2％から2020年に15.8％に上昇し，2040年には24.8％にまで上昇すると推測されている（表3・2）．それよりもはるかに小さいグループである後期老年人口（75

---

[3] 国際連合の統計では，台湾は「中華民国」という正式名称を使用しない．

歳以上)は急速に上昇し,とくに老年齢の女性の割合が一層増える.中国での60歳以上の人口の割合はOECD平均の半分であるが,2040年にはその平均の約4分の3に達する.シンガポールと日本のような他の高所得経済国を別として,中国は他のアジアのなかでも老年人口の割合が高い国のひとつになる.人口の高齢化は60歳に近い退職年齢のグループでだけでなく,多くのコーホートでの平均寿命が上昇していることに起因している(UNESCAP, 2002a).

(2) 人口高齢化による社会政策の変化

就業人口の減少は,社会・経済面で社会政策に影響を及ぼすと考えられている.一国の経済によってもたらされる製品やサービスは,その社会の物質上の生活水準を大きく決定する要因となる.生産される製品やサービスは労働人口とその生産力に大きく依存していると考えられ,もし生産力がOECD諸国の経験した1973年以降の毎年1.5％の年間平均成長率を続けることができれば,就業人口の下落は物質での生活水準の上昇で,2000年以降の10年間に半分になると推計される.いったん,いわゆるベビーブーム世代の高齢化が始まると,製品やサービスはより少ない就業人口によって生産され,就業人口とその他の非就業人口によって消費される.もし生活水準のバランスが就業者と退職者の間で維持することができれば,個々の貯蓄,賦課方式の保険料や税金は長期間の退職を支えるために使われるであろう(OECD, 1998b).

(3) 予測される政策変更と政策施行

将来の深刻な社会政策における課題は,東アジア地域での社会が必然的に高齢化および少子化することでより問題が広がる.そこには東アジアの地域での今までの社会政策の方策と原則にかかわる問題が基本にある.たとえば,家族に支えられた社会が,将来どのように変化することになるのかという推計である.そして,働く世代とそれに依存する世代が社会の資源をどのように配分するかを探ることで,社会や世代間での不公正を回避する方策を探すことが必要である.また,高齢者の増加に伴う老年人口の社会への貢献を維持できるかということがある.第3には年金,医療や介護政策がどう改革されるべきかである.第4には年金制度の発展を支えるためにどのような政策が今後,必要にな

るか．最終的には，高齢社会が将来の人々の福祉を向上・維持することができるかという点である（OECD, 1998b）．

OECDのほとんどの国では，社会資源を労働人口と退職者との間で配分する医療と介護政策を含めた公的年金制度などの財源が問題になっている．それらの多くは，税と社会保険によって資金が調達されている．しかしながら，東アジアの地域では年金制度の整備の課題が残されているし，将来，拡大する需要に対処するのには不十分であると考えるようになっている．いくつかのアジアの地域では，公的年金は退職者の年金と医療の負担のために，約10年間で赤字に入り始めるかもしれない（OECD, 1998b）．

表3・3と表3・4は，中国における高齢者の収入源を示したものである．主な特徴として高い比率で家族や親戚からの経済資源を受けていることがわかるし，農村部では非公的部門からの経済資源が主な収入源となっている．そのため，高齢者に利用可能なすべての所得と資産，もし年金制度に参加していれば老齢年金の負担料までの公的と私的な資源を考慮する必要がある．現存する都市の年金制度における老齢年金は，高齢者の生活水準を適切に保つため，多く

表3・3 中国における高齢者の収入源（地区による）1994年 (%)

主な収入源	合計	市	地区	県
子どもまたは配偶者	57.1	34.9	53.1	64.2
仕事	25.0	14.3	14.0	29.2
年金	15.6	48.5	29.8	4.4
社会扶助	1.2	1.0	1.6	1.3
その他	1.0	1.3	1.5	1.0
合計	100.0	100.0	100.0	100.0

出典：杜鵬・武超 (1998)：中国老人の収入源，人口研究第4巻．

表3・4 中国における高齢者の収入源（性別による）1994年 (%)

主な収入源	合計		市		地区		県	
	男	女	男	女	男	女	男	女
合計	100.0	100.0	100.0	100.0	100.0	100.0	100.0	100.0
仕事	37.5	13.6	21.7	7.3	24.0	5.3	43.6	16.2
年金	22.5	9.4	61.7	36.0	48.6	13.4	8.1	1.1
子どもまたは親戚	37.9	74.7	15.3	53.7	25.6	77.1	46.0	80.7
社会保険と社会扶助	1.4	1.1	0.8	1.1	1.0	2.1	1.6	1.0
その他	0.8	1.3	0.6	1.9	0.9	2.0	0.8	1.1

出典：杜鵬・武超 (1998)：中国老人の収入源，人口研究第4巻．

の退職者にとって主な資源として重要であろう．

（4） 人口高齢化による年金，医療と介護支出の増大の可能性

将来，人びとが長寿になり，より健全な生活を送れるようになることが望ましいであろう．そのためにはいうまでもなく，人口の高齢化は医療および介護などの費用が必要となることを意味する．人口の高齢化の課題の中心は，これらの費用がどの程度，効率的であるかということと現在の差し迫った必要性に対処できるかどうかということである．その意味では，医療研究や技術の問題によって引き起こされる既存のコストの軽減にも焦点をあてるべきで，まず老人性痴ほうなどが増加している高齢者に対しての対策は重要である．高齢者の介護サービスは，東アジアの国々では不十分な社会政策の発展のためにしばしば断片化されており，いまだ政策として整っていないといわれる．そして，もしサービスが存在したとしても，それは不必要に高価なものとなっている．とくに，後期老年人口（75歳以上）の割合の増加は人口動態上の傾向であり，経済的なサービスを供給するために明白な政策対応と財政上の展開を計画する必要がある．それはアジアの地域で老年人口の増加が深刻になるからである（OECD，1998b）．

3　中国の社会保障の実践とその政策課題

この節では中国での社会保障の実践に焦点をあてる．その実践をいくつかの視点から論じる．それらは人口動態と労働市場の発展の視点，国内および国際的なマクロ経済からの視点，社会保障および他の社会政策分野，たとえば，医療，および介護などからの視点である．

（1） 中国の社会保障

OECD の定義によれば，社会保障の概念は広義での人々の剝奪からの保護やその人口の能力の開発を含んでいる．中国では災害救済や社会福祉を含みながら幅広い範囲の社会保障制度がある．その範囲は養老保険（年金），失業保険，医療保険，母子生育保険と労働災害保険に及んでいる．これらは OECD 加盟

表3・5 中国の社会保険・福祉における支出

計画	支出 (百万元)	GDP当たり 支出%	歳入 (百万元)	GDPあたり 歳入%	受給者数 (百万人)	負担者数 (百万人)
養老保険	192,485.43	2.350	196,511.51	2.399	29.84	95.02
労働災害保険	1,541.64	0.019	2,087.81	0.025	—	39.12
出産・生育保険	712.74	0.009	1,074.88	0.013	—	29.30
医療保険*	6,907.35	0.084	8,986.60	0.110	5.56	15.09
失業保険	9,160.00	0.112	12,520.00	0.153	1.01	98.52
全社会保険費	210,807.20	2.570	221,180.80	2.700	—	—
災害救済	3,405.00	0.042	—	—	—	—
社会福祉・救済基金	4,852.00	0.059	—	—	—	—
基本生活保障	—	—	—	—	5.32	
都市			—	—	2.66	
農村			—	—	2.66	
救済基金給付農村家計	—	—	—	—	16.60	
救済基金給付都市家計	—	—	—	—	1.57	
「五保」保受給者	—	—	—	—	3.04	
身体障害年金	5,460.00	0.067	—	—	—	—
その他	4,280.00	0.052	—	—	—	—
全社会保障・福祉費用	17,990.00	0.220				
注						
社会保障補助金	32,536.72	0.397				
価格補助	38,371.20	0.468				
運営機関退職者補助金	36,015.35	0.440				
公衆衛生費	43,849.3	0.535				

注：医療保険料負担者に加えて，退職者で医療保障の受給資格のあるものが556万人いた．すべての範疇では，2,065万人であった．
出典：労働・社会保障部，中国社会保険年鑑，中国統計年鑑（2000）；OECD（2002b）．

国によって定義されている社会保障プログラムの大部分にあたる．

　表3・5は1999年における主要な社会保険・社会福祉の支出，受給者と負担者の数を示したものである．1999年の社会保障支出はGDPの2.57％（公務員の年金を除く）に達していた．また，それは災害援助と家族以外からの援助が受けられない人への保護のための限定された制度も含んでいる．

　中国の社会保障・社会政策の運営は現在，労働・社会保障部と民政部[4]に監督責任があり，農村部の問題の大部分は農業部の責任において監督される．しかし，社会保障・労働部の下には農村を監督する社会保険部も存在する．ここ

---

[4] 労働・社会保障部と民政部は，国務院とともに中華人民共和国の中央政府である．

で重要なことは,ほとんどの社会保険計画は中央政府(上記の政府機関と国務院)の基本方針に沿って,その傘下にある省人民政府と直轄市人民政府,または県人民政府によって施行されることである.それらの計画は年金(養老保険),失業保険,医療保険,母子生育保険,労働災害保険(工労保険),社会福祉手当および補足的な保険である.

では,中国の人口でどのくらいの割合が貧困の脅威にさらされているのであろうか.また,老年や失業への所得保障にはどのようなものがあり,その効果はどのように考察できるであろうか.また,従来の制度から引き継がれた社会保障制度の改革の施行における障害には何があるのか.現在の中国では社会保障にかかわる政策決定要因に,過去20年間の社会背景の変化が重要な意義をもつが,それらは人口動態の移行,経済発展の過程,市場経済への移行の3つの変化から指摘できると考えられる(Hussain, 2002).

最初の移行は人口動態の変化で,高出生率と短い平均寿命から「一人っ子政策」[5]とともに低出生率と高い平均寿命に移行した点である.社会保障の視点では,もっとも重要な変化はその年齢構成の変化が人口増加の減速でないという点である.第2の移行は経済改革と経済発展の過程により農業従事者の農村からの流出,それに伴う自営から賃金雇用への移行と農村から都市部への人口移動である.さらに,第3の移行には2点の特徴がある.ひとつには,国有部門における雇用者と雇用率の減少,そして,国有企業を基礎としたかつての社会保障の消滅と人民政府の運営による「社会化された福祉制度」の設立への過程である(陳,2001).

(2) 人口の高齢化と労働市場からの視点

中国の人口は12億9,265万人と推計され,世界人口の約20%であった.毎年,約0.9%ずつ増加している(UNESCAP, 2002b).国際的な水準では中国

---

5) 中国政府は1組の夫婦に子供1人を提唱する「一人っ子政策」を緩和し,第2子出産も認めるとした「人口及び計画生育法」を2002年9月1日から施行した.地方人民政府の規則の大半にある「夫婦とも一人っ子の場合,第2子を産める」との規定が,法律の裏付けを得ることによって都市部で機能し始めた.中国では,1979年から産児制限政策が始まったが,立法化されず,各地方政府が独自の規則を定め,対応してきた.労働力確保から複数の子供の出産を認めてきた農村に対し,都市部では厳格な「一人っ子政策」が展開されてきた.

第3章 人口の高齢化と中国の社会保障改革

表3・6 人口動態の変化 （単位：百万人；%）

	1964	1982	1999	2020（推計）
年少	279	336	302	279
(0-14)	(40.4)	(33.5)	(24.5)	(19.3)
生産年齢人口	381	617	838	999
(15-64)	(55.1)	(61.5)	(68.6)	(69.3)
老年人口	31	50	90	164
(65+)	(4.5)	(5.0)	(6.9)	(11.4)
従属人口比	81.5	62.6	45.7	44.3
(0-14 & 65+)／(15-64)				

出典：国家統計年鑑（2001）．

の人口動態の移行過程は例外的に速く，合計特殊出生率（TFR）はすでに1人の女性当たり1.8である（UNESCAP, 2002b）．現在の人口の特性が継続すると，人口は2040年までに約15億人付近で安定すると予測される．このような推計の下では，人口の増加のほとんどが次の20年間から25年の期間に起こり，年齢構成の急激な変化を伴うことになる（表3・6）．

2020年には1999年の人口動態に比べ，2,300万人少ない年少人口になるとされる一方で，7,400万人多くの高齢者（60歳以上）と1億6,100万人多い生産年齢人口がいると考えられる．年少人口の下降とともに，多くの中国の社会保障に関する問題は，この人口の特性に関連している．また，労働力に含まれない生産年齢人口と他の年齢のグループの特性が変化すると，従属人口比は下落する．しかし，高齢者の比率だけを老年期のサポートの負担の指標と考えるのには2つの問題がある．第1にそれは否定的な面に集中しすぎて，年少人口の比率の下降による経済的なボーナス[6]を見落とすことになる．その恩恵は2020年までの費用のなかに意味がある．加えて，その費用は生産年齢人口に対する老年人口の比率の上昇で中国が少しの間，余剰の労働経済を生み出すものとして説明される（蔡，2000c）．

これは一般に労働人口からの実質的な生産年齢人口が高い比率で撤退することとして受け入れられるが，それは老年人口の上昇が従属人口への負担とならない場合である（Sen, 1984；2002）[7]．また，一般的に考えられるよりも，中

---

6) 年少人口の減少と生産年齢人口の増加は「人口ボーナス」と考えられる．
7) センの理論の詳細については『貧困の克服』（2002）をみよ．

国は人口の高齢化に対処する時間があると考えられる．中国の年金制度はいくつかの主要な問題を抱えている．それらは人口の高齢化の移行過程が進行しないものとして制度上構成されているからである．また，老年人口の割合は地域分布のうえで老年人口を支える負担が不均衡な状況になっている．老年人口だけの比率でみれば，沿岸の省は内陸の省と比べてかなり老年人口を支える負担率が高い．しかも，これらのほとんどの省は出生数の減少のため，年少人口が低い傾向にある．結果として，年少と老年人口を含む従属人口指数は，貧困の内陸部の省よりも沿岸の豊かな省のほうが低い．たとえば，もっとも高い1人当たり所得をもつ上海は他のどの省よりも老年人口比率が高い．一方で，1人当たり年間所得が最低の貴州省は上海よりも老年人口比率が低いが，従属人口指数が51.9％と上海の37％よりも高い（『社会統計年鑑』，2000；蔡，2002）．

重要な人口動態とその移行の影響は，生産年齢人口の年齢構成にも現れている．この年齢構成の問題は教育や職務経験とも相関関係にあり，雇用機会に大きく影響する．また，1960年代後期から始まった人口動態の変化は，生産年齢人口の年齢構成に大きく影響しており，また，中国の社会保障にも影響し始めたといえる．

表3・7は1982年の生産年齢人口の年齢構成の比較であるが，1960年代の後期からの出生率の下落によって，すべての生産年齢人口に影響がみられる．その後のコーホート（15歳から29歳まで）は出生率の変化に影響され，1979年以来の改革期間に文化大革命から回復した教育制度の恩恵を受けている．

16歳以上の年齢構成の変化は著しい．若年の生産年齢人口の割合（15-29歳）は12％までに下落した．絶対数値では，その年齢範囲にいる2億8,600万人の増加で，僅か2,300万人（8.0％）が年齢15歳から29歳グループにあり，残りの2億6,300万人（92％）は30歳から64歳のグループにいた．直接の労働力における人口構成の変化は，18歳以降での教育修了者の就業の問題が減少することと，出生率の低下に起因している．これに加えて，その変化は近年の失業者の年齢構成にも意味がある．その他の経済領域では失業の可能性が若年の労働者（新卒者を除外して）よりも高年の労働者にある．男性では40歳以上，女性のなかでは35歳以上の生産年齢層は，若年の労働者よりも雇用機会が減少している（蔡，2000c）．

表 3・7 生産年齢人口の構成：
1982 年と 1999 年

年齢層	1982	1999
15-29 歳	47.3	34.9
（百万人）	(292)	(315)
30-64 歳	52.7	65.1
（百万人）	(325)	(588)

出典：国家統計年鑑 (2001).

　中国の高年の労働者の失業の問題は，若年の労働者よりも彼らの教育程度が低いことが引き金になっている．文化大革命（1966-78 年）の教育および高等教育への影響は 1953 年から 1963 年に出生したコーホート（35-45 歳の間）の基礎教育，その後の教育と職業訓練を欠落させてしまった．対照的に，1998 年に 28 歳以下であった 1970 年以降のコーホートは文化大革命の悪影響を逃れた．そのため，高年齢のコーホートは深刻な長期的な失業の問題に直面し，その要因は文化大革命による教育と職業訓練の欠落の影響によると指摘できる．高年の労働者の失業の問題は次の 10 年から 15 年間に悪化すると考えられるが，それは労働力となるコーホートのサイズが減少するためで労働人口の年齢の中間値が上がるためである（蔡, 2000c）．

(3) 社会発展からの視点

　社会保障上，その発展と関連して考えられる視点は以下のものである．農業から工業およびサービス産業への産業形態と労働の変化，自営から賃金雇用への雇用形態の変化，労働とそれに関連する人口の移行である．中国だけの特徴ではないが，中国の一部での経済発展は，社会保障の分野で特別の結果をもたらしている．それは社会保障と福祉にわたって，農業と非農業間の労働人口の区分，個人所得と資産の相違，また，気候の変動に関係している．中国では生産年齢人口の 46.8％が農業に従事しており，中国での大きな自然災害は，福祉の剥奪の主要な原因でもある（『社会統計年鑑』, 2000）．

　過去数年間に，農村の地域の多くの社会保障の実践は，今までの夏の洪水によって引き起こされた災害の救済に関係していた．自営か賃金雇用の区分は，社会保障に特別な関係をもたらす．その主な 2 つの構成要素である老齢年金と

失業保険給付は，賃金雇用に密接に関連しているからである．自営からの所得（多くは農業部門による）と比べて，賃金雇用は本質的に受益を決定する有効な基準と社会保障の拠出と給付を決定するのに便利な税と税率を決定することができる．自営から賃金雇用への移行は，負担と受給資格にかかわる強制的な社会保険制度の適用のためにも重要である．労働と人口移動は社会福祉にとってはきわめて重要である．まず，家計の構成は所得の配分傾向に関連している．第2に農村からの移動者は，その地域の人民と同じような雇用，住宅，公共サービスと社会保障給付を平等に受ける権利が存在しない．その第2の問題には，中国の場合には移動の制限[8]とそれに伴う移動者の不利益な立場がある（張・陳，2000）．

長い間，農村と都市部に区別され，それに伴う生活の相違が生じてきたことによって，農村と都市の人口には差異がある．現在，農村の労働人口の約70％は自作農であり，彼らは出生の場所で兼業活動にも携わっている．残りの30％程度が郷鎮企業に就業しているか農業と強く関係している．彼らの家計は，それぞれに耕作地をもつことで，それを家族の数人によって耕作することで営まれている．都市の人口と違って彼らは老齢年金や失業手当のどちらも有していない．たいていの場合には医療保険ももっていない．彼らには前もって決められた土地が，それらの代用品としての役割をもつ．現在の都市の労働人口のほとんどは，国有部門が占有するものとまったく同じ「工作単位」[9]に労働市場に入るまで勤めることになり，過去の数年まで失業をほとんど経験することがなかった．

2020年までに，労働人口の圧倒的多数は工業かサービス産業の契約制の賃金雇用で就労することになり，家族的な農業へ従事することが少なくなる．労働人口のなかで，中間年齢層はいくつかの職業の変化を経験する（蔡，2002）．

社会保障の視点から，いくつかの社会変化への対応が考慮されるべきである．それは自営から賃金雇用への変化，失業の可能性，人口移動と労働移動の可動性，特定の年齢での退職である．現在の法律・管理の枠組みと社会保障制度は

---

[8] 戸籍登録制度（戸口制度）が農村から都市への人口移動の制約であるとともに，雇用の制限をもたらしている．

[9] 都市での労働の場所を意味する．

個人が直面する出来事をそれとなく想定している．「職工」[10]は都市の労働人口のために維持され，彼らの26％（1億2,820万人）が賃金雇用された．それにもかかわらず，それは農村の労働人口には適用されていない．農村の地域での労働者は自営とみなされるために，社会保険や多くの労働法も適用されない．さらに，彼らが一時解雇された場合や退職する場合にも年金は適用されない．また，都市流入への労働者の「浮動人口」は5,000万人から7,000万人に達すると推計される（OECD, 2002b）．これは7％から10％の労働人口にあたる．この労働の移動は恒久的な現象としてより，一時的な出来事として扱われている（蔡, 2001）．

中国の人口移動は農村部から都市部への労働者の流入であり，多くは都市と農村の所得格差によってもたらされていると考えられる．それは1980年代半ば以降，その格差はより拡大している．大都市では農村からの移住者は一時雇用や臨時の雇用にかかわることは許されるが，許可なしにその地に恒久的に定住することを許されてない[11]．また，人口移動は農村地域への所得増加に貢献する一方で，社会保障と社会安定の観点からも意味が深い．農村からの流入者は都市に恒久的に住むことができないため，彼らの多くが恒久的な住宅を供給されていない．また，都市での社会保障制度からも対象外となる．老齢年金や失業保険の移動も不可能である．しかしながら，農村の地域での賃金雇用と農村から人口流出の増加にもかかわらず，農村の労働人口は「自営であって移動不可能」という原則のもとで，中国の社会保障制度は対応している．しかしながら，政府の政策は労働の移動を経済発展の特徴としてすでに認識し始めつつある（楊, 1996；陳, 2001）．

(4) 市場経済への移行からの視点

中国の経済改革は，急速かつ継続的な経済成長率と先例がない生活水準の上昇をもたらした一方で，個人間レベルでの労働生活と彼らが直面する生活には非常に深刻な面がある（張・陳, 2000）．中国の経済は市場経済へ移行の過程において，雇用や社会保障の面で東ヨーロッパの移行経済と同じような変化に

---

10) 正式雇用制度を指す．
11) 「戸口」は職を得れば，他の場所に移動することができる．

直面している (Hussain, 2002). とくに重要と考えられるのは以下のものである. 国有企業の伝統的な社会保障的な責任とそれらの経済活動の役割の間に非互換性が生じていること, 恒久雇用から一時雇用への移行に伴う解雇者・一時帰休者[12]の上昇, 社会保障適用の狭い非国有企業の成長と個人所得分配における不平等の拡大である (蔡, 2002).

歴史的に, 中国の国有企業は製品やサービスを提供するのみならず, 雇用者や退職者の家族にも広範囲にわたる社会保障サービスを提供した. 改革の前における国有企業の社会的な役割は, 3つの重要な特徴から中国の経済・政治構造に組み込まれていたと考えられる. それは企業予算と政府予算の統合, およびその全体としての国有部門の収益性の重要性, 低賃金による大量雇用と終身雇用, 政治組織として社会管理の上で重要な基礎である「工作単位」の存在である (萬・丘, 1997).

国有企業と政府予算の統合は, 財政的な社会的責任をすべての企業に広げることになり, 一企業の財政上の業績を企業の雇用と賃金から分離させた. 国と都市の非国有企業や政府組織では, 労働者採用での労働力需要に対応することが失業を防止することへの方策となった. いわば, 労働供給はそれ自身の需要を作り出すことによって, 2つの結果をもたらしたと考えられる. まず, 工作単位は都市の大部分の人口を占めるようになった. 1978年には, 都市の労働人口の78.3%は国有企業および省人民政府組織に雇用された. そして, その残りは非国有企業に勤めていたが, それは国有部門と競合する傾向にあった. 第2に都市の過剰な求職者のために, ほとんどの工作単位には必要以上の労働者がいた. 国有企業はそれまで都市部の社会保障制度の主柱であったが, 工作単位の大規模な社会的な役割の先取りによって, 政府の社会保障給付水準は低かった. したがって, この中国の都市経済の特徴は, 大規模な社会保障給付と社会保障を管理・運営するための政府の組み合わせであった. 政府機関が生産や投資決定などの多くの運営上の機能を実行する一方で, 企業はその見返りとして市場経済においては政府組織が執行するべき部分を提供した. このように経済での意思決定が政府部内で集権化された一方で, 社会保障に関する決定の

---

[12] 中国語で「XIAGANG」である. 国有企業からの一時帰休者を意味するが, 事実上の雇用復帰の可能性がきわめて低いために「解雇者」に等しいと考えられる.

多くが企業のなかに分散されていた．いわば，経済改革は企業による経済に対する意思決定の分権化を推進したが，社会保障改革は労働・社会保障部とその分野での社会保障制度自体を集権化することで，その形態を逆転させているのである[13]．

このように経済改革とその結果，国有企業の社会的な役割が根本から切りくずされ，その論理的な根拠を問いただす必要性が生じた．それは，企業予算の政府予算編成からの分離，集権的な賃金決定の弱体化，賃金決定が企業経営の観点から実行されること，契約雇用の導入と一時帰休者数の急激な上昇である．以上は国有企業の効率を上げるために必要であり，それらの社会的な役割を続けるために特定の課題である．経済改革の最初のひとつとして，企業予算がその地域の人民政府から分離されたことは，国有部門との共同財政責任から個々の企業の責任制へと移行したのである[14]．これによって国有企業は将来の財政上の効率性と市場経済での存続のために選別されなければ，中国のような移行経済では特別に大きな問題となる．また，その変化によって企業の拡張された社会的役割と市場指向型の組織へ移行の間に緊張がもたらされた．財政自治への固執は都市部の社会保障制度と社会サービスの削減の脅威になった．また，給与支払い能力がない企業への補助金は，改革の主なねらいを鈍化させた．1978年以来，中国政府は特別な妥協をもってこの難題に対応している．支払い不能の企業は無策のままで経営されていたので，いくつかの主要な妥協の結果，企業の財政によっては福祉と企業厚生の水準と範囲がともに拡大した．また，国有企業の財政の悪化は，近年の民営企業との企業間の競争のためである（萬・丘，1997）[15]．

表3・5は中国の社会保険・社会福祉支出の概要であり，2つのことが考察される．それは，区分の問題，分権化された資金調達とその運営方法である．すべての社会保障計画は，都市か農村の住民の区分によって分類される．今ま

---

13) 中国語で「社会化する」は国有化するという意味でもあった．
14) 中国の企業改革については，顔秋許と許涛の「企業改制職工成了風険承担者」（『中国改革』中国改革雑誌社 2002年8月号）をみよ．
15) 国有企業とその他企業の競争については，盛洪「中国企業高層多'政変'的幕后」（『中国改革』中国改革雑誌社 2002年8月号）と李毅中「健全公司治理結構核心」（『求是』求是雑誌社 2002年16巻）をみよ．

でのところでは,上海や浙江といったいくつかの都市の場合を別にして,農村の人民と都市の人民をともに網羅する共通の制度は存在しない．都市の労働人口のための社会保険制度は大規模で,発達段階の市場経済の形態から導入されている．対照的に,農村の地域のための計画は貧困人口を削減するために形成されてきた．中国の社会保障制度は,2つの分類によって制度が成立している.それは国営か非国営か,そして,農村か都市かの分類である．都市の工作単位にあてはまる分類は消えているが,完全に消滅するのには時間がかかるといえる．農村と都市の区分も中国の社会保障制度と労働市場に浸透しているが,当面,存続し続けるであろう．その過程のひとつは貧困への政策対応が都市か農村かの分類で大きく異なることである．

都市の人民政府および国有企業の労働者は,伝統的に年金,労働災害,出産給付,医療,失業保険や補助の住宅手当を含む包括的な社会保険制度によって恩恵を受けている．また,1998年には,都市の労働人口の全体へと社会保険制度が拡張したことで,国有部門および非国有部門の労働者の区分は廃止されたが実際には残存している．したがって,中国の挑戦のひとつは非国有部門の社会保険の範囲を国有部門の水準なみに引き上げることができるかどうかである（閻,1999）．反対に,多くの都市人口で享受される社会保険の受益は,農村の地域における社会保障では希薄である．社会保険は郷鎮企業には適用されないが,それらの企業は国有部門の8,100万人に対し,1億2,800万人を雇用している（蔡,2002；『社会統計年鑑』,2001）．農村の社会保障制度は,中央政府と省人民政府からの貧困な県への特別の援助金,自然災害での救助,資産調査による貧しい人々や家計への社会福祉手当から構成されている．さらに,地方レベルで組織され融資される部分的な年金制度もある．しかし,これらは比較的少ない比率の農村人口だけを網羅しており,その範囲は限定されている.農村の医療では,いくつかの村には協同的な医療保険制度が存在しているにもかかわらず,有料サービスを基本として提供されている．

社会保障における都市部への明白な偏向は,中国のみに限ったことではなく,発展経済における一般的な特徴である．その傾向は,自営の社会保険に寄与する制度を計画する場合には避けられないと考えられる．中国の主な問題は,時代遅れの管理上の都市・農村部という区分であり,それは農村の労働人口を自

営とみなしている．この区分の問題は，農村の郷鎮企業における賃金雇用の急激な増加や都市で働く農村からの流入者の増加によってもたらされた．では，問題は何が中国の社会保障制度での農村と都市の区分を廃止できる選択肢であるかということである．まず，実行できないと考えられるのは，農村の地域へ現存の都市部の社会保険制度を拡張することである．都市部の制度には2点の課題があり，それは都市部の範囲での給付水準を引き上げることと，給付範囲内の労働人口への給付責任を果たすことである．農村地域への急速な拡張は現存する問題を拡大することになるので，漸次の廃止が現実的な方策であると考えられる（陳，2001）．

地方分権の状況として，中国の都市と農村の制度はとても地方分権化されている．都市の場合，社会保険が国務院と労働・社会保障部から発布される規制に基づくにもかかわらず，計画の詳細は地方人民政府や直轄市人民政府の考えに委ねられている．その結果，社会保険制度における保険料負担率と給付水準は都市によって異なり，社会保障制度の資金調達およびその運営はその地方の人民政府に分権化されている．その運営方法は同じ省内での市でさえも異なることもあり，地方分権は農村の地域では標準のかたちでさえある（史，1999）．国家と省人民政府によるいくつかの制度は別として，ほとんどの社会保障制度は草の根レベルの村で組織されている．このような計画は貧困家庭への援助，年金と協同の医療保険を含んでいる．そのため，社会保障給付は農村での方が都市よりも一層の地域差がある（閻，1999）．

地方分権はある部分では社会保障制度のために有利であり，また，不利な場合もある．地方分権において地方政府が指導権をもつことと地方の特殊性に伴う柔軟性を許容することができる例は，地方政府の指導権は後に国策として採用された．たとえば，都市の基本生活保障制度[16]は，現在は全国的な計画となったが，まず沿岸の都市から採用された．また一方で，農村とその関連組織での農村における社会保障の場合，社会保障の財政上の一貫性を維持するためのリスク・プールをするのには小さすぎることがある．地方分権は社会的に受け入れられるかどうかの相違・範囲を越えるかもしれない程度の保障に関連して

---

16) 都市のみに適用される制度である．

いる．もっとも，そのような相違は年金のような社会保障の受給資格の遅滞やポータビリティーの制限のために労働の移動性を妨げるかもしれない．ポータビリティーの否定は移動者を社会保険で保障する際の大きな障害である．地方分権は社会保障制度の不均衡を際立たせるし，貧困の高い地域性や貧困人口の比率が高い場合，公共財政を圧縮したり適用範囲や受給水準を強制的に引き下げることになる．また，都市部での社会保障制度の試験的な計画の導入では，地方分権によって生じる問題についてすでに認識している．そのねらいのひとつは，社会保険のために予算作成のレベルを県人民政府から省のレベルへ昇格させることである．

4 将来への改革と政策決定要因

(1) 社会保障改革における課題

中国の社会保障制度は都市部と農村部の区分によって，農村か都市の地域による優先課題に相違がある．農村の地域は過去からの継承された社会保障制度の崩壊に影響されていない．それらの地域では進行中の社会保障改革の多くが適用されていないからである．そこでの主な急務は所得保障制度と医療保険制度を確立することである．一方で，都市部では工作単位中心の社会保障制度のもとで，政府部門の労働者の解雇やその優先度を吟味することが急務である．

①都市部における課題

中国の都市部において，国有企業と都市部の集体企業はますます伝統的な社会保障の役割を果たすことができていない．1990年代の半ば以来，それらの企業は市場での淘汰にさらされていて，今まで以上に財政の逼迫した状況に置かれている．とくに近年の財政状況は一層の悪化を辿っており，多くの国有企業は以前の福祉以下の役割に戻ることを余儀なくされている．たとえば，年金の給付や医療費用の払い戻しの遅延，あるいは完全な不履行である．国有企業の厚生的な役割は企業存続の僅かな機会を残しながらも，その企業の立て直しの障害となっている．近年の数々の改革により，都市部の工作単位を基礎とした社会保障制度の代替案の基礎はほとんど完成されているが，まだ完全には施行されていない．その主要な障害には行政上，給付範囲上，財政上の課題が残

されていると考えられている．

②行政上の課題

都市部の大部分の人口である工作単位の労働者に対する労工保険制度を，省人民政府が管理した歴史が長いために，「社会化した」社会保障制度のために必要とされる行政上の構造には欠陥がある．都市の労働・社会保障局は社会保障給付の機関として機能することになっているが，多くの都市では設立の過程にある．それ以上に省と県の労働・社会保障局は工作単位に依存していない社会保険制度を運用するために必要な行政情報が不足している．したがって，社会保険運用上の行政情報の構築が急務である．

③給付範囲の課題

国務院の報告によれば，社会保険制度は都市の労働人口の2億1,270万人（2000年末）の全体に適用されるが，推計ではその給付範囲の水準に達していない．2001年の終わりには，社会保険の保険料負担者の総数は1億450万人であった．したがって，第2の急務は社会保険によって保障される都市の労働人口の割合を高くすることである．これは2つの理由から重要である．第1に都市部の社会保障の不完全な範囲の格差を是正すること，第2に社会保険の拡張は財政の基盤の増強とリスク・プールを増すことによって社会保険の持続可能性を高めることに役立つからである．

④財政上の課題

現在，5つある社会保険制度は雇主と被雇用者の保険金の負担によって運営されていて，地方の人民政府は残存的な役割にある（陳，2001）．この組み合わせは一般的であるが，それはその財政的に持続できる制度を提供することにある．しかし，現在，運用されている制度には3点の欠陥があると考えられている．第1に社会保険の保険金負担は国有企業税を別に，それぞれの5つの保険のために徴収されている．そのため，それぞれに異なる保険料をひとつに統合する社会保障税（雇主と被雇用者間で分担）に変更するという提案がある．それは保険料の徴収を単純化して徴収率を上げるのに効果があるが，その政策提案はより施行の実践に関連付けられる必要がある．2000年末に発表されたその改革のための実験的な計画では，いくつかの直轄市人民政府および省人民政府ですでに実施されているように，市人民政府が社会保険料を企業税ととも

に徴収することができるというものである．第2には，それぞれの社会保険を一緒に合計した保険料負担は非常に高いので，社会保険制度の拡張の障害になっている点である．年金（養老保険）への企業の負担率は，国務院によって規定された総給与の上限である20％と比較すると，非常に高い28％に達していた．いくつかの市では，社会保険料負担率は総給与の38％から40％に達していた．第3にもっとも重要であるのは，社会保障の歳入と支出の予算編成が非常に地方分権化されていることである．予算編成の単位の構成数は226で，一般に赤字はその地方の人民政府の予算から弁済されなければならない．なおかつ，市を渡っての会計の再分配の決まった方式が存在しない．このきわめて地方分権化された予算編成方式は，とくに老齢年金において社会保険の財政基盤を脆弱にしている．それは，保険料負担と財政支出の間の収支がそれぞれの市人民政府によって異なるためである．一般的に，市人民政府はリスク・プールをするための予算編成の単位が，省人民政府に比べて小さい．労働・社会保障部によると，社会保険への利用資格がある労働人口の2億120万人の数値には，2点の過大評価があると考えられる．まず，この数値には重複する労働人口推計が含まれている．また，その数値には都市流入者のような社会保険制度から除外されている人も含まれている．労働・社会保障部は1億4,600万人を社会保険によって網羅される数値の現実的な推計とみなしているが，この数値は年金制度に参加しているその者の数を示している．しかし，その数値はその制度によって異なる（『中国労働年鑑』，2001）．労働・社会保障部によると，2001年6月末の時点で年金制度への参加者数は1億1,000万人に達していたと推計される．

⑤持続可能性の課題

改革の政策の狙いは，地方人民政府レベルで社会保険料の拠出を共同的に積み立て，運用し費用に充てることであり[17]，支出の規模からみて最大の制度で

---

17) 中国では「社会統籌」という用語が用いられている．国有企業中心での旧方式から移行した地方人民政府の主導による新しい個人勘定と組み合わせた年金基金の社会的な管理・運用方式のことを指す．その特徴的な部分は，確定拠出型個人勘定の年金（A defined-contribution programme）であり，積み立て方式として機能するように設計されている．しかしながら，ほとんどの地方では拠出歳入を貯蓄しておらず，実質上，賦課方式として機能しているため概念上の確定拠出型である（OECD，2002b）．現在，年金制度は基礎年金の確定給付賦課方式と上記の方式で構成されている．

ある老齢年金（養老保険）の場合には急務であると考えられる．たいていの場合は，これは都市の社会保障制度を健全な財政に移行することに十分である．中国の多くの省は多くの県と同様に人口が多い．市から省へ予算の編成を格上げするのには，完全に統合する方法から地方分権化された制度のなかでの支払移転の方法まで様々な形態がある．それは，運営における地方分権の程度の問題と，拠出・給付の段階において保険料を共同で積み立てることで引き起こされるただ乗りの問題へ対処する重要な方策にかかわる．国レベルでは社会保険料と給付金を積み立てることは実行できないであろう．現在の財政の構成上，不均衡が生じることがあるのは貧困な省が裕福な省へ赤字を補填させることになるような状態であり，後者が年金受給者の保険料負担者への割合が高い比率をもっている傾向にあるためである．

⑥特定の社会保障給付に関する課題

社会保険（老齢と身体障害年金，失業と出産給付保険，および最低生活水準保障制度）を含めて，都市の社会保障制度に深刻な格差は生じていない．新しい段階にある医療保険は別にして，どの社会保険も深刻な立案上での欠点には影響を受けてはいない．1995年以来の改革に続いて，いくつかの政策原則が思案され試されてきた．新しい中国の年金制度にどんな主要な立案上の欠点がないとしても，旧制度のもとでの過去50年間に蓄積された年金給付責任のもとで運営されている．1960年代に廃止された国営の年金基金以来，1980年代まで年金は完全に雇主によって運用され，その後，地方人民政府による社会的な管理・運用方式に移行してきた．将来の年金給付責任への積み立てがないことと，その旧制度は些細な赤字のほかに拠出と給付が均衡された点と，将来の年金給付責任への資金のいかなる蓄積もなかったという意味で賦課方式であった（OECD, 2002b）．

他の国の賦課方式と比較すると，中国の制度には2つの特徴があったと考えられる．短期の年金給付責任をもちつつ，短期的な視点によって拠出および給付については先送りすることで運営されていた．また，運営と同様に資金調達でも非常に地方分権化されていた．それは現在の制度の特徴でもある．2つの特徴のどちらも賦課方式に必須ではないが，旧制度は過去の莫大な支払責任の遺産と僅少な資産を残してきた．そして，それは2つの影響をもたらした．ひ

とつは不履行による旧制度の給付責任が新しい制度に移行した．2つは多くの都市で，雇主負担率が国務院によって定められた賃金法[18]の20%を大きく上回り，多くの直轄市，およびいくつかの省で30%までに達した．

1990年代には国有企業の社会保険料負担の遅延と不履行が一般的になり，これは2つの悪影響をもたらしてきたと考えられる．ひとつめは多くの年金受給者は長期遅延の後で年金を受け取るか，あるいは最悪には年金を一切受け取れない．中央政府から圧力や資金の補塡によって，この問題は減少しているが完全には消えていない．2つめは年金の給付義務の遅滞や不履行は，旧制度からの莫大な支払責任を財政管理する方法がみつかるまでの恒久的な特徴として存続する．また，新しい年金制度での所得比例部分は名目上のものである（OECD, 2002b）．個人年金勘定に入るはずである雇主からの負担保険料は，現存する年金の給付責任のために大いに利用されると考えられる．そのため，現在，運営されている年金制度は実際には名目上であり，実際には旧制度が運用されている（England, 2002）．

これらから根本的な問題が指摘できる．過去の年金制度の不足資金のために年金給付責任を全うすることと，新制度の給与比例部分に基金を増やすことの2つを従業員の総給与から負担することは，単に実行不可能である．これは必要とする負担率を実現するのには，あまりにも高ぎるからである．国有部門においての現在の年金給付だけで，2000年には総給与の約21.6%に達していた．新年金制度は給与比例部分を運用するために，総給与の11%の負担率を想定している．その2つの数値は総給与の32.6%に達し，それは国務院が設定した20%の上限よりも13%ほど高い．これとは別に15%程度が医療保険，失業手当および出産給付，および身体障害者へ給付の負担として付け加える．

その政策は，年金給付が持続的に旧制度から残された資金不足の年金責任を新制度では分離させることと，総給与以外からの拠出で資金を補塡することが必要である．また，2000年に国務院によって過去の年金給付の責任が国有企業の株の売却で補塡されたが，すべての問題の解決への方策はなおかつ今後，決定されなければならない．また，2000年に国務院は所得比例部分の負担率

---

18) 国務院により制定された中国の「賃金と雇用に関する法律」である．

を 11% から 8% までに引き下げる決定をした（国務院, 2001）.

（2） 持続できる社会保障のための改革

以上までの議論は，中国のような低所得経済において長期的に持続できる社会保障制度の政策立案に関係する問題であった．社会保険を例に取れば，それらによってもたらされる利益はとても少なく，受給資格は保険料負担の記録をもつ人だけに限定されている．1997年から適用されている新年金制度もとでは，2つの構成（最低限の年金給付金と拠出からの年金基金による補助）から成り立ち，持続が可能と考えられている．現在の年金が直面している問題は，旧制度によって放置された年金給付責任の拡大によるものである．その原因は，将来的な財政計画を作成することが欠落していたためである．年金給付の遅滞はその制度が機能するのを2つの点で妨げている．それは，現在の年金拠出が現在の年金の給付に利用されること．給与関連部分における年金積み立てがまったくないということである．年金制度が持続する必須要件として，旧制度での年金給付責任において資金不足部分を新制度の下での資金の補塡から分離することと，新制度の資金の補充を被雇用者の総給与から分離することが必要である（OECD, 2002b；Whiteford, 2003）.

深刻な財政危機はすでに政府の年金制度に表面化していた．表3・8では，1993年から1998年までの間に年金制度の参加者数が15.5% 増加した一方で，

表3・8 中国の都市年金制度の従属比率

年次	制度での労働者 （万人）	制度での退職者 （万人）	従属率（退職者／労働者）（%）
1993	7,336	1,628	22
1994	8,494	2,079	24
1995	8,738	2,241	26
1996	8,758	2,358	27
1997	8,671	2,533	29
1998	8,476	2,727	32
1999	9,502	2,984	31
2000	10,448	3,170	30
1993年から98 年での増加率	15.5%	67.5%	10%

出典：労働・社会保障部国家統計局労働・社会保障統計報告 (2001).

退職者数が67.5％に上昇したことを示している．その制度の従属比率はその5年間で10％上昇した．それによって年金の黒字は減少し1998年には赤字に転落した．多くの分野で，年金給付の遅滞が起き年金受給者からの抗議を受けた．1997年以来の年金を中心とする改革はこれらの2つの問題を解決しようとしている．それは年金給付を移動可能にすることと，年金制度自体の収支を向上させることである．

　社会福祉（都市貧困と自然災害救済，および様々な貧困軽減計画）を除けば，これらには2つの大きな問題がある．まず，これらの総計に比較すれば費用そのものが少ないこと．そして，剥奪を防止することの有効性としては，これらの計画の総費用は総予算の支出に対してとても小さいし，政府支出の僅かな部分を占めるだけである．なぜなら，1999年の都市の貧困軽減計画の例で，最低生活水準以下の290万人（推定1,300万人のうちの22％）を援助しただけである．総費用は20億人民元で政府支出の0.2％であった．1人当たりの平均の費用が固定されたと仮定すると，総計画の費用の合計は政府支出の約1％になる．1999年の社会保障費給付の総計は政府支出の約4.1％であった．結果として，中国の社会保障給付での労働保険の負担に対しての政府支出は高いというよりは低調である（OECD, 2002b）．

　以下の視点は，中国の社会保障制度のために何が財政的に持続でき，何が普遍的な所得保障政策を構成するかということである．政府機関での十分なリスク・プールと未資金の年金給付責任の拡張への資金補塡の方法によって，老齢年金，障害年金，医療保険，失業保険などの保険料拠出型の制度は運用できるであろう．普遍的な所得保障と社会保険制度は相互に補完できる形態であり，前者は後者によって残された格差を是正する必要があり，代わりに後者は前者の申請者の数などを調査することができる（OECD, 2002b）．

①養老保険（年金）制度の参加率をめぐる課題

　現在の社会保障制度は1950年代に遡り，その各部分において，事実上の唯一の雇主であった人民政府を基盤にする国有企業の経済的現実に反映されていた．その意味では，社会機構は相互補完的であり，様々な問題の解決はその他の機構が変更されたときにも問題になる．たとえば，過去の社会保障制度のもとでは都市部の国有企業労働者の社会的便益が年金，医療，住宅の広範囲な分

野で保障されていた．そして，経済改革の前の期間では，これらの便益は名目のうえでは低賃金の被雇用者によって一部負担されたが，いかなる失業も存在しなかったし，退職者の子どもの1人までの国家雇用保障も存在した．この特徴は，都市の労働者が雇用と所得を保障されるために中国の故事である「鉄飯碗」[19]として人民政府のかかわりを具現化していた（OECD, 2002b）．しかし，その制度自体は労働者の保障としては高く評価されるが労働の生産性は低かった．

1970年代に始まった経済改革は，新しい私有部門とともに契約に基づいた新しい国有企業の雇用形態を構築した．言うまでもなく，1980年代と1990年代にわたった「工作単位」は社会的便益を受けるための主柱であったが，この制度が中国の国有企業部門の近代化をいくつかの点で妨げた（OECD, 2002b）．その制度は，比較的高く，非公平的に分配される受益費用を国有企業に課すこととなったからである．社会保障のための国有企業の総支出は総給与平均の約30％であったが，最悪の時期には50％にも達した．これらは退職した老年人口の生産年齢人口に対しての負担の割合を引き上げている（萬・丘, 1997）．

度重なる国有企業の従業者への主要な年金制度改革にもかかわらず，多くの問題が依然，残っている．OECD（2002b）の議論では，国有企業への財政負担が依然高いことが指摘されているが，これは部分的に新制度の社会的な管理・運用方式が労働者に適用されるが，現在の退職者の年金に接点がないからである．負担の移転と補填はいくつかの点で行われており，それらは事実上，年金給付責任を履行できない損失のある低利益の国有企業からのものである．その制度の財政上の問題は資金を特定のために利用する一方で，多くの資金が現在の退職者の年金を支払うために使用されるが十分ではない．また，それは重要な省と県間の差異を覆い隠すことになる．全体としての社会保障給付制度への国庫補助はGDPの0.4％で，これは総支出の17％に相当する．これらの国の4分の1以上の補助金は遼寧省と黒龍江省の2つの省に分配されている[20]．関連する政策として，国全体では個人年金勘定を含みながらも賦課方式の制度

---

19) 所得が一定で職が安定した状況の喩え．
20) これらの2つの省では国有企業から退職人口が13％で65歳以上の人口が5％であった（『中国労働統計年鑑』, 2001）．

として運用されていることである．

　制度に参加している労働者にとって，雇主と被雇用者の保険料負担の総計の約35％が個人勘定に給付される．1999年にはその保険料負担の水準はGDPの約0.85％であったが，実際にはその給付からの黒字はごく僅かにGDPの0.05％であった．この状況が続くと仮定すると，その制度は急速に深刻な水準の負債を蓄積していくことになる．また，名目上の個人勘定の導入前の年金の含み負債は大きかったが，これらの改革によって負債が顕著に現れるようになり更なる改革を期待されるかもしれない．これは過去の支払義務から蓄積された負担の厳しい資金調達の状況を反映している（OECD, 2002b）．

　制度への資金の基盤が拡大した進歩がある一方で，それは現在まで，とても制約がある．国有企業が政府の行政単位だったときには，長い間に築かれた国有企業の年金負債はそのままにされていた．過去の弁済義務を補塡するような実質的な歳入なしでは国有企業の年金負担は減少されないので，より均等に分配されないままで含有し続ける．

②養老保険（年金）制度の拡張をめぐる課題

　表3・9は年金制度への参加者数を示したものである．私有部門と自営者は伝統的に年金制度から除外されていたために，不参加は典型的な例である．私有部門は比較的，若年の労働力をもっている．1998年の統計によれば国有部門と集体企業の80.5％の従業員が年金制度に参加していた一方で，退職者の98.5％がその制度を占有していた（労働・社会保障部，2001；OECD, 2002b）．1999年1月に国務院によって設定された比率では，1999年6月末まで私有部門の全就業者が制度から除外されていた．しかし，参加率は1999年の末までに50.4％から55.6％に上昇し，2000年には63.4％にまで達した[21]．

　中国の老年保障は，世界銀行の報告（World Bank, 1997a）や閻（1999）の指摘によると，現在の年金制度は2つの深刻な問題に直面している．それは，長期的な急速な老年人口の増加から起こる問題と，国有企業が置かれている年金負担の問題である．今までのところ，中国は比較的若い人口構造であるにもかかわらず，つぎの20年の間に「一人っ子政策」の影響と平均寿命の伸長に

---

21) この数値には都市の年金制度に含まれると予想された約5,000万人の移動労働者は含まれていない．

表3・9 都市での年金制度の参加率

都市労働者（万人）	1,998	1,999	2000
合計	20,678	21,014	20,274
政府と非政府機関	3,877	3,930	3,801
私有部門 A	16,801	17,084	16,473
実際の参加率（万人）B	8,476	9,502	10,448
参加率 B/A（％）	50.4	55.6	63.4

出典：労働・社会保障部社会統計局（1999；2001）．

より，衝撃的な結果がもたらされることになる．過去10年間にわたって年金給付はGDPの0.8％から2.4％の3倍になった[22]．人口の要因を考慮すると，過去数十年間の年金給付が増加していることは重要な意味がある（Whiteford, 2003）．

過去の10年間を振り返ると，他のすべての要素が同じという前提で計算するならば，GDPに関した平均年金の価値の増加は約11％だけであったといわれる．それに加えて，他のすべての要因が共通であったとすると，過去の人口の高齢化によって約15％だけ支出が増加したと計算される．ということは，支出の増加の主要な要因は，過去の20年間で約2倍となった老年人口における年金適用範囲の拡大である．支出に影響を与える要因は，結果的には支出水準が3倍に増加したことであり，このような将来の人口移行によってもたらされる老年人口の割合の増加で，過去よりも速い速度で支出が増加すると考えられる．

表3・10のZhao・Xu（2002）の試算は，年金の60％の代替率を達成するために要求される年金保険料負担率を示したものである．これは以下の5つの変数から計算されている．年間4％から6％の賃金増加率，35年から40年の負担期間，年金投資の実質利益率（4％から8％に設定），退職時の年齢（55歳または60歳に設定），その後の平均寿命を70歳か75歳に設定した．これによると最高負担率は賃金上昇率が5％で，負担期間が35年間で退職後の平均寿命が15年間の場合に23.44％の負担率になると推計される．

---

22) 賦課方式の定義によれば，年金総支出は全年金受給資格人口から受け継がれた60歳以上の人口と，年金給付を受けている範囲の割合からの数値に等しい．GDPに関する支出は，全人口から受給資格者の割合に給付範囲を掛け合わせて，それに受給者の平均給付額を1人当たりのGDPに掛け合わせたものである（OECD, 2002b）．

表3・10 年金の60%の代替率達成のために要求される負担率の試算

賃金上昇率（%）	負担期間（年）	実質利益率（%）	退職時平均余命	負担率（%）
5	35	4	15	23.44
5	35	6	15	14.81
5	35	8	15	9.17
4	35	4	15	19.82
4	35	6	15	12.30
4	35	8	15	7.48
5	40	4	15	20.98
5	40	6	15	12.64
5	40	8	15	7.39
4	40	4	15	17.34
4	40	6	15	10.20
4	40	8	15	5.83
5	40	4	10	15.30
5	40	6	10	9.58
5	40	8	10	5.79
4	40	4	10	12.65
4	40	6	10	7.73
4	40	8	10	4.57

注：年金制度が物価上昇に対して比例すると仮定．
出典：Zhao・Xu（2002）による年金保険料負担率試算．

　以上の試算から考察できることは，給付者1人当たりの受益平均も比較的高くなることが明らかである．年金制度がとても高いものとなるという要因は，中国の場合，新しい制度が漸次的に導入される移行の制度であるからと考えられる．ある意味では，労働者には3つのグループがあると考えられる．新しいシステムの導入前に退職した人びとは，旧制度のもとで生じた受給資格によって年金が給付されており，1997年以降に労働力に数えられるようになった人びとだけが新しい制度に参加している．1997年に労働人口にいたか，もしくは退職していなかった人びとは，あたかも彼らが新しい制度のもとで保険料を負担していたかのように数えられている．彼らが退職するときには，個人年金勘定に加えて基礎年金を受け取ることになり，また，過去の受給資格を保護するための移行給付も受け取ることになる（Zhao・Xu, 2002）．

　最近の改革は代替率を後退させると予測でき，それと適用範囲がこれまでと同じように拡大し続けることはない（史，1999；閻，1999）．OECDの保守的な予測では，年金支出は2010年までにGDPの約3%に達することになる．こ

の数値は中国の全体の政府予算のなかで比較的高いということを示唆しており，これは年金が老年人口の本質的な貧困軽減の方策とみなされているからである（Whiteford, 2003）．

③高齢者の経済的地位と年金制度の公平性の課題

以上までの議論は，年金制度が都市人口のなかでも比較的裕福な少数の人びとに恩恵を与えるものであることを示した．都市の年金制度においては，農村の貧困層や高齢者の多数はその制度の対象から除外されていると考えられる．それは，都市部と農村部の間の所得不平等を是正する制度ではなく，所得の再分配もないからである．もともと，その年金制度自体が再分配のために立案されていないからである（史，1999；閻，1999）．

中国社会科学院による貧困および所得分布の研究では，とくに都市貧困と都市部と農村部の貧富の格差が拡大していることが指摘されている（中国社会科学院，2002）．均衡の伴わない経済発展によって，現存の社会保障制度は新しく発生する労働・社会問題に対処することができず，経済改革の時期から出現した新しい社会保障の概念にもあっていない（OECD, 2002b）．

明らかに，現存する農村の社会保険制度は不十分である（陳，2001）．個々の保険料水準がとても低いことと，雇主から別途に補助されているからである．年金は農村の老年人口にとって重要な保障分野であるが，農村の地域の個々の制度は，都市の年金制度と違って自己資金調達の形態で運営されるために，その老齢保障は地域の富に大きく依存している．地域間の経済成長における不均衡は，不平等を減少させるよりも恒久的なものとしており，とくに年金制度のうえにそれが反映されている（史，1999；閻，1999；Zhao・Xu, 2002）．

社会保障の適用範囲を農村の老年人口の大多数へ拡張することは，中国のもっとも重要な挑戦のひとつである．新しい制度のもとでは，中央政府からの指導と監督は最小限で，地方の主導権が多様化しており地方分権的な制度でもある．そのため，制度は地域の特色と適用範囲において多様化している．また，現存する都市の年金の形態が農村の地域でも適用可能かという課題がある．

(3) 今後の政策課題と政策決定要因

表3・11は中国のGDPと都市の賃金の上昇率を示したものである．上記の

表3・11　GDPと都市の賃金の上昇率（1978-1999）

期間	消費者物価指数（%）	実質GDP上昇率（%）	名目賃金（%）	実質賃金（%）
1978-99	6.28	9.58	15.43	8.60
1985-99	7.65	9.46	16.49	8.21
1990-99	4.00	9.46	16.49	12.00

出典：中国統計年鑑（2001）．

3つの期間でGDPと賃金はともに大きく上昇したが，実質賃金の上昇は物価の上昇を考慮すると低水準であった．年金制度の視点から，上昇する生活水準にも適応した退職者への年金給付を確実にするための機構が必要であろう（閻，1999）．しかし，年間賃金の指標化はその制度の柔軟性を制限するかもしれないことも考慮されるべきで，隔年ごとの物価スライド制年金制度が適切と考えられるかもしれない．または，その他の選択肢を考えると現在の年金分配をさらに理解する必要がある．つぎの10年間に政府が新改革を続行するのに必要とされる財政を確保することと，最大限の柔軟性をもつ政策を追求することが必要であると考えられる．いうまでもなく，中国人口の大部分に対応した均衡が取れた社会保障政策を発展させるべきであろう（陳，2001）．

いくつかの政策提案として，負担者の不参加や制度からの逸脱には継続した年金制度は責任をもつべきであるし，個人勘定の基金を増やすことの失敗に対しても責任をもつべきである．その理由は国有企業や年金保険料を負担すべき労働者に対して，ほとんど，奨励する要因がないということである．負担保険料はとても高く，その制度には再分配の要素があるにもかかわらず，個人勘定への給付への代替率は非常に低い．地方人民政府には，保険料徴収を強制する能力がない．なぜなら，地方の「社会的な管理・運用方式」の考えは，相互扶助の関係にあると考えられるからである．また，旧制度によってもたらされた年金の債務の課題と高負担のような非奨励的な状況，再分配の問題，空のままの個人年金勘定にも責任をもたなければならない．ひとつの例として，今までの年金保険料が個人勘定にそのままに残ることになり，その年金基金が専門的な実務者によって管理することになれば，おそらく今までみられた制度上の問題は起こらないであろう．いったん，その非奨励的な事項が取り除かれれば，保険料負担率は非常に低くなると考えられる．計算に基づけば，その完全に積み立てられた制度のもとでは，要求される保険料負担は僅か総給与の10.2

％程度にとどまる．非奨励的な要因を取り除く方策は年金拠出を独立させて，年金負債への資金を増やすことである．非常に保守的な予測に基づけば，50年間にわたりGDPの1％を補塡すれば，年金負債を取り除くものと推測される．また，その支払いに税金が使用されれば，その税金は総給与の5.6％になる（表3・10）．現在の制度では，退職者のための支払いに24％の給与税が必要とされる．この比較によれば，十分に積み立てられた制度としては，旧制度上の現在と将来の退職者のための年金支払いのために，総給与の5.6％が必要である．それに加えて，10.2％が労働者の将来の年金所得の貯蓄・投資のために，個人勘定への積み立てとして必要である．2001年には年金改革の分野でいくつかの進展がみられた．まず，政府が年金負債に対して資金補塡でさらに責任を果たすこととなった．政府は国有企業の所有権を減少させることで，社会保障の積み立て基金を上昇させた．第2に中央政府は遼寧省における実験的な計画であった年金と他の社会保障分野の責任を企業から地方政府の社会保険機関に完全に移転した（国務院，2000年；OECD，2002b）．この措置は，完全に年金制度を企業から引き離すことによって，企業間での年金基金の移行性を保証するものである．一方で，政府はいったん企業から離された労働者に対しての前雇主の責任を厳密にした．これは，労働流動性を高めるために常に重要なものである．また，第3に個人年金勘定を賦課方式の部分から分離し，完全に資金を積み立てることを義務付けた．そして，その勘定は積み立て方式にかかわらず移動性があり世代間での相続も可能である．個人勘定を完全に積み立てることで，年金に参加することが奨励される．その一方で，参加を妨げる要因は，社会的な管理・運用方式の積み立て部分の雇主の負担率が総給与の13％から20％に上昇したことと，個人勘定の負担率が13％から8％に減少したことであるかもしれない．

都市部の労働者の年金への参加率の概算の総計では，年金制度は1990年代に約45％が占められていたが，2000年には50％に達した（公務員を含むと約65％に上昇する）．都市での年金制度の運営における企業から省人民政府や地方人民政府への移行の過程は，多くの国有企業の構成の見直しを容易にし，2000年末までに90％以上の割合で完成した（OECD，2002b）．全人口での適用範囲は国際基準に比べて低いにもかかわらず，全体的にみれば社会保障制度

は最近10年間にいくつかの改革が施行され進展があった．都市人口での年金の適用範囲の拡大は重要な政策の結果である．このように都市部の年金制度では，政府による強制加入のなかの労働者の90％を網羅することができた．2000年の国務院の報告によれば，以前の一般的にみられた年金給付の遅滞は減少し，99％は予定通りに支払われるようになった．これらの成功にもかかわらず，長期の問題は依然残っている．それらの問題は制度の限定された給付範囲，リスク・プール・保険料徴収の低率，制度での限定された資金積み立て方法，そして，具体的な課題としては他の保険給付との関連，保険料負担の期間や退職年齢の適正化などである（OECD, 2002b）．中国の多様性や経済と社会の急激な変化に鑑み，ひとつの政策では将来に失敗を招くことになる．また，その課題は「社会的管理・運用」の範囲をどの程度まで広げるべきかどうかと，政府自体が社会保険に対する直接の責任を負うべきかどうかである．

5　おわりに

社会保障の分野では，都市の社会保障制度は年金改革を中心に長い道のりを辿り旧制度の国有企業中心の賦課方式から，それぞれの省人民政府および直轄市人民政府の運営による新しい社会共同の管理・運用方式に変更された．今までの分析からわかるとおり，年金改革は国有企業部門の崩壊のようなミクロ経済の問題によって引き起こされたと考えてよい．いわば，それは部門内での労働の不流動性と年金制度の財政危機の問題に集約された．ある意味では，この新しい制度は成功しているといえようが，この改革は退職者への給付の遅滞を繰り返した旧制度の財政不均衡の問題を完全に解決していない．また，急激に高齢化する人口からの長期的な課題には対応できていない．

中国の人口は非常に速い速度で，先進国とは異なり国民が低所得の水準のままで進行している．これらの問題に対処するためには，若年労働者が彼ら自身のために貯蓄を開始することが必要となる．中国全体の高齢者が長寿になれば，経済的な生活水準もより高くなることが必要とされる．それはいうまでもなく，それ自体は社会発展の偉大な達成である．しかし，中国でみられる早期退職の傾向は高い失業率への対応と同様に社会の繁栄の過程で増加する社会政策のニ

ーズには反映されていない．今後は，都市部の高齢者にとっては，年金以外の他の資源がより今後，大きな役割を演じるかもしれない．たとえば，その役割は人口高齢化による負担を世代間で分配することや，個人のリスクをいくつかの異なった退職所得に分散することなどであろう．中国の都市部の中間所得・高所得者は公的年金に加えて，今後，私的年金にも参加することになるかもしれない．よって，社会保障制度として公平な制度の枠組みがどのように設定されるかが重要であろう．

今までの中国の社会保障改革は成功していると評価される一方で，都市と農村の社会保障への対応の相違は，中国の所得格差がより拡大していることを明らかにしている．たとえば，政府が定めた貧困線以下の人口は5％と推計され，5歳以下の児童栄養失調率は9％と推計されている．また，中国の全体での文盲率は14.1％ときわめて高い（World Bank, 2003）．これらの基本統計でみる限り，社会発展と社会保障の発展のための基盤は都市と農村で大きく異なる．2002年に中国社会科学院から発表された「社会白書」で，中国社会の情勢の基本動向が分析・予測されている．それによれば，中国社会には新しい3つの特徴があると考えられている．第1にWTO（世界貿易機関）の参加によって中国で発生した変化で，「経済開放」による対外開放だけではなく国内内部の開放が行われたことである．また，第2に社会階層の構造の変遷と利益構造が変化していることである．現代の中国の社会は経済改革による利益構造の変化とその調整に伴う所得分配の変化によって，社会階層間の移動が促進されてきた．第3には，経済改革の成果は社会保障制度改革，戸籍制度改革，給料制度の改革，教育制度の改革などの現在，進行している社会制度の改革の状況とその過程に反映されていることである．経済改革によって，今日までにいろいろな分野と領域で改革がもたらされた．それに加えて，2002年に江沢民が説いた「3つの代表」（中国共産党が先進的生産力発展の要請，先進的文化前進の方向，もっとも広範な人民の根本的利益の3つを代表すること）とともに，鄧小平理論と改革基本路線が継承されていくことで，今後，新国家主席胡錦濤のもとで中国社会が経済改革と社会改革の両面でどのように均衡を保ち発展していくかが注目される．

謝辞

　資料収集の段階で，中国人民大学人口学研究所副所長杜鵬教授，中国社会科学院社会学研究所副所長黄平教授，清華大学老年学研究所裴暁梅教授および公共管理学院鄧国胜博士にお世話になった．また，広東省社会保険基金局弁公室主任夏青氏には実際の政策の立案と省内での社会保険制度の運営について会見いただいた．ここに5氏に記して謝意を表したい．

文献

〈日本語〉

エイジング総合研究センター（Japan Aging Research Center）（2000）都市の少子高齢化研究　東アジア地域・高齢化研究〈総括編〉，平成11年度研究報告書．

鍾仁耀（2000）「中国の年金の収支・運用・管理の実態」『経済学雑誌』第101巻第1号．

セン（2002）『貧困の克服』（大石りら訳）集英社．

日本労働研究機構（1998）「中国の労働・社会保障システムの基礎的研究（1）」日本労働研究機構資料No.79．

萬成博・丘海雄（1997）「現代中国国有企業Ⅰ・Ⅱ」白桃書房．

〈中国語〉

蔡昉（編）（2000a）『2000年人口緑皮書：中国人口問題　農村人口問題乃其治理』社会科学文献出版社．

蔡昉（編）（2000b）『2001年人口緑皮書：中国人工問題　教育・健康与経済成長』社会科学文献出版社．

蔡昉（編）（2000c）『中国労働人口問題』河南人民出版社．

蔡昉（編）（2001）『中国人口流動方式与途径（1990-1999）』社会科学文献出版社．

蔡昉（編）（2002）『中国人口与労働問題報告：城郷就業問題与対策』社会科学文献出版社．

陳佳貴（編）（2001）『中国社会保障発展報告（1997〜2001）』社会科学文献出版社．

杜鵬・武超（1998）『中国老人的収入来源』人口研究第4巻．

国務院法制弁公室（1990）『社会保険政策法規選編』中国法制出版社．

国務院法制弁公室（1995）『中華人民共和国社会保険法規選編』中国法制出版社．

国務院（2000）『完善城鎮社会保障体系的試点方案』．

韓良誠・焦凱平（1997）『企業老齢年金保険制度的統一和実施』中国人民出版社．

蔣月（1999）『社会保障概論』法律出版社．

労働・社会保障部『労働政策法規雑誌』中国労働報社2001年3期．

労働・社会保障部・社会保険事業管理中心（2001）『中国社会保障』中国社会保障雑誌社第5期．

労働・社会保障部国家統計局（2000；2001）『中国社会統計年鑑』中国統計出版社．

労働・社会保障部国家統計局（2000；2001）『中国労働統計年鑑』中国統計出版社．

労働・社会保障部国家統計局『2001年上半期労働・社会保障統計報告』.
労働・社会保障部国家統計局『2001年度労働・社会保障事業発展統計公報』.
労働部社会保険事業管理局（1998）『中国社会保険年鑑』中国人民出版社.
李毅中（2002）「健全公司理結構核心」『求是』求是雑誌社 2002年 16巻.
盛洪（2002）「中国企業高層多'政変'的幕后」『中国改革』中国雑誌社 2002年 8月号.
史柏年（1999）『中国社会養老保険制度研究』経済管理出版社.
閻坤（1999）「人口老齢化与中国養老保障制度改革」『中国社会保障体制改革－98年中国社会保障国際研討論文選』中国経済科学出版社.
顔秋許・許涛（2002）「企業改制職工成了風険承担者」『中国改革』2002年 8月号.
楊雲彦（1996）「改革以来中国人口「非正式遷移」的状況－基于普査資料的分析」『中国社会科学』中国社会科学院 6期.
中国労働保障報社（1998）『労働・社会保障法規政策雑誌』12期.
張健・陳一筠（2000）『家庭・社会保障』社会科学文献出版社.
中国社会科学院社会政策研究中心（2002）『社会政策評論』春季巻・夏季巻，中国社会科学院社会学研究所.

〈英語〉
Asian Development Bank (2001) Key Indicators of Developing Asian and Pacific Countries, Manila: Asian Development Bank Report.
China National Committee on Ageing (2002) Ageing and Development, Beijing: China National Committee on Ageing.
England, R. (2002) Selected Tables and Statistics about China, Washington D. C.: Centre for Strategic and International Studies.
Feldstein, M. (2003) Banking, Budgets and Pensions: Some Priorities for Chinese Policy, Beijing: Paper presented at China Development Forum 2003, Development Research Centre of the State Council of the People's Republic of China.
Hu, A. D. (1997) Reforming China's Social Security System: Facts and Perspectives, International Social Security Review, (3): 45-65.
Hussain, A. (2002) Trends in Reform of Social Welfare in China, London: Paper Presented at the London School of Economics.
James, E. (2001) 'New Models for Old Age Security-How Can they be Applied in China?' World Bank Report.
OECD (1998a) *Incomes Distributions and Poverty in the Selected OECD countries*, Economics Department Working Paper No. 189, Paris: OECD.
―― (1998b) Maintaining Prosperity in an Ageing Society, Paris: OECD.
―― (2000a) *Reforming China's Enterprises*, Paris: OECD.
―― (2000b) China in the Global Economy-National Accounts for China:

Sources and Methods, Paris: OECD.
―― (2002a) China in the Global Economy-Agricultural Policies in China after WTO Accession, Paris: OECD.
―― (2002b) China in the World Economy-the Domestic Policy Challenges, Paris: OECD.
Palacious, R. and Pallarès-Miralles, M. (2000) International Patterns of Pension Provision (http://www.worldbank.org/Pensions).
Peng, D. and Phillips, D. (forthcoming) Washington D.C.: World Bank. Potential Consequences of Population Ageing for Social Development in China, In : Lloyd-Sherlock, P. (ed.) *Living Longer : Ageing, Development and Social Protection*, London : Zed Books.
Selden, M. and You L. Y. (1997) The Reform of Social Welfare in China, World Development, 25 (10), 1657-1668.
Sen, A. (1984) *Resources, Values and Development*, Oxford: Blackwell.
Shang, X. (2000) Rethinking 'Social Welfare' and 'Social Security' in China, Paper given at the Conference on "Theories and Policies: Social Welfare in China", Beijing, December 2000.
UNDP (1998) *Human Development Report 1998*, Oxford: Oxford University Press.
UNESCAP (2002a) *ESCAP Population Data Sheet*, Bangkok: Economic and Social Commission for Asia and the Pacific.
―― (2002b) *Report on the Regional Survey on Ageing*, Shanghai: Economic and Social Commission for Asia and the Pacific.
Wang, X. (2001) China's Pension System Reform and Capital Market, Boston: Kennedy School of Government, Harvard University.
Whiteford, P. (2003) From Enterprise Protection to Social Protection: Pension Reform in China, *Global Social Policy* Vol. 3, Issue 01, London: Sage Publications.
Williamson, J. and Bingwen, Z. (2003) The Applicability of the Notional Defined Contribution Model for China, *China and World Economy No.3 2003*, Beijing: Chinese Academy of Social Sciences.
World Bank (1997a) *Pension Reform in China : Old Age Security, China 2020*, Washington D.C.: World Bank.
―― (1997b) *Financing Health Care: Issues and Options for China, China 2020*, Washington D.C.: World Bank.
―― (1997c) *Sharing Rising Incomes: Disparities in China, China 2020*, Washington D.C.: World Bank.
―― (2003) *World Development Indicators 2003*, Washington D.C.: World Bank.
Yan Wang, Dianqing Xu, Zhi Wang and Fan Zhai (2000) Implicit Pension Debt,

Transition Cost, Options and Impact of China's Pension Reform-A Computable General Equilibrium Analysis, Washington D. C.: World Bank Policy Research Paper.

Zhao, Y. and Xu, J. (2002) China's Urban Pension System: Reform and Problems, Cato Journal, Vol. 21, No. 3.

第Ⅱ部　各国の社会保障制度

第4章　韓国の社会保障

許　棟翰・角田由佳

1　はじめに

　1997年末に発生したアジア通貨危機は，韓国経済に多大な衝撃を与えるとともに，社会保障政策にも大きな影響をおよぼした．これまでに経験したことのない，短期間で陥った深刻な経済沈滞と高失業，貧困層の拡大等は，韓国政府に経済再建と社会保障の整備の同時進行を迫り，金大中政権の下，社会保障について「生産的福祉」と呼ばれる政策展開が広げられたのである[1]．生産的福祉は，まず第1に，個々の国民の生活保障について家族から国の責任に転換し，これを強調したこと，第2に，就業機会の拡大を図る制度の導入を進めたことに，大きな特徴がある．

　金政権下で生産的福祉政策が展開する背景には，韓国における家族機能の変化という問題も存在していた．植民地時代を終えた当時，韓国は，全国民の約67％が農業部門に従事するという伝統的な農業国家であった．しかし1960年代以降の本格的な経済開発と工業化，そして産業化を通じて進展した都市化や女性の社会進出により，地域共同体の機能や大家族中心の家族扶養機能を急速に弱め，社会保障政策への要求の高まりをみせていた．

　本章では，韓国の政治動向や経済・社会変化，そして「儒教文化」に着目しながら，社会保障政策の展開と現状を概説する．

---

1) 当時，IMFの金融支援を受けながら履行した，IMFによる改革案は，①財政・金融の緊縮政策，高金利政策，②金融部門の構造調整，③金融・資本市場の完全開放，④財閥改革，⑤貿易自由化，⑥労働市場の柔軟性，などであった．

2　歴史・社会システム

韓国民，あるいは東アジア圏の人びとに共通する価値観や規範を形成させた「儒教」は，その教えのなかで，家族や共同体，社会，そして国の秩序を律するために，「孝行」と「恭敬」，「忠誠」を実践すべき行動徳目に置いている．儒教が文化として今日も根強く残っている韓国では，儒教における行動徳目を基盤とした「親孝行」，「敬老思想」，「家族関係の重要性」，「共同体の機能重視」という国民全般の価値観が，社会保障政策の内容と進展に少なからず影響を与えていると捉えられる．第2節では，この儒教文化の発展に視点を置きながら，韓国の歴史と社会を概観する．

(1) 歴史の概観——儒教文化を中心に

韓国をはじめ朝鮮半島に儒教が伝わったのは，古代王国時代からだと推察される．たとえば，高句麗（紀元前37-668年）では，4世紀後半にすでに儒教教育機関として「太学」が設けられ，新羅（紀元前57-935年）では，788年に官吏採用試験制度である「読書三品科」が設けられている．しかし，この古代王国時代から高麗王朝（935-1392年）時代までの儒教は，主として支配階層である官僚層や知識階層の教養としてのみ重視されており，韓国民全体の生活にわたってひとつの文化にまで発展するのは，「李氏朝鮮」の時代である．

高麗王朝の武臣であった李成桂が建国した「朝鮮」（「李氏朝鮮」[2]；1392-1910年）は，新しい王朝の正統性をアピールすること，また王権に脅威を与える地方の豪族を弱める手段として，儒教の教えを利用し，強力な中央集権体制への移行と確立を実現させた．三国を統一した新羅時代以降，長い間，国家の手厚い保護の下にあった仏教は，高麗末期になるとすでに創造的な発展力を失い，僧侶たちの悪弊に国民の不満は高まっていた．そのため新しい国家理念としての儒教の導入は，李氏朝鮮建国の正当性を国民にアピールできる良い素材となった．それまで韓国民に普及していた「仏教」は，いわゆる「抑仏崇儒

---

[2]　史料によると，「朝鮮」という国名が初めて使われたのは紀元前2333年，檀君による朝鮮に始まる．その後，韓国の歴史には「朝鮮」という国名が数回登場するため，たとえば，檀君による朝鮮は「古」朝鮮，李成桂による朝鮮は「李氏」朝鮮というように区別して呼ばれている．

政策」によって弾圧され,「孝行」,「恭敬」,「忠誠」を説いた儒教がこれに代わって崇拝されたのである.

当時,韓国民一般の生活様式や社会規範にまで浸透した儒教は,今日の国民の思想や価値観形成にも大きな影響をおよぼしたと考えられている.とくに韓国では,本来の儒教の教えに基づいて,「孝行」が「忠誠」よりも先に実践すべき徳目として強調されており[3],その下で形成された国民の価値観が,近代期になって経済政策の運営のために呼びかけられた「国への忠誠心」と,融合し難いものとして現れることになる.

(2) 近代化と社会・政治構図

植民地時代を終えた1945年以後,近代期を迎えた韓国は,それまでに自国資本が撤廃させられていたことから[4],自力で回復する経済的基盤をほとんどもっておらず,しばらくの間アメリカの援助経済が続いていた.しかし社会的混乱は激しくなる一方で,さらに1950年から3年間続いた朝鮮戦争によって,国内の経済基盤は壊滅状態に陥った[5].

①李承晩政権の崩壊と朴正熙政権の登場

1960年に起きた,大学生・高校生の学生デモから始まった「4・19革命」により,1948年以降続いていた李承晩政権は崩壊した.これより移行した許政による過渡政府は,独裁・腐敗政治の打開,真の民主主義発展を期待されていたが,この過渡政府も朴正熙の軍部クーデターによって倒壊する.

---

3) たとえば,「孝行」とは,自分の主張を抑制し,父母の命令を厳守するのが子たる者の道理で,孝道であり,「忠誠」は,自分自身の良心に対する誠実である,と教えられている.一方,本来の教えとは異なって儒教文化が発展したと思われるのが日本である.儒教文化の日韓比較に関しては,許棟翰(1999)を参照すること.

4) たとえば1937年,当時の日本帝国は,「朝鮮産金令」を公布し,産金をはじめとする韓国鉱産物を自由に掘り出す「工業開発」を進め,軍需品調達のための原料供給地として朝鮮半島を位置づけていたが,大半が日本人の資本によるものであった(1945年7月時点で96.1%が日本人資本).また,1936年から1943年には,重化学工業が産業全体の29.4%から49.5%まで上昇しているが,韓国人の参入は妨げられており,韓国人の工業人口は逆に減少している.そのため,韓国民の生活向上や産業構造の高度化にはつながっておらず,1945年の植民地解放後,韓国では伝統的農業国家に戻り,そこから工業化,産業化を進めなくてはならなかった.以上,朝鮮銀行『朝鮮経済年報』1948年.

5) さらに,朝鮮戦争中に北朝鮮から逃亡してきた人びとや,海外からの引き上げ者による急激な人口増加がこれに拍車をかけた.

1961年に始まった朴正熙政権は，共産主義（北朝鮮）の侵略から国を守るための国防力強化と，経済成長により国民生活を豊かにすることこそ，政権の正当性が認められる証であると考え，「自主国防」と「自立経済」を国政目標とした．そして，経済成長を達成させるために，民族の団結を強調しながらより強力な独裁政権を維持していくことになった．

　朴政権はまず，許政による過渡政府が策定していた「第1次経済開発5ヵ年計画」を予定通り着手し，1964年には輸出指向へと産業構造を変えることを試みる．世界的な好景気を背景に，輸出を中心とした韓国経済は成長を続け，製造業の発達や資本蓄積，国内消費が活性化され，1970年代には重工業を基盤とする資本集約的産業へ産業構造を転換した．また，大企業の育成を図ったため，三星と現代，LGといった財閥が国際競争力をもつまでに成長し，韓国経済は短期間で目覚しい発展を為し遂げた．1973年に制定された「国民福祉年金法」も，国民の福祉を向上することよりもむしろ，経済開発の資金調達を目的としたものであった．その施行は，制定直後の1973年末に起きた，第1次オイル・ショックと世界経済の沈滞，平均16％に達するインフレ等により延期されている．

　1972年，朴政権は，大統領の権限を大幅に強化し，独裁政治を可能にする「維新憲法」を公布，長期執権を狙った．「国の富」を最大限にすることが経済発展の目的であるという，日本の「明治維新」がモデルになった朴政権のこの「十月維新」は，国民に一方的な「愛国心」を要求し，犠牲を強いて国のさらなる経済成長を実現しようとした．しかし，「忠誠」よりも「孝行」を重んじる韓国民にとって十月維新は受容し難く，国民の批判は自然に高まっていった．

　朴政権は，十月維新を批判する者への弾圧を強めるなど，恐怖政治を加速させたが，国民の不満は高まる一方であった．さらに当時の社会・経済学者の間で，経済成長率の伸びに比べて国民の生活水準，また福祉は同様の向上をみせておらず，相対的には国民の貧困は加速している，という議論が浮上した．そして朴政権の経済政策について，高度に対外依存的であり，輸出市場の開拓重視から国内市場の資源はますます不足し，その正常的な発達は期待できないこと，結果として経済成長と福祉との乖離は大きくなることを論じた．この「成長批判論者」は，経済成長の目的とは国民生活の豊かさの実現であり，国民生

活あるいは福祉を無視した国の経済政策は修正し直す必要がある,と主張した.

②1980年代以降の政治構図——軍事反乱による政権登場と民主化運動

朴正熙は1978年,大統領に再任(第9代)するが,国民の民主化運動を鎮圧する問題について政権指導部内で意見が衝突し,1979年10月に当時の中央情報部長である金載圭により暗殺される.当時の総理だった催圭夏が大統領権限代行に就任するが,同年12月,全斗煥と盧泰愚らが中心となった新軍部勢力が軍事反乱を起こし,軍部内の主導権を掌握(「12・12事態」),実権を握ることになる.

民主化を願う国民のデモが全国に広がるなかで,1980年5月,新軍部勢力はさらにクーデターを起こした.そして,戒厳軍と市民との衝突(「光州民主化運動」),催圭夏の大統領辞任を経て同年9月,全斗煥が大統領に就任,翌1981年には再任(第12代)した.

全政権は,朴政権時の維新体制を清算すべく大々的な制度改革を行った.たとえば,長期執権防止のため大統領の再任を禁止し,さらに大統領の権限縮小と国会の権限強化,また司法部の独立性を強化するなどの改革を実施した.しかし依然として政治の不正・腐敗は残り,民主化運動に対する弾圧,拷問など人権蹂躙行為は強まっていたことから,国民の反政権抗議は極限に達した.そこで全政権は1987年,大統領の直接選挙制と金大中の赦免復権などを骨子にした,「民主化宣言」の発表によって,国民の抗議を抑えざるを得なかった.

1988年,国民による直接選挙で選ばれた盧泰愚の大統領就任(第13代)以降,韓国では,平和的政権交替が行われるようになった.

③アジア通貨危機と社会保障制度革命

経済成長の成果を背景に,韓国は1995年,OECDに加入した.しかし,2年後の1997年にアジア通貨危機を迎え,同年11月にはIMFの支援を受けることとなる.厳しい経済状勢のなか,1998年に誕生した金大中政権は,まず失業対策から国政運営の舵を取ることになった.

企業倒産や人員削減により失業者が急増した韓国では,1998年の1年間で100万人以上の失業者を数え,失業率は7-8%を記録していた[6].さらに労働

---

6) その後韓国の失業率は低下,安定しており,2002年9月現在2.8%となっている.

市場の流動化を促す労働政策により臨時職等の非正規社員も急増し，その状態は1999年に景気が回復局面に入っても続くことになった．失業者と非正規社員の増大は，階層間の不平等を深化させ，社会保障部門における財政支出増加の必要性をもたらした．通貨危機以降の厳しい経済・社会状況を背景に，金政権は，景気回復のための経済政策と社会保障改革を同時に進めていく．

金政権以前では，経済成長が第一の国政目標であり，国民の福祉に関しては重要視されていなかった．しかし金大統領は，"中産階層の育成と国民の生活水準の向上を目標とする人材開発中心の生産的福祉政策"を国民に公約し，民主主義と市場経済，そして福祉をひとつの国政運営体制に置いた．過去の政権では，経済成長と国民の福祉は異質な対立構図で受け止められていたが，金政権では，国民の福祉の向上により経済発展と真の民主主義が実現する，という認識のパラダイム転換が行われたのである．金政権の政策目標は，1970年代末の成長批判論者の主張と共通する部分が多く，また，「家族の富があってこそ国の富がある」という，韓国の儒教文化に基づく国民情緒にも融合するものであった．

3　人口と世帯

韓国の全人口は2000年現在，4,700.8万人であり，そのうち0-14歳人口が21.1％，15-64歳人口71.7％，65歳以上人口は7.2％と，高齢者人口の比較的少ない国家である．しかし，韓国にも例外なく観察される平均寿命の伸長と出生率の低下は，人口の高齢化を急速に進展させる要因となっている．具体的には，男性の平均寿命が1999年現在，20年前に比べ10.4歳伸びて71.7歳，女性の平均寿命は9.7歳伸びて79.2歳となっており，合計特殊出生率は約20年前（1976年）の3.2から1999年現在1.43に低下している[7]．

図4・1は，高齢者を65-74歳の前期高齢者と75歳以上の後期高齢者に分けて，各人口の年次推計を表わしたものである．具体的には，図4・1からも計算されるように，全人口に65歳以上の高齢者人口が占める割合は，2010年の

---

7)　数値はすべて，統計庁『将来人口推計（2001）』より抜粋．

第4章 韓国の社会保障

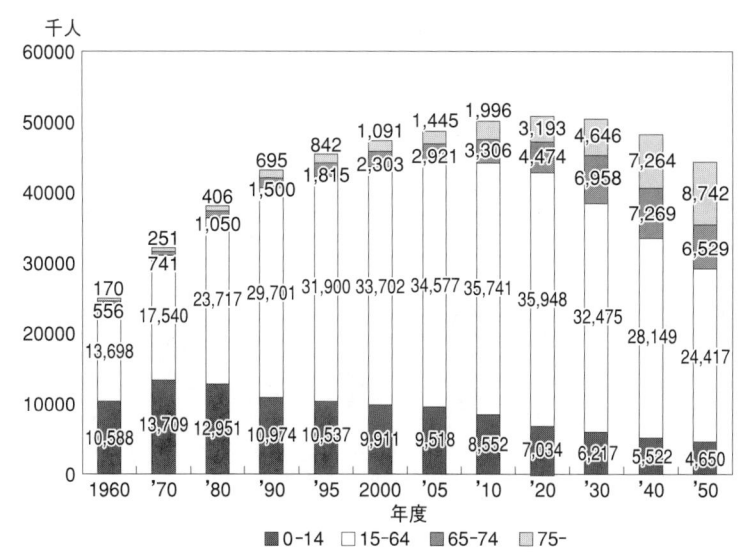

注：2000年以前は実数，2005年以降は推計値．
資料：保健福祉部『韓国の保健福祉指標（2001）』より作成．

図4・1　韓国における人口構成の年次推計

10.7％から2030年には23.1％，そして2050年には34.4％となることが予測されている．また後期高齢者の増大も見込まれ，2000年の2.3％から2010年に4.0％，2030年9.2％，そして2050年には19.7％という推計値が出されている．

高齢者人口の急増が見込まれるなか，韓国における「家族」の様相は急速に変化を遂げているように推察される．たとえば，離婚率は年々上昇し，現在世界でも第3位という数値（人口1,000人当たり離婚率2.8組）を示している．また世帯構造についても，図4・2に観察されるように，核家族世帯が増加する一方，3世代同居世帯が減少しており，これまでの韓国政府がしてきたように，家族の扶養機能を期待することは困難になってきているといえる．

4　財政構造

韓国の国内総生産（GDP）は2000年現在，517兆966億ウォン（約47兆

図4・2 世帯構造の年次推移

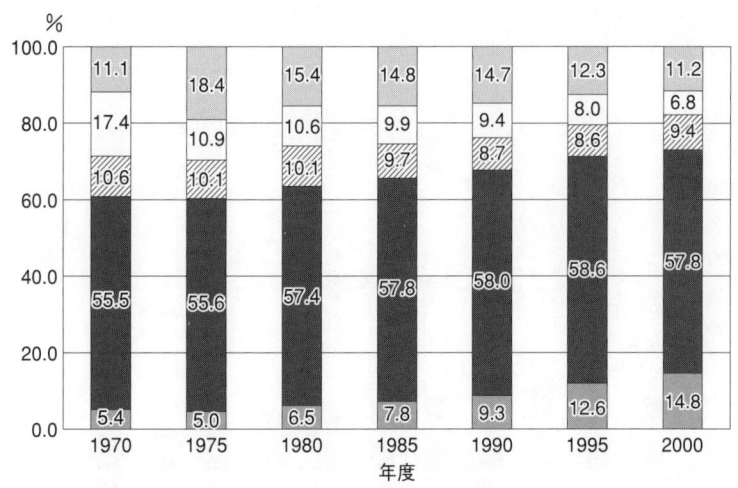

年度	夫婦のみの世帯	夫婦と子世帯	父(母)子世帯	3世代同居世帯	その他
1970	5.4	55.5	10.6	17.4	11.1
1975	5.0	55.6	10.1	10.9	18.4
1980	6.5	57.4	10.1	10.6	15.4
1985	7.8	57.8	9.7	9.9	14.8
1990	9.3	58.0	8.7	9.4	14.7
1995	12.6	58.6	8.6	8.0	12.3
2000	14.8	57.8	9.4	6.8	11.2

注1：小数点第2位で四捨五入した数値を記載しているため，合計で100.0％にならない年度がある．
注2：その他には，夫婦と親の世帯や4世代以上の同居世帯も含まれているが，各割合は小さく，2000年現在で順に1.1％，0.2％である．
資料：保健福祉部『韓国の保健福祉指標（2001）』より作成．

87.8億円：10 ウォン＝約1.1円）であり，1人当たり GNP は，1,100万ウォン（約100.0万円）である．同年の国内総生産（GDP）に占める社会保障支出の割合は，2.1％であり，このうち，公的扶助（Public Assistance）が0.6％，社会福祉（Social Service）が0.7％である．韓国では，人口の高齢化が比較的進んでいないとはいえ，社会保障の対 GDP 比，また政府支出に占める割合がきわめて低くなっている．

（1） 租税体系と歳入規模

韓国の租税体系は，国税と地方税に大きく分けられる．租税負担率（対GDP）は年々増加し，2002年度には21.8％，そのうち国税が17.4％で地方税が4.4％である[8]．

---

[8] さらに地方税には，道税と市・郡税があり，それぞれ普通税と目的税について細かく分類される．詳細は，企画予算処『2002年度予算概要』を参照されたい．なお，以上の国内総生産，社会保障支出等の数値は，保健福祉部『韓国の保健福祉指標（2001）』より抜粋．

表 4・1 歳入予算（2001年・2002年）　　（単位：億ウォン）

			2002年予算	2001年予算	増減
1. 一般会計歳入			1,058,767	991,801	66,966
	①国税	計	938,443	857,824	80,619
		内国税	779,010	682,886	96,124
		交通税	86,903	107,618	−20,715
		関税	72,530	67,320	5,210
	②税外収入		101,324	109,677	−8,353
	③国債発行		19,000	24,300	−5,300
2. 特別会計国税			98,056	101,167	−3,111
	地方譲与金管理特別会計		43,695	40,728	2,967
	地方教育譲与金管理特別会計		36,726	36,244	482
	農漁村特別税管理特別会計		17,635	24,195	−6,560
国税計（①+2)			1,036,499	958,991	77,508

資料：企画予算処『2002年度予算概要』より作成．

　国税には内国税と交通税，関税，教育税，農漁村特別税の5つがあり，内国税と関税，そして交通税の一部（2002年現在8兆6,903億ウォン）を中心として一般会計予算が構成される．また特別会計予算として，教育税が地方教育譲与金管理特別会計に，農漁村特別税は農漁村特別税管理特別会計，そして交通税の一部が地方譲与金管理特別会計に組まれる．表4・1に示されるように，2002年の一般会計歳入予算は，2001年度より6.8％増加の105兆8,767億ウォンを計上する財政規模となっている．

　国税の多くを占める内国税について，直接税（所得税，法人税，不当利得税，相続贈与税）と，間接税（一般消費税，個別消費税，流通税）の構成比率をみると，2002年現在，直接税は53.0％（前年度49.2％），間接税が47.0％（前年度50.8％）と，間接税の比率が非常に高いことが分かる．なかでも，全国民が均等に負担する一般消費税が，内国税全体の41％を占めており，所得再分配機能を高めるための直接税への移行が議論されている．

（2）　歳出規模と社会保障支出

　2002年度韓国政府の歳出予算105兆8,767億ウォンの内訳は，表4・2に示される通りである．経済開発に27兆4,545億ウォンと，予算の1/4以上が投入され，教育費，防衛費と続いている．社会保障に対する予算は，「社会保障の内実化（社会保障予算）」として，一般会計と特別会計を合わせた部門別予

算内容に示され,前年度より3.7%増の9兆7,186億ウォンが計上されている.さらにこれを分類したものが,表4・3である.

もっとも大きな予算項目としてあがっているものは,日本の生活保護にあたる「基礎生活保障」である.国民基礎生活保障制度が2000年に施行されて以降,基礎生活保障対象受給権者が150万人前後で安定しており,2002年度の受給権者も前年度の155万人水準が予測されているためである.次いで大きな予算項目は,「健康保険・国民年金支援」である.植民地時代の独立有功者や4・19革命における国家有功者,朝鮮戦争等の参戦・除隊軍人等「国家有功者」に対する支援も,3番目に大きな予算項目となっている.

表4・2 一般会計の歳出予算(2001年・2002年) (単位:億ウォン)

区 分	2002年予算		2001年予算		増 減	
	金 額	構成比(%)	金 額	構成比(%)	金 額	増減率(%)
防衛費	171,060	16.2	160,647	16.2	10,413	6.5
教育費	184,609	17.4	178,017	17.9	6,592	3.7
社会開発	139,009	13.1	135,108	13.6	3,901	2.9
経済開発	274,545	25.9	246,604	24.9	27,941	11.3
一般行政	100,405	9.5	91,310	9.2	9,095	10.0
地方財政交付金	118,212	11.2	122,890	12.4	−4,678	−3.8
債務償還・その他	18,079	1.7	20,027	2.0	−1,948	−9.7
予備費	25,391	2.4	20,315	2.0	5,076	25.0
諸支出金	27,457	2.6	16,883	1.7	10,574	62.6
合計	1,058,767	100.0	991,801	100.0	66,966	6.8

資料:企画予算処『2002年度予算概要』より作成.

表4・3 社会保障の分野別予算(2001年・2002年)
(単位:億ウォン)

区 分	2002年	2001年	増 減
基礎生活保障(自活事業含む)	34,702	33,260	1,442
老人・障害人など脆弱階層支援	9,935	8,380	1,555
健康保険・国民年金支援	28,281	29,082	−801
保健医療	3,307	2,867	440
国家有功者支援	15,543	13,688	1,855
職業訓練,その他	5,418	6,436	−1,018
合計	97,186	93,713	3,473

資料:企画予算処『2002年予算概要』より作成.

5 社会保障制度の仕組みと現状

(1) 年金保険制度
①歩み

　韓国にはじめて公的年金制度が導入されたのは1960年であり，公務員年金に始まっている．その後，1963年に軍人年金が，1973年には私立学校教職員年金（以下，私学年金と略）と，特定の職域年金制度が整備されていく．公務員や軍人に対する年金から導入されていった背景には，当時の朴大統領による軍事政権の正当性を求めようという願望が，政権のなかで強く存在していたと考えられている[9]．

　国民全般を対象に置いた国民年金制度が施行されたのは，1988年のことである．1973年に「国民福祉年金法」が制定されていたが，第1次オイル・ショックと重なってその施行は無期延期となり，1986年になって「国民年金法」として法改正されたのである．新しい法律名に「福祉」が削除された背景には，韓国では財政逼迫から国庫負担が年金財政上ほとんど行われていない，という問題が存在する．

②国民年金

　1986年に法改正されて誕生した国民年金法は，国内に居住する18歳以上60歳未満の国民を加入対象とした，強制加入の公的年金制度である．国民年金法は，改正当初すぐには実施されず，1987年の大統領選のなかで候補者たちが社会保障に関する公約を出したことをきっかけに，盧泰愚の大統領就任後，1988年に施行されている．しかし国庫負担の困難さから，国民年金法の適用対象は，保険料の支払能力を比較的もつ従業員10人以上の事業所の勤労者に限られ，その後段階的に対象者が拡大された．具体的には，1992年に従業員5人以上の事業所勤労者，1996年には農漁民と農漁村地域自営業者に対象が拡大され，1998年の「国民年金改定法」成立によって，都市地域の自営業者と零細事業所勤労者，臨時職・日雇職勤労者が適用対象となるに至った[10]．

---

　9) 卞在寛 (2001) を参考．
　10) 1996年にまず，全地域の農漁民と農漁村地域住民に対して公的年金制度が実施された背景には，ウルグアイラウンドの協定妥結による農漁村地域住民の所得縮小と，それによる老後準備の難しさ等が挙げられている．

この国民年金改定法では，問題点として挙げられてきた不安定財政，国民年金基金の運用に対する国民不信について[11]，対応策が取り入れられた．年金給付水準の引き下げと支給開始年齢の引き上げ[12]，さらに国民年金基金運営委員会の年金加入参加等が盛り込まれたのである．しかし，自営業者や農漁民による所得の過少申告という問題については，残されたままであった．

2000年の改定では，1997年末のアジア通貨危機による経済沈滞，所得の急減等を考慮して，基本年金額算定基準における所得の定義が変更された．つまり，従来の「年金受給前年度の平均所得月額」から，「年金受給直前の過去3年間の平均所得月額」に変更することで，予期しない景気変動等による年金受給額の大幅な変化を緩和しようとした．また，国民年金の加入を免除される無所得者の対象年齢について，従来の23歳未満から27歳未満へ引き上げられ，後述する加給年金の対象も，「年金受給権取得当時の受給権者により生計が維持される者」から，「年金受給権取得後の受給権者により生計が維持される者」まで拡大した．現在の公的年金制度の概要は，表4・4にまとめられる．

③加入対象と加入状況

国民年金の加入対象は，原則として，国内に居住する18歳以上60歳未満の国民であり，以下の者が適用除外者となる．すなわち，(1)公務員年金，私学年金，軍人年金，別定郵便局年金の加入者および受給者，(2)(1)の配偶者で別途所得がない者，(3)国民年金加入者および受給権者の配偶者，(4)国民基礎生活保障法による受給権者，である．

韓国の国民年金制度は，都市地域住民まで拡大して実施される1999年をもって，「国民皆年金」が達成されたといわれている．しかし，国民年金制度導入時に60歳以上だった国民や，60歳まで保険料を支払っても年金受給に必要な加入期間に満たない者，さらには，上述の各種年金加入者の配偶者等が，任意加入の対象者として数多く存在している．任意加入の対象者は，配偶者や家

---

11) 不安定財政については，国民年金の完全給付が開始される2008年以降，年金給付支出が急激に増加，2020年には財政収支赤字が発生し，2031年に積立金が完全になくなることが予測されていた．また国民年金基金の運用に対する国民不信は，政府が基金の多くを市場金利よりも安い利子率で借り入れたことから生まれていた．

12) 40年加入の平均所得者に支給する給付水準は，従来の過去所得の70％から60％に下げられた．また年金の支給開始年齢は，60歳から段階的に65歳まで引き上げられた．

表4・4 現在の公的年金制度の概要

	国民年金	公務員年金	私学年金	軍人年金
施行年度	1988年	1960年	1973年	1960年
対象者	国内に居住する18歳以上60歳未満の国民．ただし特殊職域年金加入者，生活保護受給者，3年以上の刑務所収監者および行方不明者は除く	国家および地方公務員，国公立学校教職員，判事・検事，警察官等	私立の小・中・高等学校，短大，および大学の教員（1978年からは事務職も入る）	現役または召集され軍に服務する軍人（これ以外の下士官および兵士には災害補償金のみ支給）
保険料率	9％（加入者と雇用主の折半）	15％（加入者と雇用主の折半）		
国庫支援	標準所得月額が最低等級にある農漁民に対して月2,200ウォンの保険料補助（ただし2004年末まで）	退職手当，災害補償給付および扶助給付		
受給条件	全額受給するには20年以上加入．それ以外は，基本的に10年以上加入	20年以上		
受給開始年齢	60歳（ただし，2013年61歳，以後5年ごとに1歳ずつ延長し，2033年に65歳まで延長）	退職直後（ただし，1996年新規任用者からは60歳）		

資料：金領佑（2001）をもとに作成．

族従業者が加入する「任意加入者」と，制度施行時に60歳を超えていた者や，受給年齢までの加入年数が足りない者等が加入する「任意継続加入者」に分類される．

④で詳しく述べるが，強制加入の対象ではない配偶者や，国民年金制度導入時に高齢だった者について，年金受給権者により生計を立てている場合，「加給年金」の給付によって対処されている[13]．つまり韓国では，年金が家族単位で給付されていると捉えられる．夫婦が離婚する場合には，1998年の国民年金改定法により婚姻期間が5年以上あれば，婚姻期間に該当する年金額を，夫婦間で均等分割して受け取ることも可能になった．

なお，上述の適用除外者とは別に，学生や軍隊服務等のために所得のない18歳以上27歳未満の者については，国民年金に加入しつつも，所得のない期

---

[13] しかし依然として，国民年金制度導入時に高齢で加入せず，生計をともにする家族に年金受給権者がいない場合には，年金給付はないことになる．

間を納付免除期間として，保険料拠出の免除を受けることができる[14]．2000年現在，国民年金の加入者数は1,662.0万人，うち任意に加入する者が15.3万人に上っており，公務員年金では90.9万人，私学年金では21.1万人が加入する状況にある[15]．

④保険料と給付

保険料は，表4・4で示すように，国民年金9％，公務員年金等各職域年金15％と，報酬に比例するかたちになっており，これを労使で折半する．韓国では，国庫負担が年金財政上ほとんどなく，農漁民の一部に月額2,200ウォンと多少の保険料負担があるのみで，この国庫負担も2005年より廃止されることになっている．

一方，公的年金の給付について，とくに国民年金をみると，「基本年金額」と「加給年金額」に分けられる．加給年金とは，被保険者の年金受給権取得後に被保険者により生計が維持されている配偶者や18歳未満の子（または障害2級以上の子），また60歳以上の父母（または障害2級以上の父母）に対する付加給付であり，一種の家族手当的性格をもっている．給付額は1999年（4月）以降，配偶者には年間15万ウォン，それ以外の者には年間10万ウォンであり，毎年物価等により変動する．このように加給年金額は非常に少なく，年金給付額のほとんどは基本年金額によって構成されているといっても過言ではない．

基本年金額は，必要最低限度の生活保障と，報酬比例の両者が考慮され算定される．具体的には，全加入者の平均所得月額を反映させる「均等部分」と，加入者個々人の生涯平均所得月額を反映させる「所得比例部分」で構成され，加入年数の違いも組み込まれる．基本年金額の算定式は以下の通りである．

$$\text{基本年金額} = 1.8 \times (A+B) \times (1+0.05n)$$
$$= \{1.8 \times A \times (1+0.05n)\} + \{1.8 \times B \times (1+0.05n)\}$$

A：年金受給前3年間の全加入者の平均所得月額
B：加入者個人の生涯平均所得月額
n：20年超過年数

[14] この免除期間は，国民年金のうち老齢年金の加入期間として算定されないが，障害年金や遺族年金についてはこれを算定することになっている．この点について，年金制度の公平性という観点から議論が分かれている．

[15] 以上，加入者数は，保健福祉部『韓国の保健福祉指標（2001）』より抜粋．

表4・5 国民年金の類型別給付内容および受給者数

給付類型		受給要件	給付水準	2000年度の受給者数(人)
老齢年金	完全	20年以上加入，60歳到達[1]（船員と鉱夫は55歳到達）	基本年金額の100％＋加給年金額（加入期間が20年を超えると超過年数1年ごとに，基本年金額の5％を加算）	482,042
	減額	10-20年未満加入，60歳到達（船員と鉱夫は55歳到達）	基本年金額の47.5-92.5％＋加給年金額	
	在職者	10年以上加入の60-65歳未満の者で稼得所得がある者（船員と鉱夫は55-60歳未満）	基本年金額の50.0-90.0％＋加給年金額	
	早期	10年以上加入の55-60歳未満の者で，所得の無い者（本人希望）	基本年金額の75.0-95.0％＋加給年金額	
	分割	（配偶者の）加入期間中，婚姻期間が5年以上の者で，配偶者が老齢年金受給権を取得し，60歳に到達した者	婚姻期間に該当する老齢年金額を（配偶者と）均等分割	
	特例	①1988年1月1日，95年7月1日時点で45歳以上の者，また99年4月1日時点で50歳以上の者 ②加入期間5年以上の者	基本年金額の25.0％＋加給年金額（加入期間が5年を超えると超過年数1年ごとに，基本年金額の5％を加算）	
障害年金		加入期間中の疾病，負傷が完治，あるいは2年経過した時点で障害のある者（障害年金受給者は，老齢年金の受給対象外）	障害の程度に応じて 1級-3級：基本年金額の100-60％＋加給年金額 4級：基本年金額の225％一時金	24,084
遺族年金		①加入者の死亡（加入期間1年未満の者は，加入中の疾病・負傷による死亡に限る） ②老齢年金，遺族年金（障害2級以上）受給者の死亡	加入期間に応じて 基本年金額のX％＋加給年金額 10年未満：40％ 10-19年：50％ 20年以上：60％	118,501

注1）：そのほか，他の公的年金に加入したり，国外移住などによる「返還一時金」，ならびに加入者の死亡時に遺族（配偶者，子ども，父母，孫子女，祖父母）がいない場合の「死亡一時金」がある．
資料：許棟翰（2001），保健福祉部『韓国の保健福祉指標（2001）』より作成．

均等部分は上の式で「$1.8 \times A \times (1+0.05n)$」であり，所得比例部分は「$1.8 \times B \times (1+0.05n)$」である．国民年金制度における所得再分配効果は均等部分で考慮され，加入者個人の所得が全加入者の所得より低い階層は，均等部分を

通じて相対的に有利な給付額を受け取ることができる．反面，個人所得が全加入者の所得より高い階層は，均等部分により相対的に不利な給付額となる．なお，公務員年金をはじめとする特殊職域年金に関しては，この均等部分はなく，すべて所得比例で決定する．

以上に説明した国民年金の給付内容，また2000年現在の受給者数について，「老齢年金」等，給付類型別に整理したものが，表4・5である．韓国では国民年金制度が施行されて間もないため，加入期間の短い者を対象とした給付類型が多く設定されている．

⑤財政

国民年金の基金管理および運用は，保健福祉部長官の責任の下，国民年金管理公団に業務委託されている．その財政状況は，表4・6の通りである．国民年金制度が施行されて間もないことから，加入年数が受給条件を満たす者がいまだ少なく，また制度上高齢の者の加入が少ないため，年金給付支出は小さくなっている．

表4・6に示される収入と支出の差引残高は，運用基金として公共部門等，各部門に投入される．前述したように，国民年金基金の運用に対して高まった国民の不信を抑えるため，1999年より基金運営の改善を行ってからは，公共部門への投資が毎年減少している．具体的には，1997年末に運用基金28兆2,824億ウォンの67.4％が公共部門への投資だったが，2001年末現在，75兆6,411億ウォンの運用基金の41.5％が公共部門に投入される状況である．金融部門での基金運用が増加したため，アジア通貨危機後とはいえ，国民年金収入における運用収益の構成割合も上昇している．なお韓国では，市場利子率がもともと高いことから，公共部門での運用収益率も高くなっている．たとえば1999年現在，国民年金基金の公共部門における平均収益率は12.8％であり，金融部門では24.5％である[16]．

公的年金制度のなかではじめに導入された公務員年金は，1995年までに約5.7兆ウォンの基金を積み立てていたが，収入を支出が上回ったために保険料が引き上げられ，1995年当時の11.0％から2000年現在は15.0％になってい

---

16) 金領佑（2001）表9より数値を抜粋している．

表 4・6　国民年金の収支状況（1995-2001 年）

(年末，単位：億ウォン，％)

年度	収入				支出			収支差引残
	総額	保険料	運用収益	その他	総額	年金給付	基金管理運営費等	
1995	181,597	141,085	40,449	63	22,043	19,837	2,206	159,554
	(100.0)	(77.70)	(22.27)	(0.03)	(100.0)	(89.99)	(10.01)	
1997	331,906	247,278	84,544	84	49,082	46,012	3,070	282,824
	(100.0)	(74.50)	(25.47)	(0.03)	(100.0)	(93.75)	(6.25)	
1999	583,614	419,544	163,971	99	113,692	109,173	4,519	469,922
	(100.0)	(71.88)	(28.10)	(0.02)	(100.0)	(96.03)	(3.97)	
2001	903,686	643,822	259,712	152	147,275	140,749	6,526	756,411
	(100.0)	(71.24)	(28.74)	(0.02)	(100.0)	(95.57)	(4.43)	

注：( ) の数値は，収入，支出総額の構成割合．なお収入を構成する「その他」には，国庫補助ならびに決算余剰金が含まれる．
資料：『国民年金管理公団調べ』より作成．

る．しかし，1997 年の公的部門の構造調整による，公務員の退職者数増加と定年の短縮から，支出はさらに増加し，一方で年金保険料を拠出する在職者数が減少したことによって，年金財政は悪化の一途にある（2000 年現在，基金は約 1.8 兆ウォン）．そのため，公的資金の大量投入は免れず，他の公的年金制度との公平性の問題を引き起こす可能性がある．なお，すでに公的資金が投入されている軍人年金では，政府による収支の欠損補填金が政府財政を圧迫する要因になっている[17]．私学年金は現在，堅実な財政を維持しているが，今後教職員の定年短縮により給付額が急増し，2018 年以降は財政収支が赤字になることが予測されている．

(2) 医療保険

①歩み

韓国の公的医療保険制度が本格的に実施されたのは 1977 年，従業員 500 人以上の事業所の勤労者とその扶養家族を対象とした，「職場医療保険」からである．これより以前，1963 年に「医療保険法」が制定されているが，財政上

---

[17] 具体的には，軍人年金保険料の拠出以外に，政府は 1999 年現在，約 5.7 千億ウォンを軍人年金財政に投入している．軍人年金財政をはじめ，特殊職域年金の財政状況については，金領佑 (2001) に多くをよっている．

の問題から任意加入となるなど，本格的な公的医療保険制度の実施は1977年まで待たなくてはならなかった．

　公的年金制度と同様，当時の高い経済成長等を背景に導入された，強制加入の公的医療保険制度は，2年後の1979年には加入対象者が，従業員300人以上の事業所勤労者と扶養家族にまで拡大された．同年は，「公務員および私立学校教職員医療保険」（以下，公・教医療保険と略）も制定されている．

　1980年代になって，国民所得の増大や物価の安定，国際収支の黒字転換など経済的環境が整ったことから，当時の全斗煥政権は1986年，「全国民医療保障計画」を策定した．そして1988年に「農漁村地域医療保険」を，1989年には「都市地域医療保険」を実施して医療保険制度の対象をさらに拡大し，医療について「皆保険」を達成した．

　1990年代に入ると，保険制度の管理運営に関する問題，とくに医療保険組合間の財政力格差や保険料負担の不公平さ等，財政運営上の問題が国民の不満から大きく取り上げられるようになった．そこで1994年の「医療保障改革委員会」，1997年「医療改革委員会」，また国会および政府主催の様々な公聴会や討論会等で論議が行われた結果，各保険は段階的に統合されることに決定した．1997年の「国民医療保険法」制定後，保険統合はまず，地域医療保険組合と公・教医療保険組合の統合から行われた（1998年10月）．

　②国民健康保険

　1998年3月に発足していた「医療保険統合推進企画団」は，韓国の医療保険の完全統合を目指す「国民健康保険法案」を国会に提出，翌1999年にはこれが通過し，「国民健康保険」が同年2月公布，翌2000年施行された．これを受けて，職場医療保険組合も統合され，保険者は「国民健康保険公団」のひとつに完全統合となった．国民健康保険の管理運営は，保健福祉部長官の管掌下で，この単一の保険公団が行うことになったが，2002年に実施予定の財政統合については，1年6ヵ月後に延期されている．

　③加入対象と加入状況

　国民健康保険は強制加入であり，保険加入者と被扶養者が加入対象である．したがって公的年金制度とは異なり，加入対象は，国民基礎生活保障制度（公的扶助制度）における医療給付受給権者（医療保護対象者）を除く，国内に居

表4・7 健康保険適用人口(2001年6月現在)

(単位:名,世帯,%)

区分	適用人口	%
職場(加入者/被扶養者)	22,855,640 (7,448,845/15,406,795)	49.7
地域(世帯数)	23,164,341 (8,201,051)	50.3
合計	46,019,981	100.0

資料:国民健康保険公団『2001上半期健康保険主要統計』2001年9月より作成.

住する全国民を網羅している.加入者の種類はさらに,職場加入者と地域加入者に分けられる.職場加入者の被扶養者とは,職場加入者の稼得で生計維持する者であり,配偶者と所得のない19歳未満あるいは事業者無登録の子ども,直系尊属(配偶者の直系尊属を含む),直系卑属(配偶者の直系卑属を含む)およびその配偶者,兄弟・姉妹等扶養要件に該当する者まで含まれる.

2001年現在の国民健康保険の適用人口は,表4・7に示されるように4,601万人であり,そのうち職場加入者は49.7%,地域加入者は50.3%である.

④保険料と給付

保険料の算定方法は,職場加入者と地域加入者では異なっている.職場加入者の保険料は,標準報酬月額に保険料率を掛けて算定するものであり[18],2001年以降の保険料率は3.4%である.保険料の負担割合は,事業所の勤労者と公務員については労使折半であるが,私立学校教職員では加入者50%,使用者(学校法人)30%,国20%となっている.

地域加入者の保険料算定方法は,2002年より変更されている.農漁業の従事者や自営業者を対象とする地域加入者の場合,所得の補足が難しいことから,保険料の算定に際し,所得以外の要素も考慮される.具体的には,図4・3に示すように,加入者の所得以外に財産,生活水準,経済活動参加率等を反映させた負担能力を点数化し,この「賦課標準所得点数」をもって,世帯単位で保険料を算定する.

一方,保険の給付は,「現物給付」と「現金給付」に分けられる.現物給付は,医療機関からの医療サービス提供であり,「療養給付」と「健康検診」が

---

[18] 標準報酬月額は,職場加入者が当該事業所で当該年度に受け取った報酬総額を勤務月数で除して算定される.標準報酬月額の等級は1-100等級まで設けられており,下限額と上限額がある.なお退職金や原稿・翻訳料,懸賞金等所得税法上の非課税勤労所得は算定から除外される.

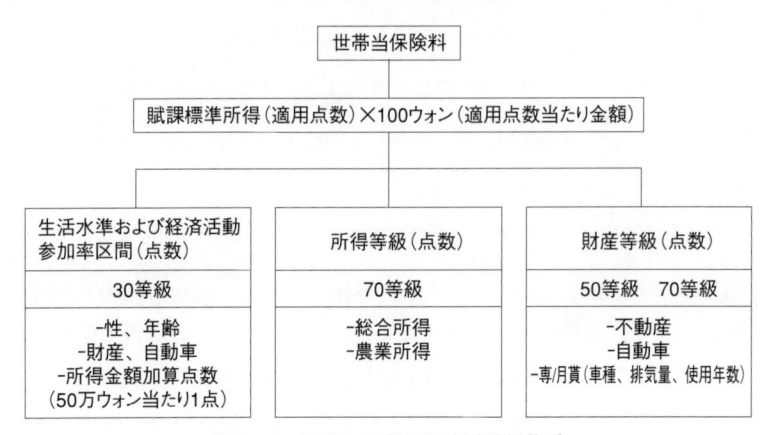

```
                    ┌──────────────┐
                    │  世帯当保険料  │
                    └──────┬───────┘
          ┌────────────────┴────────────────┐
          │ 賦課標準所得(適用点数)×100ウォン(適用点数当たり金額) │
          └────────────────┬────────────────┘
   ┌──────────────────────┼──────────────────────┐
```

生活水準および経済活動 参加率区間(点数)	所得等級(点数)	財産等級(点数)
30等級	70等級	50等級　70等級
－性、年齢 －財産、自動車 －所得金額加算点数 （50万ウォン当たり1点）	－総合所得 －農業所得	－不動産 －自動車 －専/月貰(車種、排気量、使用年数)

図4・3　地域加入者の保険料賦課体系

ある．現金給付は，加入者および被扶養者の申請により現金で支給されるもので，居住地域に医療機関がないなどの理由により，医療サービスの給付を受けられない場合，「療養費」が給付される．これに加えて「葬祭費」，「出産費」，「障害者補装具給付費」，「本人負担額補償金」がある．

現物給付については，医療機関で医療サービスの提供を受ける際に，費用の一部を自己負担する．この自己負担は，入院の場合には一律20％であるが，外来の場合，提供を受ける医療機関の種類によって異なる．具体的には，総合病院では「診察料＋診療費」の55％が自己負担であるのに対し，一般病院ではその40％，医院については総診療費の30％（ただし総診療費が12,000ウォン以下の場合は3,200ウォンの定額）が自己負担である．つまり，被保険者等がまずは医院にかかることを促す仕組みがとられている．

⑤財政

国民健康保険の財政はすでに厳しい状況にある．表4・8にみるように，2000年現在，保険料総額は約8兆6,098億ウォンで保険給付費は約9兆2,856億ウォンと，保険料総額より保険給付費が上回る状況にある．1996年度から生じているこの問題に対し，政府支援を具体的に明文化した「国民健康保険財政健全化特別法」が，2002年に制定されている（2006年末までの時限立法）．具体的には，地域医療保険に対し，事業運営費への年間40％の国庫補助や，国民健康増進基金（いわゆるタバコ負担金）からの給付費用10％支援等が実

表 4・8 保険料・給付費の現況 (1995-2000 年)

(単位:百万ウォン,%)

	1995 年	1996 年	1997 年	1998 年	1999 年	2000 年
保険料 (A)	4,162,608	4,830,567	5,638,884	6,107,232	7,291,119	8,609,784
保険給付費 (B)	4,020,895	5,075,657	5,813,613	6,804,914	7,867,563	9,285,605
割合 (B/A)	96.6	105.07	103.10	111.42	107.91	107.85
1人当たり保険料 (ウォン)	95,250	108,857	125,749	136,742	162,925	187,432
1人当たり給付費 (ウォン)	92,008	114,380	129,636	152,364	175,806	202,144

注:地域健康保険料には国庫支援金を含む.決算基準.
資料:国民健康保険公団『2001年上半期健康保険主要統計』2001年9月より作成.

施内容である.

また特別法では,保険料の引上げ (8-9% まで) やさらなる国庫補助も記述されており,これらが実現されれば,2006年度には財政赤字を克服できると予測されている.しかし,国民健康保険財政の悪化を加速した大きな要因が,医薬分業の導入に反対した医師らの長期ストライキに対処するための,診療報酬の大幅引き上げであることから,国民負担の増加を求める政府の方針に反対の声は大きくなっている[19].

⑥医療の供給政策

韓国では従来,保険医療機関に対する診療報酬体系について,医師等の行為やサービスごとに報酬を支払う,「行為別医療報酬制度」のみを採用し,保健福祉部長官が告示する「診療報酬基準額表」等に基づいて,各種医療機関が医療を提供するシステムをとっていた.しかし過剰診療や薬剤の過剰投与,またそれらがもたらす国民医療費の上昇が問題となり,5年間のモデル事業を経て2002年,一部の診療科と疾病群に対して一定額の報酬を支払う,「疾病群別包括診療報酬制度」が導入されることになった.

疾病群別包括診療報酬制度は具体的に,4つの診療科 (眼科,一般外科,耳鼻咽喉科,産婦人科) における計8疾病群での入院に限定し,採用されている.医療機関種別 (総合病院,一般病院,医院),ならびに入院日数別に報酬額が設けられており,指定された医療機関にのみ疾病群別包括診療報酬制度が適用される.この指定機関は2002年現在,全国で約1,600ヵ所あり,今後増える

---

[19] 2000年に発生した,医薬分業の導入に反対する医師らの長期ストライキにより,診療報酬は半年間で40%引き上げられた.たとえば,이태수 (Lee, Taesu) (2002) 参照.

見込みである.

　保険医療機関の医療提供による診療費が適切か否かを審査するのは,「健康保険審査評価院」である. この審査評価院は, 診療費審査の客観性と専門性, 公正性を保つため, 保険者である国民健康保険公団や, 医療機関および薬剤関連企業とは独立した機構になっている.

　⑦医療の供給状態

　韓国では自由開業医制をとっていることから, 医療施設のなかでも医院の数が非常に多い. 2000年現在, 総合病院は581（対前年64増）, 一般病院が285（対前年30増）という施設数である一方, 医院数は19,472に上り, 年々着実に増加している（対前年2,431増）. また, 各医院当たりの病床数は少ないとはいえ, 全体としてみれば, 医院が保有する病床数は一般病院のそれより多くなっていることが, 図4・4から分かる.

　韓国において医院が大きく位置付けられている理由として, ④の給付においても説明したように, 医療保険の給付率が医療施設のなかでもっとも高く, 国民が医院でのサービス給付を希望する傾向にあることが挙げられる. 実際, 1999年現在において, 全入院患者の17.7％, 外来患者の62.3％が, 医院で診療を受けていることが観察される. なお医院をはじめ, 一般病院や総合病院の病床数は, 地域によって差があり, 医療サービスの供給水準に格差が生じていることが予想される. 具体的には, 人口10万対総病床数でみると, 全国平均が518.37であるものの, 最小が蔚山市の341.19, 最大が江原道の749.82と2倍以上の差が開いている.

　韓国では, 国家免許制度として専門医免許制があり, 医師免許を取得した後, 取得を試みることになる. 専門医免許を取得してない医師の場合, 病医院を開業する際に専門の診療科を標榜することはできない. 専門医の各資格は全部で26種あり, 2000年現在専門医免許を取得している医師数は45,870人, 総医師数72,503人の63.3％を占めている.

　また専門医とは別に, 漢方（韓国では「韓方」）による診断・治療を行う「韓医師」も国家免許制度で規定されており, その診療には保険も適用される. 2000年現在, 韓医師数は12,108人であり, 自由開業医制の下, 7,412の病医院が開設されている.

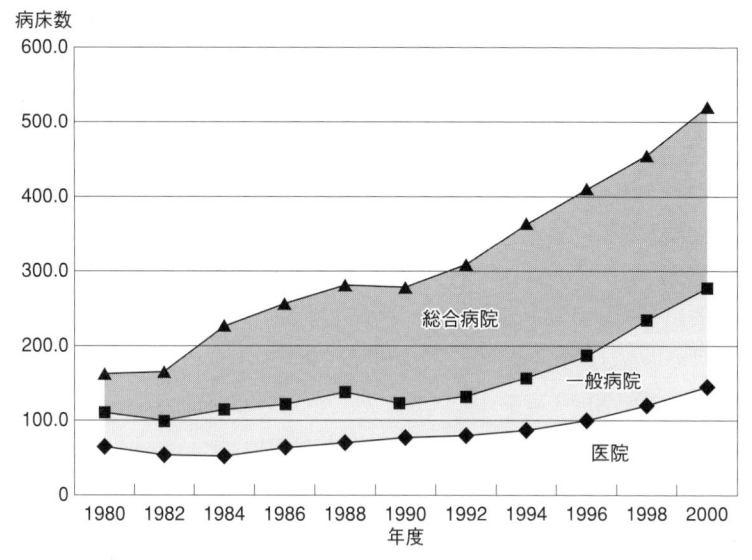

図4・4 人口10万対病床数の年度推移

資料：保健福祉部『韓国の保健福祉指標（2001）』より作成．

医師をはじめとする医療従事者について，人口10万人に対する人数を観察すると，1990年以降，韓医師を含めた医師数と，看護師・助産師がほぼ同数で推移しており，2000年現在，順に124.90人，129.49人である．そしてこれらよりも多いのが看護助手であり，153.30人に上っている[20]．

（3） 雇用保険制度

1980年代後半以降，産業構造調整や労働力の需給不均衡による雇用調整支援問題，また職業訓練強化問題等に対応する政策手段として，雇用保険制度の導入が本格的に論議され，1992年に「雇用保険研究企画団」が発足した．そして翌1993年には「雇用保険法」が制定され，1995年から施行されるに至った．

雇用保険法では，失業後の生計保障のための「失業給付」が提供されるとともに，就業斡旋を通じた再就業の促進と勤労者の職業安定のための「職業能力

---

[20] 以上，医療サービスの供給に関する各数値は，保健福祉部『韓国の保健福祉指標（2001）』より抜粋，あるいは算出した．

開発事業」,「雇用安定事業」が実施される．失業給付の支給には，各種要件が設定されており，要件によって給付水準も異なっている．たとえば，離職日以前18ヵ月中に180日以上，雇用保険加入事業所に勤務している場合，離職前平均賃金の50％（最高日額35,000ウォン，最低は時間給最低賃金の70％）が支給される（「休職給付」と呼ばれる）．

保険の加入対象は従来，5人以上の事業所の勤労者であったが，通貨危機以降の失業率の急上昇と雇用不安の広がりから，雇用保険制度の拡充が要求され，加入対象が1998年以降，全勤労者へ拡大された．現在の保険料率に関しては，失業給付の場合は1.0％を事業主と勤労者で折半し，それ以外の雇用安定化事業および職業能力開発事業は，事業主がすべて費用を負担する．また2001年8月には，雇用保険法の改訂により，「育児休職給付」と「出産前後休暇給付」が雇用保険から支給されることになり，同年11月に施行されている．

失業給付は2001年上半期現在，68.1万人が受給しており，2000年下半期の45.6万人から大きく増加している．近年，雇用保険に加入できない非正規社員が増加しており（2001年上半期時点で，全賃金労働者における被保険者比率は50.8％），失業時の保障はないことから，韓国における失業問題はより広がりをもっているといえる[21]．

（4） 公的扶助制度（国民基礎生活保障制度）

①歩み

韓国の公的扶助は，1948年に制定された韓国憲法の第19条，「老齢，疾病，その他勤労能力のない者は，法律の定めにより国の保護を受ける」と，国民の生存権保障が憲法上明文化されたことに始まる．しかし，1950年の朝鮮戦争勃発により，当時の公的扶助は，罹災民を主な対象とした，応急的な救護事業に偏っていた．この救護事業は，「集団的受容救護方式」という施設保護が特徴であり，財源は，UN救護計画による世界各国からの救護金品や，支援団体からの支援に多くを負うものであった．

1961年，軍事クーデターにより登場した朴正熙政権は同年，「生活保護法」

---

[21] 以上，失業給付の受給者数や，賃金労働者における被保険者比率は，韓国労働研究院雇用保険研究センター『雇用保険動向』2001年秋号より数値を抜粋．

を新たに制定した．これにより公的扶助の法的根拠が整えられたが，政府の財政力が弱いことから全面実施には至らず，対象世帯の生計保護のみに給付はとどまった．朴政権では，経済成長が第1の国政目標であったため，直接的な救貧政策を施行するよりも，経済成長による貧困層の自然解消が企図されたのである．しかし1977年，生活保護法のなかに含まれていた医療保護事業が分離・独立し，「医療保護法」が制定された．これをもって翌1978年から本格的に，生活保護対象者に対する医療保護が実施されることになった．

1980年，全斗煥政権に代わると，「福祉社会の建設」が国政目標のひとつとして定められ，国民福祉を増進させるべく国家義務の強化が図られた．具体的には，救貧政策として1981年，生活保護受給者が就業・自活できることを目的に「職業訓練事業」が実施され，1982年には「零細民総合対策」に発展，生活保護法が全面改訂されている．全政権の救貧政策では，生活保護受給者の生計保護のみではなく，あわせて積極的な自活支援を規定したことに特徴があった．

1997年の生活保護法の改定では，扶養義務者の範囲が縮小された．従来は民法第974条により，「父系8親等と母系4親等の血族」を扶養義務者として規定していたが，核家族化が進む近年の家族・親族関係からみて非現実的であったため，「直系血族およびその配偶者，生計を共にする2親等以内の血族」に改定されたのである．しかし直後に起きた通貨危機によって，生活保護法はさらに全面改定されることになった．

②国民基礎生活保障法の制定

1997年末に始まった大規模な通貨危機は，大量失業を引き起こし，家族解体，路宿者や欠食児童の増加等，様々な社会問題の発生につながった．この通貨危機は，個々人の働く意思に関係なく失業し，貧困状態に陥る可能性のあることを社会的に認識させ，勤労能力に欠けるものを対象とした現行の公的扶助制度では，貧困に対処できないことを確認させる契機となった．28の市民団体による「国民基礎生活保障法制定推進連帯会議」の結成を受け，政府は1999年，生活保護法を全面的に見直し，あらたに「国民基礎生活保障法」を制定（生活保護法は廃止），2000年の施行が決定した．これにより，勤労能力に関係なく，最低生計費を下回る貧困層について，必要最低限の基礎的生活の

表 4・9・1 生活保障受給者選定基準(2001年度所得評価額基準)

(単位:ウォン)

世帯規模	1人世帯	2人世帯	3人世帯	4人世帯	5人世帯	6人世帯
所得評価額(月)	33万	55万	76万	96万	109万	123万

注:所得評価額が表中の各基準額以下となる世帯が対象.なお,7人以上の世帯は,1人追加されるごとに13万ウォンずつ増加.

表 4・9・2 生活保障受給者選定基準(2001年度財産基準)

(単位:ウォン)

世帯規模	1-2人世帯	3-4人世帯	5人以上世帯
財産価額	3,100万	3,400万	3,800万

注:財産価額が表中の各基準額以下となる世帯が対象.なお,勤労能力のない者で構成される世帯等,いくつかの特例がある.また,この金額基準のほか,実物基準もある.詳細は,이인재(Lee, Injae)他(2002)を参照のこと.
資料:이인재(Lee, Injae)他(2002)より作成(表4・9・1も同様).

保障が実現することになった[22].

③給付者

国民基礎生活保障法上の給付対象である「生活保障受給者」については,所得調査および財産調査を通じて算出された,本人の所得(財産の評価額を含む)が「所得認定額」を下回り,かつ扶養義務者基準を満たす国民が選定される.扶養義務者基準には,1997年に縮小された扶養義務者範囲内の者がいるか否か,いる場合は扶養能力があるのか,扶養能力がある場合は実際に扶養しているのか,という3段階がある.

所得認定額は,表4・9・1の所得評価額と,表4・9・2における財産の所得換算額を合算した金額である.従来の生活保護法において,保健福祉部長官が定める所得基準と財産基準を同時に満たさないと,生活保護対象とはならないという問題を解決するために,両者を合算した所得認定額基準が採用されるに至った.ただし,受給者に対する給付額は,本人の所得(財産の評価額を除く)と最低生計費との差額であり,住居がない場合には施設で保護される[23].

---

22) 保障体制については,中央業務は保健福祉部が,地方業務は行政自治部傘下の一般行政体系で担当しており,中央と地方が多元的に運営している.

23) たとえば1人世帯の最低生計費は33.4万ウォン,2人世帯55.3万ウォン,3人世帯76.0万ウォンと続いている.保健福祉部『基礎生活保障統計資料(2001)』を参照.なお,韓国では通常,住居を借りる際,日本にみられる1ヵ月ごとの家賃支払いという形態ではなく,まとめて多額の保証金をはじめに支払わなくてはならない.

第4章　韓国の社会保障

表4・10　生活保護・基礎生活保障対象者数等の推移 (1998-2002年)

(単位：千世帯，千名)

		1998年	1999年	2000年		2001年	2002年
				1-9月	10-12月		
総人口		46,430	46,858	47,275	47,275	47,343	47,640
予算基準	世帯数	506	519	503	641	717	760
	受給者数	1,159	1,159	1,159	1,539	1,550	1,600
	適用率 (%)	2.5	2.5	2.5	3.3	3.3	3.4
	限時保護者を含む時	1,470	1,919	1,699			
実際保護	世帯数	460	419	422	688	711	703
	受給者数	949	865	890	1,489	1,503	1,411
	適用率 (%)	2.0	1.8	1.9	3.1	3.2	3.0
	限時保護者を含む時	1,285	1,483	1,520			

注：2002年数値の場合，予算基準受給者数は予算要求数値であり，実際保護受給者数は3月末現在の暫定数値である．
資料：保健福祉部『基礎生活保障統計資料』2001年．
　　　保健福祉部の内部資料，2002年．

　生活保障（旧生活保護）の予算と実際の受給者数，また保障率（適用率）の推移は，表4・10の通りである．2000年上半期までは予算規模を大きく下回る適用率であったが，国民基礎生活保障法の施行により2000年下半期以降，適用率は急上昇していることが分かる．

④医療保護制度

　医療保護とは，1977年に制定された「医療保護法」に基づいて，生活保障受給者等，一定水準以下の低所得者を対象として国が医療給付をする，公的扶助制度のひとつである．医療保護の対象は2通りに分かれ，異なった給付水準が設けられている．すなわち，「医療保護1種対象者」には，一定所得以下の生活保障受給者（居宅・施設），また国家功労者や罹災民等が含まれ，外来診療も入院診療も無料で受けられる．「医療保護2種対象者」には，一定所得以下の生活保障受給者中の自活保護者や，1997年の通貨危機により一時的に選定された「限時自活保護者」が含まれ，外来診療は無料で受けられるが，入院診療は一定割合を負担する[24]．これらの保護対象の選定は毎年行われる．2001年現在，医療保護1種対象者は84.0万人，2種対象者は74.3万人がこれを受けている．

　なお医療機関が医療保護対象者を診療する際，一般外来および入院診療については，医療保険における診療報酬に一定率の加算が行われ，医療保険の被保

険者に比べてより多くの収入を獲得できる仕組みになっている．加算率は，医療機関の種類によって異なり，1999年現在，医療保護3次診療機関の場合15％，総合病院11％，一般病院7％，医院5％である．精神外来・入院については別途，診療報酬が定額で決められている[25]．

(5) 社会福祉制度
①老人福祉

これまで韓国は，老人福祉に関し，儒教的な敬老・孝行思想を基盤とする家族の扶養機能に任せていた面が強く，社会保障政策のなかでも相対的に関心が低い分野であった．しかし近年，人口の高齢化，また核家族化の進展等，社会・経済的環境の変化は，家族の扶養機能を弱体化させ，高齢者の扶養問題を一般化させている．そのため早急な老人福祉政策の整備・拡充の必要性が唱えられているが，現時点では依然として，必要最低限の生活を送ることが困難な貧困層の高齢者に，福祉政策の対象は限られている．

(i)敬老年金制度

先述したように，国民一般を対象とした国民年金制度では，導入当時60歳以上の者や，受給に必要な加入期間に満たなかった中高年者は，任意加入の対象となっている．そのため現在，公的年金を受給していない高齢者も多く，政府は生活保障（生活保護）を受ける高齢者や低所得高齢者に対してのみ，手当，あるいは無拠出年金の給付を行ってきた．具体的には，「老人福祉法」（1981年制定・公布）の下，1991年以降1998年6月まで，70歳以上の生活保護対象高齢者に「老齢手当」が給付されていた．続いて1998年7月以降は，1997年

---

24) 2000年現在，50％の自己負担である．ただし自己負担額が一定額以上を超えると，一時的に国がこれを負担し，保護対象者が無利子で分割償還する．前年は，外来診療も1診療当たり1,500ウォンの自己負担があった（入院診療は20％自己負担）．なお，医療保護1種対象者も2種対象者も，本論中にある所得基準は1999年現在23万ウォン以下（1人1ヵ月当たり）であり，国家功労者や羅災民，義傷者および義死者の遺族等，別途基準が設けられる者もいる．またそれぞれ，世帯当たりの財産基準もある．詳細は，保健福祉部『厚生福祉白書（2001年）』を参照されたい．本章中後述する，医療保護対象者数もこの資料による．

25) 1999年現在，精神外来は1日当たり診療費10,050ウォン，投薬1日当たり診療費970ウォンとなっている．精神入院については，国・公立病院7,230ウォン，民間委託公立精神病院2万4,690ウォン，私立療養機関2万5,990ウォン等である．なお一般入院の給食費は，定額9,660ウォンである．

第4章 韓国の社会保障　　129

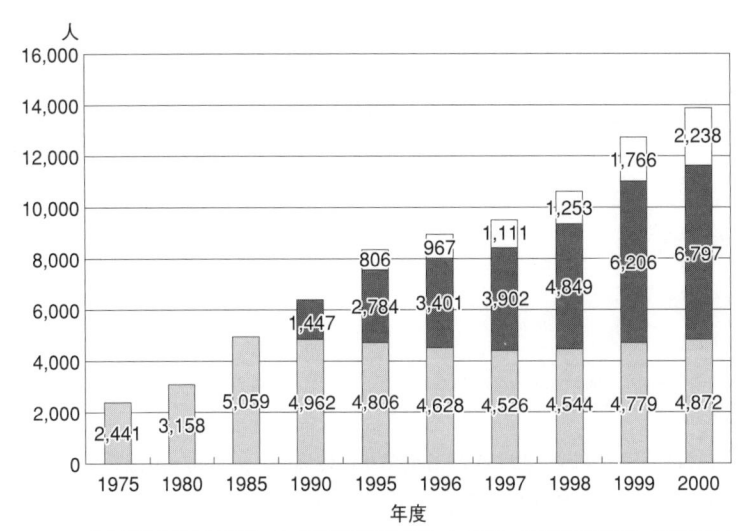

図4・5　老人福祉施設等の入居者数推移

注：保健福祉部『韓国の保健福祉指標（2001）』より作成．

の老人福祉法改定における「無拠出敬老年金制度」の導入により，生活保障（生活保護）受給者以外の低所得者層まで対象を拡大し，「敬老年金」が給付されている．しかし，敬老年金の給付額は非常に低く，2002年現在毎月5万ウォンが給付される状態にある（制度導入時は2万ウォン）[26]．

(ⅱ)老人福祉サービス

高齢者を対象とした公的な福祉サービスとして，施設入所サービスと在宅サービスがある．施設入所サービスについては2000年現在，全国で250ヵ所の老人福祉施設（韓国では，「養老院」と一般的に呼ぶ）と老人医療福祉施設があり，13,907名の高齢者が利用している．図4・5にみるように，入居者数が年々増加しているとはいえ，有料施設の入居者を含めても，65歳以上人口の0.41％が入居する現状にある．先述した，韓国における家族の扶養機能の低下に加え，2000年における，65歳以上人口に対する痴呆症老人の出現率8.18

---

[26] なお敬老年金のように直接的な現金給付ではないが，高齢者と同居し扶養している世帯について，所得税制上の控除がある．また別々に住宅を所有し生活していた両親（父60歳以上，母55歳以上）と子が同居する際，住宅販売時の「譲渡所得税」の免除がある．

表4・11　各社会福祉施設の施設数等推移

年度	老人福祉施設			障害者福祉施設			精神障害者施設			児童養護施設		
	施設数	平均入居者数	平均従事者数	施設数	平均入居者数	平均従事者数	施設数	平均入居者数	平均従事者数	施設数	平均入居者数	平均従事者数
1980	48	66	—	90	125	—	—	—	—	303	81	7
1985	67	76	4	90	104	—	47	228	14	282	90	8
1990	89	72	9	118	108	—	74	236	14	278	84	11
1995	146	58	7	174	85	20	75	247	16	269	67	10
1998	200	53	11	192	87	22	67	239	17	272	66	11
1999	229	56	12	193	88	24	64	265	15	271	66	10
2000	250	56	13	196	88	25	55	230	18	269	66	12

注：そのほか，女性保護施設（2000年現在施設数59），軍人保護施設（2000年現在施設数45）がある．
資料：保健福祉部『韓国の保健福祉指標（2001）』より作成．

％や，70歳以上の障害保有者の出現率14.42％という推計値は[27]，老人福祉施設の早急な拡充を課題として提示する．実際，「老人福祉保健中長期発展計画」が1999年に策定され，保健福祉部に「老人保健課」が新設されている．そして，痴呆症老人を含む重症疾患老人に対する「老人専門療養施設」の設置と，施設運営費の公的補助体制が整い始めており，専門療養施設を2003年には60ヵ所まで設置する計画も立てられている．老人福祉施設をはじめとする各種社会福祉施設の設置数や平均入居者数，また施設で働く平均従事者数は，表4・11の通りである．

在宅サービスには，家庭奉仕員の派遣事業とデイ・サービス，ショートステイ事業が実施されている．延べ利用者数をみると1999年現在，家庭奉仕員の派遣利用が80.7万人，デイ・サービスは37.8万人，ショートステイ5.3万人となっている．

なおその他の老人福祉政策として，生活保障受給者に対する無料老人健康診断，高齢者大学，コミュニティ福祉センターの設置等がある．

②児童福祉

1961年に「児童福利法」が制定・公布されるまで，韓国における児童福祉は，宗教団体等民間組織による，きわめて貧困な世帯の子どもへの臨時救護的

---

[27] 各出現率は，保健福祉部『韓国の保健福祉指標（2001）』より再計算した．痴呆性老人出現率は2015年には9.0％に到達することが予測される．なお障害をもつ65歳以上の高齢者出現率を計算することはできない．なお本論中後述する，在宅サービスにかかわる数値については，保健福祉部『2001年度保健福祉白書』より抜粋．

な託児事業に限られていた．しかし児童福利法の制定により，児童一般の福利を公的に保護・増進する事業策定の基盤が整えられることになった．そこで当時の福祉部（現在の保健福祉部）は託児事業として，児童福利法に依拠しながら，691ヵ所のオリニジップ（子どもハウス）を1981年までに設置，運営した．

1982年の「幼児教育振興法」の制定により，既存のオリニジップとセマウル（新しい町）協同幼児園，農繁期託児所が「セマウル幼児園」として吸収・統合され運営されることになった．その機能は，託児よりも幼児教育を重視したものである．しかし施設数は十分ではなく，女性の社会進出や核家族化による急激な保育需要の増加から，就業女性の育児問題が大きな社会的問題として現れた．

1987年，労働部により「男女雇用機会均等法」が制定され，導入された「職場託児制度」を契機として，保育需要の増加は促進された．しかし，セマウル幼児園の運営をはじめ，乳幼児保育事業がこれまで複数の部省に統轄されてきたことから，非効率的な管理運営や財政が問題となった．そこで1991年，「乳幼児保育法」が制定され，保育事業の管理運営は保健福祉部に一元化されることに決定した．またこの法律制定によって，乳幼児施設が実質的に，乳幼児の育成・教育も含めた「保育」機能に拡大することになった．その後，数回にわたる「乳幼児保育法施行規則」や乳幼児保育法の改定により，保育施設設置基準の緩和や申請手続きの変更等がなされる一方，保育士（韓国では保育教師）養成課程の授業時間を増やすなど，保育施設の量的拡充のみだけでなく，質的拡充も図られた．

1997年には，乳幼児保育法の改定により，小学校就学1年前の幼児に対する無料保育が導入された．そして翌1998年の「乳幼児保育法施行令」の改定で無料保育を島嶼・僻地地域等から優先的に実施，順次拡大されることになった．

表4・12は，保育施設と保育児童数の現況を示したものである．1992年末に4,153ヵ所の保育施設が設置され，そこで約12.9万人の児童が保育を受けていたが，1999年末には18,768ヵ所の保育施設で約64.1万人の児童が保育を受けるまでになっている．韓国保健社会研究院が発表した「地域別保育需要

表4・12　保育施設および保育児童現況（1992-1999年）

(単位：ヵ所，人)

		1992年	1994年	1995年	1996年	1997年	1998年	1999年
合計	施設数	4,153	6,975	9,085	12,098	13,315	17,605	18,768
	児童数	129,297	219,308	293,747	403,001	456,664	556,957	640,915
国公立保育施設	施設数	720	983	1,029	1,079	1,096	1,258	1,300
	児童数	49,529	70,937	78,831	85,121	86,560	91,260	99,866
民間保育施設	施設数	1,808	3,091	4,125	6,037	6,809	9,622	10,558
	児童数	57,797	119,968	170,412	255,844	301,977	400,906	466,477
職場保育施設	施設数	28	37	87	117	132	184	207
	児童数	768	976	2,388	3,596	4,251	5,823	7,278
家庭保育施設	施設数	1,957	2,864	3,844	4,865	5,278	6,541	6,703
	児童数	15,203	27,427	42,116	58,440	63,867	58,968	67,294

資料：保健福祉部『2000年度保健福祉白書』より作成．

と政策方案」，ならびに韓国行動科学研究所の保育需要調査をみると，1999年時点における0-5歳児童が429.3万人，このうち母親が就業しているケースは192.0万人で，なかでも保育対象に当たる児童が108.3万人になると推計されている．しかし実際に保育を受けている児童は，上述の通り約64.1万人であり，約44.2万人の児童が保育施設に入所を待機する状況にあることが分かる．

6　まとめ

韓国では，社会保障政策の導入，あるいは整備が政権交代を契機になされることが多かった．とくに公的年金制度をみれば，1960年に始まった各種職域年金の導入は，朴正煕大統領の政権を正当化することをひとつの目的としてなされたものであり，一般国民を対象とした国民年金が1988年に導入されたことも，盧泰愚大統領の選挙公約によるものであった．金大中大統領が政権を担う際にはその選挙公約として，国による国民の生活保障と就業機会の拡大を図る「生産的福祉」政策が掲げられていた．しかし視点を変えれば，そのような政権が実現したのは，韓国民の関心が社会保障政策の導入・整備にあったからであり，背景には，儒教文化を基盤とした家族の扶養機能の弱体化という問題が存在している．急速な進行が予測される人口の高齢化は，この問題をより普遍的なものにするだろう．

韓国では，離婚した場合の年金分割，国民健康保険の統合化，また自営業者等に対する保険料算定方式等，先端的な政策が実行されている反面，国民年金や国民健康保険に国庫負担がほとんどなされない，という本質的な問題を抱えている．今後，この本質的な問題についてどのように対応するのか，ひとつの大きな課題として挙げられる．また，急速な人口高齢化，とくに後期高齢者が増加するなかで，老人福祉施設の整備をはじめとする老人福祉政策の整備・拡充も重要な課題として挙げられよう．

文献
〈日本語文献〉
卞在寛（2001）「韓国における生産的福祉と積極的福祉」『海外社会保障研究』No. 135, pp. 11-16.
張炳元（2001）「社会保障・社会福祉における日韓比較―高齢化社会初期段階の諸状況と政策動向を中心に―」『海外社会保障研究』No. 135, pp. 81-97.
許棟翰（1999）「儒教文化と経営ナショナリズムの日韓比較」『九州国際大学社会文化研究所紀要』第43号, pp. 125-157.
許棟翰（2001）「韓国における医療保険制度と国民年金制度の動向」『九州国際大学経営経済論集』第8巻第2号, pp. 61-82.
金領佑（2001）「韓国における公的年金制度の動向」『海外社会保障研究』No. 137, pp. 86-94.
角田由佳・許棟翰（2001）「韓国における介護需要の実態と将来推計―日本の高齢化状況と比較しながら―」『九州国際大学経営経済論集』第8巻第1号, pp. 135-154.

〈韓国語文献〉
장지연, 김정우（Chang, Jiyeon & Kim, Jeong-u）（2001）『脆弱階層に対する雇用補助金制度の効果および改善方案』韓国労働研究院.
최병호（Choi, Byeongho）（2002）「国民健康保険の財政危機の評価と財政安定化方案」『健康保険forum』第1巻第1号, pp. 35-53.
허재준, 김동헌, 성재민（Hur, Jaejun ; Kim, Dongheon & Seong, Jaemin）（2001）『雇用保険財政研究』韓国労働研究院.
정선구, 전성진, 김윤상（Jeong, Seongu ; Jeon, Seongjin & Kim, Yunsang）（2000）『軍人年金制度の性格と発展』韓国国防研究院.
주성수（Joo, Seongsu）（1999）『生産的社会福祉政策』漢陽大学出版部.
강혜규, 윤상룡（Kang, Haegyu & Yun, Sangryong）（2001）『社会福祉人力の需給分析と政策課題』韓国保健社会研究院.
김진구（Kim, Jingu）（2001）「通貨危機以後韓国労働市場の変化と社会保障」『状況と福祉』第10号, pp. 53-87.

김성천 (Kim, Seongchun) (2001)「人口・家族構造の変化と韓国の社会福祉」『状況と福祉』第10号, pp. 89-118.

김영범 (Kim, Youngbum) (2002)「韓国福祉国家の類型化に対する批判的検討：制度の未成熟性とそれによる限界を中心として」『状況と福祉』第11号, pp. 85-108.

이인재, 류진석, 권문일, 김진구 (Lee, Injae ; Ryu, Jinseok ; Kwon, Munil & Kim, Jingu) (2002)『社会保障論』나남 (Nanam) 出版.

이태수 (Lee, Taesu) (2002)「健康保険の保険料, 引上げるべきなのか？」『福祉動向』第39号.

朴淩厚 (Park, Neunghu) (2002)「国民基礎生活保障制度の現況と発展方向」『保健福祉 forum』第67号, pp. 5-16.

석재은, 김용하 (Seok, Jae-eum & Kim, Youngha) (2001)『公的年金制度の所得保障効果分析』韓国保健社会研究院.

第5章 台湾の社会保障

小島克久

1 はじめに

台湾では,社会保障[1]制度改革等が相次いでいる.医療保険の分野では,1995年に全民健康保険が実施され,年金の分野では,国民年金法案が立法院に提出される運びとなった.1999年から労工保険失業給付が実施されたが,2003年より新たに就業保険が施行されている.そこで,本章では,台湾の社会保障制度の沿革と体系,主な制度の概要等について紹介する.とくに,制度改革等が相次いでいる医療保険,年金給付,失業給付の分野に重点を置くものとする.

2 台湾の概況

(1) 経済力

台湾は,中国大陸の東南海岸から約160 km,日本の最西端である与那国島の西111 kmに位置し,面積約3万6千km^2 [2]の領域を有する.かつて,「フォルモサ島(美しい島)」と呼ばれたこの地域は,様々な歴史[3]を経て,現在では世界のIT産業の一大中心地であり,WTO(世界貿易機関)の加盟国,OECD(経済協力開発機構)の競争委員会のオブザーバー参加国としての地位

---

[1] 台湾には,「社会福利」という用語があるが,これは,日本の狭義の社会保障(社会保険,公的扶助,社会福祉,公衆衛生および医療,老人保健)に相当するという指摘がある.
[2] 台湾本島の他,澎湖諸島,金門,馬祖,その他の小さな島を含んだ面積.
[3] オランダ人による支配,鄭氏治台期,清朝による統治が続き,1895年から1945年までは日本による統治が行われ,第二次大戦後以降,現在に至っている.

表5・1 台湾の経済成長

		GDP		1人当たり GDP	
		億台湾元	百万米ドル	台湾元	米ドル
台湾	1951年	123	1,197	1,493	145
	1960年	625	1,718	5,603	154
	1970年	2,268	5,670	15,572	389
	1980年	14,911	41,418	84,518	2,348
	1985年	24,738	62,062	129,274	3,243
	1990年	43,070	160,173	212,904	7,918
	1995年	70,179	264,928	330,801	12,488
	2000年	96,634	309,426	436,761	13,985
	2001年	95,066	281,178	426,728	12,621
	(参考) OECD加盟国 (2001年)				
	OECD全加盟国		25,100,100		22,100
主な加盟国	日本		4,175,700		32,851
	アメリカ合衆国		10,019,700		35,200
	イギリス		1,426,500		24,300
	スペイン		583,100		14,500
	ニュージーランド		50,500		13,100
	韓国		422,200		8,900
	メキシコ		617,200		6,200

資料：台湾の数値は，行政院主計処統計局，"Statistical Yearbook of the Republic of China 2001"，日本は内閣府経済社会総合研究所「国民経済計算」，OECD加盟国の数値はOECD，"National Accounts of OECD countries" を元に作成.

を確立している[4]．台湾のGDPをみると，1951年の123億台湾元（約12億ドル）から2001年には9兆5千億台湾元（約2,812億ドル）へと増加している．これを1人当たりGDPに換算すると，1951年の1,493台湾元（145ドル）から2001年には42万6,728台湾元（1万2,621ドル）に成長していることになる．この数値は，OECD加盟国の1人当たりGDPの平均値（2万2,100ドル）のおよそ6割弱の水準であり，とくに同加盟国のスペイン（1万4,500ドル），ニュージーランド（1万3,100ドル）と遜色のない水準にある．また，韓国（8,900ドル）の約1.4倍の水準に相当する（表5・1）．

このことは，台湾の経済力が世界的にみて相当に高いことを意味するが，台

---

[4] WHO（世界保健機関）への（再）加盟を求めて活動しており，2003年5月にジュネーブで行われたWHA（世界保健総会，WHOの年次総会）へのオブザーバー参加を求め，代表団を派遣したが，参加は実現しなかった．

表5・2 台湾における失業率,低所得者割合,所得格差の動向

年次	失業率(%)	低所得世帯 世帯員数	低所得世帯 対人口比(%)	所得格差 ジニ係数
1980	1.23			0.277
1985	2.91	113,840	0.6	0.290
1990	1.67	114,220	0.6	0.312
1995	1.79	114,707	0.5	0.317
1996	2.60	115,542	0.5	0.317
1997	2.72	116,056	0.5	0.320
1998	2.69	125,426	0.6	0.324
1999	2.92	136,691	0.6	0.325
2000	2.99	156,134	0.7	0.326
2001	4.57	162,699	0.7	0.350
2002	5.17			

資料:失業率は,行政院主計処統計局,"Statistical Yearbook of the Republic of China 2001",「重要經社指標速報」,低所得者割合は行政院主計処統計局,『90年社會統計指標』,ジニ係数は行政院主計処統計局,『中華民國臺灣地区家庭収支調査』による.
注:低所得世帯とは社会救助法(日本の生活保護法に相当)が定める基準を下回る世帯を指す.ジニ係数は世帯単位で測定.

湾経済に全く課題がない訳ではない.たとえば,台湾の失業率は,1980年代以降低い水準にあったが,近年,失業率は上昇する傾向にあり,2001年には4.57%,2002年には5.17%と史上最高を記録している.また,所得格差も拡大傾向にあり,内政部主計処「家庭収支調査結果」から求めたジニ係数をみると,1980年の0.277から2001年には0.350へと上昇している.さらに,低所得者の動向をみると,低所得者の数は,1985年には11万3,840人(対人口比0.6%)であったものが,2001年には16万2,699人(対人口比0.7%)へと増加している[5].このように,失業の増大,所得格差の拡大等が進んでおり,これらに対応する施策の充実が重要になっている(表5・2).

(2) 民主化

これまで,台湾は国民党が強力に統治していた.そのため,社会保障制度の

---

[5] 社会救助法(日本の生活保護法に相当)で定める基準を下回る世帯に居住する世帯員数を用いた.その基準は,省市政府が定める最低生計費である.最低生計費は,1998年以前は前年の平均所得の3分の1(台北市,高雄市)および40%(台湾省)であったが,1999年以降は各省市における前年の平均消費支出の60%と定義されている.

整備も，政府が住民を社会体制のなかに包摂する形で推進する必要があったことが指摘されている[6]．しかし，1987年7月に戒厳令が解除され，その後，国民党以外の政党の活動も認められるようになり，総統や立法委員，地方政府の首長や議員をすべて選挙で選ぶことができるようになった．このような環境の下，社会福祉等の住民にとって身近な問題の解決等を公約として掲げ，政権や議席を確保することが重要になってきている．後述のように，1990年代に行われた地方選挙では，民進党は老齢手当の充実を選挙公約に掲げた．また，2000年の総統選挙では，民進党の陳水扁候補（現総統）は，国民の福祉の充実を「三三三安家福利方案」（「三三三公約」，65歳以上の高齢者に月3,000台湾元（10,350円）[7]の年金支給，3歳以下幼児の医療費無料，青年層住宅ローン年利3％を実現させること）を掲げた．このように，台湾の民主化も社会保障充実の背景となっている．

(3) 人口構造の変化——高齢化

台湾においても，高齢化が進行しつつある．行政院経済建設委員会による人口推計（2002年6月推計）[8]によると，1955年の高齢化率は2.5％であったものが，1980年には4.3％となり，1995年には7.6％と国連の定義する「高齢化社会」に突入した．2000年現在の高齢化率は8.6％であるが，2010年代前半から急速に高齢化が進み，人口がピークに達する2025年頃には18.6％，2050年には29.8％に達する見通しである．高齢化のスピードを倍加年数（高齢化率が7％から14％になるまでにかかる年数）でみると，26年となっており，日本の水準（24年）に匹敵する（図5・1）．

台湾においても，高齢者を取り巻く環境は変化しつつある．行政院主計処「老人状況調査」によると，高齢者の家族形態は「子と同居」がもっとも多く，

---

6) イト（2001），林（2001），上村（2002）等が詳しい．
7) 台湾の通貨は台湾元であり，日本円とは2002年8月末現在の為替レート1台湾元＝3円45銭（中国国際商業銀行レート）で換算する．
8) 台湾の人口将来推計である．推計方法はコーホート要因法が用いられている．推計に必要なパラメータとして合計特殊出生率や未婚率，死亡率（平均余命）を設定したり，パラメータの設定水準により，高位推計，中位推計，低位推計を行ったりする等，我が国で行われている人口推計とほぼ同じ手法が用いられている．なお，推計期間は2002年から2051年までであるが，2052年から2101年までの参考推計も行われている．

第 5 章 台湾の社会保障

(単位：1,000人)

表 高齢化率の倍加年数			
	高齢化率の水準達成年		倍加年数
	7%	14%	
台湾	1993	2019	26
日本	1970	1994	24
ドイツ	1932	1972	40
アメリカ合衆国	1942	2014	72
スウェーデン	1887	1972	85
フランス	1864	1979	115

実績値 ← → 推計値

高齢者人口（棒グラフ上数値）

高齢化率（右目盛り）

総人口（左側（ ）内目盛り）

65歳以上人口

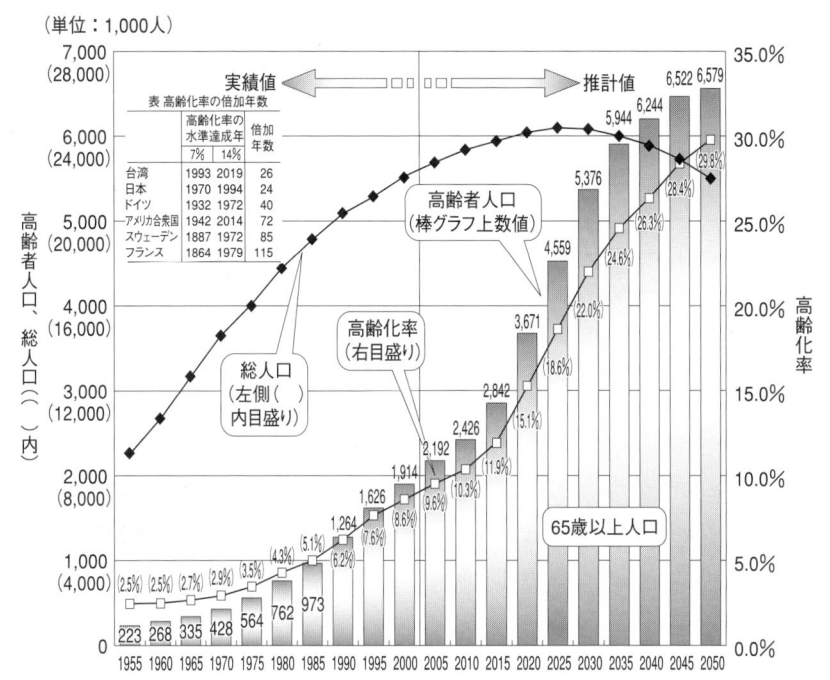

高齢者人口、総人口（（ ）内）

高齢化率

資料：行政院経済建設委員会「中華民國臺灣地區民國 91 年至 140 年人口推計」．ただし，倍加年数は，日本は総務省統計局「国勢調査」，「各年 10 月 1 日現在推計人口」，その他の国は，UN "World Population Prospects : The 2000 Revision" による．

注：高齢化率=65 歳以上人口／総人口で算出．人口は各年末現在のもの．

図 5・1　台湾における高齢化の推移と将来推計（1955-2050 年）

1996 年で 64.3％ であるが，1986 年の 70.2％ から 6 ポイント程度低下している．その一方で，1 人暮らしや配偶者と同居（夫婦のみ世帯）の高齢者の割合が増加しており，とくに，後者は 1986 年の 14.0％ から，1996 年の 20.6％ へと増加している．また，高齢者の主な所得源も，「子からの仕送り」を挙げる者がもっとも多く，1996 年では 48.3％ となっているが，1986 年の 65.8％ から 17 ポイント程度減少している．一方で，「本人又は配偶者の収入」を挙げた者は，1986 年の 29.8％ から 1996 年の 44.4％ へと約 15 ポイントの上昇，「社会救助（社会保障給付）」を挙げる者は 1986 年の 1.2％ から 1996 年の 6.8％ へと約 5 ポイントの上昇となっている（表 5・3）．

このように，台湾では，子と同居する高齢者が多いが，1 人暮らしや夫婦の

表 5・3　台湾の高齢者の姿

(1) 家族形態（％）

	1人暮らし	配偶者と同居	子と同居	施設	その他
1986 年	11.6	14.0	70.2	0.8	3.4
1996 年	12.3	20.6	64.3	0.9	1.9

(2) 主な所得源（％）

	本人または配偶者の収入	子からの仕送り	社会救助	その他
1986 年	29.8	65.8	1.2	3.2
1996 年	44.4	48.3	6.8	0.5

資料：行政院経済建設委員会，『規劃國民年金推動社會安全制度』，2000 年 9 月より作成．
注：内政部「老人生活状況調査」結果．

みの高齢者が増えている．そのため，高齢者の身体的・経済的な支援を同居している子に求めることが困難になりつつある．代わって，保健医療福祉や所得保障といった高齢者に対する社会保障の施策メニューの重要性が増大しつつある．

〈コラム〉　台湾における高齢者の男女比
　日本では，高齢者の性比（女性 100 人に対する男性の数）は 72.6 と女性の方が多い（2001 年）．これは，女性の平均寿命が男性よりも長いことに原因がある．ところが，台湾では高齢者の性比は，105.4（2002 年）となっており，男性の方が多い．この背景として，国民党政権が中国大陸から台湾に移ったときに，政府と共に移ってきた政府，政党，軍関係者の多くが男性であり，彼らが現在高齢期を迎えていることが指摘されている（エイジング総合研究センター（1997）による）．彼らの多くは単身者で家族からの各種の支援は困難であると考えられる．この点からも社会保障制度の重要性は増大しているといえよう．

3　台湾における社会保障の体系と沿革

(1) 沿革

①第二次大戦後――1990 年代初頭

台湾では，第二次大戦直後から社会保障制度の整備が進められた．1946 年

制定の憲法によると,「国家は,社会の福利を図るために,社会保険制度を実施しなければならない.老者,弱者,身体障害者,生活無能力者及び非常災害を受けた人民に対して,国家は,適当な扶助と救済を与えなければならない.」(第155条)として,社会保障制度の充実が明記されている.1950年,労工保険と軍人保険[9]が施行されたが,前者は従業員20名以上の企業等の従業員を,後者は軍人を対象とした総合保険制度(同一の制度で医療,老齢,労災などの給付を行う)[10]であった.とくに前者は台湾省政府が所管する制度として実施されたが,1958年に中央政府に移管された.同年には,公務員を対象とした総合保険である公務人員保険[11]が導入されている.その他に漁民保険や蔗農保険(サトウキビ農民保険)も実施された(現在,廃止されている).

1970年代には,労工保険の被保険者および給付の範囲の拡大が進められた.具体的には,外来診療を保険給付の対象とし,被保険者を従業員10名以上の企業等に拡大(1970年),被保険者を新聞,文化事業,市民団体等の従業員への拡大(1973年,1979年には強制加入)等が実施された.また,1973年には児童福利法が施行されている.

1980年代には,既存の社会保険制度が対象としていなかった人びとをカバーする社会保険制度が施行された.主な制度として,私立学校教職員保険(1980年,1999年に公務人員保険と合併),公務人員家属疾病保険(1982年),退休公務員及家属疾病保険,私立学校教職員家属疾病保険,退休私立学校教職員家属疾病保険(1985年),農民健康保険(1989年),低所得世帯健康保険(1990年)等がある.これらの保険は,私立学校教職員保険を除いて,公務員等の特定職種等の家族や退職者を対象とした医療保険制度であった.なお,1980年には老人福利法,社会救助法[12]が施行されている.

②1990年代——現在

1990年代に入ると,これまでの制度を整理し,全住民に適用させるための制度改革が進められてきた.まず,医療保険の分野では,「全民健康保険」が

---

9) 法制化は1953年である.
10) 我が国の場合,船員保険が総合保険の形態を採用している(現在では,年金給付の内,職務外年金部分は厚生年金に統合されている).
11) 1999年に私立学校教職員保険と合併し,公教人員保険となる.
12) 日本の生活保護法に相当する.

表5・4　台湾における社会保障制度の動き

年次		社会保障制度の動き	主な動き（政治）
第二次大戦終了まで	1912		中華民国成立
	1917	社会保険制度実施計画	
	1929	工場法成立（労働保険に言及）	
	1943	塩工保険試行（四川省の一部）	
	1945	国民党「四大社会建設綱領」（労工政策綱領）決定，行政院「戦後社会安全設施綱領実施法」公布	第2次大戦終了，台湾は中華民国に復帰
第二次大戦終了-1950年代	1946	憲法制定（施行は1947年）	
	1949		国民党政府が台湾に移る，戒厳令
	1950	軍人保険，労工保険施行	
	1953	漁民保険施行	
	1956	蔗農保険施行	
	1958	公務員人員保険施行，労工保険を中央政府に移管，入院医療給付を適用	「8.23砲撃戦」（金門島を巡る紛争）
1960年代	1965	定年公務員保険施行	フランス，カナダ，イタリアが国交断絶（1964-70年）
	1969	国民党「現段階社会建設綱領」（労工保険に言及）	
1970年代	1970	労工保険に外来給付，民間企業（10名以上）に加入する賃金労働者を強制加入へ	
	1971		国連の代表権を失う
	1972		ニクソン訪中，日中国交樹立 日本との国交断絶
	1973	新聞，文化，公益，協同組合，市民団体，百貨店店員などが労工保険に任意加入 児童福利法施行	
	1975	学生団体保険施行	
	1976	「第6次経済建設中期計画」（社会保険の充実に言及）	
	1979	記者，協同組合，非営利組織の被用者（5名以上）および市民団体が労工保険に強制加入	高雄美麗島事件，米国との国交断絶
1980年代	1980	私立学校教職員保険施行 老人福利法，社会救助法施行	
	1982	公務人員家属疾病保険施行	
	1985	定年公務員及家属疾病保険施行 私立学校教職員家属疾病保険施行 定年私立学校教職員家属疾病保険施行	
	1986	「台湾長期経済展望」（全民健康保険の実施）	民主進歩党（民進党）結成
	1987		戒厳令解除
	1989	農民健康保険	民進党が同時選挙で躍進

表5・4 つづき

年次		社会保障制度の動き	主な動き（政治）
1990年代−現在	1990	各地民意代表村里長及隣長健康保険 低所得世帯健康保険	
	1991	「台湾経済建設6か年計画」（全民健康保険実施に言及）	
	1992	障害者健康保険	立法委員の全面改選
	1993	「国民年金法案」（民進党議員）提出	県，市長選挙（民進党得票率41%）
	1994	「中低所得高齢者手当」実施	台北市長選挙（民進党陳水扁候補得票率，43.6%）
	1995	全民健康保険施行（以後，制度改正が行われる），「老年農民福利手当」実施，国民年金制度計画（第一草案）完成	立法院選挙
	1996		総統選挙（国民党李登輝候補当選），国民代表選挙，ミサイル危機
	1997		県，市長選挙（民進党得票率43%）
	1998	国民年金制度計画（第二草案）完成（2000年実施予定，1999年の地震のため延期）	立法院，直轄市選挙
	1999	労工保険で失業給付を実施 公教人員保険発足（公教人員保険と私立学校教職員保が合併）	台湾大地震（9.21集集大地震）
	2000	政府，国民年金案2案を提案	総統選挙（民進党陳水扁候補当選）
	2001	就業保険法成立	
	2002	政府，社会保険方式による国民年金法案を認可 「敬老福利生活手当」支給開始 全民健康保険法改正，同保険料率引き上げ	
	2003	就業保険（独立した失業保険制度）実施	

資料：宇佐見耕一編『新興工業国の社会保障制度：資料編』等を元に筆者が表を組み替え，加筆．

1995年から施行された．これは，既存の社会保険制度（公務人員保険，労工保険等）から医療給付部分を統合し，全住民を被保険者とした医療保険制度である（「全民健康保険法」成立は1994年）．

所得保障の分野でも多くの動きがみられた．まず，1991年に立法院を通過した「国家建設6ヵ年計画」に国民年金の実施が盛り込まれた．1992年の立法委員選挙，翌年の県市長選挙では老齢年金の実施が争点となった．とくに後

者の結果,地方政府による老齢手当支給が実施された[13].中央においても,1993年,民進党の議員により「国民年金法案」が提出され,その一方で,政府(内政部)による国民年金制度に関する研究会が設置された.1994年には,経済建設委員会による国民年金の制度企画作業も開始され,翌年には「国民年金制度計画」(第1草案)が完成した.しかし,同年に全民健康保険が実施されたために,国民負担(保険料等の負担)増大への懸念,財源に営業税[14]引き上げを明記したことによる反発等から,実施は延期された.1998年に「国民年金制度計画」第2草案が完成し,社会保険方式による国民年金を2000年から実施することとした.しかし,1999年9月に発生した台湾大地震およびその復興作業のため,再び実施が2001年末に延期された.なお,この間に中低所得等の高齢者向けに「中低所得高齢者手当」(1994年),「老年農民福利手当」(1995年)という2つの福祉手当の支給が開始されている.その後,国民年金案が複数提示されてきたが,2002年に「国民年金法案」が認可され,立法院で審議される運びとなった.また,同年には社会保障制度からの給付を受けていない高齢者を対象とした「敬老福利生活手当」が実施されている.

さらに,失業給付の分野では,1999年から労工保険の枠内で失業給付が実施され,2003年からこれを引き継ぐ新しい制度として就業保険が実施されている(表5・4).

(2) 制度の体系と特徴
①現在の社会保障制度の体系

現在の台湾における社会保障制度の体系として,日本と同様に社会保険制度と社会福祉等による体系が存在する.医療の分野では,公的医療保険としての全民健康保険が実施され,住民のほとんどが加入している.所得保障(老齢,死亡,障害)の分野では,労工保険,公教人員保険,軍人保険の社会保険制度からの給付と老齢福祉生活手当,中低所得老齢手当等の老人福祉制度からの給付が行われている.また,公務員,軍人,雇用されている労働者に対しては,それぞれの関係する法律により,退休金(一時金および年金)の制度が設けら

---

13) 2002年現在で基隆市,新竹県,澎湖県で実施されている.
14) 日本の消費税に近い税制.台湾における主な税のひとつである.

れている.また職業災害は労工保険等から,失業給付は就業保険から給付が行われている.福祉の分野についてみても,老人福祉,児童福祉,少年福祉,身体障害者福祉等においてそれぞれの法律に基づいて施設サービス等が実施されている.低所得者に対しては,社会救助法に基づく生活扶助等の給付が行われている.

なお,台湾には,日本の厚生労働省に相当する,保健医療,福祉,労働行政を包括的に所管する省庁が存在しない[15].そのため,社会保障行政は複数の官庁によって所管されている.たとえば,社会福祉行政は内政部,労工保険は行政院労工委員会,保健衛生と全民健康保険は行政院衛生署(後者は同署所属の中央健康保険局),公教人員保険は考試院(人事院),軍人保険は国防部が所管している.

②これまでの制度の特徴(全民健康保険実施前)

台湾では各種の社会保険制度が実施されたが,全民健康保険施行以前の制度の主な特徴をまとめると以下のようになる[16].

ⅰ 軍人,公務員,教職員等の職種別に制度が設立されたこと
ⅱ 制度は総合保険の形態を採り,ひとつの制度のもとで,医療の他,老齢,遺族,労災等の給付が行われていたこと
ⅲ 財源は,保険料を主としたが,保険料に対する政府からの補助(公費の投入)が行われており,その程度が制度により大きく異なったこと
ⅳ その一方で,自営業者,高齢者,扶養されている家族(主に18歳未満の者)が社会保険制度の対象になっていなかったこと

社会にとって重要であると考えられた集団[17]から社会保障制度が導入された

---

15) 全民健康保険法案検討時に,医療保険,失業保険,年金等の社会福祉事業を包括的に扱う社会福利暨衛生部の設立を提案したが,関係省庁の反対などにより実現しなかった.また,1998年3月に台湾の民間社会福祉団体である老人福祉推進連盟,身障者連盟等が行政院に対して,厚生部(省)の設立を申し入れている[林(2001)等による].
16) 高橋(1999),高橋(2000),林(2001),上村(2002)等が詳しい.
17) 政府の力が強力であった台湾では,労働者を社会のなかに包摂する必要性や,労働者対策からの必要性が背景にあることが指摘されている[上村(2002)等による].

表5・5 台湾の社会保険制度（給付の内容別，全民健康保険施行前）

(1) 制度の内容

保険名称		主管機関	施行	保険給付						その他
				出産	傷害	疾病	廃疾	養老	死亡	
労工保険	普通事故	労工委員会※	1950	○	○	○	○	○	○	
	職業災害				○	○	○		○	
①漁民保険		労工委員会※	1953	○	○	○	○	○	○	
②蔗農保険		労工委員会※	1956	○	○	○	○	○	○	
農民健康保険		労工委員会	1989	○						葬祭
軍人保険		国防部	1950				○		○	退役
⑧公務人員保険		考試院銓敍部	1958	○			○	○	○	家属葬祭
③定年公務人員保険		考試院銓敍部	1965	○					○	家属葬祭
⑤公務人員家属疾病保険		考試院銓敍部	1982			○				
④定年公務人員及家属疾病保険		考試院銓敍部	1985			○	○			
⑦私立学校教職員保険		考試院銓敍部	1980	○			○	○	○	家属死亡
⑥私立学校教職員家属疾病保険		考試院銓敍部	1985			○				
⑥定年私立学校教職員及家属疾病保険		考試院銓敍部	1985			○				
⑥低所得世帯健康保険		内政部	1990	○		○				
障害者健康保険（保険料補助）		内政部	1992			○				
各地民意代表村里長及隣長健康保険		内政部	1989	○			○	○		葬祭
学生団体保険		台湾省	1975			医療	○		○	葬祭

(2) 保険料率（1980年代後半，主な制度）

	保険料率	保険料負担割合			備　考
		本人負担	政府負担	雇用主	
公務人員保険	9.0%	35%	65%		
公務人員家属疾病保険	3.0%	50%	50%		医療費一部自己負担10%あり
私立学校教職員保険	9.0%	50%	32.5%	32.5%	
労工保険	7-10%	20%	0%	80%	政府は事務経費および収支損を負担
軍人保険	3-6%	35%	65%		政府負担は国防部が負担
農民健康保険	6.8%	40%	50%		政府負担は中央，地方政府で分担，残り10%は農会が負担

資料：(1)は仲村優一，一番ヶ瀬康子編『世界の社会福祉　アジア』p.196 表3等を元に作成。
　　　(2)は行政院研究発展考核委員会『我國社會福利支出乃研究』を元に筆者作成。
注：①労工保険に併入，②1986年廃止，③1985年廃止，④1994年廃止，⑤1999年廃止，⑥1995年廃止，⑦1999年廃止，公務人員保険と合併，⑧私立学校教職員保険と合併し，公教人員保険となる。
※実施当初は台湾省の制度。

表5・6 台湾の主な社会保険別被保険者数の推移　　（万人）

年次		1971年	1975年	1980年	1985年	1990年	1994年
総数		131	191	297	466	900	1,086
主な制度	公務人員保険	31	36	42	48	54	58
	退休公務員保険	1	1	1	0	0	0
	私立学校教職員保険	0	0	1	3	3	4
	労工保険	100	154	254	405	685	850
	農民健康保険	0	0	0	10	157	174
人口		1,499	1,615	1,781	1,931	2,040	2,118
対人口比		8.8%	11.8%	16.7%	24.1%	44.1%	51.3%

資料：行政院主計処統計局, "Statistical Yearbook of the Republic of China 2001" より作成.

が，制度設計は制度により大きく異なり，これが職種による給付等の差となって現れた．とくに軍人や公務員等に対して，給付内容が他の社会保険より充実しており[18]，これを「軍公教福利」という言葉で表すことがある[19]．その一方で，無職者や高齢者など社会保障制度でカバーされない人びとが現れることとなった．たとえば，労工保険，公務人員保険，私立学校教職員保険，農民健康保険の被保険者の対人口比は，1971年で8.8％であったものがその後上昇するものの，全民健康保険実施前年の1994年でも，51.3％の水準にとどまっている．このような問題をいかにして解決し，すべての住民に社会保障制度の便益を提供するかが重要な課題であった（表5・5，表5・6）．

〈コラム〉　第二次大戦終了前の社会保障制度

　第一次大戦中の1917年（成立から6年目，日本で健康保険法が施行される10年前），当時の政府は社会保険を実施する計画を立てていた．第二次大戦中の1943年（日本では1938年に国民健康保険，1941年に現在の厚生年金が創設）には，四川省の一部で塩田の労働者を対象とした「鹽工保険」が試行され，10の保険単位に5万人余の被保険者が加入していた．1945年，国民党が決定した「四大社会建設綱領」（労工政策綱領）のなかで，社会保険の実施が明記され，同年，行政院は「戦後社会安全設施綱領実施法」を公布し，社会保険の実施の方法等を定めた．なお，戦前の台湾では，公医制度（医療とともに公衆衛生の施策にも従事）が実施され，台湾窮民救助規制や恩給法，官公庁の共済組合の制度も実施されている．

---

[18] 社会保険制度の枠外の制度により，医療費の補助等の優遇が行われていた．
[19] 盧政春（1999）が詳しい．

4 皆保険の確立と発展（全民健康保険について）

(1) 制度の概要
①主管機関と被保険者

「全民健康保険」は，既存の社会保険（公務人員保険，労工保険等）から医療給付部分を統合させ，これを全住民に適用させた公的医療保険制度である．所管する官庁は行政院衛生署に所属する中央健康保険局である．これにより，医療保険の所管官庁の統一が実現された[20]．

被保険者は台湾に居住する者（受刑者，失踪者を除き，現役の軍人・代替役従事者[21]，住民登録を行った外国人[22]を含む）である．被保険者は職業等により，6つの類型に分けられる．第一類は公務員・教職員およびサラリーマン等，第二類は自営業者等，第三類は農民，漁民である．これらの類型では被保険者本人の他，家族も保険に加入できる．第四類は軍人[23]とその家族・代替役従事者である．第五類は低所得者とその家族（社会救助法の対象者），第六類は高齢者，栄民（退役軍人），無職の者である．とくに第六類被保険者は，これまで医療保険制度の恩恵を被ってこなかった人びとである．これらの類型は保険料の算出等の基礎となる（表5・7）．

②財源
(i)保険料

全民健康保険の主な財源は保険料であり，被保険者，保険加入単位（雇用主等），政府（中央および地方政府）[24]の3者が被保険者類型ごとに定められた負

---

20) 中央政府の機関として設置されているが，全民健康保険法案審議の際に，政府の機関とするか，民営（公益法人）とするかで，議論があった．また，実施2年後に同法の改正案が審議される際には，保険者の多元化が政府により提案された．この案は民進党の主張に近く，立法院で多数を占める国民党の反発を招いたため，1997年の改正では盛り込まれなかった［高橋（2000），高橋（2000.2）による］．
21) 台湾では，兵役法により，男子に兵役の義務があるが（身体等に故障，障害のある者を除く），2000年より，家庭の事情等により，警察，消防，社会福祉，環境保全等の代替役をもって，兵役に代えることが可能になった．
22) 4ヵ月以上居住が要件．1999年から被保険者となる．大陸出身者（台湾国籍被保険者の配偶者）についても，2000年から被保険者の資格を得られるようになった．
23) 2001年から全民健康保険の被保険者となった．
24) 保険料の他に，政府は事務経費も負担する（保険給付費総額の3.5％を上限）．

表5・7 全民健康保険における被保険者の分類（2002年現在）

被保険者類別	保険対象類別		保険加入単位
	被保険者（本人）	被保険者（家族）	
第一類	1. 公務員，公私立学校教職員 2. 公・民営事業，機構などで一定の雇用主がある被雇用者 3. 前2項以外の者で，一定の雇用主がある被雇用者 4. 雇用主および自営業者 5. 専門職および技術者で自ら業を営んでいる者	1. 配偶者（無職の者） 2. 直系の親（父母，祖父母，母方の祖父母で無職の者） 3. 直系の2親等以内の子（20歳未満で無職，20歳以上で生計を立てる能力がないか学生で無職の者）	勤務先（政府，学校，企業）および自営業者本人
第二類	一定の雇用主がない，あるいは自営業者で職業公会に参加する者，外国船に乗り組んでいる海員総会の海員	第一類と同じ	所属する職業団体
第三類	農会および水利会会員，現に農業を営んでいる15歳以上の者，魚会に甲類会員として参加している者，現に漁業を営んでいる15歳以上の者	第一類と同じ	所属するまたは居住地の農会，水利会，魚会
第四類	1. 軍人，および認定を受けた家族・遺族 2. 兵役に代わる社会サービスに就いている者	なし	国防部 内政部
第五類	社会救助法に定義される低収入戸	本人と同居の親族	居住地の自治体
第六類	1. 栄民（退役軍人），栄民の家族等 2. 地区人口（第一類～第六類の1に当てはまらない者，例：失業者，高齢者，障害者，学生，兵役に就き，除隊後1年経っても無職の者）	第一類と同じ	居住地および職業訓練施設のある自治体

資料：高橋隆「台湾「全民健康保険」の制度紹介」，『海外社会保障研究』，125号，1998.12，中央健康保険局，"2001 National Health Insurance Profile"，2001等から筆者作成．

担比率に基づいて負担する．たとえば第一類被保険者の内，私立学校教職員は保険料の3割を負担し，残りを保険加入単位と政府が負担する．その一方で，第四類，第五類被保険者，第六類被保険者の内栄民（退役軍人）の保険料は全額政府負担である．被保険者が保険料を負担する場合，その保険料の算出は以下の式による（表5・8）．

表5・8 保険料負担比率

被保険者類別	保険対象類別			
	被保険者（本人）	被保険者	保険加入単位	政府
第一類	1. 公務員 2. 私立学校教職員 3. 公・民営事業，機構等の雇用者 4. その他自営業者など	30 30 30 100	70 35 60 0	0 35 10 0
第二類	職業公会参加者，外国船に乗り組んでいる海員総会の海員	60	0	40
第三類	農民	30	0	70
第四類	1. 軍人および認定を受けた家族・遺族 2. 兵役に代わる社会サービスに就いている者	0	0	100
第五類	社会救助法に定義される低収入戸	0	0	100
第六類	1. 栄民（退役軍人） 2. 栄民の家族 3. その他	0 30 60	0 0 0	100 70 40

資料：中央健康保険局資料より作成．

第一類－第三類被保険者

　　標準報酬月額×保険料率（4.55%）×負担比率×（本人＋家族人数）

第六類被保険者（地域住民）

　　平均保険料（1,007台湾元，3,474円）×負担比率×（本人＋家族人数）

なお，第一類－第四類被保険者の保険料で保険加入単位や政府の負担分の計算式は以下の通りである．

　　標準報酬月額×保険料率（4.55%）×負担比率×（本人＋平均家族人数）

第一類－第三類被保険者の保険料算出で用いられる標準報酬は，給与等の額により38等級に分かれている．第六類被保険者（地域住民）の保険料算出で用いられる平均保険料は定額である．

また，保険料は被保険者本人の保険料だけではなく，家族の分も負担する．被保険者本人の場合は3人まで（本人を含めない，家族数が3人を超える場合は3人とする），保険加入単位と政府はそれぞれ，被保険者1人当たりの平均家族人数（0.78人）分を負担する[25]．

---

[25] 家族人数は，施行時は5人を上限としていた．平均家族人数も施行時は1.36人であった．

表 5・9 全民健康保険保険料に対する主な補助の内容

対象者			内容
高齢者	低所得者		全額
	中所得者	70 歳以上	全額（中央政府が補助）
		70 歳未満	地方政府が補助
低所得者			全額
身体障害者	極重度および重度		全額
	中度		50%
	軽度		25%
公教人員保険加入者	30 年以上		全額
失業者（就業保険被保険者）			全額
台北市民	1 年以上在住	65 歳以上	第六類被保険者（地区人口）
		55 歳以上（原住民）	保険料を上限
高雄市民	1 年以上在住	65 歳以上	全額
		心身障害者（軽度）	
		心身障害者（中度）	

資料：中央健康保険局，行政院労工委員会，内政部，法務部資料等より作成．

なお，老人福利法，社会救助法等で低所得の高齢者等に対する全民健康保険保険料本人負担分の助成に関する規定が定められている．たとえば，老人福利法では，全民健康保険の被保険者である中低所得高齢者の本人分の保険料等を，地方政府が補助を行うことになっており，具体的な規則は「老人参加全民健康保険無力負担費用補助弁法」で定められている．また，台北市等の地方政府では，同様の制度が独自に定められている．そして，近年増加している失業者に対しても，同様の制度も実施されている[26]（表 5・9）．

(ii)保険基金

保険財政の安定を目的として保険基金を設けることが定められている．基金の財源としては，⒤毎年の保険料収入の 5% 以内の金額，ⅱ毎年の保険財政の収支の黒字，ⅲ保険料滞納金からの収入，ⅳ保険基金の運用益となっている．他に，宝くじ販売収入の一部やたばこおよび酒類に課税する「健康福利税」が財源として活用できることになっている．基金の運用方法も，⒤国債，株式の購入，ⅱ金融機関への預金（国営，指定された市中金融機関），ⅲ医療機関への貸し付け（施設整備資金），ⅳその他有益と判断される事業に対する投資，

---

26) 2003 年施行の「就業保険法」では，失業者に対する全民健康保険保険料補助の定めがある．

貸付等で行うこととされている．なお，準備金の水準は，保険給付費の1ヵ月から3ヵ月分を目安とすることが定められている．もし，この基準を満たさない場合は，保険料率の改訂や準備金の取り崩しなどを行うことになっている．

②給付

(i)保険給付

被保険者に対する給付として，疾病，傷害，出産に伴う医療サービス（外来，入院）と投薬（処方箋の交付），健康診断，山間・離島地域向けの保健医療サービスが行われている．一方で，保険による給付を行わないケースも定められており，たとえば，他の法律で，政府が費用を負担することが定められている医療サービス，移送料・証明文書料，差額室料，戦争や暴動，震災等の天災による事故に伴うもので政府から特別な支援を行うもの等が該当する．なお，労災による治療に係る費用は，職業災害給付を行う保険（労工保険等）からまかなうこととされている（保険給付費は全民健康保険で立て替える）．

(ii)一部自己負担

被保険者が上記の医療サービス等を受ける際には，その費用の一部を負担することが定められている．一部自己負担を外来，入院，投薬別にみると，外来では定額負担（医療機関，診療科の種類により異なる），入院では定率負担（病室の種類，入院日数により異なり，高額入院費の上限あり）となっている．入院の高額入院費をみると，急性病室で30日，慢性病室で180日以内の退院の場合，自己負担上限は1回2万4,000台湾元（8万2,800円），年間4万台湾元（13万8,000円）となっている．薬剤費の一部自己負担は，2001年より実施されており，薬剤費の金額別に一部自己負担額が定められている（上限は200台湾元（690円））．受診の頻度が高い患者に対しては，一部自己負担の追加負担があり，7-64歳の者に対しては25回目の受診から，65歳以上の者に対しては49回目から追加負担が発生する．

一方で，全民健康保険法やその他の規程により，一部自己負担が免除される場合もある．出産，重大な疾病，健康診断（対象者と回数が規定）の場合は，一部自己負担が免除される．また，3歳以下の者[27]，栄民およびその遺族，低

---

27) 2002年3月より，3歳以下の子どもに対する医療費の助成（「三歳以下児童医療補助計画」）が開始された．これは，陳水扁総統の「三三三公約」の一環として実施されたものである．ま

所得者，労災による疾病を患った者に対しても一部自己負担が免除される（政府，労災を給付する社会保険が負担）．薬剤費についても，100台湾元（345円）以下の場合，慢性病による連続処方箋を所持している場合は薬事費の一部自己負担が免除される．なお，保険指定外の医療機関で（緊急の）治療を受けた場合，その費用は全額自己負担となるが，費用を償還する制度もある．また，海外（中国大陸を含む）で治療を受けた場合も，費用の償還を受けることができる（表5・10）．

(iii)医療費の給付

医療機関等が診察を行った後，診療報酬の請求を行うが，診療報酬申請（レセプト）は中央健康保険局地方分局に送付し，審査等は保険者（中央健康保険局）が行う．審査終了後，診療報酬が医療機関等に給付される．その医療費は総額予算制が導入されており，歯科，漢方医等ではそれぞれ1998年，2000年から順次実施されている．なお，病院に対しても2002年7月から実施され，総額予算制が完全実施された．また，2001年から「合理量」（一定の人数以上の患者を診療すると，その分の患者1人当たりの診療報酬を減らす制度）を導入し，医療費の伸びを抑えると共に，適切な人数の患者を診察させることで，医療の質を確保することも目指している．疾病別報酬制（疾病別に一定の報酬を決めておく制度）も産婦人科，外科手術，整形外科，眼科，内科，心臓外科，泌尿器科，耳鼻咽喉科で実施されている．

（2）現在の状況

①被保険者数

全民健康保険の被保険者数は，施行初年度である1995年は1,912万人（人口の89.5％）であったが，被保険者範囲の拡大等により，2001年には2,165万人と全人口の96.6％に達し，皆保険の目標はほぼ達成された．

②保険財政（収入と支出）

保険財政についてみると，2001年には，収入2,912億台湾元（約1兆46億

た，台北市では，子どもに対する独自の医療費補助制度がある．現在の制度では，家族と2年以上台北市に居住している生後1ヵ月から6歳までの低所得世帯の子ども等に，一部自己負担の助成等を行うこととされている．

表5・10 全民健康保険に

1. 外来

類型	医療機関の種類	一部自己負担			
		一般診療	歯科	漢方	急診
基本部分負担	医学センター	210 台湾元	50 台湾元	50 台湾元	420 台湾元
	区域病院	140 台湾元	50 台湾元	50 台湾元	210 台湾元
	地区病院	50 台湾元	50 台湾元	50 台湾元	150 台湾元
	診療所	50 台湾元	50 台湾元	50 台湾元	150 台湾元
薬剤費自己負担	医療機関の種類を問わない	薬剤費階級		薬剤費自己負担	
		100 台湾元以下		0 台湾元	
		101-200 台湾元		20 台湾元	
		201-300 台湾元		40 台湾元	
		301-400 台湾元		60 台湾元	
		401-500 台湾元		80 台湾元	
		501-600 台湾元		100 台湾元	
		601-700 台湾元		120 台湾元	
		701-800 台湾元		140 台湾元	
		801-900 台湾元		160 台湾元	
		901-1,000 台湾元		180 台湾元	
		1001 台湾元以上		200 台湾元	
高頻度診療追加自己負担	医療機関の種類を問わない	受診回数	7～64歳	65歳以上	
		25-48回	50 台湾元	0 台湾元	
		49-156回		50 台湾元	
		157回以上	100 台湾元	100 台湾元	

資料：中央健康保険局資料より筆者作成．

円）に対して，支出3,073億台湾元（約1兆602億円）となっている．収入の大部分は，保険料収入であり，2001年の保険料収入は2,905億台湾元（約1兆22億円）と収入の99.8％を占める．保険料の負担者別の構成比（2001年）をみると，被保険者本人が39.8％，雇用主が32.2％となっており，合わせておよそ70％が，被保険者と雇用主によりまかなわれていることが分かる．残りが政府により負担されているが，この内，中央政府が23.8％を負担している．一方，支出の内，医療給付は3,019台湾元（約1兆416億円）と支出の

おける主な一部自己負担
2. 入院

病室の種類	一部自己負担割合			
	5%	10%	20%	30%
急性病室	——	30日以内	31-60日	61日以後
慢病病室	30日以内	31-90日	91-180日	181日以後

注：2002年1月1日より，全民健康保険被保険者の高額入院費
（入院医療費用一部自己負担）の上限は以下の通り．
（1） 同一の疾病により入院1回の負担上限は24,000台湾元．
（2） 1年間の入院費の負担上限は40,000台湾元．
※急性病室の入院で30日以内の退院，慢性病室への入院で180日以内の退院に限る．

3. 一部自己負担免除

薬剤	高頻度診療追加自己負担	理学療法
1. 薬剤費100台湾元以下 2. 慢性病で連続処方箋（投薬28日以上）保持者 3. 歯科診療受診者	児童健康手帳保持者	複雑で程度の高い治療（治療項目が3項目以上で，治療時間が50分以上かかるもの）等

その他免除対象
1. 重体な疾病，分娩，健康診断（全民健康保険法に定めるもの）
2. 山間離島の医療機関での診療
3. 退役軍人および低所得者←3歳以下の者，100歳以上の者

2002年9月1日より適用

98.2%を占める．

　保険財政の動きをみると，全民健康保険施行の1995年は，収入1,945億台湾元（約6,710億円）に対して，支出は1,574億台湾元（約5,430億円）と収入の方が多かった．収入，支出ともに年平均でそれぞれ7.0%，11.8%で伸び続けた結果，1998年に赤字を計上して以来，支出が収入を上回る傾向が続いている（図5・2）．

　このような赤字財政の背景として，皆保険により高齢者と重い病気をもつ被

(百万台湾元)

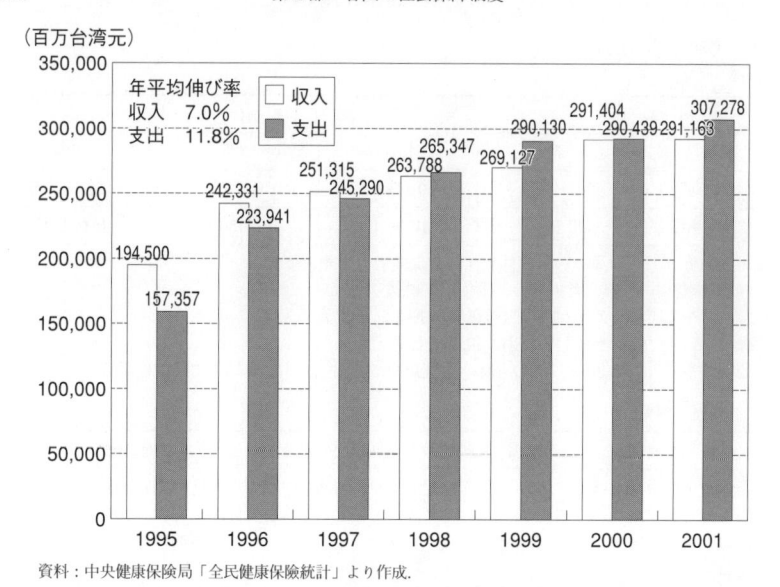

図5・2　全民健康保険の収入と支出

資料：中央健康保険局「全民健康保険統計」より作成．

年平均伸び率
収入　7.0%
支出　11.8%

年	収入	支出
1995	194,500	157,357
1996	242,331	223,941
1997	251,315	245,290
1998	265,347	263,788
1999	290,130	269,127
2000	291,404	290,439
2001	307,278	291,163

保険者が増加し，これが医療費の増加をもたらしたこと，その一方で，保険料率が施行以来改定されないままであったこと，標準報酬の最高額が実際の所得分布と比べて低かったこと，保険料の家族分の算定基準となる平均家族数等が引き下げられたこと等により保険料収入の伸びが低く抑えられてきたことを挙げることができる．この状態を放置し続けると，保険の支払い能力低下につながる．保険基金の準備金残高をみると，1996年の552億台湾元（約1,904億円）以降，1998年まで残高は増加していったが（686億台湾元（約2,367億円）），1999年以降は残高が減少し，2001年には243億台湾元（約838億円）となっている．2001年の水準は，全民健康保険法で定める積立金の下限（給付費の1ヵ月分）とほぼ同じであるが，2002年には積立金が枯渇し[28]，その後はマイナスになることが予測されていた（図5・3）．

③近年の動向——給付の抑制と財源の確保

上記の問題への解決策として，給付の抑制と財源の確保の2つが考えられる

---

28) 2002年6月現在で102億台湾元（約352億円）であった．

第5章　台湾の社会保障　　157

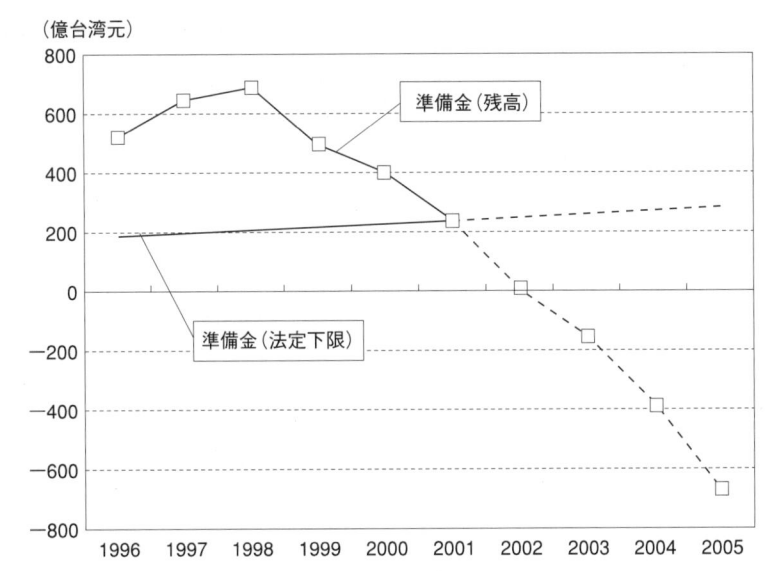

（億台湾元）

図5・3　全民健康保険基金準備金残高の推移

資料：中央健康保険局「費率及部分負担調整説明」より引用．
注：2002年以降は予測値．

が，ここでは，両者に関する動きについてみていきたい．

(i)給付（医療費）の抑制

医療費の支給方法として，1998年から総額予算制を一部の診療科で導入した．この目的は医療費の伸びを一定の範囲内に抑えることで，医療費の増加に歯止めをかけることである．歯科の場合，実施から2年間の医療費の伸び率を8％までに設定した（上限を超えた分については，診療報酬を支払わない）．2000年実施の漢方医では，伸び率は7.83％（人口の伸びを含む）に設定されている．2002年7月に施行開始の病院に対しては，医療費の伸び率を4％以内に抑えることを目標としている．さらに，薬剤の価格調査を実施し，薬価差益の縮小に努めている．

(ii)財源の確保

支出抑制策を実施する一方で，財源の確保にも努めてきた．まず，たばこに対して「健康福利税」が賦課されるようになり，税収の一部が保険基金の財源

となった(2002年実施)[29].2002年1月から宝くじ(公益彩券)の販売が開始されたが,収入の30%以内が政府部門に配分され,さらにその一部が全民健康保険基金に配分される.2002年の収益296億台湾元(約1,021億円)の内5%が全民健康保険に配分されることになった.

また,2002年6月に「全民健康保険法」が改正され,保険料の算定基準となる標準報酬の決定に関するルールが変更された.標準報酬の等級の数を従来の30級から38級に拡大させ,標準報酬の高低の格差を,これまでの3.8倍から5倍以上とした.これにより,これまでは高所得層の保険料負担がその所得に比べて軽いものであったものが,応分の保険料負担を行う制度に改められた[30].

さらに,施行以来据え置いてきた保険料率の引き上げを2002年9月から実施した.施行以来の保険料率4.25%を0.3%引き上げて4.55%とした.あわせて,外来診察での一部自己負担の引き上げ(大学病院等での外来診療の一部自己負担が引き上げられた(入院,診療所等での外来診察は従来通り))も実施された.

〈コラム〉 被保険者証のICカード化

全民健康保険では,被保険者に対して全民健康保険証が交付されているが,これを紙製のものからICカード製のものへ切り替えることになった.ICカードの保険証は,氏名,住所,被保険者番号,写真入り(希望者のみ)となる.従来の紙製の保険証の場合,診療に際して,本人確認のための書類が別途必要であったが,ICカード型の保険証ではその必要がなくなり,被保険者の利便性が向上する.また,病歴の記録も可能となっている.導入に際して,個人情報の漏洩の懸念から反対の声もあったが,偽造,違法コピーの防止,個人情報保護等にも対策が採られている.さらに,紙製の保険証発行に比べて,経費が節約できるメリットもある.ICカード保険証の発行は2002年7月から開始された.まず,台北,澎湖,台中,高雄で試行され,2003年5月に全国で発行が行われる予定である.

---

29) 税額はたばこ1箱当たり5台湾元(17円)となっており,税収の7割が保険基金の積立金に,3割が保健・衛生関連事業に充てられることになっている.
30) 政府負担分の保険料滞納問題も指摘されている.各級政府別の保険料徴収率をみると,中央政府や県市政府では100%に近い水準にあるのに対して,台北市や高雄市ではそれぞれ,27.8%,14.8%と著しく低い.地方政府の滞納に対して,県市政府に事情がある場合は,一般財源からの補助を可能にした.

5　皆年金に向けて（国民年金について）

(1)　高齢者に対する所得保障の現状——制度導入の背景

すでに述べたように，台湾では，高齢期等の所得保障制度として，労工保険，公教人員保険，軍人保険からの老齢（退役）給付と社会福祉制度からの給付が実施されている．とくに後者は，低所得の高齢者等を対象とした給付となっている．また，地方政府による独自の制度も一部で実施されている．さらに，公務員や労働者に対する退休金の制度（公務員や軍人等の援護を目的とした職域年金（恩給）のような制度）も実施されている．

これらの制度における給付方式をみると，一時金によるものが多く，給付水準にも格差がある．たとえば，労工保険では72万9,887台湾元（約252万円）の一時金が給付されているのに対して，公教人員保険では138万794台湾元（約476万円）と2倍近い格差が存在する．毎月給付を受ける年金方式の制度でも同様の傾向があり，たとえば，老年農民福利手当や老人福祉生活手当では毎月3,000台湾元（1万350円）が給付されるのに対して，公務員や軍人を対象とした制度である退撫基金では30,284台湾元（10万4,480円）が給付されており，格差は10倍程度となっている（表5・11）．

行政院経済計画建設委員会によると，2001年12月現在，社会保険制度から老齢給付を受けている高齢者は，約100万人（高齢者（206万人）のおよそ49％）であり，社会福祉制度から手当を受け取っている高齢者は，約96万人（高齢者のおよそ47％）である．両方の制度から給付を受けている者（約35万人）を調整すると，社会保障制度から所得保障のための何らかの給付を受けている者は高齢者の78％となる．一方，残りの約45万人（高齢者の22％）は無年金者である（図5・4）．

このように，台湾では給付方式や水準に違いのある所得保障制度からの受給者が存在する一方で，無年金者も存在する．とくに，社会保険制度を中心に一時金方式を採る制度が多い．そのため，これらの制度が高齢期の所得保障機能を十分に機能しているとは言い難い一面が存在する．高齢化の進行が見通されるなか，子と同居しない高齢者の増加等により，高齢期は子どもから経済的な面倒をみてもらうことが困難になる可能性がある．よって，すべての高齢者に

表5・11　台湾の主な高齢期の所得保障制度（2002年現在）

		給付内容（2001年）	対象者（資格）
社会保険	労工保険（老年給付）	729,887台湾元（一時金）	労工保険被保険者
	公教人員保険（養老給付）	1,380,794台湾元（一時金，2002年）	公務員，教員の退職者
	軍人保険（退役給付）	—	軍人の退役にともなう給付
社会福祉	中低収入老人生活手当	所得により，毎月3,000台湾元または6,000台湾元	世帯構成員の収入の平均額が最低生活費標準の2.5倍以下の65歳以上の者.
	敬老福利生活手当	毎月3,000台湾元（2002年）	他の社会保険，社会福祉制度等から給付を受けていない者を対象（高額所得者，資産を有する者を除く）．2002年実施
	老年農民福利手当	毎月3,000台湾元	65歳以上，農民保険加入者か漁業組合甲類会員（6か月以上）.
	栄民就養給与	毎月1人13,100元	資産が制限以下の栄民（満10年以上軍務についていた者，あるいは戦功により負傷・障害を負った者）で栄民の家に入所している者
	県市政府の敬老福利手当	毎月1人3,000-5,000台湾元	各県市がそれぞれ規定．（2002年現在で基隆市，新竹市，澎湖県で実施）
その他の制度	労働基準法の退休金	1,227,651台湾元（一時金，1999年）	労働者が退職時に受け取る一時金
	公務人員退休退撫基金（公務員，軍人，教員）	274,937台湾元（一時金） 30,284台湾元（年金）	公務員，軍人，教員の退職者

資料：健康保険組合連合会「社会保障年鑑2003年版」．
注：行政院労工委員会，内政部，財政部中央信託局，法務部，各県市政府資料等から作成．
　給付内容は原則として2001年の数値．社会保険，その他の制度は，1件当たり支給額．社会福祉制度は法定の支給額．軍人保険は資料なし．

対して安定した所得保障の制度を整備することが重要になってきている．

（2）「国民年金」に向けて

①これまでの経緯（1990年代以降）

すでに述べたように，「国民年金」制度に関する動きが顕著になり始めたのは1990年代に入ってからであった[31]．1992年の立法委員選挙では，民進党の

第5章 台湾の社会保障

高齢者(65歳以上)
206万人

図5・4 台湾における年金等の有無別にみた高齢者構成比

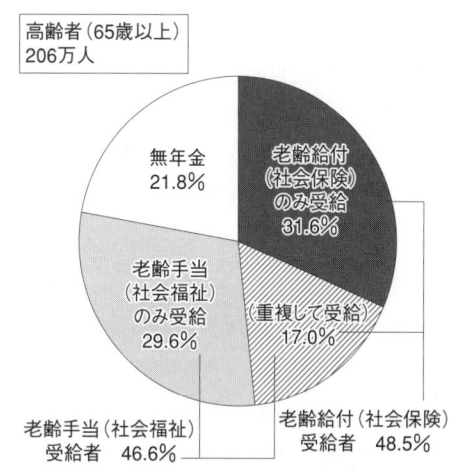

- 老齢給付（社会保険）のみ受給 31.6%
- （重複して受給）17.0%
- 老齢手当（社会福祉）のみ受給 29.6%
- 無年金 21.8%
- 老齢手当（社会福祉）受給者 46.6%
- 老齢給付（社会保険）受給者 48.5%

資料：行政院経済建設委員会「國民年金制度企畫簡報」．
注：2001年12月現在の数値．

候補者が老齢給付の実施を公約に掲げ当選した．翌年の県市長選挙では，与野党が老齢給付実施を公約に掲げた．1993年に民進党の議員によって「国民年金法案」が提出された．また，2000年の総統選挙では，陳水扁候補（現総統）は「三三三公約」のなかで老齢年金の実施を公約として掲げた．政府においても，国民年金制度案の検討が進められた．行政院経済建設委員会による国民年金案（2000年）では，甲案と乙案の2案が提示された．前者は社会保険方式による制度で，積立方式と賦課方式を混合した制度である（政府案）．後者は，民進党の主張をベースにしたものであり，税方式の制度である．制度の実施は2001年末が考えられていたが，不況のために実施は延期された．

その後乙案が改定され，2002年5月には，甲案，乙案，丙案の3案が存在したが，これらの3案の内容は次の通りである．甲案は，既存の社会保険に加入していない者を対象とした制度で，社会保険制度で運営される．被保険者は，保険料を納付する（政府による補助がある）．納付された保険料は，個人口座

---

31) 1990年代以前では，1945年の国民党「四大社會建設綱領」で社会保険による老齢給付の実施，1970年の国民党「加強國民就業輔導工作要領」，行政院内部「第三期社會建設四年計画」で老齢給付について言及されている．とくに，「第三期社會建設四年計画」では，「國民年金」の名称が使われていた．

(積立方式部分)に8割,保険口座(賦課方式部分)に2割で積立・運用される.年金受給資格を得ると,個人口座から年金が支給されるが,不足する場合は保険口座から給付を受ける.また,既存の職域別の社会保険との統合は行わないことになっている.乙案は,全国民を対象とした税方式の制度であり,日本の基礎年金を公費で運用する制度に相当する.この制度では,既存の社会保険制度は付加年金として運用される[32].また,丙案は,既存の社会保険制度に加入していない者を対象とした社会保険制度であるが,甲案との違いは,完全積立方式の制度が提案されていることである[33](表5・12).

②直近の動き

2002年,敬老福利生活手当の実施と政府による国民年金案の認可という,高齢者の所得保障体系の整備に対して大きな動きが現れた.ここでは,この2つの制度(案)について紹介する.

(i)敬老福利生活手当

敬老福利生活手当は,2002年3月に立法院を通過した「敬老福利生活津貼暫行條例」に基づいて支給される.台湾に居住する(最近3年間で183日以上の居住期間があること)65歳以上の者(原住民は55歳以上)で,既存の社会保険や各種手当を受給していない者を対象とする[34].また,最近1年間の個人所得が50万台湾元(約173万円)以上の者や,個人所有の土地や建物の評価額が500万台湾元(約1,730万円)以上の者も対象から外される.手当の受給を希望する者は,必要書類を提出し審査を受ける.審査を通過すると,月額3,000台湾元(1万350円)が支給される.財源は内政部の予算によりまかなわれる.手当の支給は6月から開始されたが,支給そのものは2002年1月からさかのぼって実施されている.この手当により,約44万人の高齢者が恩恵

---

32) 本文中の乙案は改訂案であり,原案では,平衡基金を設立し,一般会計支出,農民保険,宝くじ収益,営業税(消費税にあたる)の増税分等を財源とする(保険料は徴収しない).給付額は月3,000台湾元(老齢年金,初年度)とする.なお,既存の社会保険に加入している者は,この制度に加入するか,これまで加入していた制度に残留するかの選択が可能である.なお,他の社会保険の給付水準はこの制度との調整を行うこととされている.

33) 経済建設委員会では,シンガポールの中央積立基金(CPF)をモデルにした制度の研究を行っていた[高橋(2002)].

34) この制度では,過去に社会保険等から老齢手当等を受けたものは受給申請資格がない.これらの者への受給資格拡大の要望が強く,行政院では,給付対象の拡大,財源の確保の検討を進めている.

表5・12　台湾における国民年金制度案一覧（2002年現在）

制度方式	甲案 社会保険	乙案 税方式	丙案 社会保険
被保険者	公教，軍，労工保険の被保険者以外の者	全住民	公教，軍，労工保険の被保険者以外の者
給付項目	老齢年金 重度障害年金 遺族年金 葬祭手当	老齢年金 重度障害年金 孤児年金	老齢年金 重度障害年金 遺族年金 葬祭手当
給付水準（老齢年金）	1. 満額年金：7,500台湾元/ 2. 最低保障年金3,000台湾元/	1. 初年度3,000台湾元/月 2. 物価および政府の財政状況により変動	1. 満額年金：8,700台湾元/ 2. 最低保障年金3,000台湾元/
財源	保険料 750台湾元/月（2002年実施の場合） （政府補助20％：一般）	公費 なし	保険料 783台湾元/月（2002年実施の場合） （政府補助20％：一般）
制度の運営	保険料の80％を個人口座，20％を保険口座として運用する．給付は個人口座から行い，不足分は保険口座（他の被保険者の保険料）から賄う	公費を財源	個人が納付した保険料を運用．納付保険料と利息の合計が給付額となる（最低保障あり）
既存の社会保険との関係	既存のまま	付加的な給付を行う制度として運営	既存のまま

資料：健康保険組合連合会『社会保障年鑑2003年版』．
注：行政院経済建設委員会，『國民年金制度企畫簡報』，2002年5月より作成したもの．

を被ることが見込まれている．これにより，すべての高齢者は一応何らかの所得保障制度によってカバーされることとなった．ただし，この手当はあくまでも暫定的なものであり，制度の有効期間も，国民年金が実施される直前までとされている（表5・13）．

(ii)国民年金法案

国民年金について，既述の3つの制度案が存在したが，政府は2002年6月，社会保険方式による国民年金法案（甲案）を認可し，法案は立法院に送付された．この案の概要は次の通りである．まず，被保険者は既存の社会保険に加入していない者としている（強制加入，過去に社会保険からの給付を受けたこと

表 5・13 敬老福利生活手当の概要

項目		内容
対象者	（年齢）	65 歳以上の者
	（居住要件等）	台湾の居住期間が過去 3 年間で 183 日以上 以下の対象外の要件に合致しない者
対象外	（社会保障給付受給者）	• 施設入所の高齢者で政府からの補助を受けている者 • 公務員，軍人，教職員等で退職年金や退職一時金を受けている者 • 公教人員保険，軍人保険，労工保険からの老齢給付が，1 ヵ月当たり 3,000 台湾元に達する者 • 中低収入老人生活手当，心身障害者生活補助金，老齢農民福祉手当，栄民就養手当の受給者
	（富裕者）	• 最近 1 年間の個人所得が合計で 50 万台湾元以上の者 • 個人所有の土地や建物の価値が 500 万台湾元以上の者
支給額		月 3,000 台湾元
財源		公費
実施		2002 年 6 月（支給は同年 1 月にさかのぼる）
国民年金との関係		暫定的な制度，国民年金制度施行までの運用

資料：健康保険組合連合会「社会保障年鑑 2003 年版」．
注：行政院経済建設委員会，『國民年金制度企畫簡報』，2002 年 5 月，法務部資料より作成．

がある者と農民健康保険の加入資格を有する者は任意に加入できる）．被保険者は 25-64 歳の間に保険料を納付し，65 歳に達した時点で，年金受給資格を得る（老齢給付）．

　老齢給付は確定給付年金で，初年度の場合，満額年金は月 7,500 台湾元（2 万 5,875 円）[35]である（次年度以降は賃金，物価スライドを行う）．実際の支給額は，保険料納付期間により調整されるが，最低保障額は月 3,000 台湾元（1 万 350 円）である（ただし，保険料納付期間が 5 年未満の場合は一時金支給）．老齢給付の他，遺族給付，障害給付，葬祭給付がある．障害給付は障害の程度により，満額年金の一定割合が年金として支給される．遺族給付では，被保険者の保険料納付期間に基づいて一時金が支給される．また，葬祭給付は満額年金の 5 ヵ月分を一時金として支給する制度である．

　財源は被保険者が負担する保険料である．保険料の水準は満額年金の 10％

---

[35] 2001 年の 1 人当たり平均消費支出 1 万 5,314 台湾元（5 万 2,833 円，内政部主計処「家庭収支調査結果」による）の 49％ に相当．

第 5 章　台湾の社会保障

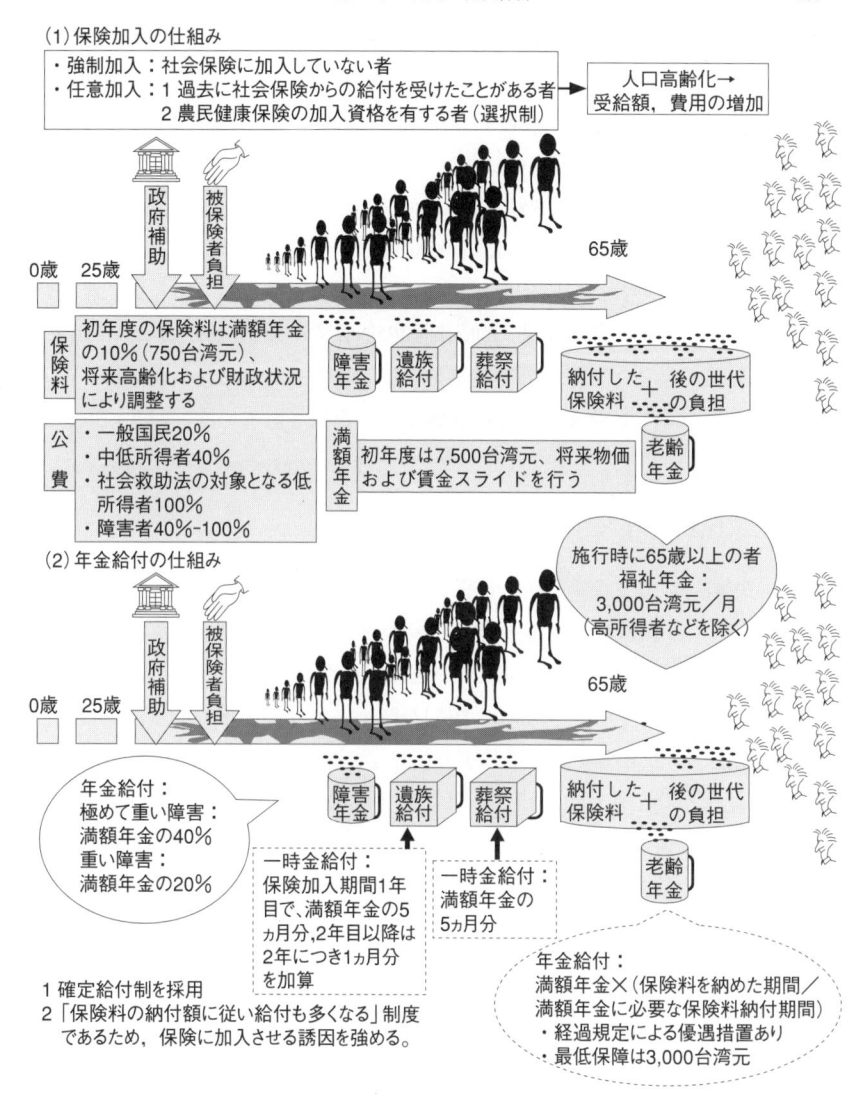

(1) 保険加入の仕組み

- 強制加入：社会保険に加入していない者
- 任意加入：1　過去に社会保険からの給付を受けたことがある者
　　　　　　2　農民健康保険の加入資格を有する者（選択制）

人口高齢化→
受給額，費用の増加

政府補助　被保険者負担

0歳　25歳　　　　　　　　　　　65歳

保険料
- 初年度の保険料は満額年金の10%（750台湾元）、将来高齢化および財政状況により調整する

公費
- 一般国民20%
- 中低所得者40%
- 社会救助法の対象となる低所得者100%
- 障害者40%‐100%

障害年金　遺族給付　葬祭給付

満額年金
- 初年度は7,500台湾元、将来物価および賃金スライドを行う

納付した保険料 ＋ 後の世代の負担

老齢年金

(2) 年金給付の仕組み

政府補助　被保険者負担

0歳　25歳　　　　　　　　　　　65歳

施行時に65歳以上の者
福祉年金：
3,000台湾元／月
（高所得者などを除く）

年金給付：
- 極めて重い障害：満額年金の40%
- 重い障害：満額年金の20%

障害年金　遺族給付　葬祭給付

一時金給付：
保険加入期間1年目で、満額年金の5ヵ月分、2年目以降は2年につき1ヵ月分を加算

一時金給付：
満額年金の5ヵ月分

納付した保険料 ＋ 後の世代の負担

老齢年金

年金給付：
満額年金×（保険料を納めた期間／満額年金に必要な保険料納付期間）
- 経過規定による優遇措置あり
- 最低保障は3,000台湾元

1　確定給付制を採用
2　「保険料の納付額に従い給付も多くなる」制度であるため、保険に加入させる誘因を強める。

資料：行政院経済建設委員会『國民年金制度規畫簡報』，2002年6月から引用．

図 5・5　国民年金（案）の仕組み

の月750台湾元（2,588円）である（初年度，その後は高齢化と年金財政の状況により調整）．保険料は全額を被保険者本人が負担するのではなく，公費による補助がある．保険料750台湾元の内，原則として，本人負担分は600台湾

元(2,070円,保険料の80％),公費による補助が150台湾元(518円,保険料の20％)となっている.なお,障害者,低所得者に対しては公費補助の割合が大きくなる.納付された保険料は国民年金基金に積み立てられる.その他に財源として,宝くじの販売収益[36]の一部等を充てることになっている.なお,最低保障年金については,公費によりまかなわれる.

この法案が立法院を通過すると,皆年金体制が一応確立することになる.この制度案は,既存の社会保険に加入していない者を対象としているが,既存の制度との給付の方法,給付水準,加入期間の通算等の調整は図られていない.また,一時金である労工保険の老齢給付を年金化させること,公教保険,軍人保険の老齢給付との統合等が今後の課題として指摘されている(図5・5).

6　失業保険の導入

(1)　失業給付(労工保険)の導入

台湾では,これまで日本の雇用保険に相当する社会保険制度は実施されてこなかった.労工保険法では,1968年の法改正で失業給付を行うことが定められたが,給付の実施のために必要な規則が定められないままであった.しかし,1998年12月,「労工保険失業給付実施規則」が定められ,翌年1月から労工保険失業給付が開始された.給付の対象者(強制加入)は,労工保険被保険者の内,雇用者5人以上の企業の従業員で15-60歳の者である.そのため,零細な事業所の従業員と一定した雇用主のいない労働者等には加入義務がない等の課題があった.

2003年1月より,新しい社会保険制度として就業保険が実施されている.制度の概要は以下の通りである.被保険者(強制加入)は,15歳以上60歳未満の台湾の国籍をもつ労働者であり,軍人,公務員,教職員等は対象外である.財源は保険料であるが,保険料率は標準報酬の1-2％とされており,当面は1％で実施されている.同保険の失業給付は,被保険者が以下の要件に合致した場合においてのみ,給付される.

---

[36] 2002年の宝くじ販売収益296億台湾元(約1,021億円)の内,45％が国民年金準備金に配分される.

ⅰ企業の倒産等により，自分の意志と関係なく職を失ったこと
ⅱ離職前の3年間で保険料を1年以上納めていること
ⅲ公共職業斡旋機関に求職を登録後，14日を経過しても仕事の紹介および職業訓練の手配がされていないこと

　手当の給付は公共職業斡旋機関に求職登録後15日目から行われるが，手当は標準報酬月額の60％が最長6ヵ月給付される．なお，職業訓練を手配された者に対しては，就労促進手当が給付される．職業訓練終了後，就業することができない場合は，失業者としての認定を受ける．また，早期の就業を促進し，失業給付への過度の依存を防止するために，早期就業促進手当が設けられている．これは，失業給付を受け始めてから6ヵ月以内で再就職し，再び就業保険に加入して3ヵ月を経過した者に対して，受給しなかった失業給付の50％を一時金で給付する制度である．また，就業保険基金，全民健康保険保険料補助についても規定がある（表5・14）．

　失業給付の動向をみると，労工保険失業給付として給付が開始された1999年には3万9,471件，5億1,637万台湾元（約17億8,148万円）が給付されたが，2001年には48万5,851件，78億2,543万台湾元（269億9,773万円）と，失業率の上昇を背景に給付件数，給付額ともに大幅に増加している．就業保険は2003年1月から実施されているが，初年度の保険財政の見通しをみると，保険料収入が約170億台湾元（約587億円）に対して，給付額は約150億台湾元（約518億円）になるものと見通されている．

7　まとめ

　台湾の社会保障制度の特徴をみると，①職種別の総合保険で，制度により給付の種類，水準等が異なること，②「軍公教福利」という言葉に示されるように，国家にとって重要と考えられる階層を重視した整備状況であったこと，③その一方で，高齢者等に対して社会保障制度の恩恵を受けられない人びとが存在していたこと，を挙げることができる．現在，全民健康保険が全住民に適用され，国民年金も実施の方向で動き始めている．また，就業保険も実施されるなど制度の改正や導入が相次いでいる．すでに述べたように，台湾は世界でも

表 5・14　就業保険の概要

法律	就業保険法
保険者	行政院労工委員会
被保険者	15歳以上60歳未満の台湾の国籍をもつ雇用者 (加入できない者) ① 公教人員保険強制加入者（公務員，教職員） ② 軍人保険強制加入者（軍人）　等
保険料率	標準報酬の 1-2%（当面は 1%）
給付	① 失業給付 　標準報酬の 60% を最長 6 ヵ月支給 　（給付要件） 　・自らの意志に反して離職 　・失業給付のための保険料を 1 年以上納付（離職前 3 年以内） 　・公共職業安定機構に求職者としての登録を行い，その日から 14 日を経過しても，職業紹介や職業訓練の手配を受けられないとき ② 早期就業促進手当 　失業給付受給期間満了前に再就職した者で，再び就業保険に加入（3 ヵ月以上）した者に支給（未受給の失業手当の 50%） ③ 職業訓練生活手当 　職業訓練期間中に支給 ④ 全民健康保険保険料補助（本人負担分全額）
施行	2003 年 1 月

資料：健康保険組合連合会「社会保障年鑑 2003 年版」．
注：行政院労工委員会，法務部資料より作成．

相当な経済力をもち，民主化も進んでいる．その一方で「高齢化社会」の仲間入りを果たし，所得格差の拡大や失業の増大といった課題も存在する．このような状況の下，経済成長等とともに，社会保障の充実も重要な課題になってくるものと思われる．制度の導入に当たっては，日本等の経験を参考にしつつ，独自のものを作り上げていくことが考えられる．その意味でも，台湾の社会保障制度の動向を把握，研究することは重要なことではないかと思われる．

文献

(中国語)

中央健康保険局，"2001 National Health Insurance Profile"，2001 年．
中央研究院経済研究所，『全民健康保険相關問題検討会』，1992 年．
黄文鴻他『全民健保－制度，法規，衝撃』，1996 年．
李易駿・許雅惠『全民健保法解讀』，1995 年．

廬政春「利益團體與社會福利資源分配－透視我國軍公教福利」,『臺灣的社會福利：民間觀點』(林萬億他), 1999 年.
行政院経済建設委員会『我國社會福利現況, 問題與対策』, 2000 年.
行政院経済建設委員会『規劃國民年金推動社會安全制度』, 2000 年.
行政院経済建設委員会『國民年金制度企畫簡報』, 2002 年 5 月.
行政院経済建設委員会『國民年金制度企畫簡報』, 2002 年 6 月.
行政院経済建設委員会『中華民國臺灣地區民國 91 年至 140 年人口推計』, 2002 年.
行政院研究発展考核委員会『我國社會保險制度與社會保險支出乃研究』, 1988 年.
行政院研究発展考核委員会『我國社會福利定義與範圍之研究』, 1989 年.
行政院研究発展考核委員会『我國社會福利支出乃研究』, 1990 年.
行政院主計処統計局 "Statistical Yearbook of the Republic of China 2001", 2001 年.
行政院主計処統計局『民國 90 年社會指標』, 2001 年.
行政院主計処統計局『民國 90 年中華民國臺灣地區家庭収支調査』, 2002 年.

(日本語)
中華民国行政院新聞局『中華民国のしおり (2001 年)』, 2001 年.
栄福研一「台湾人口の高齢化と老後保障」,『ニッセイ基礎研レポート』, ニッセイ基礎研究所, 2001 年 2 月, pp. 25-27.
エイジング総合研究センター『台湾の人口高齢化と高齢者福祉』(東アジア地域／高齢化問題研究), 1997 年 3 月.
エイジング総合研究センター『都市の少子高齢化研究〈総括編〉中国／台湾／韓国』(東アジア地域／高齢化問題研究), 2000 年 3 月.
林志行『(図解) 台湾の仕組み』, 中経出版, 2000 年.
呉凱勲「台湾における社会保障建設の現状」,『海外社会保障情報』, 第 81 号, 社会保障研究所, 1987 年 12 月, pp. 27-47.
平石長久「アジア諸国の社会保障制度」,『海外社会保障情報』, 第 110 号, 社会保障研究所, 1995 年 3 月, pp. 4-19.
石本忠義「医療保険制度改革の国際動向」,『週刊社会保障』, 1957 号, 1997 年, pp. 22-25.
イト・ペング「台湾の社会保障制度－民主化と福祉の発展を巡る政治力学－」,『海外社会保障研究』, 第 135 号, 国立社会保障・人口問題研究所, 2001 年 6 月, pp. 17-21.
上村泰裕「台湾の国民年金論議・素描——グローバル経済のなかの後発福祉国家形成」,『社会政策学会誌』, 第 7 号, 2002 年 3 月, pp. 151-164.
金子勇「台湾の高齢化とコミュニティ・ケア」,『海外社会保障情報』, 第 114 号, 社会保障研究所, 1996 年 6 月, pp. 4-13.
健康保険組合連合会「社会保障年鑑 2003 年版」, 東洋経済新報社, 2003 年 5 月.
国立編訳館 (蔡易達, 永山英樹訳),『中華民国中学歴史教科書 台湾を知る』, 雄山

閣出版, 2000年.
高育仁「台湾社会安全概況についての紹介（特集／アジアの社会保障制度）」,『世界の福祉』, 国際社会福祉協議会, 第40号, 1997年3月, pp. 10-16.
(財) 交流協会「台湾における労働法と社会保障制度の概要」, 2000年3月.
(財) 交流協会「台湾の経済条件」, 2001年10月.
林成蔚「台湾と韓国の社会保障制度――比較政治学の視点から」,『東京大学社会科学研究所「危機の国際比較研究会」配付資料』, 2000年10月.
林成蔚「社会保障制度の政治過程――90年代の台湾における健康保険と年金の改革・形成」『日本台湾学会報』, 第3号, 日本台湾学会, 2001年5月, pp. 24-49.
林成蔚「発展途上国の社会保障　台湾／急速に整備される制度」,『アジ研ワールドトレンド』, 第65号, アジア経済研究所, 2001年2月, pp. 8-10.
仲村優一, 一番ヶ瀬康子編『世界の社会福祉　アジア』, 1998年12月.
酒井亨『台湾入門』, 2001年.
嵯峨座晴夫「アジア諸国の人口高齢化と関連する諸問題」,『老年社会科学』, 第22巻1号, 日本老年社会科学会, 2000年, pp. 12-18.
會妙慧「台湾における「労工保険」の成立と展開――1950年の導入から1988年の第4回の修正まで」,『研究年報経済学』, 東北大学経済学会, 第58巻3号, 1996年12月, pp. 383-396.
會妙慧「台湾における社会保険制度の歴史的展開――「公務人員保険」と「農民健康保険」を中心に」,『研究年報経済学』, 東北大学経済学会, 第59巻3号, 1997年12月, pp. 376-392.
荘秀美「台湾における高齢者福祉政策の発展と課題」,『海外社会保障情報』, 第115号, 社会保障研究所, 1996年7月, pp. 33-46.
高地康郎「東アジアの老後所得保障制度（上）」,『年金レビュー』, 日興リサーチセンター年金研究所, 1999年11月号, 1999年11月, pp. 8-15.
高橋隆「台湾「全民健康保険」の制度紹介」,『海外社会保障研究』, 第125号, 国立社会保障・人口問題研究所, 1998年12月, pp. 102-111.
高橋隆「台湾における医療保険制度の展開――「全民健康保険」実施以前を中心に」,『アジア経済』, アジア経済研究所, 第40巻1号, 1999年1月, pp. 25-53.
高橋隆「台湾の開発と福祉」,（土井長穂編）『開発とグローバリゼーション』, 2000年, pp. 224-249.
高橋隆「台湾における「全民健康保険」の成立と課題」,『社会福祉学』, 日本社会福祉学会1, 第40巻2号, 2000年2月, pp. 189-209.
高橋隆「台湾新政権における「国民年金」制度の制作過程」,『社会政策研究』, 社会政策研究編集委員会, 第2号, 2001年, pp. 199-218.
邱創煥（講演）「中華民国台湾の近代化と福祉政策」,『社会科学研究』, 中京大学社会科学研究所（成文堂（発売）, 第13巻1号, 1993年1月, pp. 1-23.
宇佐見耕一編『新興工業国の社会保障制度：資料編』, アジア経済研究所, 2002年.
埋橋孝文「アジアの社会保障の現在」,『統計』, 第52巻9号, 日本統計協会, 2001

年9月, pp. 27-34.
山中正和「グローバリゼーションとアジアの危機を雇用と労働組合の視点から討論—第5回ソーシャルアジア　フォーラム—」,『連合総研レポート』, 第132号, 1999年10月.

(英語)
U.S. Social Security Administration, "Social Security Programs Throughout the World 1999"

その他, 以下のwebサイトから資料を収集した
行政院衛生署　http://www.doh.gov.tw/
行政院経済建設委員会　http://www.cepd.gov.tw
行政院研究発展考核委員会　http://www.rdec.gov.tw/home/
行政院内政部（統計）　http://www.moi.gov.tw/W3/stat/home.asp
行政院内政部社会司　http://vol.moi.gov.tw/sowf3w/index.htm
行政院内政部社会司（老人福祉）　http://vol.moi.gov.tw/sowf3w/04/new04.asp
行政院労工委員会　http://www.bli.gov.tw
行政院新聞局　http://www.gio.gov.tw/
　　同日本語版（台北駐日経済文化代表処を含む）　http://www.roc-taiwan.or.jp/
行政院主計処統計局　http://www.dgbas.gov.tw/dgbas03
行政院主計処中部弁公室（家計収支調査）　http://www129.tpg.gov.tw/mbas/income.htm
台北市政府　http://www.taipei.gov.tw/
中央健康保険局　http://www.nhi.gov.tw/
財政部中央信託局　http://www.ctoc.com.tw/

第6章　シンガポール・マレーシアの社会保障[※]

駒村康平

1　はじめに

　本章ではシンガポールとマレーシアの社会保障制度を扱う．シンガポール，マレーシアともに第二次世界大戦後に英国から独立した国であり，高い経済成長を達成した．とくに，シンガポールの成長率は際だっており，1960年から1996年までの間に1人当たりGDPは12倍に増加した．このほか，両国の共通点は，多民族国家であること，英国の官僚制を引き継いだため，行政の執行能力が高い点などである．また，ともに失業率は低く，強制加入年金基金が生活保障の柱になっており，マクロ貯蓄率が高い点も類似している．しかし，違いも大きい．たとえば両国では，民族構成は全く逆になっている[1]．シンガポールは華人系国民が多数派で，外資に依存した資源をもたない都市国家である．一方，マレーシアはマレー系国民が多数派で，豊かな天然資源を保有する．安定した政権が続いた両国も，近年はシンガポールでは人民党の管理社会への不満，マレーシアでもブミプトラ政策の限界などが指摘されてきている．

　21世紀には両国とも人口の高齢化に直面することが予測されている．両国には，普遍的な社会保障制度はなく，強制貯蓄に近い個人口座の年金・医療保障システムを導入している．このため高齢化の影響は大きくないと予想されている．しかし，実際には個人口座の不十分な保障を家族間の助け合いによって補っている．

---

1)　両国の民族構成比較

	マレー系	華人系	インド系他
マレーシア	65%	26%	9%
シンガポール	14%	77%	9%

2　シンガポールの社会保障

(1) シンガポールの概要
①歴史

マレー半島の先端に位置するシンガポールは人口413万人，面積は680 km^2 で，東京23区ほどの広さである．1人当たりGDPは2万5,804USドル（2001年）万円でアジアでもっとも豊かな国のひとつである．

戦前は英国統治下にあり，一時日本に占領されたのち，1959年に内政自治権，1963年にマレーシアと合併しての独立，1965年にはマレー連邦から分離独立した，比較的新しい国家である．1965年の分離独立後，華人系の人民行動党（PAP：People's Action Party）が政権を担ったが，マレーシアをはじめとするイスラム諸国に四方を囲まれ，政治的にも経済的にも不安定な状態が続いたため，急速な経済発展が最優先された．強い国家主導と外資依存の経済発展政策が採用され，それは，社会保障制度に大きな影響を与えた．

②経済状況

独立以来，地の利を生かし自由貿易港として中継貿易を推し進め，石油輸送・精製，電子製品，化学品，国際金融・ビジネスサービス部門を発展してきた．

しかし，90年代に入ると，労働力不足と賃金コストの上昇により国際競争力が低下し，とくに労働集約的産業の空洞化が進み，製造業のウェイトは低下し，そのウェイトはGDPの25%程度になっている．一方，金融・ビジネスサービス業のウェイトは上昇し，2000年には25%を上回っている．97年に発生したアジア通貨危機によって成長は大幅に鈍化したものの，99年に入ると，危機の影響を克服し，電気機器を中心に，回復基調をたどった．しかし，2001年に入ると再びマイナス成長になり，失業率は，2001年第3四半期で3.8%となった．こうしたなか，シンガポールの国際競争力を維持するために，CPF（Central Provident Fund）拠出金の10%カットに加え，賃金体系の弾力化などが採用された．

新たな成長を達成するために，グローバル化構想を進めており，優秀な外国人の招聘，教育の高度化，新規事業の創出，海外企業の誘致等，国際競争力を高める努力をしている[2]．

また低い失業率（3％前半），高い貯蓄率（GDP比50％後半）[3]を背景に，賃金，CPF保険料を政策的にコントロールする方法で，マクロ経済の高いパフォーマンスを維持している．

（2） シンガポールの社会保障
①限定的な社会保障制度

シンガポールは，福祉国家が経済成長の負担になると考え，社会保障の役割はセーフティネットにとどめ，自助努力を国民の生活保障の中心におき，家族，コミュニティー地域がこれを支える仕組みになっている．社会保障・福祉への政府支出は非常に少なく，1994年の社会保障・福祉への支出は総支出の3.06％である．この一方，戦略的な国家主導の経済成長により，失業リスクを国全体で小さくすることに成功した．

公的扶助制度はきわめて制限的である．公的扶助は日本の占領末期からスタートし，1951年にはより組織的になり，高齢者（男性65歳以上，女性60歳以上），結核患者，未亡人，孤児，身体障害者，貧困状態の失業者が対象になった．最近では，受給者の9割が高齢者によって占められている[4]．

シンガポールには，普遍性のある社会保険は存在せず，生活保障の中心はCPFである．CPFは一種の強制加入の貯蓄制度であるが，もうひとつの柱は，家族扶養である．家族による家族扶養を支えるため，Dependants Protection（扶養家族保護制度，1995年老親扶養法 The Maintenance of Parents Act)[5]（子どもの扶養義務の成文化））がある．さらに地域での支え合いとしては，人民協会[6]，全国社会福祉サービス協議会[7]などが重要な役割を果たしている．しかし，シンガポールでも人口高齢化の問題は次第に深刻になってお

---

2) アジア経済危機以降は「知識集約型産業（Knowledge Based Economy）への移行」を目標に掲げ，その達成のため，生命科学，通信などを新しい育成分野とする政策指針，「インダストリー21」を1998年6月に発表している．
3) 総国民貯蓄率は世界でももっとも高い．CPFが高貯蓄率に貢献している．
4) リム（1995）pp.257-260参照．
5) ジョン・アン（1997）p.22参照．高齢の親は子どもに対し，面倒をみるように裁判所を通じて請求できる．
6) 詳細はジョン・アン（1997）pp.28-29を参照せよ．
7) 詳細はジョン・アン（1997）p.30を参照せよ．

表6・1 シンガポールの社会保障支出（公的負担部分のみ）（GDP比%）

	1994	1995	1996
A．社会保障給付	1.70	1.64	1.68
Ⅰ．老齢給付	1.31	1.25	1.28
現金給付	1.31	1.25	1.28
Ⅱ．遺族給付	0.11	0.11	0.13
現金給付	0.11	0.11	0.13
Ⅲ．障害給付	0.01	0.01	0.01
現金給付	0.01	0.01	0.01
Ⅳ．労災			
Ⅴ．疾病給付	0.27	0.27	0.26
現金給付	0.27	0.27	0.26
Ⅵ．家族給付			
Ⅶ．失業			
Ⅷ．住宅			
Ⅸ．社会扶助			
B．行政コスト	0.07	0.07	0.07
C．その他の支出	0.01	0.01	0.00
D．留保金			
総　　計	1.78	1.72	1.75

出典：ILOホームページより．

り，これに加え，家族形態の急速な変化のなか，コミュニティー，家庭における高齢者ケアの限界が不安視されている．

②人口構造

(i)人口

シンガポールはアジアでももっとも人口密度の高い国として知られている．イギリスからの独立直後の不安定な経済状況下で，経済成長を加速させるために人口増加の抑制が必要とされた．1969年に開始されシンガポールの国家家族計画と人口プログラムは，5ヵ年間ごと（1969-1970年，1971-1975年，1979-1980年）の目標を設定し，一組の夫婦で子ども2人までの産児制限規範[8]を普及させた．また，避妊具の入手は簡単になり，中絶と不妊手術が合法化された．さらに，少人数家庭への優遇した雇用法の改正や子どもの所得税控除を逆累進的にして，遅い結婚の推奨，教育水準の高い母親の世帯に対する優

---

8) 高学歴（大学卒）の女性の出産数は少ないという理由で，3人までの出産が奨励されている．高学歴女性の未婚化が問題となった．人民協会によるお見合い斡旋などが行われた．

遇政策[9],出産費を出産回数に応じて増加させるなどの政策も採用された.

この結果,TFR(合計特殊出生率)は1965年の4.7人から,1975年には人口置換水準を下回り,1986年には1.4人にまでに下がった.この背景には,政策以外にも,急速な経済成長,女性の高学歴化,工業化の成功による女性の労働参加率の上昇,都市環境,乳幼児の死亡率の低下と公衆衛生水準の向上などの経済・社会的な環境変化もある.

しかし,安定的な経済成長を達成できると,過度な人口抑制による高齢化による負担や人口減少による活力の低下が問題となり始めた.出生率の急激な低下は,人口の急速な高齢化につながり,さらに寿命の伸びという要素が加わり,急速にシンガポールは人口減少・高齢化社会に突入すると予測されるようになった.

急速な人口減少高齢化を回避するために1987年,政府は,新人口政策の採用を発表した[10].新人口政策は,それまでの政策とは逆に結婚と出産を奨励している.奨励措置には,出産についての税の還付,政府承認の託児センターへの補助金,出産奨励金,男女の出会いを促進する結婚プログラムなどである.新しい政策の開始以来,一時TFRは増加に転じたが最近では,TFRは1.41(2001)まで下っている.

(ii)高齢化

平均寿命は,1970年に男性65.1歳,女性70歳であったが,1996年には,男性の寿命は74.4歳で,女性は78.9歳になり,男女とも寿命が長くなった.人口の平均年齢(中間値)は,1970年の20歳から1997年には32歳に上昇した.

シンガポールの高齢人口比率(60歳以上人口)は,1990年には9.1%であったが,2030年にはそれはほぼ3倍になると見込まれる.また,後期高齢者である75歳以上の人口は,1990年から2030年の間に3倍以上に増加すると予測される.この結果,高齢者比率20-25%,平均年齢38-40歳という人口構造になる.シンガポールの高齢化の速さは日本を上回る.

---

9) リム(1995)第5章.
10) 政府は子どもを3人あるいは,余裕があるならそれ以上もつように勧めた.リム(1995) p.214.

表6・2　財源構成　　　　　(％)

Ⅰ. 社会保険拠出	10.23	10.89	10.56
1. 事業主拠出	4.87	5.71	5.39
2. 被保険者拠出	5.36	5.18	5.17
Ⅱ. 税	0.00	0.00	0.00
Ⅲ. その他の収入	1.34	1.88	1.99
1. 投資収入	1.30	1.83	1.94
2. その他	0.04	0.05	0.05
Ⅳ. 引当金からの繰り入れ	0.00	0.00	0.00
総収入	11.57	12.77	12.55

表6・3　世帯構成別平均所得

	平均所得（Sドル）
30歳未満・既婚世帯	4,539
30-39歳既婚世帯	5,151
40-59歳既婚世帯	5,331
60歳以上既婚世帯	4,361
（うち子ども同居世帯）	5,378
（うち子ども非同居世帯）	1,073

Labour Force Servey (1997).

表6・4　CPFの概要（2002年12月時点）

加入者	300万人
資金	96,422.6
事業主	82,737事業者
純増加	3,839.2
引き出し額	3,511.9

出典：http://www.cpf.gov.sg/（金額の単位は100万Sドル）.

(ⅲ)民族構成

　シンガポールの国民は，それぞれの宗教や親族の結び付きを基盤としており，華人系（78％），マレー系（14％），インド系（7％）の3つの民族グループが主となっている．高齢者の民族的な構成は，出生および移民の傾向により決定される．1997年の高齢者人口のなかで，華人系は79.8％で，マレー系とインド系はそれぞれ11.1％と7.7％である．将来の民族的な割合は，比較的安定していると予想され，2030年には高齢者の人口の80.3％が華人系となり，マレー系とインド系はそれぞれ11.3％と7.1％となる．

表6・5 シンガポールの社会保障制度勧告

委員会	テーマ	答申
McFadzean 1951	退職給付の充実について	年金制度の創設
Caine 1955	最低所得保障, 社会保険	最低賃金は必要ない
Brockhurst 1955	総合的な保障ニーズ	社会保障制度の漸進的な充実
		失業保険
		社会保障関連行政機関の設置
Committee of Officials 1956	Caine と Brockhurst の報告書について	公的責任に基づく社会保障給付
		失業保険
		社会保障関連行政機関の設置

出典:Linda, Low. and T. C. Aw (1997).

③所得の状況

最近の1人当たり GDP の成長率は実質5%, 賃金上昇率は3.9%である. シンガポールの平均賃金は4,716 S ドル (S ドルはシンガポールドルを意味する) (1997年) である.

シンガポールにおける所得格差の実態, さらに所得再分配政策の評価をみてみよう[11]. 再分配前所得については, 賃金委員会 (NWC : National Wages Council,) における賃金コントロールを行っているため, 賃金は比較的平等になっている. 一方, 所得税は2%から28%と累進的であるが, 所得税による再分配効果は6%程度と推計される[12]. 社会保障などによる現金給付による再分配政策は限定的である[13].

急激な経済成長により絶対的貧困世帯層は減少した. また相対的な所得格差の指標であるジニ係数の動きは70年代までは縮小した. しかし, ジニ係数は80年代やや拡大傾向にあり, 90年代も1990年の0.436から1997年の0.444とわずかながらであるが, ジニ係数は上昇した[14]. このように所得格差がやや拡大傾向にある理由として, ①上位所得階層では, 管理, 技術専門労働者の割

---

11) 所得格差は, 1966-75年にかけて縮小, 75年から79年に安定, 80-84年に増大した. その背景には, 職業別賃金や俸給間格差の拡大がある. 所得格差, 再分配問題については, リム (1995) 第14章が詳しい.
12) リム (1995) p.256.
13) リム (1995) p.245 参照. 極端な貧困者は2.5万人. うち公的補助を受けたのは3,000人程度とされている.
14) 所得十分位の動きについては, 最下位の平均所得がやや低下し, それ以外の平均所得は上昇傾向にある. このため, 上位と下位の所得格差はやや開いた.

合が増加していること，(ii)下位所得層には賃金収入のない退職者が増えていることなどが原因である．より年齢階層別にみると表6・7のようになっている．60歳以上の高齢者世帯を除くと，年齢とともに世帯年収も増加傾向にある[15]．60歳以上も決して所得は下がっていないものの，現在の高齢者の主な収入源は子どもたちの助けであり，CPFの依存は小さい．子どもと同居していない高齢者世帯の収入はきわめて低い．今後は，高齢化によって退職者世帯が増えることや離婚や1人親世帯が増加傾向にあることから，所得格差はより拡大傾向になると予測される．

④労働市場の概況

シンガポールの労働力人口は1999年6月に197万6,000人に達し，98年6月と比較して2.3％上昇した．労働力率は68.6％で，男性の労働力率は81.1％，女性は55.5％であった．性別・年齢別でみると，男性の労働力率は20-54歳まで90％近いが，女性の労働力率は，全体的には上昇傾向にあるものの，年齢別にみると25-29歳の85％近傍をピークに下がっている．労働市場は，頻繁に転職を繰り返しながらキャリアを積み上げていく流動的である．一方で，職業間，教育間での賃金格差は大きい．シンガポールには最低賃金制度は存在しない．政府は賃金規制を少なくし，賃金の硬直化要因を排除している[16]．

(i)雇用政策

知識経済社会に備え，積極的なマンパワー政策[17]（マンパワー21）を行っている．人材開発のために，企業は，技能開発税[18]を支払い，技能開発基金（SDF：Skill Development Funds）が既存労働者，高齢者労働者の技能訓練を担当する．またシンガポール全国労組会議（NTUC：National Trades Union Congress）の技能開発局は，技能再開発計画（SRP：Skill Redevelopment Programme)[19]と労働者訓練計画（WTP：Worker Training Plan）の2つのプログラムを通じて労働者のために訓練を施している．

---

15) 40-59歳は子どもの就労所得も含まれている．
16) リム（1995）p. 252.
17) 厚生労働省編（2001）．さらにリム（1995）p. 225参照．
18) 総支給額が月1,500Sドル以下の従業者を雇っている雇用者は，技能開発税を納入する義務がある（技能開発促進法）．同税は労働者の技術や教育・訓練制度を含む専門知識の向上の促進のために使用される．
19) SRPは，講習料の80％を上限として払い戻している．

(ii)賃金決定の仕組み

賃上げについては,政労使の代表[20]で構成される賃金委員会(NWC: National Wages Council)が長期経済目標に沿って,賃金上げ幅を勧告し,個別賃上げ交渉のベースとなる[21]. 柔軟な賃金体制にするため,賃金にしめる可変給部分の比重を高める傾向にある. また,賃金のみならずCPFの拠出率の引き下げによる対応も行われる.

(iii)高齢者雇用

高齢化に対応するために政府は高齢者の就業継続を奨励している[22]. 定年は,1993年7月の定年法の施行以来55歳から60歳に引き上げられ,1999年には62歳,2003年には67歳となった. しかし,高齢者雇用はなかなか進まないのが現状である. 高齢者が就業できない理由に技能不足がある. 高齢労働者が新しい技能を獲得し,雇用機会を拡大するための再訓練が必要となっており,再訓練プログラムは,技能開発基金(SDF)の財政的支援を通して行われる.

(iv)外国人労働者

シンガポールは大勢の外国人労働者を受け入れているが[23],外国人労働者の調整は,量的規制から価格規制に移っており,外国人労働者1人ごとに毎月一定の外人労働者雇用税[24]が課せられる. 業種によって,全従業員中に占める外国人労働者の割合に一定の上限が定められている.

(3) CPF制度
①CPFの概要

---

20) シンガポール全国使用者連盟(SNEF: Singapore National Employers Federation)と全国労働組合会議(NTUC)がそれぞれ使用者と労働組合を代表する. 労働組合の上部組織として,NTUCがある. 職能ごとに複数の組合が組織されることはなく,日本の企業別組合に近い. 政府の大臣(無任所)がNTUCのトップを務めている.
  シンガポール使用者連盟(SNEF)はシンガポールの1,650企業の使用者を代表し,SNEFは,全国賃金審議会において使用者の利益を代表する.
21) 賃金決定は,市場メカニズムではなく政府による調整メカニズムによる. 岩崎育生(1998) p.110.
22) 退職の理由は,「定年になった」がもっとも多く,次に「子どもからの十分な財政的援助」と健康の衰えをあげている. 老後の生活はCPFに依存する. 55歳に達した時に,全てのCPFの貯蓄(最低金額およびメディセーブの最低残高を除く)を取り崩すことができる.
23) 労働ビザ(Work Permit)発給の事前認可が必要になっている.
24) 詳細はリム(1995) p.238参照.

CPFはすべてのシンガポール人と永住権保有者のための個人単位の強制貯蓄制度である．CPFは1953年にイギリス植民地政府により退職後の生活保障制度として発足したが，今日では，住宅・投資・医療・保険・大学ローンのプログラムも含まれて総合的な生活保障制度に発展した[25]．口座残高は，就業経験，賃金レベル，負担率および利子によって異なる．積立た貯蓄は，定年退職後の生活費として引き出すことができる．このほか，住宅の購入，高額の医療費の支払や医療保険の保険料の支払い，教育費など，厳しい制限条件を満足した場合に，一定枠を使うことができる．さらに，両親の老後の生活をサポートするために，両親のCPF口座へ振り替えて払い込むことも可能である．

当初，負担金の割合の合計は所得の10％で，これは雇用主と従業員が折半で負担した．この負担率は徐々に増えて，2002年で36％になっている．

CPFの積立金は，公営住宅の建設や鉄道・道路網の整備などの社会資本の整備に投資されている．

CPFの利点は，個人口座の積立方式であるため，人口構造の変動の影響を受けない点である．しかし，十分な水準にまで残高が達するまで個人は長期間働き続ける必要があり，CPFの貯蓄の少ない多くの高齢者は，長期的医療に伴う支出については，子どもに頼る必要がある．このため，実質的には家族内での世代間移転が発生している．

また，制度を維持するためには，高い雇用率と低いインフレ率が前提となり，より慎重なマクロ経済的政策の必要がある．さらにインフレと寿命の伸びなどには，強制的貯蓄制度では対応できないという欠点もある．

②CPFの成立

日本占領前の英国統治下において，政府職員に対して事前積立方式，民間保険による年金が適用されていた．日本の敗戦後，英国の再統治が行われると，McFadzean委員会により，戦後の社会保障システムが検討され，事前積立方式よりも労働者，事業主，政府の三者拠出による社会保険方式の方が優れているという答申が行われた（表6・5）．これに対して，植民地政府は，退職年金，社会保険の必要性を認めながらの，社会保険方式の年金導入を拒否し，積立方

---

[25] 年金に加え，1968年に公共住宅制度，1984年にメディセイブが加わった．

式の個人単位のスキームの導入を選択した．この理由は，⒤英国植民省が積立方式のスキームを好み，他に統治しているケニヤやナイジェリアでも導入を進めていたこと，⒤⒤シンガポールとの間で労働移動が頻繁なマレーシア連邦が積立方式の導入を決定しており，これとの整合性が必要であったこと，⒤⒤⒤シンガポールにとっては住宅や基礎的医療サービスへの費用が優先であったこと，などがあげられる．1955年にCPF法令が施行され，被用者は積立方式の年金にカバーされることになった．この後も，より普遍的な社会保障の確立の必要性が議論され，Caine委員会は自営業者を含めたより広範な所得保障体系の確立の必要性を指摘した．また，ILOの専門家Brocklehurstからも社会保険方式の年金の導入，病人や寡婦を含めた公的扶助の拡張などCaine委員会と同じ趣旨の勧告を受けた．定額負担，定額給付を提案したMcFadzean委員会と異なりCaine委員会，Brocklehurst勧告は負担は所得比例で，給付は所得の高い労働者ほど給付率を下げる再分配の工夫をしたものであった[26]．これらの議論を受けて，1958年に発足したGoh委員会は，満場一致で，1959年に新しい社会保険法を用意することに合意した．しかし，1959年にシンガポール自治政府がスタートすると，政府は新しい社会保険導入に難色を示した．1961-64年シンガポール発展計画において，野心的な社会保険プランは，経済資源配分の硬直化につながり，むしろ現在は人口成長にあわせた雇用確保や所得引き上げに資源投入を集中すべきであるという立場に立ち，社会保険導入を見送り，積立方式・個人口座のCPFを生活保障の中心におくことを明確にした[27]．

③CPFの仕組み

⒤CPFの組織

CPFは中央積立基金庁（Central Provident Board）が所管する．CPFの中

---

26) 英国型の定額負担－定額給付とインド型の比例負担比例給付の中間型であるという説明になっている．

27) 1994年末には，CPFの加入者は約252万人を数え，基金の残高は576億Sドルにのぼっている．また同年1年間に加入者のうち55歳に達した人，国外退去者，そして精神的または身体的にハンディキャップを負い就業不能になった人計5万5,215人に対し，13億7,320万Sドルが引き出された．さらに6,101人の加入者の死亡に伴い，8,410万Sドルが遺族に対して支払われている．

引き出し目的のなかで最大のものは住宅の購入であり，引き出し額全体の約半分を占めている．1994年は35億Sドルが公営または民間の住宅購入のために払い出された．また，政府の認可を受けた投資の対象も拡大されつつある．

央積立基金委員会[28]）が運営方針を決定する．事務・人件費など事務コストは全収入の4％程度である．

積立金は財務省とGIC（Government of Singapore Investment Corporation）が運用している．利率は主要銀行の利率に一定のプレミアムを乗せて設定されており，普通口座，メディセイブ，特別口座で利率は異なる．

(ii)機関投資家としてのCPF

CPFは機関投資家という側面もあるが，運用資金の大部分は国債保有である[29]）．資金の70％以上が国債であり，近年は株式への投資も増加している．

またCPF加入者が積立金を引き出して，CPFが認めたファンド（trusted or approved funds）やユニット・トラストを購入する制度がある．CPF経由のユニット・トラストの拡大政策にはシンガポールにおける金融市場育成の意味合いもある．

(iii)加入者

月収200Sドル以上のシンガポール国内の被用者や外国船籍の船に乗務するシンガポール人，年収6,000Sドル以上の自営業者にCPFの加入義務がある[30]）．対象となる給与月額は最高6,000Sドルであり，賃金に保険料率を掛けた金額を被用者と事業主がそれぞれ負担することになる．被用者の負担額は，年齢によって異なり，55歳以上は負担率が低くなる[31]）．自営業者については年収の6％を拠出する義務があり，対象年収の上限は7万2,000Sドル，年間拠出限度額は4,320Sドルである．CPF拠出の責任は雇用主側にあり，不履行ならば，ペナルティーを受ける．

(iv)個人口座

CPFの個人口座に拠出された貯蓄は，①住宅・投資・保険・教育・両親の退職口座への加算のために使われる「普通口座」，②入院およびその他の承認された医療への支出，直系親族の入院費や医療保険費に回される「メディセイ

---

28) 保健省，労働省，金融庁，労働者代表，事業主代表，アクチュアリーなどから構成される．
29) マレーシアでもEPF（Employees Providence Fund）およびその他年金基金による強制的貯蓄制度が国債を多く保有している．
30) 当初この被雇用者には単純労働者を除く外国人労働者も含まれていたが，1995年8月以来外国人労働者の加入義務は免除された．
31) 55歳未満の事業主負担は16％，55-59歳は6％である。高齢者の継続雇用を容易にするため61歳以上の被用者については3.5％に軽減されている．

表6・6　2001年1月以降のCPF掛金率内訳　　（％）

年齢別	普通口座	特別口座	メディセイブ口座	合　計
35歳以下	24+2	2+2	6	32+4
36-45歳	23	2+4	7	32+4
46-55歳	22	2+4	8	32+4
56-60歳	9+1.5	0	8	17+1.5
61-65歳	2+0.5	0	8+0.5	10+1
66歳以上	0	0	7.5+1	7.5+1

出典：CPF Board ホームページ（http://www.cpf.gov.sg/）より作成．

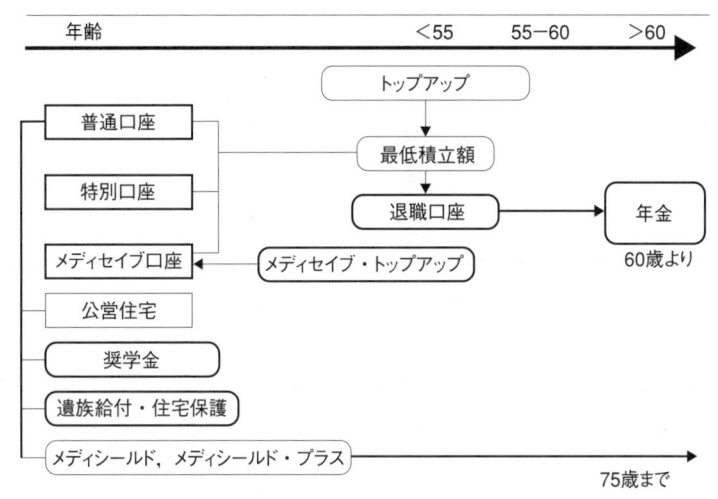

図6・1　CPFの各口座と政府による保障

出典：Linda Low and T.C. Aw (1997) より一部修正．

ブ口座」，(iii)高齢者用および臨時支出に回される特別口座といった3つの口座に分配される（図6・1参照）．

各口座への分配比率は年齢によって異なる．若年者はメディセイブの比率が小さく，普通口座の割合が高い．各口座には利子が付き，積立時，使用時，相続時に非課税になっている．また使い残した場合，親族が相続できる．

特別口座は認可された金融および不動産を含めた非金融資産を購入することもできる．強制的に積立られた基金は，引き出し時には，厳しい制限があって，自由に引き出しができない．

(v)退職口座

労働者は55歳からCPF貯金を引き出すことができるが，62歳で退職する

表6・7 世帯構成別収入状況

世帯のタイプ	平均年収Sドル (1990)	平均年収Sドル (1997)	2人以上の収入者がいる割合(%)
世帯主が30歳未満の既婚世帯	2,380	4,539	73
子どもなし	2,886	5,225	86
就学前子どもあり	2,109	3,924	62
就学児童あり	1,596	3,152	50
世帯主が30-39歳の既婚世帯	2,974	5,151	59
子どもなし	3,726	6,225	83
就学前子どもあり	3,293	5,458	64
就学児童あり	2,550	4,446	45
世帯主が40-59歳の既婚世帯	3,483	5,331	65
子どもなし	3,006	5,164	57
就学前子どもあり	3,525	5,651	54
就学児童あり	3,142	4,921	55
成長した子どもと同居	4,217	6,030	86
高齢世帯(60歳以上の既婚世帯)	3,647	4,361	57
子どもなし	1,059	1,073	10
成長した子どもと同居	4,100	5,378	71

出典：Department of Statistics, "Household Income Growth and Distribution (1990-1997)".

時の収入を確保できるように定年退職口座に最低限の金額を残しておかなければならない[32]．さらに最低8万Sドルは万一の場合に備え留保しなければならない．

　現在，貯蓄を引き出している高齢者のCPFの口座状況は，現役である40-54歳のグループと比較するとかなり悪い[33]．その理由は，現在の高齢者は，ⅰ)働き盛りの時に低所得と低負担率であったため十分な積立ができなかったこと，ⅱ)CPF口座の所有の割合は，男性の58.6％に比べて，女性はわずか21.7％であり，専業主婦女性が多くCPF口座を全く所有していない，ⅲ)政府が自営業の人間を強制的にメディセイブ計画に加入させたのは1993年からだった

---

32) 1987年に，最低金額補充制度が導入された．この制度は個人が，両親，配偶者，あるいは自分自身のために，現金貯蓄やCPF貯蓄からの移行によって，最低限の金額を年金用に積立るというものである．これによって基金内部および年齢層間の移行が可能となるのである．

33) 将来高齢者となる人びとは，賃金が高いうえに，より高い負担率の恩恵を受け，雇用状態もより完全雇用に近くなっているため状況は異なる．しかし，それでも1998年の高齢者諮問評議会は，あと数十年たたないと「高齢者人口の半分でさえもCPF基金をもてず，CPF残高が少なすぎて生活できず，おそらく個人の老後の医療を購入するには少なすぎるだろう」と指摘している．

ため，自営業，家業従事者，日雇労働者など，CPF に負担金の支払いをしなかった人びとがいる，といったことがある．

1995 年の調査でも 60 歳以上の高齢者の 89.5％ は，老後の財政的な備えまたは計画をしていないと回答している．何も計画をしなかった理由として「すでに CPF 貯蓄があるから」という答えは約 4％ にすぎない．あげられた主な理由は，子どもに世話になることを期待しているからというものが多かった．1996 年からは，無視された親が子どもに扶養を求めるための扶養法が設けられている．こうした求めに対し，扶養審判が行われ，77％ の子どもが扶養命令を受けている．子どもは自分の親の世話をすべきであるという考えは，CPF トップアップ計画に反映されており，子どもが自分の CPF の残高を使って，親の CPF 口座の最低保障金額の足しにすることができる．子どもに親の CPF 口座への負担をさせる奨励措置として，子どもは負担額と同額に，年間最高 6,000 S ドルまでの税額控除が受けられる．

現在の高齢者は，十分に経済発展の恩恵を享受できたわけではないが，今後は次第に経済発展の成果や十分な CPF 積立金を保有する豊かな高齢者が増加してくる．

(4) 医療保障

国民医療費は 47 億 S ドルで対 GDP 比 3.1％[34] とそのパフォーマンスに比較してもかなり低い．この背景には，医療保障はあくまで個人の責任であり，政府はそれを支援するという政策がある．個々人が自助努力によって医療サービスを確保できるようにするためメディセイブ，メディシールド，メディシールド・プラス，CPF トップアップ計画の各制度がある．これら個人口座型のシステムは，健康状態に対する自己責任強化し，医療の過剰利用，世代間移転の問題を回避するメリットがある[35]．

---

[34] このうち政府支出医療費は 12 億 S ドルで GDP の 1％ 弱であり，そのうちの 1 割が開発費，9 割が病院・診療所の運営費，ボランティア団体への補助金である．

[35] メディセイブ口座以外にも 2001 年 8 月にエルダーシールド（Eldershield）構想が発表されている．要介護に備えて 40 歳から 70 歳にかけてメディセイブ口座から介護サービスのための保険料を支払うというものである．保険料は年齢によって異なる．詳細は医療経済研究機構 (2002) 参照．

①医療費保障

(i)メディセイブ(Medisave)

メディセイブ口座は,1984年4月に導入された医療のための強制的貯蓄制度であり,被用者,自営業者ともに強制加入である.積立額は年齢によって異なる.

医療サービスのための預金は各加入者のメディセイブ口座に積立られる.加入者本人・家族(配偶者,子ども,父母,祖父母)が入院医療を受けた場合に標準費用(公立病院の6部屋利用時の医療費)を引き出すことができる[36].被用者本人・家族が入院しなければその拠出金はそのまま利子付きで積立られるが,逆に入院費用が積立額を上回った場合にはその口座は赤字となり加入者はその額を後日利子を付けて返済しなければならない.55歳までに加入者は2万5,000Sドルを退職後の医療費としてメディセイブ口座に貯蓄しておかなければならない.また,55歳未満の加入者は3万Sドルに達するまでメディセイブに貯蓄を続けることが求められている(最低積立額)[37].上限を上回った額はCPFの普通口座に移される[38].

2001年のメディセイブ口座の55歳の平均残高は1万7,842Sドルにすぎず,慢性病または長期の治療による支出に対処するには不十分である.1995年の高齢者の全国調査によると,55歳以上の高齢者の55%が,医療費の支払いに子どものメディセイブを利用している.この割合は女性の高齢者(65%)の方が,男性の高齢者(43.8%)よりも高い.

2000年時点で口座数271万である.1994年には34万7,937人の加入者から3億7,000万Sドルが医療費として引き出された.

(ii)メディシールド(Medishield)

メディシールド(Medishield)は1990年4月から導入された補足的選択医療保険計画で,Aクラス,B1クラスなどの高額な医療費が必要になったときに備えるための保険制度である.メディシールドは,任意加入であり[39],CPF

---

36) 1日の基本は300Sドルで,入院,検査,投薬に使うことができる.この他,手術に関する引き出し可能額は処置項目に定めている.詳細は医療経済研究機構(2002)参照.

37) この額は毎年引き上げられる.

38) 国外移住した人の医療費についてのメディセイブの支払いは認められていない.医療経済研究機構(2002)参照.

加入者の72％が参加している．保険料は保障金額により年間12Sドルから132Sドルまでに分かれており，これはメディセイブから支払うことが可能である．保険料は年齢によって異なる．8つの年齢グループがあって，年間保険料は，30歳以下の1人12Sドルから，74-75歳の1人240Sドルまでとなっている．メディシールドに年齢制限[40]と請求金額制限がある[41]．初めて10日間病院に入院した場合の試算では，メディシールドは請求総額のA級病棟で7.5％，B級病棟で16.5％，C級病棟で21.7％しか保障しない．

(ⅲ)メディシールド・プラス (Medishield Plus)

1994年からはメディシールド・プラスが導入された．これはより高額の保険料でより高額の入院医療費を保障するものである．年間保険料60Sドルから1,200Sドルの範囲のプランAと36Sドルから720SドルまでのプランBの2つのプランがある．どちらのプランも，より高額な病室に入院したい人へのより良い保障の提供を目的としている．また控除免責制 (deductible)[42]と共同負担がある[43]．

(ⅳ)メディファンド (Medifund)

1993年に設置された生活困窮者の医療費を補助するための政府の支出による基本財産に基づく基金である[44]．この基金の利子は公立病院や医療費の支払いができない患者に支給される．公立病院のCおよびB2病棟の全額または部分的な費用が，基本資金から支払われる．対象となるのは，医療費支払い免除の登録をした困窮・貧困者，十分なメディセイブ貯蓄ができるほど長期間働いていないにもかかわらず高額の医療費請求をされている若い人びと，メディセイブ貯蓄のない，あるいは十分でない高齢者などである[45]．

②医療サービスの供給

---

39) 同様の商品を民間生保も提供しており，どちらかに加入できる．詳細は医療経済研究機構 (2002) 参照．
40) 新規加入は75歳未満．
41) 年間2万Sドルの請求金額制限と，一生の間の8万Sドルの請求金額制限である．
42) メディシールドではB2病床以上，1,000Sドル，C病床500Sドル，メディシールド・プラスはプランAが4,000，プランBが2,500Sドルが控除免責になる．
43) 自己負担割合は20％．
44) 基本資金2億Sドルで発足したもので，一定額になるまで毎年1億Sドルが追加されていくことになっている．
45) ミーンズテストが行われる．

政府による保健サービスには，プライマリーケアと治療的ケアで，さまざまな段階の助成金が出ている．国内総生産の1％に満たなかったこうした助成金も，今後人口の高齢化に伴って増大することが予想される．プライマリーケアの場合，高齢者は非高齢者の半額を自己負担することになる．ただし，福祉措置を受けている者は無料である．入院に関する助成金は，病床のクラスによって異なる．クラスCの設備の費用を払えない者は，メディファンド適用を申請することができる．

(i)医療サービスの供給

　医療サービス提供制度は，イギリスの影響を強く受けている．医師は一般総合医（GP：General Practitioner）と専門医（Specialist）に大別できる．1994年の調査では，シンガポールの医師会に登録している医者の数は4,133人で，そのうち約40％が専門医，その他はGPという内訳になっている[46]．疾病の際には，まず，GPが受診し，もし，患者がより専門的な知識や治療が必要な場合には，適当な専門医を紹介してもらえる．一方，家庭保健サービスや疾病予防などプライマリーケアについては，8割が民間GP，2割が公的なPolyclinincs（入院施設のない格安医療施設）が行う．

　病院は，公立（政府系）病院と私立病院から構成されている．入院医療の8割が公立系，2割が私立系によって提供されている．病院数24のうち，公立病院が12，私立病院が12である．ベッド数は，1,446床で，人口1,000人につき3.5床である．公立系病院の経営は東側をSingapore Health Services，西側をNational Health Groupが運営している．公立病院の運営は，1980年代よりリストラが行われ，企業会計，財務会計，報酬体系の弾力化が進められ，独立採算方式になっている．

　私立病院はオープンシステムである[47]．施設は通常，入院や手術室などの施設からなる病棟とメディカルセンターと呼ばれる各専門医のクリニックが集まっている棟によって構成される．診療報酬は出来高制であり，自由診療制のた

---

46) 現在は，身体の弱った高齢者のための社会・健康・医療のケアの需要の急速な増加により，セラピスト・看護師・看護師の助手の不足は深刻化している．
47) 医師は個々に病院側と契約して，メディカルセンター内に個人の診療所を構えている．したがって，各診療所のスタッフは，医師が直接雇用しており，運営や治療方針もその医師の自由裁量に委ねられている．

め，医者によって料金は異なる[48]．入院料金については，公立についてはB2+，B2，Cクラスのみ統制されており，A，B1は自由価格である．民間病院は自由価格である．

(5) 労働災害補償制度他

労働災害補償制度 (Workmen's Compensation Act) は，すべてのブルーカラーおよび月収1,600Sドル未満の低所得事務系労働者を対象とする．労働災害補償法で，業務の遂行中に負傷した労働者，職業病に罹った労働者に対する補償金の支払いについて規定している．該当する労働者は医療休暇期間中に受け取る賃金とは別に，傷害が永久労働不能障害を招いた場合は，一時金による補償金を受け取る権利をもつ．補償金は労働者本人，労働者が事故死した場合にはその扶養家族に給付される．事業主は，労働災害補償法に基づいて，保険に加入することが義務付けられている．なお最低賃金制度と失業保険制度はない．

(6) 高齢者問題

①高齢者問題への対応

高齢者問題は1970年代初めから認識されたが，当初は，貧しい移民の高齢者の福祉問題への対処が中心となった．本格的な高齢化社会に対応する施策が検討され始めたのは，1980年代になってからである．

1983年に高齢者問題閣僚委員会が設置され，高齢化および高齢者の状況把握するため，高齢者に関する全国調査を実施した．この調査に基づいて作成された「ハウ・レポート」は，高齢者の社会貢献の可能性と高齢者を社会経済開発に組み込む一方で，高齢者のニーズに対応した政策の必要性を強調した．具体的には，高齢者向け積立基金の負担率の変更，高齢者向けの雇用の創出，所得税法の下での高齢者扶養控除の増額，家族および世代間の結束を深める措置などが提示され，いくつかの委員会が，これらの勧告の実行のために設置された．

---

48) シンガポール医師会によるガイドラインがある．医療経済研究機構 (2002) p. 83.

1988年,政府は高齢者諮問評議会を設置し,高齢化の現状の総合的な見直しを行った.そこでは,共同体に基づいたプログラム,高齢者への態度,ケア付き宿泊施設プログラム,高齢者向けの雇用等について検討され,1989年の高齢者諮問評議会報告書として,政府に提出された.同評議会の勧告に基づいて,高齢化全国評議会が設立され,施策のフィードバックおよび評価が行われることになった.さらに,共同体開発省の下に,高齢者全国諮問評議会の小委員会として,高齢者委員会が作られた.

 高齢者福祉を担当する機関は,共同体開発省,保健省,人民協会,全国社会福祉サービス協議会などである[49].

 高齢者ケアは,高齢者自身・家庭・共同体・国家の共同責任であるという政策をとっている.政府は高齢者の在宅ケアを推進しており,現時点では,多くの高齢者が子どもと同居している.しかし,女性の職場進出の増加および生活様式の変化のなかで,家庭内のケア能力は低下傾向にあり,今後,在宅ケアへの支援が必要になる.

②高齢者向け福祉サービス

 高齢者の入院率,入院期間はともに上昇しており,今後,高齢者の人口の増加により,保健医療サービスにかかる負担は増大していくものと予想される.こうした事態を避けるため,医療費・介護費抑制のためにプライマリーヘルスケアに重点がおかれ,健康維持と予防,健康管理が強化されている.

 保健省の訓練および保健部門では,公共住宅団地,コミュニティセンターなどで,高齢者向けの定期的な保健教育教室を行っている.病院やボランティア福祉共同体も,疾病予防,バランスのとれた食事,健康な生活様式についての指導を行っている.

③高齢者ヘルスケア

 高齢者ヘルスケアを提供する主体としては政府からの補助を得て,ナーシングホームを運営しているボランティア機関(VWOs: Voluntary Welfare Ohganisations)が重要な役割を果たす.

 また西部,中央,東部の3つの地域網をカバーする3つの老年保健学センタ

---

49) ジョン・アン (1997).

ーがあり，各地域網で約10万人の高齢者に医療を提供している．各センターは，外来病院，老人病棟，入院患者および外来患者の両方を診る専門診療所が備わっている．

高齢者向けの病院（Day Hospital）は2つある[50]．リハビリを必要とする患者が入院するCommunity Hospitalは4ヵ所あり，合計1500床となっている．長期の専門的なケアを必要とする場合には50ヵ所あるナーシングホームに移される．回復した患者は，家庭に戻り28ヵ所のリハビリテーションセンターに通う．この他，ホームヘルプを提供するVWOsや在宅医療を提供するVWOsがある．

④施設介護

在宅ケアが推進されており，施設ケアは奨励されず，施設ケアは肉体的または精神的な疾患の理由で，家庭でのケアができない高齢者に限定されている．

高齢者が利用できる施設ケアには福祉ホーム，シェルタード・ホーム，ナーシング・ホームの3つの種類がある．福祉ホームは貧困者のための施設である．また福祉ホーム，シェルタード・ホームには，比較的自立している要介護者が入所するが，ナーシング・ホームは要介護度が高い高齢者が入所する．

(i)福祉ホーム

福祉ホームは3施設あり，政府が運営する．高齢でない極貧者および浮浪者も収容している．貧困者法（1988年）に基づき，職をみつけて共同体に戻るのを支援する訓練が提供される．入所者の数は，1991年の626人から1994年の217人に減少している．貧しい高齢者は，ボランティアの福祉団体に紹介される場合もある．

(ii)シェルタード・ホーム

シェルタード・ホームは21ヵ所あり，合計736人が収容できる．シェルタード・ホームは，歩行できる高齢者が，自立を維持できるようにするサービスが得られる環境で生活する．

(iii)ナーシング・ホーム

身体の弱った高齢者向けには48のナーシング・ホームがある．VWOsが24

---

[50] 高齢者向け病院は，重度の医療および看護を必要とする患者が入院する．

のナーシング・ホームを運営し，3,000人近くを収容している．身寄りのない高齢者，または家族の世話が受けられない高齢者のみを収容している．営利のナーシング・ホームも24あり，2,000人近くを収容している．

⑤在宅サービス・コミュニティ・ケア

政府は，家庭内で高齢者へケアを育成する活動を進めている．高齢者向けのデイケアセンターを保育所に隣接して設立したり，学校のボランティア・プログラムで，子どもおよび若者が高齢者と親しくなったり，ケア付き宿泊施設を訪問といった，世代間の交流を推進する活動も行われている．

デイケアセンターには2つのタイプがある．

・痴呆向けデイケアセンター

痴呆の高齢者向けの治療を提供し，介護者に休暇を提供する．

・地域社会デイセンター

自立しているが社会的に孤独な高齢者向けの介護および社会的レクリエーション活動を提供している．

政府は，多世代による居住を奨励している．親の面倒をみる子どもが共働きの場合は，親の介護の助けとなる適切な地域社会および健康管理のプログラムに頼ることができる．この他ボランティア市民団体および宗教系共同体などの福祉団体が提供する様々な共同体に基づいたプログラムがあり，地域社会および健康に関する要求に応える．

この他，独居高齢者や昼間1人ですごす高齢者は，食事サービス，デイケアセンター，ドロップイン・センターなどの様々な介護プログラムを利用することができる[51]．

(7) 家族政策，住宅政策

①世帯構造と社会の変化

出生率の低下と核家族化により，世帯の規模が小さくなっている．また，既婚女性の職場への進出が著しく増加し，家族内の介護機能は低下している．政府は，家族内の介護を維持するために，住居および所得税控除の奨励措置を行っている．高齢の扶養家族と同居している人は，その高齢者に年間1,500Sドル以上の収入がないことを条件に，3,500Sドルの所得税控除を受けられる[52]．

それに加えて，老親扶養法が1995年11月に通過した．この法律では，親孝行を合法化し，子どものいる高齢者が，子どもから財政的支援を受けられるようにするものである．

②公共住宅と同居促進政策

住宅開発庁（HDB：Housing and Development Board）は1960年以来5回の5ヵ年計画の下で，低・中所得層向けの公共アパートを建設し，シンガポール国民の約86％に住居を提供している．

高齢者と子どもの同居率は高く，60歳以上の高齢者の85％が，子どもと同居している．高齢者の持家所有率はきわめて高く，多くの高齢者は自分の家で生活ができる．一方，未婚の子どもは，住居費が高いことや，新しいアパートを入手するまでに平均3-5年必要とすることから，数年間は親との同居を続ける場合が多い[53]．家族との同居によって，高齢者は経済的な支援も受けることができる[54]．

(i)高齢者向け政策

住宅開発庁（HDB）は，高齢者向け住宅問題に優先的に取り組んでおり，

---

51) 以下のようなサービスが用意されている．
　①高齢者クラブ，ドロップイン・センター
　　自立した高齢者向けの社会活動，レクリエーション活動などを提供している．
　②ホームヘルプサービス
　　ホームヘルパーは，食事を届け，話し相手になったり，洗濯・家事・衛生面の世話をし，高齢者の診療所または病院への付き添いをする．
　③フレンドシップ・サービス
　　ボランティアが近所の1人暮らしの高齢者の友人となり，支援する．高齢者およびその介護者へのホットライン，カウンセリング・サービス，高齢者と介護者の心理的および社会的福祉を提供している．カウンセリング・センターに発展した．
　④ショートステイ
　　高齢者を短期間，ナーシングホーム，高齢者向け住宅，高齢者向け病院に預けることができ，一時的な休暇を介護者に提供している．また，介護者は，カウンセリング，休暇ケア，教育プログラム，在宅看護，デイケアセンターの様なサービスを利用することにより，家庭での高齢者ケアの負担への支援が受けられる．
　⑤在宅看護および訪問医療サービス
　　身体の弱った，身体の不自由な高齢者が，自宅で専門的な看護および医療を受けることができる．在宅看護基金が運営する在宅看護センター，病気の高齢者向けの在宅ケア，ボランティア団体が運営している訪問医療サービスがある．
52) ジョン・アン（1997）p.23参照．
53) 同居については，民族的な違いもある．華人系の高齢者は息子と同居する傾向があり，一方，マレー系は娘と同居する傾向がある．
54) 働く成人の82％が毎月両親に経済的支援を行っている．

退職者向け住宅などを建設している.

退職者向け住宅は,高齢の入居者が密集しているブロックのワンルームの賃貸アパートである.このアパートは,「高齢者に優しい」新しい設備が付いている[55].アパートの各ブロックには,ボランティアの福祉団体が運営する「高齢者活動センター」もある.センターの職員およびボランティアは,ブロック内の高齢者の福祉の世話をする.これには,高齢者への定期的訪問,警報システムの通報時の緊急援助の提供,高齢者の通院の付き添い,リクリエーションおよび食事サービスの提供が含まれる.

(ii)同居促進の住宅政策[56]

公共住宅政策では,2世代,3世代が近距離で生活することを奨励すると同時に,若い独身者が公共住宅を借りたり,購入するのを困難にする措置がとられている.親と既婚の子どもは,同じブロック内,または,同じ団地の近くのブロックになるようアパートの選択が認められ,これに対する税制上の優遇措置もある.

また,小アパートの高齢者は,既婚の子どもと親が住めるように大きいアパートに転居することが認められている.

そのほかでは,現在自分たちが購入したアパートに別々に住んでいる高齢者とその既婚の子どもが,他の住人と,お互いに住んでいるアパートを交換できる[57].

さらにCPF住宅助成金計画は,権利をもつ申請者のCPF普通口座に充てられる助成金が含まれ,アパートの購入に向けられる[58].

文献

CPF (2001), "Annal Report".
Department of Economics and Statistics National University of Singapore (1985), "Report of the Central Provident Fund Study Group".

---

55) 屋内および共通部分の廊下の手すり,大きめの明かりのスイッチ,押し上げ式レバーの付いた蛇口,軽量のアルミの窓,化粧室の床のタイルの張り替え,特殊警報システムの各ユニットへの配備などである.
56) ジョン・アン (1997) pp,16-19 参照.
57) 相互交換計画と呼ばれる.
58) お互いの距離が2キロメートル以内,または,同じ町内のアパートを購入した親と既婚の子どもは,5万Sドルの助成金の申請ができる.

Department of Statistics(1998), Haushold Income Growth and Distribution 1990-1997, Occasional Paper.
江橋正彦・小野沢純共著（2001）『アジア経済ハンドブック2002』全日出版.
原洋之介（1994）『東南アジア諸国の経済発展』リブロポート.
医療経済研究機構（2002）『医療保険の効率化・合理化に資する先進諸国の改革動向に関する調査研究』医療経済研究機構.
岩崎育生（1998）「第4章 シンガポール―都市国家と開発体制」渡辺利夫編『アジア経済読本』東洋経済新報社, p.110.
ジョン・アン（1997）（桂良太郎）『シンガポールの高齢化と社会福祉政策』川島書店.
エイジング総合研究センター（1997）『東アジア地域高齢化問題研究――都市の少子化対策シリーズⅠ』エイジング総合研究センター.
経済企画庁調査局編『アジア経済』大蔵省印刷局.
厚生年金基金連合会編（1999）『海外の年金制度』東洋経済新報社.
厚生労働省編（2001）『海外情勢白書』日本労働研究機構.
Office of the Secretary (2001), Tribunal for the Maintenance of Parents.
Linda, Low. and T. C. Aw. (1997), Housing a Healthy, Educated and Wealthy Nation through the CPF, The Institute of policy studies.
Yah, Lim Chung (1988), Policy Options for the Singapore Economy, McGraw-Hill（リム・チョンヤー（1995）『シンガポールの経済政策 上 下』勁草書房）.

3 マレーシアの社会保障

(1) マレーシアの概要

マレーシアは人口2,327万人，面積33万km^2であり，日本の0.9倍ほどである．9つの州から構成され，国王はスルタン会議で互選される立憲君主制の国である．1人当たりGDPは3,884USドル（2002年）である．

マレーシアは1957年に英国からシンガポールとともに独立した．このマラヤ独立時に，マレー人政党と華人政党の間で，マレー人の政治的優位と華人の経済活動の自由を相互に承認する契約[59]が結ばれたものの，民族構成の違いから，対立が深まり，まもなくシンガポールがマラヤ連邦から離脱した．その後，マレーシアはサバ，サラワク州を1965年に併合して現在の姿になっている．また，1960年まで共産党との対峙のための非常事態が続き，その後はインドネシアやフィリピンと対立した．マレーシアは典型的な多民族国家であり，社

---
[59] 白石隆（1998）p.177.

会的,宗教的に民族的には分断されている.1960年代に都市部,農村部,人種間での所得格差が拡大すると経済格差と民族間の問題につながった.従来,民族間の所得格差は大きく,とくに,少数派でありながら豊かな華人系と多数派ながら貧困率の高かったマレー系国民対立が進んだ.この対立は1969年に所得格差を原因とした民族対立事件でピークになった.民族対立事件後,多数派のマレー系の政治的優位が確立し,マレー人への資源の優先配分を目的としたブミプトラ政策[60]が進められた.

①ブミプトラ政策

ブミプトラ政策は,1970-90年までの新経済政策(NEP)で具体化された[61].経済・社会的な領域においてマレー人を優先待遇しつつ,貧困を撲滅し,高度経済成長と社会改造を進めるという内容であった.これは1991-2000年の国家開発政策(NDP)に受け継がれた.これらの政策により,急激な産業構造の転換に成功し[62],工業化への転換に成功した最初のプランテーション経済と呼ばれた[63].

70-90年にかけて平均6.7%の成長を達成し,通貨危機により98年度のマイナス7.5%成長になるまでは,90年代も8%台の成長を維持した.この間,非マレー系・華人系とマレー系の所得格差は縮小した.成長の果実をマレー人が優位に受けとりながらも,華人系もインド系も分配を受けることができたため,民族間対立は表面化しなかった[64].

しかし,アジア通貨危機が発生すると,シンガポールと異なりマレーシアは経常収支が赤字で,対外債務も多かったため,大きなダメージを受けることになった.このとき,IMFの支援をめぐる政府部内に深刻な対立が生まれた.IMFの支援の条件にブミプトラ政策の放棄を求められることをおそれたマハティール政権は,複合国家の微妙なバランスの維持を優先させ,IMF支援を求めず,固定為替レート制度と外貨統制により通貨危機を克服した[65].

---

60) 人種別資本出資比率,人種別雇用比率などの人種別の割り当てが行われた.
61) その内容は,輸入代替部門は国内資本と輸出促進部門は外国資本という複線工業化を軸としていた.
62) 1965年時点での農業,林業,漁業のウェイトはGDP比32%,製造業は10.4%であったが,1997年には農業,林業,漁業のウェイトは12%,製造業34%となっている.
63) 原洋之介(1994)参照.
64) 今岡日出紀(1999)参照.

2001年には,人材育成,生産性向上,IT技術の利用により2020年までに先進国を目指す「ビジョン2020」[66]の2番目の10年を迎え,国民ビジョン政策(NVP)を進めた.低い失業率(3%後半)と高い貯蓄率40%後半(GDP比)を背景に,K-エコノミー(知識集約型経済),第8次マレーシア計画(2001-2005)[67]を進め,輸出主導の経済成長に回帰しつつある.

②人口政策

当初,出生力の抑制をめざし1966年に家族計画法が制定された.この人口抑制の方向は,80年代半ばよりマハティール首相による7,000万人人口構想により大きく変わった.新人口政策は出産手当,税制改正により出生率低下を抑制させるというものである.

しかし,マレーシアにおいて徐々に人口高齢化が進みつつある.その主たる原因は長寿化である[68].現在,60歳以上の高齢者は約140万人,人口の6.5%程度であるが,2005年にはそれぞれ約170万人,7.2%に,そして2020年には約380万人となり,11.3%になると予想されている.

マレーシアの高齢化の問題は,単に人口比の上昇という量的な問題だけにとどまらず,都市化に伴う核家族化のなかで,それまで高齢者扶養の中心的な役割を果たしてきた家族の機能が失われてきている点も重要である.

家庭内扶養が中心であるマレーシアでは普遍的な年金や高齢者福祉は整備されていない[69].高齢者の77%は自立した健康状態であるが,一方,1.3%が寝たきりになっている.また,高齢者の81%が何らかの慢性疾患に罹っており,さらに12.7%が3つ以上の慢性疾患に罹っている[70].

---

65) 小野沢純(2000)参照.
66) ビジョン2020は9つの挑戦課題を示しているが,その7つめが「支え合う社会」構想である.
67) 10年毎で実質GDPを2倍にする.6次マレーシア計画(1991-95),7次マレーシア計画(1996-2000),第2次工業基本計画(1999-2005)によって具体化されてきている.
68) 社会経済,生活環境,医療サービス,公衆衛生の改善によってマレーシアの寿命は急速にのび,1957年時点での寿命は男性55.8歳,女性58.2歳であったが,1997年にはそれぞれ69.6歳,74.5歳になっている.
69) Lum (1992) p. 277.
70) 保健省の調査によると高齢者の慢性疾患は,関節痛(50.1%),目の病気(40%),難聴(21%),高血圧(26%),心臓病(16.3%)などである.

(2) マレーシアの社会保障制度

マレーシアの社会保障は1970年代までは民間によるボランティアやチャリティーに頼っていた部分が多かったが，経済成長とともに社会保障制度が次第に整備された．しかし，表6・8が示すようにその役割は限定的である．

マレーシアの社会保障（Social Policy）を所得保障（Social Security），医療保障，高齢者福祉に分けて考えると以下のような特徴がある[71]．

所得保障については，全国民を包括的にカバーする体系的な制度はない[72]．マレーシアにおける所得保障の対象者は被用者が中心であり，それは，(i)EPF（Employees Provident Fund），(ii)被用者社会保障法（Employees Social Security Act），(iii)労働災害補償法（Workmen's Compensation Act），(iv)雇用法における疾病・出産給付（Employment Act），(v)公務員年金法（Pension Act for Public Workes）と全国民のうち低所得者を対象にした，(vi)生活保護プログラム（Welfare Social Assistance Programmes）[73]である．

医療保障については，英国統治下から続く公営医療サービスが医療保障の中心であり，一般財源に基づいた全国民を対象にした医療保障となっており，低額窓口負担で国民は公的医療サービスにアクセスできる．また，技術水準別に体系化された公立病院，診療所が全国に配置されている．さらに公営医療サービスによる公的医療保障制度とは別に，より迅速，快適，効果的な治療を求める人のために私立病院，診療所も存在する．マレーシアの医療保障は公営医療保障と私的医療の二層構造になっている．

高齢者福祉については，「Caring Society（支え合う社会）」という考え方に基づいて，NGO，地域，家族が高齢者の扶養の中心を担っており，政府の役割は一部貧困高齢者と老人医療研究・開発に限定されている．高齢者，障害者のケアのための専門スタッフが質的，量的に不足しているため人材育成が必要になっている[74]．NGOの役割も重要である[75]．NGOは社会福祉局に登録，

---

71) 社会サービス部門は国家統一・社会開発省福祉局，保健については保健省が担当している．
72) Zaharah Awang (1992) p.7.
73) フードスタンプではなく，現金給付である．
74) Zaharah Awang (1992) p.5.
75) NGOの役割については，ラジェンドラン (1995). 参照．

第6章 シンガポール・マレーシアの社会保障

表6・8 マレーシアの所得保障財源と給付（GDP比）

1990 (%)

Social security schemes	被保険者拠出	事業主拠出	目的税	公的負担	その他の公的負担	資本収入	他制度からの繰り込み	その他	合 計
社会保険									
1. EPF	0.00	0.00	0.00	0.00	0.00	2.81	0.00	0.00	2.81
2. 社会保障機関									
a) 労災給付	0.00	0.12	0.00	0.00	0.00	0.07	0.00	0.00	0.19
b) 障害給付	0.04	0.04	0.00	0.00	0.00	0.07	0.00	0.00	0.16
小計 1-2	0.04	0.16	0.00	0.00	0.00	2.95	0.00	0.00	3.16
3. 公的年金	0.00	0.00	0.00	1.00	0.00	0.00	0.00	0.00	1.00
合　計	0.04	0.16	0.00	1.00	0.00	2.95	0.00	0.00	4.16
1992									
社会保険									
1. EPF	—	—	0.00	0.00	0.00	3.07	0.00	0.00	3.07
2. 社会保障機関	0.11	0.14	—	—	—	0.12	0.00	—	0.38
労災給付	—	—	—	—	—	—	—	—	—
小計 1-2	0.11	0.14	0.00	0.00	0.00	3.20	0.00	0.00	3.45
3. 公的年金	0.00	1.03	0.00	—	0.00	0.00	0.00	0.00	1.03
合　計	0.11	1.17	0.00	0.00	0.00	3.20	0.00	0.00	4.48
1993									
社会保険									
1. EPF	0.00	0.00	0.00	0.00	0.00	—	0.00	0.00	0.00
2. 社会保障機関	0.07	0.23	—	—	—	0.17	—	0.00	0.48
労災給付	—	0.00	—	—	—	—	—	—	0.00
小計 1-2	0.07	0.24	0.00	0.00	0.00	0.17	0.00	0.00	0.48
3. 公的年金	0.00	0.00	0.00	—	0.00	0.00	0.00	0.00	0.00
合　計	0.07	0.24	0.00	0.00	0.00	0.17	0.00	0.00	0.48

出典：ILO ホームページより．注，ILO が把握しているものに限定している．93年の EPF については把握していない．

社会福祉局は，補助金を出し，監督する．

(3) 所得保障の体系

　一般被用者を対象にした社会保障制度としては，被用者年金基金法（1951年），労働災害補償法（1952年），被用者社会保障法（1969年・1984年改正）がある．このうち被用者社会保障法では，5人以上の事業所の労働者に対して，

労働災害・職業病・廃疾に対して現金・医療給付が行われている[76]．

マレーシアには全国民を対象にした年金制度は存在しない．公的年金の整備は公務員からスタートしたが，1951年に発足したEPFが被用者年金として定着している[77]．

現在，被用者に対する年金はEPF，SOCSO (Social Security Organization，陸軍基金，教師基金，年金基金など) があるが，全体の基金の85%をEPFが占めている．

①公務員年金 (Pension Act 1980)

(i)制度概要

公務員を対象にした公務員年金は，年金法 (Pension Act, 1976年) が根拠になっている．年金は整理公債基金から支払われる．公務員年金の対象者は政府，地方自治体，警察，軍隊など公務員で，対象者は約80万人である．公務員年金は無拠出年金であり，55歳の退職年齢 (女性は45歳) から支給開始年齢であり，10年以上の勤務年数が給付要件で，最終給与の50%が支給される．政府は保険料として賃金の17.5%を拠出するが，労働者の拠出はゼロである．保険料は，統合された年金基金会計で管理される．1981年から賃金スライド制が導入されている．

平均余命の上昇により年金支出が増加し，財政を圧迫している．このため，1991年に年金信託基金が設立され，さらに，新規採用公務員をEPFに加入させることになった[78]．

(ii)給付内容

・退職年金受給資格

退職することによって受給資格を得る．公務員の強制退職年齢は55歳 (裁判官は60歳) である．定年退職以外に受給資格を得る退職理由は，健康上の理由，職場の廃止，職位の廃止，市民権の放棄，公共上の要請，選択的退職[79]，

---

76) Trengganu州とSabah州では州独自の社会保障制度が実施されている．
77) 原洋之介 (1994) p.306は，基金への加入の義務づけを政府が行った背景には，給料を全額個人に手渡してしまうと近視眼的な時間選好のために消費支出が増大し，社会的に必要な蓄積が行われないと判断する社会設計的な思考があったと指摘している．
78) 1992年システム・サラアン・バレー．片多順 (2000) p.24.
79) 50歳 (男性) 45歳 (女性) から給付される．

政府系企業への身分異動などがある．なお，著しい法律違反があると年金権を失う．
・年金額の計算式
1/600×最終賃金×在職期間（最低20％，最高50％の間）
退職理由が行政再編などの場合は，乗率が1/500となる．
・遺族年金
被保険者本人が死亡した場合，以下の遺族年金が支給される．
1) 在職中の死亡の場合，結婚している場合は妻子，結婚していなければ親に支給される．
2) 公務執行中の死亡については，12年間全額支払われる．その後，70％まで引き下げられる．
3) 配偶者が生きているかあるいは再婚するまでの期間，配偶者に支払われる．
4) 子どもが21歳になるまでの期間，子どもにも支払われる．
5) 障害のある子どもの場合は障害手当が加えられる．
6) 遺族が複数いる場合，妻が3/5，21歳以下の子どもが2/5の割合で年金給付は分割される．

②被雇用者積立基金（EPF）

1951年被雇用者積立基金法は，従業員が55歳に達したとき全額支払われる強制拠出積立基金について規定し，すべての雇用者および被雇用者は被雇用者積立基金（EPF）に，それぞれ被雇用者の月額給与の12％および11％を拠出することになっている[80]．

EPFはシンガポールのCPFと並んで世界でもっとも古い公的な積立年金で1951年に導入され[81]，EPFは国内貯蓄の中心的役割を果たした[82]．1970年代

---

80) 1998年8月1日より月額給与が2,500リンギット以下の外国人就労者は月額給与の11％を，そして，雇用者は月々5リンギットを被雇用者積立基金法に支払うことになった．全ての雇用者は，雇用から7日以内に従業員をEPFに登録する必要がある．ただし，自営業者，外国人就労者（月額が2,500リンギット以上の者）および家事使用人つまり従者や庭師を含む個人の住宅で働き，あるいはそれに関連する仕事を行い，雇用者個人の勘定で賃金が支払われているものは，加入義務から除外される．これらの人々も希望により基金に加入することもできる．
81) 当初は半島マレーシアEPFとサバ・サラワクEPFに分かれていたが，1977年に両者は合併された．片多順（2000）p. 19.
82) 1950年代，イギリス系大企業各社はそれぞれ自社の退職金積立金への拠出率をバラバラに定めていたが，連邦労働局は加入者の権利保障のために一律の拠出率の年金制度導入を求め，

に基金が国内貯蓄に占める割合は 10-11% であったが, 1980 年代には 16%, 1990 年代には 18% と上昇した[83]. マレーシアの開発資本確保という点からもきわめて重要な役割を果たした[84].

(i)EPF の概要

EPF の加入者数は累積で 945 万人 (1998) となっており, 加入者数が前年より 11% 伸びている. 一方, 32 万 1,321 人が資産を引き出し, 引き出し額は 6,880 百万リンギットとなっている. この結果, EPF の資産は 155,625 百万リンギットとなり, GDP の 50% 以上の大きさになっている. 図 6・2 は EPF への加入状況, 図 6・3 は口座残高, 図 6・4 は口座残高の構成比を示している.

(ii)EPF の組織

EPF は大蔵省監督下の法令で定められ, 活動を議会に報告する義務がある特殊会社で[85], 徴収, 運用, 支払いの 3 つの業務を行っている.

(iii)保険料

保険料は労使が負担しており, 徐々に引き上げられている. 当初は労使ともに 5% からスタートして現在, 被用者拠出は 11%, 事業主拠出は 12% となっている[86].

これが EPF へつながった. チュウ・ジン・エン (2001) 参照. EPF はスタート当初は拠出率 10% からスタートし, 5 回の引き上げが行われた.

83) こうした EPF による強制貯蓄がその他の民間貯蓄を阻害していないのかという点については, そのような阻害効果がないことが確認されている. Lee (2001) p.138 参照.

84) 政府が EPF によって強制積立された年金資金を社会資本整備のために使うことができた. EPF は基金の 7 割を政府債券に投資することが定められており, 1980 年代は実際に 8 割が政府債券投資に向けられ, 政府の流動性確保効果の基盤となった. マレーシアの資本市場は, 国債市場を中心に発展した. EPF に集められた強制貯蓄は財政資金となり, 国債を保有させられた.

85) EPF の運営は理事会の意思決定のもとで行われている. 理事会のメンバーは, 経営者代表 5 人, 労働者代表 5 人 (主たる労働組合であるマレーシア労働組合会議 (MTUC : Malaysian Trade Union Congress) から 2 人, 公務員労働組合会議 (CUEPAS : Congress of Unions of Employees in the Public and Civil Services) から 2 人, 政府代表 5 人, 専門家 (国際金融や会計の専門家) 3 人という構成であり, 理事会の下に, 中央銀行と大蔵省と専門家をメンバーにする投資委員会 (インベスチメント・パネル) が設置され, 運用を EPF 内外のファンドマネージャーに委託している.

86) アジア経済危機以降の緊急経済対策の一環として, 2001 年 4 月に EPF の従業員拠出割合が 9% に減額された. これは 2% 分が消費支出へ向かい, 需要拡大につなげたいという政策目標による. しかし, 実際には, 老後保障のためにも 2% の引き下げについては, 国民が賛成しなかったため, 9-11% までの間で各自の自由としている. 一方, 雇用者負担の方は 12% のままである.

第6章　シンガポール・マレーシアの社会保障　　205

図6・2　EPF加入者数

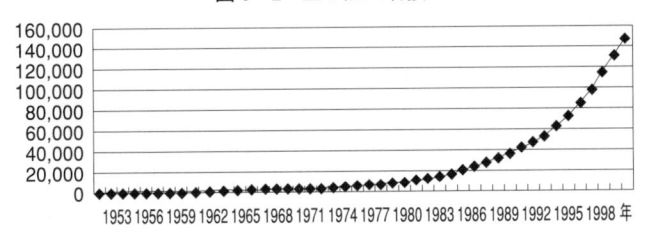

出典：Lee（2001）．

図6・3　口座残高の動き

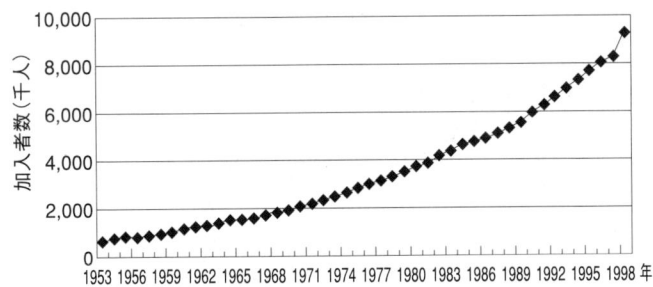

出典：Lee（2001）．単位は100万リギット．

(iv)給付と勘定

EPFは，①第1口座（退職給付口座），②第2口座（住宅，教育，個人投資口座），③第3口座（医療口座）によって構成されている．割り当ては6：3：1の配分になっている．図6・4はEPFの口座残高の構成比を示している．また表6・9は各口座の引き出し状況である．

・第1口座（退職給付口座）

第1口座は退職給付のための口座である．定年退職55歳から全額引き出し可能であり，さらに1/3の額を50歳で引き出し可能である．図6・5は口座の引き出し状況を示している．

・第2口座（住宅，教育，個人投資口座）[87]

第2口座は2000年より設置され，住宅購入の他，高等教育，パソコン購入で使うこともできることになった．

---

87) 1991年EPF法の改正により導入．

EPF口座残高の構成比

凡例:
- 0またはデータなし
- 10,000以上
- 4,000-9,999
- 3,000-3,999
- 2,000-2,999
- 1,000-1,999
- 1,000以下

単位はいずれもリンギット

出典：Lee（2001）．

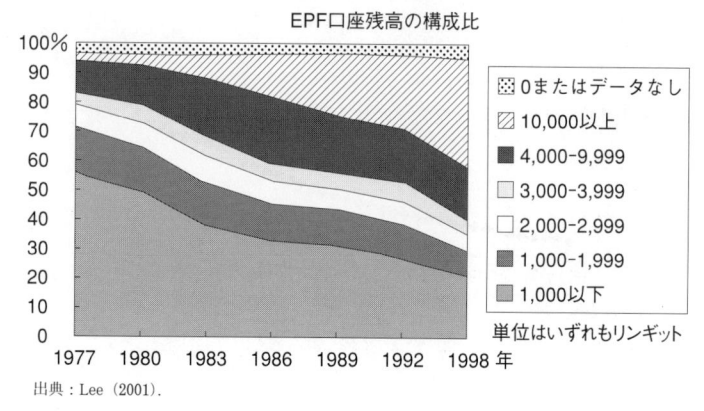

図6・4　EPF口座残高

- 第3口座（医療口座）[88]

1995年より設置され，自分自身，配偶者，子どもの医療費のために使うことができる[89]．

(v) 積立金の運用

積立金の運用は，ⓘ忠実義務の遵守，ⓘⓘ運用について規制，ⓘⓘⓘ最低利回り2.5％保証の方針に基づいて行われている[90]．自家運用，外部投資機関への委託のほか，政策的な長期投資を行っており，高速道路など国策会社への貸付も行うが，格付けにしたがった利子率を付け，優良企業を選別した投資を行って

---

88) 医療口座は94年に導入された．医療口座には次の2つの深刻な欠点があると指摘されている［Lee（2001）］．
ⓘ医療口座の大きさが小さすぎて，深刻な病気の医療費に不十分である．シンガポール同様に強制加入の医療保険と組み合わせるべきであるという意見もある．
ⓘⓘ医療口座は55歳以降使えなくなってしまうが，55歳以降も深刻な病気になる可能性がある．
89) 医療口座は36疾病をカバーする．家計支出に占める平均の医療支出は1973年は1.5％であったが，1999年には2％に上昇している．個々の家計にとって医療費は集中して発生するため，平均的な支出比率では口座残高が十分か判断できない．
90) 近年は，国債市場や資本市場の充実にしたがって，運用を積極化している．1991年にEPFの株式投資が許可され，社債，株式，金融商品，不動産に広げている．当初は株式投資は10％以下という制約であったが，現在では25％まで拡大されている．通貨危機によって海外への投資は中止した．民営化の進展によって，政府の国債の発行が減少していることもあり，EPFのポートフォーリオは国債32％，株式19％，短期預金24％，ローン25％となっており，国債の比重は低下している．それでもEPFはもっとも大きいマレーシア国債の保有者であり，97年時点でEPFは国債発行残高の57.5％を保有している．資金運用は日興，大和，野村系の日系投資会社も請け負っている．

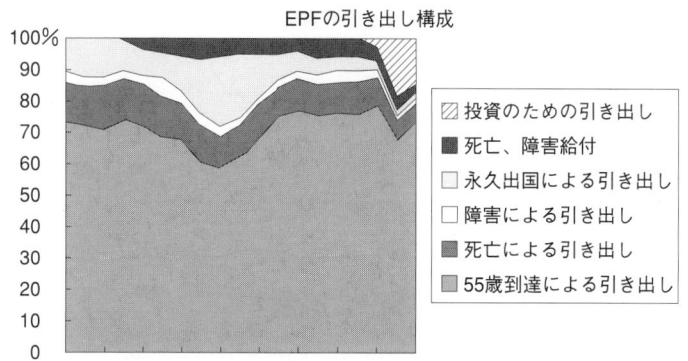

第6章　シンガポール・マレーシアの社会保障

EPFの引き出し構成

凡例:
- 投資のための引き出し
- 死亡、障害給付
- 永久出国による引き出し
- 障害による引き出し
- 死亡による引き出し
- 55歳到達による引き出し

出典：Lee（2001）．

図6・5　EPF退職口座の引き出し状況

表6・9　EPF：引退以前の引き出し額

	50歳時点の引き出し額		医療費のための支出		合　計		EPF引き出し総額
	リンギット(百万)	EPF引き出し総額に対する割合(%)	リンギット(百万)	EPF引き出し総額に対する割合(%)	リンギット(百万)	EPF引き出し総額に対する割合(%)	リンギット(百万)
1980	48	23.6	—	—	55	27.0	203
1981	61	24.3	—	—	65	25.9	251
1982	69	18.4	—	—	154	41.0	376
1983	85	16.8	—	—	230	45.6	504
1984	106	16.9	—	—	297	47.4	627
1985	134	17.1	—	—	391	49.9	783
1986	191	15.4	—	—	741	59.6	1,244
1987	180	11.6	—	—	1,016	65.4	1,553
1988	198	12.5	—	—	1,022	64.3	1,589
1989	228	14.4	—	—	948	59.8	1,584
1990	259	14.9	—	—	982	56.5	1,738
1991	284	14.4	—	—	1,088	55.2	1,970
1992	327	18.8	—	—	781	44.9	1,738
1993	372	17.2	—	—	1,008	46.5	2,170
1994	444	17.6	*	—	1,155	45.7	2,525
1995	387	12.5	3	0.1	1,615	52.1	3,100
1996	557	15.6	5	0.2	1,663	46.6	3,570
1997	842	15.2	7	0.1	2,188	39.6	5,526
1998	1,287	15.0	15	0.2	3,734	43.7	8,549

注：＊100万リンギット以下．

資料：Compiled from Employees Provident Fund, Annual Report, 1987-98.

EPFの実質利回り

出典：Lee（2001）．

図6・6　利回り実績

いる．この結果，実質利回りがマイナスになったのは1982年など2年だけである．また，1996年から信託投資ユニットがスタートし，積立口座が5万リンギットを超える個人について，超えた部分について，最高10％の範囲において，政府が認定した投資信託に投資・運用できることになった[91]．EPFは財政計画について5年に1回見直すことになっている．図6・6は利回り実績を示している．

③被用者社会保障法（SSA）

EPFが年金という長期所得保障の保険を担っているのに対し，1969年被用者社会保障法（SSA：Social Security Act of 1969）[92]は労働災害補償保険，廃疾年金基金として労災，障害などの短期所得保障の保険をカバーしている[93]．

1969年被用者社会保障法は実際には1971年に施行され，労働者と家族に労働障害に関連する保障を規定，労災・廃疾・扶養家族・医療・リハビリに対する給付，廃疾年金給付，遺族給付を行う．24ヵ月支払いで受給資格を受けることになる[94]．

SSAの事業は人的資源省の委員会によって運営される．委員会は政府，労

---

91) これは信託マーケットの育成の意味もある．
92) 労働・人材省が所管．
93) マレーシアには失業保険が存在しない（SOCSOには規定がない）．マレーシアの労働法では，会社都合の解雇などでは，勤務年数に応じて手当てが支給されており，これで失業保険を代替しており，1年勤務につき，1ヵ月から1.5ヵ月の賃金を支払う．失業保険の創設には労働組合などが，1人1リンギット程度の負担によって成立と主張しているが，政府は労働コストの上昇を理由に反対している．

使代表によって構成されている．SOCSO が被用者社会保障の運営機関として1985年に法的機関となっている．

(i) SOCSO（社会保障機構）の概要

SOCSO（Social Security Organisation）は，1969年被用者社会保障法に基づき，社会保険原理にしたがって，労働者を対象に，労働災害，労働疾病，病弱，死亡を含めたリスクに対する所得保障を行う機関である[95]．掛け金積立残高は79億リンギットで，1999年は22万8,000人の受給者に総額5億160万リンギットを支給している．

(ii) SOCSO の構成

被用者社会保障はタイプ1の労災保険とタイプ2の障害保険の2つのスキームから構成される．タイプ1は不測の業務上災害による傷害・疾病・死亡に対して補償する労働災害補償保険制度（EIIS：Employment Injury Insurance Scheme）である．タイプ2は，原因を問わず傷病の結果，廃疾（就労不能）になった者に対して年金を補償する廃疾年金制度（Invalidity Pension）である．

・SOCSO の組織

SOCSO は被用者社会保障制度を運営する法定機関であり，その理事会は政労使の代表からなり，構成は政府代表5人，雇用者代表4人，労働者代表4人からなる．

・加入対象者

5人以上の労働者を雇用する事業主と，1ヵ月強制加入月2,000リンギット以下[96]の労働者・見習い労働者は強制加入であり[97]，マレーシア人労働者と，

---

94) 移民労働者はこの法律によってカバーされていないが，労働災害補償条例（workmen compensation act）によってカバーされている．

95) 適用範囲は小さいが，SOCSO にカバーされない零細企業の労働者に対しては1952年労働者災害補償法（労働局）が労働者の雇用中に起きた傷害に対する補償金や労働者が致命傷を負ったときその扶養者に対する補償金を提供する．この法律は500リンギット以下の賃金の民間部門労働者，そして賃金の上限にはかかわらず，すべての肉体労働者に対して適用される

96) 一度加入したら，後に賃金がこれを超えても脱退できない．この方式を Once in always in ルールという．

97) ただし障害年金の適用除外例外は，50歳以上でそれ以前に障害年金に拠出のなかったもの，55歳に達しているもの，すでに労災年金や障害年金を受けているものである．SOCSO には民間の従業員以外に，年金受給資格のない法人組織従業員にも加入資格がある．なお，マレーシア政府は加入対象を自営業や専門職（農漁業従事者，タクシー運転手，行商などの自営業者や，

永住者のみに適用される[98]. 加入者数は850万人で, うち430万人が掛け金を拠出している[99].

・保険料

財源は, 所得比例の保険料であり, 賃金は24段階に区分されている. 政府からの補助金は入っていない. タイプ1労働災害補償保険制度については使用者が拠出する掛け金により, タイプ2廃疾年金制度については使用者と従業員が折半して拠出する掛金により, それぞれ賄われる. 掛け金率はタイプ1が各従業員の月額賃金の1.25%を雇用者が負担し, タイプ2は1.00%で, 労使折半である (表6・10). したがって, 合計2.25%のうち使用者が1.75%, 従業員が0.50%を負担することになっている. 掛け金はSOCSOに納められる.

・給付内容

労働災害補償保険制度は, 職業上の傷害で障害者になったり, 死亡した場合, 現金給付および医療介護を従業員に対し行う. 医療, 仕事上の損傷の結果死亡した者の被扶養者への定期的金銭給付, 義肢の交付, 重度障害を受けた損傷者への定期的金銭給付, 埋葬料の給付もある. 廃疾年金制度は, 55歳までのあらゆる原因による疾病および死亡を対象にする.

労働災害補償保険制度の具体的な給付内容は以下のようになっている. 一時的障害, 恒常的障害, 恒常的一部障害に対して, 医療給付として治療費, 介護費用, 医療上の手当, 通院費が給付される. 金銭給付として, 一時的障害については, 災害前6ヵ月平均の月額賃金の80%を日割り計算で保障, 恒常的障

表6・10 SOCSOの保険料率 (%)

	企 業	被用者	合 計
タイプ1	1.25	0	1.25
タイプ2	0.5	0.5	1

医師, 弁護士, 建築家, 測量士, 技師, 会計士) にも拡大する方向で検討している. 農民や漁師を含む170万人以上の自営業者が恩恵を受けることになる. また妊婦労働者, 住宅ローン, 家族手当, 医療計画を支援するために新たな基金を設置することが検討されている. 妊婦に対する給付は, 妊婦労働者に職場への残留を促すのを目的としている.

98) 加入しなかった場合, 1万リンギットの課徴金を課せられる. 海外労働時報2000年4月, 海外労働時報2001年6月号参照.
99) この制度に該当しない労働者は, 労働災害補償法 (1952年 Workmen Compensation Act) によって保護されている.

害(生涯ケア給付 life long care allowance)については,災害前6ヵ月平均の月額賃金の90%を日割り計算で保障,恒常的一部障害については,稼得能力の低下に応じた所得保障,そのほか遺族には扶養者給付(dependent benefits)[100],葬儀費用[101],が給付される.

廃疾年金制度の給付条件は,労働能力が1/3以上失ったと医師に判断された場合で,障害年金[102],介護人手当,障害手当[103],生存者家族責任年金(Survivors Pension,妻子もしくは親に対し),リハビリテーション給付,教育ローンがある.給付には賃金スライドがある.

(4) 医療保障制度

マレーシアの医療保障システムはイギリス統治時代にスタートした公営医療保障と私的医療保障の混合システムである.公営医療保障のもとでの公立病院はすべて連邦立であり,都市部ではイギリス統治時代からの病院制度が存在し,州総合病院・地区病院が中心的役割を果たしている.マレーシアの公共病院と診療所の医療サービスの水準は,東南アジアでは比較的高いレベルにある.また都市部には私立の病院・診療所も多くあり,全額私的負担での医療サービスを購入できる.表6・11は経営者別医療機関の数である.

医療サービスは急速に整備され,医師数,病院数・診療所数も増加し,幼児死亡率,出生時の平均余命も急速に改善している.

表6・11 診療機関の経営機関

保健省	保健省以外の政府機関	非政府組織	民間	合計
2,539	63	45	2,854	5,501

出典:Department Statistics (2001).

100) 被扶養者は最低1日8リンギット以上の賃金の90%の所得保障を受ける.この受給者はa)配偶者が全体の3/5を生涯あるいは再婚するまで,b)残り2/5を子どもが,21歳になるまで結婚あるいは1級の資格を得るまでの期間受給する.もし,結婚していなければ受給者は親4/10,兄弟3/10(21歳になるまでか結婚するまで),4/10祖父母(親が死亡している場合)となる.
101) 1,500リンギット.
102) 死亡するまでの期間,過去24ヵ月の平均賃金の50-55%に相当する金額.
103) 2年未満の加入の場合,障害年金を受けることができず,支払った保険料に利子を上乗せした金額が返却される.

表 6・12 医療保健の財政支出（リンギット）

医療保健の予算（1999）	4,512,258,219
経常経費	3,612,258,209
運営経費	320,422,483
治療経費	1,948,454,650
専門技術サービス経費	605,483,420
公衆衛生	737,387,656
開発予算	900,000,010
国家予算に対する保健省支出	6.93%

出典：Department Statistics (2001).

①中心的な公営医療保障と補完的な私的医療サービス

一般財源をもとにした公営医療保障が中心であるため，マレーシア国民は1リンギットで，外国人も2リンギットで外来医療サービスを受けることができる[104]．このほか，入院については，1日3リンギットが基本であるが，1等病室，2等病室，3等病室など等級に応じて負担額に違いがある．薬剤費は政府が全額補助し，検査，CTなどは別途負担となっている．

一方，より高い技術，サービス，高品質の薬剤，迅速な治療を望む場合は，全額自己負担の私立医療機関も利用することになる．私立医療機関は保健省に登録され，価格，品質がモニターされている．

②医療保健の財政

医療保健の費用は45億リンギットで政府支出の約7%を占めている．費用構成は表6・12を参照．

③医療保障改革

医療保険については，全国民を対象にした医療保険（National Health Finance Fund）の導入を1984年から検討されている．

国立病院の施設は充実しているものの，公共部門の肥大化が問題になっており，一部業務については民営化を進めたが，反対論も強く，1997年でストップしている．

このほか，医療費の膨張を防ぐための工夫などが検討されている．一方，私的医療の分野では，高額医療費が問題になっている．とくに政府は非営利型の

---

[104] 現在，外国人労働者も利用できるが，入院の場合，外国人の方が自己負担は大きい．

慈善病院に対して28％の法人税を免除しているにもかかわらず，一部の病院が高い医療費を請求することなどが問題になっている．

(5) 高齢者の生活実態

マレーシアにおいては，高齢者は家族，とりわけ子どもによって扶養されているのが普通である．しかし，急速な社会構造の変化のなかで，自分自身の貯蓄や社会保障給付で生活する高齢者も増加傾向にある．給付の主なものはEPF，SOCSO，個人生命保険である．マレーシアの高齢者がどのような生活状況であるかを知るための全国的なデータは存在しない．そこで，限定されたサンプル調査ではあるが，Tan, P. C., Ng, S. T., Tey, N. P. and Halimah, A. (1999)から高齢者の家計の情報を得ることができる．29％の回答者がなんらかの社会保障給付を受けている．うちわけをみると，18％がEPFに拠出し，一方で18％が年金の受給者で，13％がSOCSOに加入し，5％が個人年金に加入している．このような保険等の給付を受ける高齢者を男女別にみると男性が多く女性の3倍になる（表6・13）．人種別にみるとインド系がマレー系よりも2倍程度社会保障給付を受けているものが多い．また，EPFなどの制度発足は1950年代と比較的早かったものの，加入者の範囲が最近拡大したため，一般的に，若い世代のほうがカバーされる割合が多い．

拡大家族の崩壊といった急激な社会の変化と高齢者の年金加入者が少ないことから，高齢者の老後の生活保障問題は緊急の課題となっている．

①家計の状況

高齢者の収入は平均で年間4,009リンギットで年齢とともに減少することが

表6・13 年齢および性別の社会保障の保険料拠出者および受給者の割合（％）

社会保障の種類	男性				女性			
	50-59歳	60-69歳	70+歳	合計	50-59歳	60-69歳	70+歳	合計
EPF	41.8	32.1	14.9	30.3	20.8	4.7	2.2	9.4
年金	33.6	22.9	12.9	23.5	16.9	2.9	0	6.7
SOCSO	20.9	38.2	32.7	30.9	9.1	8.8	3.7	7.4
保険	10.9	8.4	2	7.3	7.8	1.2	0.1	3.3

資料：Tan Poo Chang, Ng Sor Tho, Tey Nai Peng, and Halimah Awang (1999), "Evaluating Programme Needs of Older Persons in Malaysia", Faculty of Economic and administration, University of Malaya Kuala Lumpur Malaysia, p. 45.

わかる[105]．男女別では男性が女性の1.5倍程度になっている（表6・14，表6・15）．

収入源については，男性の97%が，女性の89%が何らかの安定した収入源をもっており，62%の高齢者が子どもからの仕送りを得ている（表6・15）．男女別の違いが大きいのは就業所得と年金所得である（表6・15）．男性は69歳までは就業率が高く，以降急速に低下するが，女性は50歳代前半でも4割程度しか就業していない（表6・16）．したがって男性は59.1%が就業所得がある一方，女性は25.4%にすぎず，また年金については男性は25.7%が受けているのに，女性は7.8%にすぎない．年金や保険とのかかわりは表6・15,表6・16でみるように年齢とともに減少するものの，男性が女性よりも遥かに高い数字を示している．このように，マレーシアの高齢者の所得は⒤子どもからの仕送りが中心的な役割を果たし，純粋に年金で生活できるのは全体の10%くらいで残り90%ぐらいは程度の差はあるものの子どもからの仕送りに依存しており，ⅱ男性にとっては，EPFなどの年金給付が重要な役割を果たすが，女性が市場労働に携わる期間が短いため女性の年金はきわめて限定的であり，ⅲEPFからの引き出し金も退職後10年ぐらいしかもたない[106]．

②高齢者の居住状態

表6・17は高齢者の婚姻，世帯類型に関する状況を示している[107]．高齢者世帯の5割が拡大家族となっている[108]．年齢とともに夫婦（配偶者のみ）のみは減少し，子どもとの同居が増加する傾向にある（表6・18）．また，年齢とともに単身世帯も増加する点に注意する必要がある．表6・19は人種別・年齢別・男女別・地域別世帯人員数であるが，意外なことに地方部が都市部よりも高齢者世帯の平均世帯人員数は少ない[109]．人種別でみるともっとも平均世帯人員が多いのが華人系である．

---

105) マレーシアの平均可処分所得は月2,472リンギットである．Department of Statistic (2001) Statistics Handbook.
106) Lum Kim Tuck (1992) p.277.
107) 高齢者の居住場所として，自宅，子どもと同居，Old folks Home，病院，Nursing Home，Welfare Homeがあるが，全国的なデータを入手することはできなかった．
108) イスラムの戒律で家族の扶養は重要な義務になっている．Lum Kim Tuck (1992) p.274. 子どもの間を転々として生活している高齢者もいる．
109) Tan, P. c., Ng, S. T., Tey, N. P., and Halimah, A. (1999) p.15.

表6・14 主要な職からの年間収入

平均額（リンギット）	
合計平均	4,009
教育経験	
教育なし	2,790
教育あり	11,968
人種	
マレー人	3,663
マレー人以外	5,803
年齢階級	
50-54歳	5,190
55-59歳	4,827
60-64歳	3,572
65-69歳	3,045
70+歳	＊
性別	
男性	4,588
女性	3,000
職業	
非農業	6,078
農業	2,601

注：標本数30以下なので，集計していない．
資料：Tan Poo Chang, Ng Sor Tho, Tey Nai Peng, and Halimah Awang (1999), "Evaluating Programme Needs of Older Persons in Malaysia," Faculty of Economic and Administration, University of Malaya Kuala Lumpur Malaysia, p. 40.

表6・15 性別の年間収入の収入源

	男性	女性	合計
合計	96.8	88.7	92.1
平均年間収入額（リンギット）	5,577	3,213	4,272
就業所得のある割合（％）	59.1	25.4	39.8
平均年間就業所得額（リンギット）	5,076	3,164	4,375
年金収入のある割合（％）	25.7	7.8	15.5
平均年間年金額（リンギット）	4,075	3,075	3,785
子どもからの送金のある割合（％）	54.7	67.4	62
平均年間送金額（リンギット）	2,019	1,962	1,983
その他の収入のある割合（％）	17.8	17.8	17.8
平均年間その他収入額（リンギット）	1,155	1,605	1,413
標本数	342	460	802

資料：Tan Poo Chang, Ng Sor Tho, Tey Nai Peng, and Halimah Awang (1999), "Evaluating Programme Needs of Older Persons in Malaysia," Faculty of Economic and Administration, University of Malaya Kuala Lumpur Malaysia, p. 42.

③高齢者の生活状態と健康

高齢者が直面する問題としては，健康問題が中心である．健康状態については，1/3の高齢者が「良好」と回答し，49％が「普通」，18％が「よくない」と回答している（表6・20，表6・21）．しかしながら，「良好」の割合は年齢とともに減少し，高齢者においては，39％の人が何らかの慢性疾患は訴えており，この割合は年齢とともに増加する傾向にある．主な疾患は，高血圧，心臓病，糖尿病，腎臓病などである[110]．疾病の治療先は公立医療機関が中心的な役割を果たしている（表6・22）．

---

[110] Tan, P.C., Ng, S.T., Tey, N.P. and Halimah, A. (1999) p. 20.

表6・16 人種,年齢階級別の現在の就業率

	男性		女性		合計	
	%	n	%	n	%	n
合計	56.7	342	23.9	460	42.1	802
人種別						
マレー人	57.6	278	24.5	375	42.9	653
華人系	＊	29	21.3	47	35.5	76
インド人他	51.4	35	21.1	38	42.5	73
年齢階級別						
50-54歳	93.6	47	39.7	78	66.4	125
55-59歳	81	63	35.5	76	59	139
60-64歳	55.4	65	28.1	93	44.3	158
65-69歳	56.1	66	15.2	79	36.6	145
70-74歳	26.8	41	16.9	71	25.9	112
75+歳	25	60	3.2	63	17.1	123

＊標本数30以下.
資料：Tan Poo Chang, Ng Sor Tho, Tey Nai Peng, and Halimah Awang (1999), "Evaluating Programme Needs of Older Persons in Malaysia" Faculty of Economic and Administration, University of Malaya Kuala Lumpur Malaysia, p. 13.

表6・17 世帯の状況,性別および世帯類型の分布 (%)

	男性	女性	合計
配偶関係	100.0	100.0	100.0
未婚	2.6	1.3	1.9
既婚	90.1	51.3	67.8
死別	6.1	44.6	28.2
離別／別居	2.1	2.8	2.1
家族類型	100.0	100.0	100.0
核家族	48.0	35.7	40.9
拡大家族	48.5	51.7	50.4
単身者	3.5	12.6	8.7
標本数	(342)	(460)	(802)

資料：Tan Poo Chang, Ng Sor Tho, Tey Nai Peng, and Halimah Awang (1999), "Evaluating Programme Needs of Older Persons in Malaysia," Faculty of Economic and Administration, University of Malaya Kuala Lumpur Malaysia, p. 15.

　問題が起きた場合,援助を求める相手は,子どもが中心であるが,息子,娘では一方に偏らない傾向がある.マレーシアの高齢者の生活保障の中心は子どもや家族である(表6・23,表6・24)[111].

表6・18 年齢階級別の世帯属性分布　(％)

	50-59歳	60-69歳	70+歳
配偶者のみ	10.2	20.9	19.5
配偶者と子ども	39.0	22.2	14.0
配偶者とその他	4.2	3.6	4.7
配偶者と子どもとその他	25.8	22.8	12.7
子どものみ	6.4	4.3	7.2
子どもとその他	7.6	13.2	22.9
単身	3.4	9.3	14.0
その他のみ	3.4	3.6	5.1
合計	100.0	100.0	100.0
標本数	(264)	(302)	(236)
配偶者がいる	79.2	69.5	50.9
子どもがいる	78.8	62.5	56.5

資料：Tan Poo Chang, Ng Sor Tho, Tey Nai Peng, and Halimah Awang (1999), "Evaluating Programme Needs of Older Persons in Malaysia," Faculty of Economic and Administration, University of Malaya Kuala Lumpur Malaysia, p. 50.

表6・19 世帯人員および地域別の分布　(％)

	世帯人員										
	地方						都市				
	1-2人	3-4人	5+人	合計	n	平均人	1-2人	3-4人	5+人	合計	n	平均人
人種												
マレー人	45.0	24.1	30.9	100.0	(369)	3.6	23.6	20.4	56.0	100.0	(284)	5.1
華人系	21.2	33.2	44.5	100.0	(33)	4.8	10.3	24.1	65.5	100.0	(58)	6.8
インド人	—	—	—	—	—	—	5.2	19.0	75.9	100.0	(58)	6.1
年齢階級別												
50-54歳	13.7	25.5	60.8	100.0	(51)	5.2	14.9	18.9	66.2	100.0	(74)	5.8
55-59歳	31.9	18.8	49.3	100.0	(69)	4.2	10.0	24.3	65.7	100.0	(70)	5.5
60-64歳	53.4	26.1	20.5	100.0	(88)	3.3	20.0	24.3	55.7	100.0	(70)	5.3
65-69歳	44.6	31.1	24.3	100.0	(74)	3.6	18.3	19.7	62.0	100.0	(71)	5.6
70+歳	53.3	23.3	23.3	100.0	(120)	3.2	27.0	18.3	54.8	100.0	(115)	5.4
性別												
男性	35.4	29.2	35.4	100.0	(161)	4.1	14.4	20.4	65.2	100.0	(181)	5.7
女性	48.1	22.0	25.9	100.0	(241)	3.5	22.8	21.0	56.2	100.0	(219)	5.3
合計	43.0	24.9	32.1	100.0	(402)	3.7	19.0	20.8	60.3	100.0	(400)	5.5

資料：Tan Poo Chang, Ng Sor Tho, Tey Nai Peng, and Halimah Awang(1999), "Evaluating Programme Needs of Older Persons in Malaysia," Faculty of Economic and Administration, University of Malaya Kuala Lumpur Malaysia, p. 17.

表6・20 性別,年齢階級別の健康状態　　(％)

	年齢階級（歳）						
	50-54	55-59	60-64	65-69	70-74	75+	合計
合計	100.0	100.0	100.0	100.0	100.0	100.0	100.0
良好	53.2	50.0	35.4	28.3	17.0	11.4	33.2
普通	37.1	45.0	56.3	50.3	56.3	48.8	49.1
悪い	9.7	5.0	8.2	21.4	26.8	39.8	17.7
男性	100.0	100.0	100.0	100.0	100.0	100.0	100.0
良好	66.0	52.4	46.2	27.3	22.0	13.3	37.7
普通	27.7	47.6	47.7	56.1	51.2	58.3	48.8
悪い	6.4	0.0	6.2	16.7	26.8	28.3	13.5
女性	100.0	100.0	100.0	100.0	100.0	100.0	100.0
良好	45.5	48.1	28.0	29.1	14.1	9.5	29.8
普通	42.9	42.9	62.4	45.6	59.2	39.7	49.3
悪い	11.7	9.1	9.7	25.3	26.8	50.8	20.9

資料：Tan Poo Chang, Ng Sor Tho, Tey Nai Peng, and Halimah Awang (1999), "Evaluating Needs of Older Persons in Malaysia," Faculty of Economic and Administration, University Kuala Lumpur Malaysia, p.20.

表6・21 性,年齢階級別の運動能力　　(％)

運　　動	年齢階級（歳）			
	50-59	60-69	70+	合計
男性				
重度の運動（物をもち上げたり,重労働）	67.3	22.9	7.9	32.7
中程度の運動（テーブルを動かしたり,家の補修）	97.3	82.4	59.4	80.4
坂または階段を登る	99.1	80.9	66.3	82.5
曲げたり,かがむ	99.1	93.1	85.2	92.7
近隣の家に行く	100.0	96.2	89.1	95.3
食べる,着る,入浴,排泄	99.1	99.2	96.0	98.2
手足の爪を切る	100.0	100.0	94.1	98.2
女性				
重度の運動（物をもち上げたり,重労働）	26.6	11.6	2.2	13.9
中程度の運動（テーブルを動かしたり,家の補修）	88.3	73.8	35.8	67.6
坂または階段を登る	83.8	73.8	40.3	67.4
曲げたり,かがむ	96.8	90.7	69.4	86.5
近隣の家に行く	97.4	95.4	81.3	92.0
食べる,着る,入浴,排泄	100.0	97.1	93.3	97.0
手足の爪を切る	94.4	96.5	90.3	95.7

資料：Tan Poo Chang, Ng Sor Tho, Tey Nai Peng, and Halimah Awang (1999), "Evaluating Programme Needs of Older Persons in Malaysia," Faculty of Economic and Administration, University of Malaya Kuala Lumpur Malaysia, p.18.

表6・22 死亡6ヵ月前の男女別疾病状態，治療の有無および治療場所

健康状態	年齢階級（歳）					
	50-59			60-69		
	男性	女性	合計	男性	女性	合計
死亡6ヵ月前の疾病						
なし	68.2	57.8	62.1	55.7	45.9	50.2
あり	31.8	42.2	37.9	44.3	54.1	49.8
治療なし	2.9	1.4	2.0	1.7	0.0	0.7
治療あり	97.1	98.6	98.0	98.3	100.0	99.3
治療場所						
政府	70.6	76.6	74.5	84.8	70.1	76.0
民間	47.1	56.3	53.1	43.9	58.1	52.7
伝統的な治療	5.9	12.5	10.2	5.3	14.0	10.7
	70歳以上			50歳以上		
	男性	女性	合計	男性	女性	合計
死亡6ヵ月前の疾病						
なし	40.6	35.8	37.9	55.3	47.0	50.5
あり	59.4	64.2	62.1	44.7	53.0	49.5
治療なし	3.3	2.3	2.7	2.6	1.2	1.8
治療あり	96.7	97.4	97.3	97.4	98.8	98.2
治療場所						
政府	79.3	70.2	73.9	79.2	72.2	74.9
民間	41.1	54.8	49.3	43.6	56.4	51.5
伝統的な治療	8.6	16.7	13.4	6.7	14.5	11.5

資料：Tan Poo Chang, Ng Sor Tho, Tey Nai Peng, and Halimah Awang (1999), "Evaluating Programme Needs of Older Persons in Malaysia," Faculty of Economic and Administration, University of Malaya Kuala Lumpur Malaysia, p. 23.

（6） 高齢者の貧困と福祉[112]

マレーシアは，従来よりASEAN4ヵ国のなかでも所得の格差はもっとも大きく，とくに人種格差が大きかった．しかしながら，マレーシア政府は最低賃

---

111) 扶養と相続との間には関係がある．ザイナル・クリン編（1981）pp. 104-108 によると，マレーの村落では，母系相続であり，男性（息子）は財産の使用と後見をするだけで所有は女性（娘）の子係に相続される．このため婿は妻の実家の財産を相続することはない．夫，父親は妻，子どもの後見人としての役割を与えられるが世帯を構成する成員としての相続権をもたない．
　一方，マレー人の財産所有については，個人主義が強く，相続と扶養の関係は弱いという文献もある．上智大学アジア文化研究所（1999）．また，家族内ケアの担い手については人種によって違いがあり，マレー系とインド系は実の娘が中心であるが，華人系は嫁が中心である．
112) 小林明子（2000）．

表6・23 性,居住地別の昨年1年のうちに起こった予期せぬ問題(%)

	性別		居住地		合計
	男性	女性	地方	都市	
問題あり	21.6	22.4	22.9	21.3	22.1
問題の種類*					
家屋	1.8	0.9	0.0	2.5	1.2
食料(不足)	1.5	1.1	1.2	1.3	1.2
交通	1.2	2.6	3.2	0.8	2.0
労働	0.9	0.7	0.5	1.0	0.7
経済問題	8.8	9.3	10.4	7.8	9.1
健康問題	13.2	14.8	15.4	12.8	14.1
精神的問題	0.3	0.9	0.2	1.0	0.6
家庭内暴力	0.6	0.2	0.7	0.0	0.4
配偶者/家族に問題あり	0.6	1.7	1.2	1.3	1.2
世帯外の親戚に問題あり	0.3	0.9	0.2	1.0	0.6
近隣の人との口論・暴力	0.3	1.1	0.2	1.3	0.7
その他	1.5	0.2	0.7	0.7	0.7
標本数	342	460	402	400	802

資料:Tan Poo Chang, Ng Sor Tho, Tey Nai Peng, and Halimah Awang (1999), "Evaluating Programme Needs of Older Persons in Malaysia," Faculty of Economic and Administration, University of Malaya Kuala Lumpur Malaysia, p. 52.

表6・24 いざというとき頼る人(居住地別)(%)

	性別		居住地		合計
	男性	女性	地方	都市	
標本数	342	460	402	400	8.2
誰もいない	18.4	13.0	27.1	3.5	15.3
配偶者	25.2	21.7	16.2	30.3	23.2
息子	61.7	67.8	59.0	71.5	65.2
娘	55.3	68.9	55.2	71.0	63.1
きょうだい	6.4	2.2	3.0	5.3	47.1
その他の親戚	12.6	16.1	8.2	21.0	14.6
友人	1.2	0.4	0.5	1.0	0.7
その他	1.2	1.1	0.0	2.3	1.1

資料:Tan Poo Chang, Ng Sor Tho, Tey Nai Peng, and Halimah Awang (1999), "Evaluating Programme Needs of Older Persons in Malaysia," Faculty of Economic and Administration, University of Malaya Kuala Lumpur Malaysia, p. 53.

金制度を採用せず,さらに公的扶助の役割も限定した[113]. 社会保障制度を通じた再分配政策よりは資源の人種間割り当て政策,ブミプトラ政策を採用し,格差縮小を進めた.すなわち一定のパイを分け直すのではなく,パイを大きく

しながらマレー系への割り当て部分を増やす政策を選択した．このため，所得格差を示すジニ係数は，1970年から80年にかけて縮小傾向になった．しかし，ジニ係数は90年代に入り上昇し，所得格差は拡大傾向に入り，ジニ係数0.46，貧困率16％となっている．こうした新しい所得格差の拡大の背景には，人種間の所得格差の拡大に加え[114]，マレー人の間での所得格差が広がりつつあるという指摘もある．

①貧困高齢者への保障

マレーシアでは高齢者扶養の中心は家族であるため，政府による高齢者福祉政策は貧困高齢者を対象にした限定的なものである．具体的な貧困高齢者対策として，社会福祉局による高齢者ホーム（Welfare Homes, Old Persons Homes），2つの慢性疾患用施設，ひとつの貧困者センターがある[115]．

表6・25にみるように高齢者ホームは全国9施設あり，収容定員は2,150人である．人種別収容構成比はほぼ同じ比率であるが，人種別人口数から考えるとインド，華人，マレーの順で入所率が高い（表6・26）．この背景には，経済状況のほか家族慣習が影響を与えている．

これらの施設への入所資格は，①貧困の60歳以上の高齢者，伝染性や精神疾患がないこと，身寄りがないこと，住居がないこと，日々の身体的に自立していることが条件になる．これらの資格審査は，社会福祉局が州福祉局を通じ

表6・25　Welfare Homesの定員

名　　称	収容人数	設立年数
Bedong Kedah	250	1952
Taiping Perak	250	1950
Tanjong Rambutan, Perak	250	1952
Cheras Selangor	250	1964
Seremban Negeri Sembilan	250	1958
Chen Melaka	250	1971
Johor Bahru, Johor	250	1969
Taman Kemumin	250	1951
Kander Pelis	150	1997

113) 公的扶助は地方政府の責任で行われている．貧困水準は月1家族500リンギット．
114) 青木健（1998）．
115) このほか，生活困窮の高齢者に対し，月70リンギットの現金給付，住宅改良援助，眼鏡補助，義足援助などがある．片多順（2000）p.29.

表6・26 Welfare Homes 入所者の人種構成（人）

年	男性				女性				合計
	マレー	華人	インド	その他	マレー	華人	インド	その他	
1995	281	394	553	13	213	198	166	7	1,825
1996	280	369	494	12	216	193	155	4	1,723
1997	286	368	501	11	234	189	173	4	1,766
1998	302	353	505	11	235	174	179	5	1,764
1999	302	380	501	11	244	171	161	6	1,776
2000	321	363	436	11	257	173	177	7	1,745

て行う．この施策に対する根拠法は「1983年高齢者ホーム法」(The Management of Old Persons Home 1983) である．また，貧困高齢者は裁判所の命令で強制的に入所させる場合もある．「浮浪者取締法」(The Vagrants Act 1977)．

貧困高齢者福祉施設では，ⓘ介護，保護，ⓘⓘコンサルタントとアドバイス，ⓘⓘⓘ社会復帰（軽作業），ⓘⓥ宗教施設，ⓥレクレーション，ⓥⓘ医療サービスが提供される．入居者は扶養をするものや自立できるようになったら退所することになる[116]．

②国家高齢者福祉政策

マレーシアでは高齢者扶養の中心は家族である[117]．これを補完するため，政府は，1996年に国家高齢者福祉政策（National Policy for the Elderly）に基づいて，個人，グループ，ボランティアグループ，地域，政府関連組織，民間組織の活用を促進している[118]．この施策は，ⓘ啓蒙，ⓘⓘ就業継続，ⓘⓘⓘ地域参加，ⓘⓥレクレーション，ⓥ交通機関の整備，ⓥⓘ快適の居住環境の保障，ⓥⓘⓘ家族支援，ⓥⓘⓘⓘ適切な医療サービスへのアクセス保障，ⓘⓧメディア・広報，ⓧ調査

---

116) このほか貧困者に対して生活保護があり，週30-50リンギット程度の現金給付がある．1989年で対象者は限定されており，9,324人程度である［Lump (1992) p.278］.

117) 1990年に国家社会福祉政策が策定され，人材開発，機会の均等，支えあう社会（Caring Society）が目標とされた．とくに「支えあう社会」とは個人の善意，家族・親族の相互補助，地域の相互補助を期待する考え方である．また，高齢者を支える子どもに対し，税制上の優遇措置が講じられており，高齢者の親の医療費を支払う子どもは減税を受けることができる．

118) 同時に国家統一・社会開発省（The Ministry of National Unity and Social Development）のもと国家高齢者諮問委員会（National Advisory and Consultative Council for the Elderly）を設置した．保健省も高齢者福祉の国立促進センターを設置した．

研究などを内容にしている[119]。

また政府は高齢者介護のための人材,設備の整備にも着手しており,高齢者向けの健康促進,教育,スクリーニング,健康診断,治療,在宅介護・看護,相談,理学療法,福祉活動,レクレーションなどを推進しており,現在351の保健所がこのようなプログラムを行い,5,534人の専門スタッフが従事している.

この他,民間のボランティア組織が有効な活動をしており,NGOなどボランティア組織も重要になっている.老人の肉体的,精神的,社会的孤立を防ぐため,地域コミュニティーとの連携も重要である.高齢者・障害者への福祉の底上げが必要となりつつある[120]。

③老人関連の施設

老人関連の入所施設は社会福祉局,地方自治体,宗教団体,民間によって経営されている.宗教団体によって経営される施設には入所の順番待ちもある[121]。

また,地方自治体による入所施設は少なく,設備も不十分である.慢性疾患の患者に対するケアセンターも不十分で,身寄りのいない要介護高齢者は地方の空きスペースのある病院に入所することもある[122]。こうした公的施設の少なさを埋めるために民間のナーシング・ホームも増えている.しかし,こうした民間施設の費用は高いところが多い.

以上のように今後の高齢化社会に向けて老人関連の施設が不足することが,予想される[123]。

(i)慢性疾患ホーム (Home for the Chronically Ill)

国家統一・社会開発省は慢性疾患の高齢者のための施設を設置している.根拠法は「1978年慢性疾患患者に対するホーム経営に関する法律」(Rules for the Management of Home for the Chronically Ill 1978) である.この施設では,医療処置,疾病予防,長期ケアを必要としている人が快適に過ごせるこ

---

119) Ministry of National Unity and Social Development.
120) Zaharah (1992) p. 11.
121) Zaharah (1992) p. 10.
122) Zaharah (1992) p. 10.
123) Zaharah (1992) p. 10.

とを目的とする．対象者は，長期ケアを必要とする高齢者．施設はKubu BharuとSelangorにあり，定員は100人である．入所資格は，⒤慢性疾患患者として政府の確認を受けたもの，ⅱ伝染性の疾患に罹っていない，ⅲ身寄りがなかったり，ケアできる人が近親者にいない，ⅳ所得がなく，自立できない，ⅴ60歳以上という条件を満たすものであり，サービスは⒤ケアと保護，ⅱ医療処置とヘルスケア，ⅲ保護とコンサルタント，ⅳ物理療法，ⅴ宗教のガイダンス，ⅵレクレーションである．入所手続は地方福祉局が窓口になり，州福祉局，社会福祉局が運営している．

(ⅱ)Old Folks Home

身寄りのない高齢者については，ボランティア組織（VOs：Voluntary Organisations）や慈善団体によって経営される老人ホーム（Old Folks Home）に入所することになる．多くのOld Folks Homeは政府からの十分な支援を受けていないので施設は不十分である[124]．

(ⅲ)病院

疾病をもっている高齢者は入院している．病院では介護も行う．55歳からは入院料は無料である．

(ⅳ)ナーシング・ホーム

ナーシング・ホームはケアの必要な高齢者が入所する．

(ⅴ)高齢者ホーム

貧困，独居家族で病気をもたない人は①で述べた高齢者ホームに入る[125]．

※）本稿は，筆者が参加した平成11,12年度厚生科学研究費補助金「社会保障分野の国際相互協力にかかる人材育成手法の研究」および財団法人アジア人口・開発協会「平成13年アジア諸国の都市化と開発調査」の成果による部分が多い．

文献

アジア人口・開発協会（2002）「アジア諸国の都市化と開発調査報告書―マレーシア国」，アジア人口・開発協会．

安忠栄（2000）『現代東アジア経済論』岩波書店．

---

[124] Lum (1992) p.281. Old Folks Homeは政府に登録しており，政府の補助は月額50リンギットから100リンギット程度である．

[125] ただし，高齢者ホームは高齢者に限定していない．貧困者ならば，地区事務局の判断によって入所できる．

青木健（1998）「マレーシアのマクロ経済」東南アジア各国の財政金融政策に関する研究会・大蔵省財政金融研究所編『ASEAN 4 の金融と財政の歩み』大蔵省印刷局.
Department of Social Welfare (2000), *Old Pensions Home*.
Department of Social Welfare (2000), *Rumah Ehsan (Home for The Chronically Ill)*.
Department of Statistics (2001), *Statistics Hand Book*, Department of Statistics, MaLaysia.
原洋之介（1994）『東南アジア諸国の経済発展』リブロポート.
今岡日出紀（1999）「マレーシア」原洋之介編『アジア経済論』NTT 出版.
上智大学アジア文化研究所（1999）『入門東南アジア研究』めこん.
小林明子（2000）『アジアに学ぶ福祉』学苑社.
片多順（2000）『高齢者福祉の比較文化』九州大学出版会.
ラジェンドラン（1995）「社会福祉の現状と課題」『アジアの社会福祉』萩原康生編, 中央法規.
Lee Hock Lock (2001), *Financial Security in old Age*, Pelamduk.
Lum Kin Tuck (1992), *Welfare Needs of the Elderly*, in ed. Cho Kah Sin and Ismail Muhd Salleh *Caring Society*, ISIS.
Ministry of National Unity and Social Development (2001), *The National Policy for The Elderly*.
Ministry of Health (2000), *Malaysia's Health 2000*, Ministry of health.
Mukul Asher (1994), *Social Security in Malaysia and Singapore*, ISIS.
日本労働研究機構（2000, 2001）『海外労働時報』2000 年 4 月, 2001 年 6 月号.
萩原康生（1998）「マレーシアの社会保障」『世界の社会福祉　アジア』旬報社.
小野沢純（2000）「マレーシアの経済危機への対応と課題」『アジア経済危機と各国の労働・雇用問題』日本労働研究機構.
世界銀行（2000）『東アジア再生への途』東洋経済新報社（柳原透監訳）.
白石隆（1998）「アジア通貨危機の政治学」東南アジア各国の財政金融政策に関する研究会・大蔵省財政金融研究所編『ASEAN 4 の金融と財政の歩み』大蔵省印刷局.
首藤恵（2001）「マレーシアの金融危機と民間債券市場」『証券経済研究』第 29 号.
末廣昭・山影進編（2001）『アジア政治経済論』NTT 出版.
Tan Poo Chang (2000), *Implication for Social Security in the Context of Population Aging in Malaysia*, SPRC Reports No. 143.
Tan Poo Chang, Ng Sor Tho, Tey Nai Peng, and Halimah Awang (1999), Evalsuating Program Needs of Older Persons Malaysia, *Siri Monngraf Faculty of Economic and Administration*, University of Malaya.
チュウ・ジン・エン（2001）「マレーシアの工業化と開発財政」『証券経済研究第 33 号』.
Zaharah Awang (1992), *A Caring Society in Malaysia : A Vison*, in ed. Cho Kah Sin and Ismail Muhd Salleh *Caring Society*, ISIS.

ザイナル・クリン編・鈴木佑司訳（1981）『マレーシアの社会と文化』勁草書房.

第7章　インドネシア・フィリピン・タイの社会保障

菅谷広宣

1　はじめに

(1)　社会保障とアセアン4

本章では，インドネシア，フィリピン，およびタイの社会保障について論述する．通常はアセアン4といわれるが，ここでマレーシアを除いている理由は，制度への拠出者が労働力人口に占める割合，拠出率（保険料率），プロビデントファンド（以下PF）または年金資産のGDP比がシンガポールに近いなど，社会保障の発展段階からみた場合に，アセアン4の他の3ヵ国とは差があるとみたからである．また，ほかでも述べられているだろうが，シンガポールはマレーシアから独立した国であり，両国の社会保障で中心的な役割を果たしているPFの導入時期が互いに近く（ともにイギリス植民地時代），その制度にも両国間で類似性がみられるということも，理由としてあげられる[1]．

ところで，2001年の1人当たり国民所得をみると，インドネシアが＄680（ppp（購売力平価換算）＄2940），フィリピンが＄1050（ppp＄4360），タイが＄1970（ppp＄6550），マレーシアが＄3640（ppp＄8340），シンガポールが＄2万4740（ppp＄2万4910）となっている（World Bank 2003, pp.233-235）．この面ではマレーシアとシンガポールには大きな差があり，マレーシアは他のアセアン4諸国に近い．通説では，社会保障と経済の発展段階は，正の相関関係にあるとされているが，現実はそうではない．このことは，マレーシアと他の東南アジア諸国をみた場合だけではなく，東南アジアと世界の他地域とを比べた場合でもみられる現象である．社会保障費のGDPに対する割合では，東

---

[1]　ただし，このような理由があるとしても，これが唯一絶対の分類法であるというわけではないであろう．詳細は菅谷（2003）を参照．

南アジア諸国は，同じような経済レベルにある他地域の国と比べて，かなり低い水準にある．社会保障費に影響を与えるような人口高齢化率の差異が，地域間ではみられないにもかかわらずである[2]．

なお，世界銀行によれば，インドネシアは低所得国，フィリピンとタイは低位中所得国に分類されている[3]が，これらの国々で社会保障制度が確立され，すべての人びとが人間らしい生活を享受しているとは誰も想像しないだろう．とはいえ，広く社会保障に関連して，各国の憲法で，どのような規定がなされているかをまずはみておこう．

(2) 社会保障に関連する各国憲法の規定

インドネシアでは，1945年憲法がスカルノ，スハルトの両政権時代に用いられていたが，1998年5月のスハルト政権崩壊後に大統領の座を譲り受けたハビビ政権下で，45年憲法の第1回改正が99年10月に行われた．その直後，ハビビに代わり大統領となったワヒド政権下で，憲法の第2回改正が2000年8月に行われた．しかし，ワヒド大統領も政治資金疑惑などのため，国民協議会（Majelis Permusyawaratan Rakyat：MPR）[4]によって2001年7月に罷免され，メガワティ副大統領が大統領に昇格した．45年憲法の改正はメガワティ政権下でも続けられ，2001年11月に第3回改正が，2002年8月に第4回改正が行われた．

このように，スハルト政権の崩壊後，インドネシア憲法には度重なる改正が加えられているが，これは同国における民主化の一環として捉えることができるであろう．そのなかで，社会保障に関連するものとして重要なのは，第2回改正である．1945年憲法にも，「すべての市民は労働権および人間の尊厳をもって生きる権利を有する［第27条2項］」，「貧困者および貧困の子どもは，政府によって保護されなければならない［第34条］」との規定があったが，第2回改正では新たに第15章「人権」が設けられ，この事柄に関する規定が拡充

---

2) 詳細は菅谷（近刊1）を参照．
3) マレーシアは上位中所得国，シンガポールは高所得国である．
4) 憲法の制定と改正，正副大統領の任免，国策大綱の決定を主に行う国権の最高機関．定数500の国会議員と地域代表，職能代表200人をあわせた700人で構成される．スハルト時代には，これが同政権を永続させる構成になっていた．

された.具体的には,「すべての子どもは,生き,成長し,発展する権利と共に,暴力や差別からの保護を受ける権利を有する［第28条B(2)項］.」「すべての人々は労働の権利と,使用者から公正で適切な報酬と待遇を受ける権利を有する［第28条D(2)項］.」「すべての人びとは,住居をもち,素晴らしく健康的な環境を享受し,心身ともに繁栄した状態で生きる権利,および医療を受ける権利を有する［第28条H(1)項］.」「すべての人びとは,尊厳ある人間として自らを十分に成長させるため,社会保障に対する権利を有する［第28条H(3)項］.」「生きる権利（中略）は,いかなる状況下においても制限されえない［第28条I(1)項］.」「人権の保護,向上,支持,遂行は,国家とくに政府の責務である［第28条I(4)項］.」1945年憲法の第2回改正では,以上のような規定が設けられている.

　フィリピンの現行憲法は,いわゆるピープルパワーによって1986年2月に失脚・亡命したマルコス政権の後を受けた,アキノ政権下で制定された1987年憲法である.同憲法では,第13章「社会正義と人権」のなかで,以下の規定が設けられている.「議会はつぎのような方策の立法化に最高の優先権を与える.それは人間の尊厳に対する,すべての国民の権利を守り高めること,また富の公平な分配と公共の利益に供する政治的権力により,社会的,経済的,政治的不平等を緩和し,文化的不平等をなくすことである［第13章1条］.」「国は健康開発への統合された包括的アプローチを採用し,全国民が支払える費用で必需品,保健,その他の社会サービスを利用しうるように努める.この場合,病気の貧困者,高齢者,障害者,女性,子どものニーズが優先される.国はまた,貧困者に無料の医療を提供するように努める［第13章11条］.また,第15章「家族」のなかでは,「家族は,高齢のメンバーをケアする義務を負う.しかし,国家もまた,適正な社会保障制度を通じて,これを行うことができる」と述べられている［第15章4条］.家族の役割を重視することは「アジア的」といわれるが,これを憲法のなかで義務化しているところは,フィリピンに特徴的である.

　他方,クーデターなどで改廃を繰り返してきたタイ憲法は,現行の民主的な憲法（1997年憲法）ができる前までは,基本的には人権規定のなかに生存権に関する条項をもたず,国家政策の基本的指針を定めた部分で,国民生活の安

寧を国家が担うべき責務としているにすぎなかった［1991年憲法第3章および第5章を参照］．しかも，それは国家を相手とした提訴権を認めるものではない［同第5章58条］とされ，裁判規範性が明確に否定されていた．1991年憲法の第5次改正（1995年憲法）では，基礎的教育を受ける権利と標準的保健医療サービスを受ける権利が新たに規定された［第3章40条，41条］．とはいえ，1997年憲法のような充実した内容ではなかったし，裁判規範性の否定に関する条項は残された．1997年憲法では，そのような条項が削除されると同時に，第3章「国民の権利と自由」に，生存権にかかわる具体的な規定が追加されている．それらは，以下の通りである．「人は標準的な保健医療サービスを受ける権利を等しく享受する．貧困者は，法に規定されるように，国家の医療センターで無料の医療を受ける権利を有する［第52条1項］．国家による保健医療サービスは，十分にかつ効率的に提供される．この目的のため，地方政府機関と民間部門による参加も可能な限り促進される．［同2項］」「子ども，青少年および家族構成員は，暴力と不公正な処遇から国家によって保護される権利を有する［第53条1項］．保護者のいない子どもと青少年は，法律で定められるように，国家からケアと教育を受ける権利を有する．［同2項］」「60歳を超え，十分な所得のない者は，法に定められるように，国家から援助を受ける権利を有する［第54条］．」「身体または精神に障害のある者は，法に定められるように，国家から公共の便宜とその他の援助を受ける権利を有する［第55条］．1997年憲法では，以上のような規定が設けられている．これらの他に興味深い点として，第43条「人はその資質次第で，12年を下回らない期間，全面的に国家から提供される基礎的教育を，無料で受ける権利を等しく享受する［第1項］．国家による教育を提供する際，法に定められるように，地方政府機関と民間部門の参加に対し，配慮がなされる［第2項］．」また，第5章「国家の基本的政策指針」においては，第86条「国家は，労働年齢にある人々が仕事を得ることを促進し，労働者，とくに児童および女性労働者を保護し，労使関係，社会保障，および適正賃金の各制度を規定する」との条項がある．

(3) 発展途上国の社会保障に共通する問題点

以上,3ヵ国の憲法についてみたが,これらの規定にかかわらず,東南アジアあるいは発展途上国が社会保障を構築していくには,共通の問題点がいくつかある.まず,農業や自営業あるいはインフォーマル・セクターの人々[5]は,捕捉の困難さや所得水準の低さなどから,拠出制システムではほとんどカバーされていないのが実態である.また,相当な貧困層の存在や財政基盤の脆弱性から,租税財源の公的扶助や社会福祉といった制度は,存在はしていても,非常に断片的・限定的なものにとどまっている[6].拠出制システムや公的扶助といった制度のほかには,公費負担による普遍的給付(ミーンズテストのない社会扶助)がありうるが,この手法を中心に社会保障を形成するには,公的扶助のターゲッティング費用を含めても,それを大きく上回る財政負担が必要である.本章で取り上げる国のなかでは,唯一タイで社会扶助方式による医療保障制度の導入がみられるが,これは国民健康保険制度に移行するまでの暫定的措置であり,問題点も多い.

いずれにせよ発展途上国では,すべての国民の最低生活に国家が責任をもつという,本来の意味での社会保障が確立されてはおらず,それに必要な制度が部分的に導入されているにすぎないのが実情である.こうしたなかで相対的に優遇されているのは公務員や軍人などの公務部門であり,民間部門に対しても,法制度上は拠出制のシステムが整備されつつある.本章では,社会保障に関する各国の背景をみたうえで,上記の共通点をもつアジアの発展途上国の社会保障について,本章の考察対象であるインドネシア,フィリピン,およびタイに焦点を絞り,制度の現状と問題点を述べていく.

---

5) インフォーマル・セクターの規模については,ILO (2000, p. 285, table 7) を参照.
6) この点につき,Beattie (2000, p. 144) は,発展途上国でミーンズテストを伴う現金給付やサービスが不十分なのは,単に財源不足という理由からだけではなく,政策上の優先順位が低いためでもあると述べている.ただし,たとえば軍事費を削減して公的扶助の予算に当てたとして,果たして十分な給付が可能になるのだろうか.ちなみに,Beattie をヘッドとする特別チームが作成した ILO (2000, p.227) では,大部分の発展途上国は,総合的な公的扶助を支える十分な資源と課税ベースをもたないとされている.

2 社会保障の背景

(1) 宗教・民族・家族

①宗教

インドネシア，フィリピン，およびタイは東南アジアという同じ地域に属してはいるが，民族も主に信仰されている宗教も，それぞれの国で異なっている．インドネシアでは，人口を宗教別にみた場合，イスラム教徒が全体の87.21％を占めており，同国は世界で最大のイスラム人口を有する国となっている．他には，プロテスタントが6.04％，カトリックが3.58％，ヒンドゥー教が1.84％，仏教が1.03％などとなっている（JETROジャカルタセンター編，2001，p.25）．フィリピンでは，キリスト教徒が93％，なかでも85％はローマ・カトリックであり，他にも少数の宗派がいくつかある．残る7％のうち，4-5％は南部を中心とするイスラム教徒，2％は土着の宗教を信仰する人びとである（石井他監修，1986，p.451）．タイでは仏教徒が95.4％を占め，その他イスラム教徒が4％，キリスト教徒が0.6％となっている（大辻編，2001，p.26）．

②民族

民族構成については，インドネシアの人口の大部分はマレー系（他に中国系やイリアン系）であるが，そのマレー系もジャワ族・スンダ族・マドゥラ族など多くの種族に分かれ，それぞれ異なる言語や風俗習慣のもとに生活をしている．国語としてはインドネシア語が使われるが，言語数は250以上にも及ぶ（JETROジャカルタセンター編，2001，p.6）．フィリピンには，南方モンゴロイドといわれる新マレー系人種を中心に，少数民族としてコーカソイドとモンゴロイド両方の形質をもつ旧マレー系人種，ネグリト，それに華人などがいる．こうしたフィリピンの民族構成を複雑にしているのは，人種ではなく宗教と言語である．言語数は134種とも186種ともいわれ，それらは相互に理解することができない（石井他監修，1986，p.451）．現在は，タガログ語をベースとしたピリピノ語と英語が，公用語とされている．他方，タイ国民の大部分はタイ族系民族であり，他に約20の少数山岳民族がいて，各々独自の文化をもっている．また，華人は現代のタイを語るのに欠かせないといわれるほど，社会的・経済的にタイ社会へ融合，同化している．これらの他にも，マレー系，

インド系などがいる．マレー系はマレーシア国境のタイ南部に約100万人おり，仏教国タイのなかでイスラムの生活様式を守っている（水谷編，1991，p. 12：石井・吉川編，1993，pp. 8-9）．

③家族

北原編（1989，pp. 23-26）によると，東南アジアの家族形態は統計上では核家族が中心であるが，研究が進むにつれてつぎのことが明らかとなった．それは，居住，生産，生活などの面で親，キョウダイの家族と密接な関係をもったり，機能代替を行ったり，情緒的一体感をもつなど，必ずしも核家族を単位として機能していないこと，家族の境界があいまいなことである．また，核家族は形態としては優越していても，機能や規範の面では核家族を超える親世帯と子世帯，キョウダイ世帯間の結合関係がある．しかし，それには必ずしも子世帯全部が参加するわけではなく，ある世帯は去り，ある世帯が加わる，といった幅と流動性をもつ．この点では「家族圏」的色彩が現れる．

親を誰が扶養するかは便宜的・選択的であり決まっていない．しかし，年上のキョウダイから順に独立すると最後には末子が残り，親との同居を続けたまま親を扶養することが多い．親は子どもの1人分に相当する田を，自分の老後の生活や死後の供養の費用とするためにとっておく．この養老田は親の扶養をした末子に渡り，末子は自分の相続分に養老田を合わせて，他のキョウダイよりも多くの土地をもつことができる．ただし，こんにちでは土地が少なくなり，親の養老田がないことも多くなった．だが，キョウダイが同一屋敷地や近隣に住むことが多いので，キョウダイのうち余裕のあるものが扶養を分担することも多い（同上書，p. 22）．

④宗教・民族・家族と社会保障

ここで問題なのは宗教や民族，家族のあり方が社会保障の形成に影響を与えているのか否かということであるが，そのような関係はないとはいえないまでも，主要な要因とはなっていないと考えられる．確かに，フィリピンでカトリック修道会による慈善・救済事業が行われてきた歴史（小林，1998，pp. 121-122）は無視できないし，タイの僧侶には，開発僧とよばれるように，さまざまな社会活動を行う例もみられる（恩田，2001，pp. 248-252）．ただし，どのような宗教や民族であっても，慈善や相互扶助の精神は大切な教えあるいは慣

習であろう[7]．他方，アメリカ型社会福祉事業がフィリピンに紹介された（小林，1998，p.122）といわれるように，旧宗主国の影響がみられる場合もあるが，これも社会保障全般については必ずしも当てはまらないし，タイではそもそも列強国による植民地化を免れている．結局のところ，社会保障というシステムは，宗教や民族を問わず農村社会で存在していた血縁・地縁にもとづく相互扶助が，産業化・都市化の過程で希薄化・解体化していくのを補うために必然的に形成されてくるものであって，そのあり方は，国ごと時代ごとに異なるさまざまな経済的・社会的・政治的要因によって決まってくるものだと考えることができる．ただし，ここで留保しておきたいのは東南アジアにおける「家族圏」の存在であり，これが強く残っているうちは，社会保障は入っていきづらいのかもしれない．たとえば，総論の部分で記したように，フィリピン憲法では高齢者のケアが家族に義務づけられ，社会保障は補足的なものとして捉えられている．とくに，施設入所に対する抵抗感は強く，2000年末現在で国立の老人ホームは全国で3ヵ所しかない．また，その入所基準はまったく身寄りのない高齢者である．私立の老人ホームも数少なく，公的な在宅ケアも行われていない（神尾，2002，pp.340-342）．社会保障と経済の発展段階は，通常正の相関関係として把握されているが，世界には東南アジアよりも経済発展の遅れた国々が多数ありながら，同地域における社会保障費の規模（GDP比）は，世界でも最低の水準にある．「家族圏」の存在がそこに何らかの影響を与えているとは断定できないが，興味深い観点である．

(2) 経済状況

①マクロ経済と産業構造

はじめに，1990年代以降のマクロ経済の動向をみておこう．1990-96年までの実質GDPの年平均成長率は，インドネシアで7.3%，フィリピンで2.8%，タイで8.5%であった[8]．その後1997年7月に始まった通貨経済危機の影響を大きく受けたのは，その発信源となったタイと，政情不安も重なったインド

---

7) ちなみに，インドネシア語，ピリピノ語，タイ語の順に，慈善に相当する語はamal, karidad, kaankuson，相互扶助に相当する語はgotong royong, tulong tuguan, kaanchu-ailoeasoengkanlekanである．

8) IMF（2001）により，筆者が算出．

ネシアであり，両国は2桁のマイナス成長率を経験した（98年のインドネシアが−13.1％，タイが−10.5％）．フィリピンでは，通貨経済危機が成長率に与えた影響は比較的軽微であったが，1997年から98年にかけての悪天候によって農業生産が打撃を受けたこともあり，98年には−0.8％とマイナス成長になった．こうした影響で1990年代の年平均成長率は，インドネシアで4.0％，フィリピンで2.7％，タイで5.2％となった（経済企画庁調査局編，2000，pp.292-293）．いずれの国も1999年に早くもプラス成長へ転じてはいるものの，インドネシアとタイは，通貨経済危機前の成長路線にはまだ回復してはいない．2000年と2001年の成長率は，インドネシアで4.9％，3.3％（ともに暫定値），タイの成長率は2000-2002年にかけて4.6％，2.0％（暫定値），5.2％（速報値）となっている．他方，フィリピンでは2000-2002年の成長率は，4.0％，3.4％，4.6％である[9]．なお，1971-2000年までの1人当たり実質GDPの増加は，インドネシアで2.9倍，フィリピンで1.3倍，タイで3.6倍となっている[10]．

つぎに，2001年におけるGDPの分野別構成（暫定値）についてみておこう．比重の大きい分野から5つずつ並べると，インドネシアでは製造業（26.7％），卸売・小売業，ホテルおよび飲食業（16.2％），農林水産畜産業（16.2％），鉱業・採石業（9.4％），運輸・通信業（7.7％），フィリピンでは製造業（24.6％），農林水産業（20.1％），商業（16.4％），金融・不動産業（9.6％），運輸・通信・倉庫業（7.5％），タイでは製造業（36.3％），卸売・小売業（15.8％），サービス業（10.1％），農林水産畜産業（10.0％），運輸・通信業（9.9％）となっている[11]．これらを過去と比べてみると，1960年にタイでは農業部門が約80％を占めていたのであるが，この割合は低下を続け，96年には9.3％となった（通貨経済危機により，一時的にこの割合は若干増加している）．このような農業部門における低下に対し，サービス部門と製造業は上昇をしている．製造業の比率は1960年に12.5％であったが，その後上昇を続け

---

9) 以上，アジア経済研究所（2002，pp.293, 322, 413）のほか，フィリピン国家統計局（http://www.census.gov.ph/），タイ国家統計局（http://www.nso.go.th/）のウェブサイトも参照した．

10) IMF（2001）より算出した．

11) アジア経済研究所（2002，pp.293, 322, 413）を参照．産業分類もこれにしたがった．

1980年代には農業部門を上回り，現在に至っている．他方，サービス部門は1960年の43.2％から99年の51.2％に上昇している（大辻編，2001, p.75を参照）．また，インドネシアでも，1969年に農業部門は49.3％を占めていた（石井監修，1991, pp.493-494を参照）が，これが急速に低下して97年には14.9％となった（アジア経済研究所，2002, p.413を参照）．この農業部門ではタイと同様に，その後若干のシェア増加がみられている．他方，製造業は1969年に9.2％（石井監修，1991, pp.493-494を参照）のシェアしかなかったが，これが2001年には26.7％となり，サービス部門も拡大をしている．こうしたタイやインドネシアとは対照的に，1960年以来フィリピンでは農業部門の低下とサービス部門の上昇は緩やかで，製造業の割合にもほとんど増加がない（橋本編，1996, p.73：アジア経済研究所，2002, p.322を参照）．

②貧困と所得格差の状況

インドネシアの貧困人口比率（以下，貧困率）は1976年の40.1％（都市部38.8％，農村部40.4％）から，1996年の11.3％（都市部9.7％，農村部12.3％）へと大きく低下した．しかし，アジア通貨経済危機の影響で，1998年12月には24.2％（都市部21.9％，農村部25.7％）へと，貧困率は上昇した．この危機は，すべての国民に多大な影響を与えたが，都市部の支出中位以上の比較的裕福な階層へのダメージが大きかったため，支出格差あるいは不平等度はむしろ縮小した．貧困率も1999年8月には18.1％（都市部15.9％，農村部20.2％）まで低下した．なお，1999年のジニ係数は全国では0.311であったが，都市部で0.326，農村部で0.244と後者のほうが不平等度は低く出ている．また，中央統計局（Biro Pusat Statistik：BPS）による1999年8月の貧困ラインは，1ヵ月1人当たり8万9845ルピア（都市部）または6万9420ルピア（農村部）であった（国際協力銀行，2001a, pp.1-2）．これにしたがうと，たとえば5人家族であれば，貧困ラインは都市部で44万9225ルピア，農村部で34万7100ルピアとなるが，1999年の地域別月額最低賃金は，13万ルピア（ジョグジャカルタ）から29万ルピア（バタム）の間にあり，ジャカルタでは23万1000ルピアであった．

フィリピンについてみると，1991-97年にかけて，貧困率は国全体で低下した．91年の貧困率は，45.3％（都市部35.6％，農村部55.1％）であったが，

97年には36.8%（都市部21.5%，農村部50.7%）となった．このように，貧困率の低下は都市部において顕著であるのに対し，農村部では緩やかである．しかも，貧困率にこそ若干の改善がみられるものの，農村部の貧困人口は240万人も増加した（国際協力銀行，2001a, pp.3-4：Web-site at http://www.census.gov.ph/）．さらに，NSO (Philippines) (n.d.) によると，2000年の貧困率は都市部においてさえ24.3%に上昇し，農村部では54.0%，全国では39.4%となった．フィリピンでは貧困線が地方ごとに決められているが，2000年における全国平均は，年間1人当たり1万3823ペソ，マニラ首都圏では1万7713ペソであった（*Ibid.*）．たとえば5人家族では，首都圏の貧困線は1ヵ月で7380ペソとなる．ちなみに，同年の最低賃金日額は250ペソであった（新保編，2002, p.117）．他方，ジニ係数の変化をみると，1991年の0.47，94年の0.45，97年の0.50と推移している．都市部と農村部に分けてみた場合，やはり農村部のほうでジニ係数が低く，1997年には都市部で0.425であったのに対し，農村部では0.352であった．なお，1997年の所得上位20%の世帯が得た収入は全体の55.5%を占め，下位20%の低所得世帯が得た収入の12.6倍であった（国際協力銀行，2001a, p.4）．

最後にタイについてみると，貧困率は高度経済成長によって，1988年の32.6%から1996年の11.4%へと急速な低下をみせた．しかし，通貨経済危機以降は上昇傾向を示し，1998年の12.9%，99年の15.9%へと推移した（国際協力銀行，2001c, p.3）．この傾向は2000年には反転して14.2%となり，2001年には12.96%へと低下した．同年の貧困線は1人1ヵ月当たり916バーツであった（Web-site at http://www.nesdb.go.th/）．たとえば5人家族の場合，貧困線は月当たり4580バーツとなる．ちなみに，2001年の地域別最低賃金日額は，133バーツ（チェンマイ，ナコンラチャシマ以外の北部，および東北部）から165バーツ（バンコク周辺とプーケット）の間にあった（大辻編，2001, p.166）．他方，貧困人口を都市部，農村部でみると，都市部では1988年に192万人であったのが，96年には54万人へと減少した後，98年の65万人，2000年の74万人へと増加している．また，農村部では1988年の1,596万人から96年の629万人へと減少した後，98年の730万人，2000年の816万人へと増加している[12]．さらに貧困率を地域別にみると，バンコク首都

圏では低く,1996年の1.0%,98年の0.5%,2000年の0.71%と推移し,表面的には通貨経済危機の影響はみられない.他方,貧困率がもっとも高いのは東北部であり,1996年の19.4%,98年の24.0%,2000年の28.12%と,通貨経済危機の影響も大きい(Web-site at http://www.nesdb.go.th/).ただし,これにはバンコク首都圏での失業者の多くが,帰農または帰郷したことが影響していると考えられる.首都圏での失業者がそのまま留まっていれば,上記の貧困率は少し違う値になっていたかもしれない.なお,不平等度についてみると,ジニ係数は1992年の0.445から98年の0.421まで低下の傾向を示したが,99年には0.444に上昇した.しかし,2000年には0.439, 2001年には0.419と再び低下をした.したがって,1999年の上昇は一時的なものであり,92年以降の低下傾向は続いているとみられる.他方,1992年の所得上位20%層の収入は全体の51.9%,下位20%層の所得は全体の5.4%と,9.6倍の格差があったが,2001年には同48.9%, 5.7%で格差は8.6倍と若干の縮小をみせている[13](Web-site at http://www.nso.go.th/).

以上,3ヵ国の貧困と不平等度をみてきた.必ずしも同時点での比較はできないが,貧困率はフィリピン,インドネシア,タイの順に高く,不平等度の高さはフィリピン,タイ,インドネシアの順である.このため,インドネシアは1人当たり国民所得がもっとも低いにもかかわらず,貧困率がフィリピンよりも低くなっている.ただし,3ヵ国における貧困率の測定方法は同じではないし,それぞれの正確さにも疑問がある.地方ごとに農村部と都市部で貧困線を設定しているのはフィリピンのみであり,インドネシアは都市部と農村部の2本立て,タイは全国1本の貧困線を用いている.日本の生活扶助水準のように,地域別だけではなく,年齢や世帯人員数に応じた貧困線の設定は,いずれの国でも行われていない.

なお,インドネシアでは,1999年4月に「地方行政に関するインドネシア共和国法1999年第22号」(Undang-Undang Republik Indonesia Nomor 22

---

12) なお,農村部には8割近い人口が居住している.
13) NSOは通常,偶数年に全国世帯社会調査を実施しており,1999年と2001年は不定期の調査である.また,1999年は6月から9月のデータに,2001年は3月から5月および8月から10月に収集されたデータにもとづいており,定期調査のような通年データではない.このため,1999年と2001年のデータには誤差のある可能性がある.

Tahun 1999 tentang Pemerintahan Daerah) および「中央・地方政府間の財政均衡に関するインドネシア共和国法1999年第25号」(Undang-Undang Republik Indonesia Nomor 25 Tahun 1999 tentang Perimbangan Keuangan antara Pemerintah Pusat dan Daerah) が成立した．これらの法律によれば，第1級地方自治体である州 (provinsi) および特別行政区（ジャカルタ，ジョグジャカルタ），第2級地方自治体である県 (kabupaten)・市 (kotamadya) は，外交・防衛・司法・財政・宗教などを除く，すべての権限をもち，これまで州と県・市の間にあった上下関係が廃止されることになる (JETROジャカルタセンター編，2000，p.19)．2001年に上記の法律は施行されたが，これにもとづいて地方政府とNGOによる貧困削減政策が実施されることになる．貧困の定義は各州で設定され，10-25年計画を各州は策定する (Jakarta Post, 18 Dec., 1999, 27-28 Jan., 2000)．他方，こうした地方分権と2000年10月に施行された労働大臣規則2000年第226号により，最低賃金の決定権も中央政府から地方政府へ委譲され，各州独自に最低賃金を設定することが可能になった（『海外労働時報』2002年2月号）．

③労働市場

(i) 労働力人口

タイは2000年まで13歳以上を労働力人口に含めていたが，現在では各国とも15歳以上を労働力人口としている．2001年現在，インドネシアの労働力人口は9881万2448人であった[14]．また，2002年現在のフィリピンとタイの労働力人口は，それぞれ3367万4000人（10月期），3459万3800人（10-12月期）である．これらのうち，インドネシアの労働力人口は，1999年には9484万7178人となっていたが，World Bank (2000, pp. 278-279) では同数値が9900万人で，その9%は10歳から14歳の児童とされている．このようにインドネシアが公表している統計は，児童労働の実態を反映していない．また，1999年のフィリピンとタイでは，同年齢期の児童が労働力人口に占める割合は，それぞれ6%，14%であった (*Ibid.*) が，これらもやはり各国公表の統

---

14) 以下の労働統計は，とくに断らない限り，つぎのウェブサイトからデータをとった．
インドネシア中央統計局 (http://www.bps.go.id/), フィリピン国家統計局 (http://www.census.gov.ph/), タイ国家統計局 (http://www.nso.go.th/). また，産業分類もそれらにしたがった．

計には現われていない．とりわけ，タイ国家統計局の公表では，1999年の労働力人口は3300万人前後であったが，World Bank は3700万人とし，児童労働の分だけ労働力人口が実質的に多くなっている（Ibid.）．ただでさえ，義務教育年限が引き上げられているのに，教育政策と労働政策が，実効性をもって実施されていないことがわかる．また，児童労働の要因には貧困問題があるので，この面での対策も必要である．なお，World Bank によれば，1990年代の年平均で労働力人口は，インドネシア，フィリピン，タイで各々2.6％，2.8％，1.7％増加している．また，1999年時点で，女性が労働力人口に占める割合は，同3ヵ国順で41％，38％，46％であった（Ibid.）．

つぎに，参考のため各国の失業率をみておきたい．インドネシアでは通貨経済危機後に失業率が上昇しており，2001年には8.1％であった．フィリピンはもともと失業率が高く推移していたが，2003年4月期には12.2％であった．また，タイは通貨経済危機の影響を受けた1998年の4.4％が最近の最高値で，2002年10-12月期には1.8％まで低下している．以上のように，フィリピンの失業率がもっとも高いが，たとえばインドネシアでは，就労者のうち1週間の労働時間が15時間未満の者が10％，15時間以上34時間未満の者が28％（JETROジャカルタセンター編，2000，p.333）というように，短時間就労者が相当の割合を占めていることなどにも注意が必要である．ちなみに，フィリピンでは，失業率とともに不完全就業率（underemployment rate）も示されており，2003年4月にはそれが15.6％であった．なお，フィリピンにおける不完全就業の定義は，現在の仕事でより多くの時間を働きたい，または追加的な仕事がしたい，あるいはより長い時間働ける新たな仕事に就きたいと就業者が考えていることである．他方，就業者の定義であるが，3ヵ国のいずれにおいても，調査期間の1週間に1時間でも仕事をしている者は，就業者に分類されている（Cf. Web-site at http://www.bps.go.id/, www.census.gov.ph/, www.nscb.gov.ph/, www.nso.go.th/）．したがって，インフォーマル・セクターの規模が大きくても，それは失業率にあまり反映されていない．この点で，インドネシアやタイにも，フィリピンのような不完全就業の統計があると，実態をよりよく把握できるであろう．

(ii)就業構造

 産業別就業者割合は,いずれの国においても農業部門でもっとも高く,就業者全体に対して,インドネシア,フィリピン,タイの順に43.8%(2001年),37.4%(2002年10月期),44.6%(2002年10-12月期)を占めている.しかし,その比重はいずれの国においても長期的に低下の傾向が続いている[15].農業部門以外では,インドネシアでは,卸売・小売業,レストランおよびホテル業(19.2%),製造業(13.3%),対地域社会,社会および個人サービス業(12.1%),フィリピンでは,卸売・小売業,自動車・オートバイおよび個人・世帯向け物品修理業(18.6%),製造業(9.4%),運輸業,倉庫業および通信業(7.2%),タイでは卸売・小売業,自動車・オートバイおよび個人・世帯向け物品修理業(14.7%),製造業(14.7%),ホテル・レストラン業(6.1%)と続いている.1990年代を通しての傾向としては,農業部門の比率が低下した分は,主として第3次産業部門で吸収されているが,その相当部分はインフォーマル・セクターであると想像できる.なお,製造業の比率は,フィリピンが横ばい,インドネシアとタイが1990年と比べて3.2%,4.5%分のシェアを増やしている(Cf. ILO, 2000b, pp.127, 135, 138).

 従業上の地位別にみた場合には,インドネシアでは単独の自営が19.2%,家族または臨時労働者の支援による自営が22.4%,使用者が3.1%,被用者が29.3%,農業の臨時労働者が4.0%,非農業の臨時労働者が2.7%,賃金のない労働者(無給家族就労者)が19.4%(以上,2001年)となっている.他方,フィリピンでは,被用者が48.3%,自営業者が38.5%,無給家族就労者が13.2%(2002年10月期)となっている.また,タイでは使用者が3.9%,政府職員が6.8%,民間被用者が33.0%,自営業者が31.4%,無給家族就労者が24.4%(以上,2002年10-12月期)となっている.このように,インドネシアとフィリピンでは政府職員の割合が,フィリピンではさらに使用者の割合が示されていない.なお,長期的傾向としては,無給家族就労者の割合が減少し,被用者の割合が上昇している.これは拠出制の社会保障制度の導入・拡大にとって,好条件になる.

---

15) たとえば,タイでは1960年に農業部門の就労者が就業者全体の8割を占めていた(NSO, Thailand, 1960).

(3) 人口の状況

表7・1には各種の人口統計が示されている．高齢化の進む2045-2050年には，死亡率が上昇すると推計されているものの，各国において，出生率・死亡率はともに低下をしてきている．合計特殊出生率についても，各国は低下を示しており，とりわけタイでは，すでに人口置換水準を下回り，1.8となっている．出生時平均余命も各国で延びており，これらは年齢（3区分）別人口割合の変化にあらわれている．ただし，合計特殊出生率が比較的高く推移してきているフィリピンでは，2000年の老年人口比率（65歳以上人口比率）は低下し，2050年の生産年齢人口比率は上昇すると推計されている．なお，タイの国家統計局（NSO, n.d.）によれば，55歳時平均余命は1985/86年時点で男性19.09年，女性22.12年であったが，1995/96年時点では各23.87年，27.61年となっている．このような平均寿命の延びや出生率の低下がみられるタイでは，老年人口比率が7％から14％に上昇するのに要する年数が，2006年から

表7・1 各種人口統計

	①総人口（百万人）	②合計特殊出生率	③普通出生率/死亡率 (‰)			④出生時平均余命		⑤年平均人口増加率 (%)	⑥都市人口比率 (%)
	2001年	1980年/2001年	1950-55年	1995-2000年	2045-2050年	1970-75年	1995-2000年	1990-2001年	1980年/2001年
インドネシア	213.6	4.3/2.4	42.7/26.1	22.5/7.5	13.6/9.6	49.2	65.1	1.6	22/42
フィリピン	77.0	4.8/3.3	48.2/18.4	28.4/5.5	13.8/7.6	58.1	68.6	2.1	37/59
タイ	61.2	3.5/1.8	44.3/14.7	19.6/6.1	11.4/11.3	59.5	69.6	0.9	17/20

	⑦年齢（3区分）別人口割合								
	1950年			2000年			2050年		
	0-14歳	15-64歳	65歳以上	0-14歳	15-64歳	65歳以上	0-14歳	15-64歳	65歳以上
インドネシア	39.17	56.87	3.96	30.76	64.42	4.82	19.93	63.66	16.42
フィリピン	43.59	52.82	3.59	37.53	58.94	3.53	20.35	65.78	13.87
タイ	42.13	54.62	3.25	26.66	68.12	5.22	17.13	61.78	21.09

出所：欄①⑤ World Bank, 2003a, pp. 234-235. 欄② World Bank, 2003b, pp. 101-102. 欄③ UN Population Division, 2000a pp. 570-571, 602-603. 欄④ UNDP, 2002, pp. 175-176. 欄⑥ World Bank, 2003b, pp. 157-158. 欄⑦ UN Population Pirision 2000b, pp. 496-497, 704-705, 828-829.

2027年にかけての21年間と推計されており、これは日本の24年間（1970年から1994年にかけて）や中国の27年間（2000年から2027年にかけてと推計される）よりも短く、シンガポールの21年間（1997年から2018年にかけてと推計される）と等しくなっている（ウォーレス，2001, p. 277）．

他方表7・1にみられるように，いずれの国においても都市人口比率が上昇してきている．国によって都市の定義が異なるので，国家間の比較はできないが，都市化は例外なく進んできているし，この傾向は今後も続いていくであろう．そして，このような人口高齢化や都市化の進展は，社会保障制度の確立を不可避なものとするであろう．

（4） 財政構造
①財政収支と歳入構造

インドネシアの財政収支は，1971年度以来，84年度を除き赤字が続いていた．90年代に入ると，92年度を除き黒字基調となったが，97年度以来再び赤字が続いている（IMF, 2001, pp. 556-567 : IMF, 2003, p. 460）．歳入構造の大きな特徴のひとつは，石油・天然ガスなどの天然資源からの税外収入があることだ．1982年以来，石油・天然ガスに対する依存からの脱却をはかってきた（原編, 1999, pp. 335-342）が，1999年度には歳入の37.2％を占めていた．また，所得税のうち石油・天然ガス関連のものは9.1％であった（Web-site at http://www.depkeu.go.id/）．ちなみに，財務省公表の所得税には法人税と個人所得税ではなく，石油・天然ガスと非石油・天然ガスという区分が用いられており，99年度の非石油・天然ガス所得税が歳入に占める割合は，18.7％であった．他方，IMF（2002, p. 203）によれば，99年度の個人所得税・法人税が歳入全体に占める割合は，各々6.9％，44.1％となっており，両者の数値には大きな食い違いがある（以上，すべて決算ベース）．なお，インドネシアの財政年度は99年度までは4月から翌年3月までとなっていたが，2000年度は4月から12月までの9ヵ月予算，2001年度からは1月から12月の暦年ベースとなった．2003年度予算では，所得税が32.6％（うち非石油・天然ガス所得税が28.6％），付加価値税が21.8％，天然資源による税外収入が16.0％，国内外からの資金調達が9.3％などとなっている（Web-site at http://www.depkeu.go.id/).

フィリピンの財政収支は，1971年度以来赤字を続け，94年度から97年度は黒字を回復したものの，98年度より再び赤字に転落し（IMF, 2001, pp. 830-831：IMF, 2003, p. 722），現在は2006年度までの財政均衡が計画されている．NSO, Philippines (2002, Table 15-2)によれば，歳入の内訳で法人税と個人所得税が分けられていないが，2001年度の内訳（補助金を含む：決算ベース）は，所得税が39.6%，付加価値税が10.5%，個別物品税が10.4%，個別サービス税が4.8%，輸入税が17.1%，税外収入が13.1%などとなっている．これもIMF（2002, p.339）では個人所得税が11.3%，法人税が13.9%などと食い違いをみせている．なお，フィリピンの財政年度は1-12月の暦年ベースである．

タイの財政収支は，1971年度以来，74年度を除いて赤字を続けていたが，88年度以降は堅調な経済に支えられ黒字に転換していた．だが，通貨経済危機が発生した97年度以来，再び赤字となっている（IMF, 2001, pp. 976-977：IMF, 2003, p.876）．2003年度における歳入の内訳（予算ベース）は，個人所得税が11.55%，法人税が15.39%，付加価値税が23.51%，特定売上税が21.43%，輸出入税が10.29%，借入が17.49%などとなっている（BOB, 2003, pp. 14-15）．なお，タイの財政年度は前年の10月から翌年の9月までとなっている（たとえば2003年度予算は2002年10月1日から2003年9月30日まで）．

以上，3ヵ国の長期財政収支と最近の歳入構造をみたが，発展途上国では農業や自営業者，インフォーマル・セクターが多いことに伴う徴税事務の困難さ，あるいは所得水準の低さから間接税中心の租税構造をとることが多い．たとえば，これら3ヵ国の付加価値税率（消費税率）は，すべて10%である．

表7・2　GDP比でみた各国財政規模（2002年度）

	歳入	歳出	貸付-償還[1]	収支
インドネシア	17.90	20.40	…	−2.50
フィリピン	14.26	19.51	0.10	−5.35
タイ	16.15	17.59	−0.04	−1.48

注1）　タイの場合は予算外収支．
出所：インドネシア財務省，BOB (2002) およびIMF (2003, pp. 722, 876)．

② GDP 比でみた財政規模

1990-2002 年度にかけて，3ヵ国における中央政府の財政規模を GDP 比でみると，インドネシアでは歳入が 16.62％（98 年度）から 20.65％（01 年度）の範囲に，歳出が 14.64％（96 年度）から 24.08％（01 年度）の範囲に，財政収支が－2.78％（98 年度）から 2.22％（95 年度）の範囲にあった．インドネシアでは，1998 年度に歳入の GDP 比が落ち込んだが，翌年には通貨経済危機前の水準に戻っている．しかし，歳出の GDP 比は危機前よりも高い水準となり，98 年度以降赤字が続いている．つぎにフィリピンでは，歳入（若干の海外援助金を含む）が 14.26％（02 年度）から 19.80％（94 年度）の範囲に，歳出が 17.93％（95 年度）から 19.95％（92 年度）の範囲に，財政収支が－5.35％（02 年度）から 1.07％（94 年度）の範囲にあった．フィリピンでは，98 年度以来歳入の GDP 比が下がり続けている一方で，歳出規模は危機前よりもむしろ高い水準にあり，財政赤字の規模が拡大している．最後にタイでは，歳入が 15.22％（01 年度）から 18.86％（90 年度）の範囲に，歳出が 13.95％（90 年度）から 18.47％（97 年度）の範囲に，財政収支が－3.34％（99 年度）から 4.90％（90 年度）の範囲にあった．タイでも 97 年度以来，歳入の GDP 比が低下し，ようやく 2002 年度に若干のもち直しをみせている．ただし，歳出規模は危機前よりも高い水準にあり，財政赤字が続いている．なお，参考のため 2002 年度の財政規模を示しておくと，表 7・2 の通りになっている．

③ 歳出構造

表 7・3 は 3ヵ国の中央政府による社会分野の構造を示している[16]．また，社会分野の予算と国防費が対比される場合があるが，ここでは国防と治安を合わせてどれ位の予算が使われているかも含めておいた．フィリピンを除き，各国ともこの 10 年近くで国防・治安予算を減らしてきたが，インドネシアではここ 2, 3 年で若干の増加傾向がみられる．とはいえ，これでみる限りは，この分野におけるインドネシアの予算はもっとも小さい．しかし，インドネシアが社会分野にそれだけ多くの予算を振り向けているかというと，そうではない．もっとも，ここでは中央政府の予算のみを取り上げているので，地方政府予算

---

16) IMF（2002）では異なる割合となるので，各国の資料・情報を用いた．

表7・3 各国中央政府の歳出に占める各分野の割合(％)

年次	インドネシア[1]					フィリピン[2]					タイ				
	教育	社会福祉	保健医療	住宅入植地	国防治安	教育文化人的資源開発	社会保障福祉雇用	保健医療	住宅地域開発	国防治安	教育	社会保障社会福祉	保健医療	住宅地域環境	国防治安
1994	11.5	0.3	2.8	1.9	11.0	13.8	1.5	2.4	0.4	14.9	21.8	4.0	7.5	5.2	21.7
1995	11.6	0.3	2.5	2.4	12.1	16.5	1.9	3.0	0.8	13.6	18.9	3.8	6.9	5.0	17.9
1996	12.0	0.5	2.6	1.9	12.4	18.0	2.4	2.7	1.2	14.2	19.9	4.3	7.1	6.1	17.2
1997	6.3	0.3	1.4	1.0	6.4	19.3	2.4	3.0	0.4	14.4	21.8	4.2	7.4	5.7	16.1
1998	5.6	0.6	1.5	1.0	5.5	20.3	2.5	2.8	0.6	16.3	24.9	4.1	7.7	4.8	15.9
1999	4.4	0.2	1.0	0.6	4.9	19.1	4.3	2.6	0.7	12.7	25.1	4.4	7.3	4.3	15.4
2000	5.1	0.1	1.3	0.3	4.6	17.1	3.9	2.2	1.2	12.2	25.6	5.4	7.4	4.3	15.4
2001	6.3	0.4	1.4	0.0	7.8	17.4	4.0	2.0	0.4	11.5	24.4	5.7	7.1	4.1	14.8
2002	6.3	0.5	1.4	0.0	7.8	16.6	3.9	1.9	0.3	12.8	21.8	6.9	7.1	5.2	13.1
2003	…	…	…	…	…	16.5	3.6	1.8	0.2	12.1	23.5	7.6	7.9	2.4	13.7

注1) ルーティン予算と開発予算の合計．2003年度は不明．
2) 2003年度は出所が違うため，必ずしも前年度までとつながらない．
出所：インドネシア財務省，NSO, Philippines (verious years), Manasn (2003), BOB (verious years).

を含めると少しは異なる結果となる可能性がある．ただし，インドネシア中央統計局のウェブサイト（http://www.bps.go.id/）では，1996年度における地方政府の歳出が示されているが，それは表7・3のような分類では表わされていない．なお，同年度の中央政府の歳出は，地方政府への補助金を除き83兆8380億ルピアであったのに対し，地方政府の歳出は25兆6483億ルピアであった．それにしても，社会分野に対するインドネシアの予算は少なすぎる．とりわけ，他の2ヵ国は教育や人的資源開発に多くの予算を割いている．また，政府は公務部門の人びとに対する社会保障費としてある程度の予算を割いているはずであるのに，それが表7・3のような分野別歳出項目としてあがっておらず，人件費のなかに給与および年金というかたちで示されているにすぎない．

他方，フィリピンとタイにおける社会保障・社会福祉予算には，公務部門に対する社会保障費が含まれている．ただし，フィリピンの場合には，公務部門の人びとも社会保険に加入して保険料を拠出しているのに対し，タイの場合には公務部門に対する社会保障が公費中心で，また民間部門の社会保険にも政府が拠出をしているので，タイの社会保障予算のほうが大きくなっている．タイ

は，国防・治安分野の予算割合がもっとも大きいにもかかわらず，社会分野におけるすべての項目で，もっとも多くの割合の予算を割いている．なお，インドネシアと同様に，地方政府の歳出も合わせれば，フィリピンやタイでも歳出構造は若干でも異なったものになるかもしれない．ちなみにフィリピンの地方政府には，2000年度に1380億5160万ペソの歳入があったが，同年の中央政府の歳入は5159億7600万ペソであった．また，同年には中央政府の歳出のうち，16.8％が地方政府へ補助金として交付されたが，その内訳は社会分野，経済分野，一般行政分野に各6.2％，5.9％，4.7％であった．しかし，地方政府の分野別歳出は不明である（NSO［Philippines］，2002, tables 15-2, 15-5, 15-6）．また，筆者の知りえる限りでは，タイの地方財政に関する情報はない．なお，保健医療費に関しては，WHO（2002, pp. 204-209）が中央政府と地方政府，予算外財源および社会保障による給付を含む統計を発表しており，2000年度の中央政府と地方政府とを合わせた保健医療分野の支出が歳出全体に占める割合は，インドネシアが2.0％，フィリピンが5.6％，タイが8.3％と，表7・3に示された割合よりも，各国において高くなっている．

3 インドネシアの社会保障

現地通貨100ルピアは約1.35円（2003年4月10日午後1時40分現在）

(1) 公務部門

一般公務員は独自の年金制度に加え，TASPEN（Tabungan dan Asuransi Pegawai Negeri：公務員貯蓄保険）という退職一時金制度による保障を受けている．両者はPT. TASPENという国有企業によって運営されている．ちなみに，"PT"はPerseroan Terbatasの略語で有限会社を意味する．

このうち年金制度は1969年に創設された（1969年第11号法による）．一般的な退職年齢は55歳であるが，50歳以上で20年以上の在職期間がある場合に受給権が発生する．障害年金や遺族年金も用意されているが，これらに該当せずに50歳未満で退職した場合には受給権が失われ，そのポータビリティーも認められない．老齢年金の場合，給付額は勤続1年につき最終給与の2.5％

とされている．

制度の創設以来，年金の給付財源はすべて国庫によって賄われてきたが，1994年からは給与月額に対し4.75%の拠出が，公務員に対しても求められるようになった．とはいえ，拠出金とその他の収入は給付額の2割強にすぎず，残りの8割弱は一般歳入によって賄われている．1995年の年金給付総額は公務員給与総額の22%にのぼったが，その割合は2020年には66%に達すると見込まれている（Ramesh, with Asher, 2000, pp. 44-45）．

他方，TASPENは1963年に創設（政府規則1963年第10号による）された後，1981年に現在の姿になった（政府規則1981年第25号による）．これは退職一時金の制度であり，公務員は給与月額の3.75%を拠出する．この退職一時金と年金とをあわせると，35年の勤務により最終給与のほぼ100%が支給されることになる．これまでのところ，退職一時金の給付財源は拠出金で賄われてきたが，基金の資産はすでに一時金債務の半分未満に低下しており，単年度の収支も2006年には赤字になると予測されている．したがって，年金と退職一時金の給付財源の問題は，政府にとって大きな負担となってきているのであるが，基金の実質運用利回りの低さと拠出金の7%にもなる管理運営経費の大きさが，事態を悪化させている（World Bank, 1996 : Leechor, 1996）．

以上，一般公務員に対する年金関連制度についてみたが，軍人・国防省職員に対してはASABRI（Asuransi Social ABRI：インドネシア軍人社会保険）という退職一時金を中心とする制度，および独自の年金制度があり，それらの内容は一般公務員の制度に類似している．他方，公務部門とその年金生活者およびそれらの被扶養家族に対する医療保障として，ASKES（Asuransi Kesehatan Pegawai Negeri：公務員健康保険）という医療保険制度がある．この制度の財源は，一般財源からの繰り入れと2%の保険料であるが，この料率が無原則に定められたことは明らかで，現実の収支バランスがまったくとれていない（Pongpanich, 1997）．なお，これとは別に，ASABRIのメンバーと被扶養家族は，一般財源により軍病院での医療を受けることができる．

（2）民間部門
①所得保障

民間企業および国有企業の被用者には，JAMSOSTEK (Jaminan Sosial Tenaga Kerja：労働者社会保障) という制度がある．これは政府規則1977年第33号による ASTEK (Asuransi Sosial Tenaga Kerja：労働者社会保険) を前身とし，1992年第3号法により医療保険を加えて改組されたものである．制度の運営は，やはり国有企業である PT. JAMSOSTEK が行っている．以下では，この制度による所得保障について述べる．なお，JAMSOSTEK には傷病手当金の支給がないが，賃金の保護に関する政府規則1981年第8号によれば，病気で就労できない労働者に対し，賃金はつぎの比率で支払われる．最初の3ヵ月は100％，4ヵ月目から6ヶ月目までは75％，7ヵ月目から9ヵ月目までは50％，10ヵ月目から12ヵ月目までは25％である（日本労働研究機構，2003, p.116）．なお，JAMSOSTEK の基本法である1992年第3号法の正式名称は，「労働者の社会保障に関するインドネシア共和国法1992年第3号」(Undang-Undang Republik Indonesia Nomor 3 Tahun 1992 tentang Jaminan Sosial Tenaga Kerja) という (以下，92年法)．また，同法の施行細則を定めた政府規則と労働大臣規則がある．それぞれの正式名称は，「労働者社会保障の実施に関するインドネシア共和国政府規則1993年第14号」(Peraturan Pemerintah Republik Indonesia Nomor 14 Tahun 1993 tentang Penyelenggaraan Program Jaminan Sosial Tenaga Kerja)，「労働者社会保障の加入資格，登録，拠出金支払い，手当支給，およびサービスのためのテクニカル・ガイドラインに関するインドネシア共和国労働大臣規則第 PER-05/MEN/1993 号」(Peraturan Menteri Tenaga Kerja Republik Indonesia Nomor PER-05/MEN/1993 tentang Petunjuk Teknis Pendaftaran Kepesertaan, Pembayaran Iuran, Pembayaran Santunan, dan Pelayanan Jaminan Sosial Tenaga Kerja) である．以下，制度の内容は，これら92年法，政府規則，および労働大臣規則にしたがって記述している[17]．

(i) 強制加入対象者とその問題点

従業員10人以上の企業，または1ヵ月の賃金総額が100万ルピア以上の企業は強制加入である[政府規則第2条3項]．2002年の法定最低賃金水準（地

---

17) なお，給付額の改定などを定めた政府規則2000年第83号および同2002年第28号が出されており，本稿では一部その内容を参照している．

域別に異なり，最高額はジャカルタで月額59万1266ルピア，最低額は西ジャワで28万779ルピア）からみて，後者の要件により，10人未満の企業でも，ほとんどが強制加入の適用を受けるはずである．しかし，遺漏が多く，加入はしていても拠出を怠り，受給権を失っている者も多い．2002年12月末現在，10万983社の1728万9293人が加入をしているが，このうち保険料を納めていない企業は3万4112社，労働者は880万7036人である．反対に，保険料を納めているのは，6万6871社，848万2257人である（PT. JAMSOSTEKによる）．ちなみに，2001年時点の労働力人口は9881万2448人，そのうち被用者は2659万9000人であった（Web-site at http://www.bps.go.id/）．結局のところ，JAMSOSTEKは一部の被用者をカバーしているにすぎず，自営業者層はまったくの対象外である．したがって，制度適用の強化と拡大は大きな課題である．

(ⅱ)給付内容と財源

現在のJAMSOSTEKは老齢・ヘルスケア・死亡・労災といった4つのプログラムからなる．これらのうちヘルスケアは医療保障の部分に，労災プログラムは労災補償の部分に譲るとして，以下では老齢と死亡の両プログラムについて，その内容をみる．なお，公共事業の臨時労働者には，労災と死亡プログラムのみが，特別プログラムとして提供される．

①老齢プログラムとその問題点

老齢プログラムの内容はPFである．拠出率は労使各2.0％，3.7％と定められており［92年法第20条：政府規則第9条］，積立金と運用利子の引出しは老齢時（55歳以上）のほか，障害，死亡，離職，国外移住などの際にも認められる［92年法第14条：政府規則第25条，32条］．55歳に達した後も就業を継続する場合，加入者は積立金の引出しを55歳時点で行ってもよいし，退職時に行ってもよい［政府規則第27条］．積立金の引出形態には，一時金，5年以内の有期年金，または両者の組み合わせがあり，加入者はこれらのいずれかを選択できる．ただし，口座残高が一定額に満たない場合や老齢と障害を除く場合には，一時金以外の選択はできない．また，55歳以前に離職した際に積立金の引出しをするためには，5年以上の拠出期間が要件とされ，また離職後6ヵ月の待期がある．この期間内に再就職し，JAMSOSTEKへの拠出を再開

した場合には，その前後の積立金が通算される[政府規則第24-26条, 32条]．

　老齢プログラムに対する拠出金は，物価上昇に伴う賃金水準の上昇と，おそらくは拠出者の増加により，1999年の1兆4973億7000万ルピア，2000年の1兆9237億4000万ルピア，2001年の2兆6072億2000万ルピアと増えてきている（PT. JAMSOSTEK, n.d.1, p.20）．ちなみに消費者物価上昇率は，1998-2001年まで順に，77.54％，2.01％，9.35％，12.55％であった（Website at http://www.bps.go.id/）．また，製造業における週当たり賃金の平均値と中央値（括弧内）の上昇率は，1997年3月から98年3月にかけてが13.0％（8.9％），98年3月から99年3月にかけてが27.9％（19.0％），99年3月から2000年3月にかけてが13.4％（27.3％）となっており，2000年3月には各7万6900ルピア，6万8500ルピアであった（同上ウェブサイト）．他方，老齢プログラムからの給付は同期間にそれほど増加をしておらず，2001年に総額約9802億8000万であった．また，同プログラムの資産は，同年に13兆9577億9900万ルピアであった（PT. JAMSOSTEK, n.d.1, pp.2-3）が，今後高齢化が進展し受給者が増加してくると，給付額は相当に膨らんでいくであろう．

　ところでPFは，個人勘定と完全積み立て方式に由来する所得保障機能の脆弱性を内包している．しかも，通貨経済危機の影響がとくに甚大であったインドネシアでは，失業保険を有しないこととあわせ，PFは壊滅的な打撃を受けたといえるかもしれない．東南アジアのいずれの国でも実施されていない失業保険の必要性を，通貨経済危機が浮き彫りにしたことはいうまでもないが，インドネシアでは職を失った人々によるPFからの積立金引出しが，失業保険に代わる役割を果たした側面があった．しかし反面でこれは，高齢退職時における所得保障の源泉を，一部または全部すでに使用してしまったことを意味する．しかも，PFに残された積立金も，自国通貨ルピアの大幅な下落と猛烈なインフレによって，その実質価値を減じてしまった可能性がある[18]．通貨経済危機以前においてさえ，その拠出率と実質運用利率の低さから，この制度による所得保障はまったく不十分なものであった（World Bank, 1996, p.34）．した

---

18) 1997-99年までの運用利率が不明なので断定はできないが，少なくともその前後には，JAMSOSTEKの運用利回りは，市場金利を下回っていた．

がって，インドネシアのPFには，早晩再構築の必要性があるだろう．

(ii)死亡プログラム

これは被保険者が労災以外の事由で死亡した場合の遺族に対する保障であり［92年法第12条］，上記のPFに上乗せして支給される．保険料は全額使用者負担であり，料率は賃金の0.3％である［92年法第20条，政府規則第9条］．受給権者は優先順位順に，配偶者，子ども，両親，孫，祖父母，兄弟姉妹，義父母とされている［92年法第13条］．給付額は死亡手当として一時金500万ルピア，および葬祭料として100万ルピアとなっている［政府規則第22条］．保険料収入は，主に老齢プログラムと同様の要因によって増加してきており，2001年には1401億9000万ルピアであった．他方，給付総額は361億8487万ルピアであった（PT. JAMSOSTEK, n.d.1, pp.3, 20）．なお，制度の発足以来，死亡プログラムの保険料収入に対する給付総額の割合は30％に達したことはなく，給付額の大幅な改善が求められるところである（*Ibid.*：PT. JAMSOSTEK, n.d.2, p.30）．

(iii)全般的問題点

JANSOSTEKの経営主体であるPT. JAMSOSTEKは，法人としての位置づけが商業ベースの国有企業（persero）となっており，積立金の運用益の一部を法人税として納めている，世界でも極めてまれなケースである．しかも，積立金が官僚や有力者の便益に供するように運用されている面があったため，その利回りは市場金利を大きく下回っていた［Dailey and Turner, 1996, pp.31-37］．ちなみに，JAMSOSTEKによる投資資金の利回りは，1996年に11.24％であったが，同年の24ヵ月定期預金の利率は15.5％であった．インフレ率は7％であったので，JAMSOSTEKの実質利回りは4％にすぎなかった（PT. JAMSOSTEK, n.d.2, pp.4, 34）．また，法律を遵守しない使用者から賄賂を受け取り，違反を放置しておく一部の行政職員のモラルの低さも，指摘されていた（Dailey and Turner, 1996, pp.31-37）．そして，こうしたことが制度への不信感を募らせていたのであるが，制度への加入者や拠出者を増大させるには，まず制度に拠出することへのメリットが感じられなけらばならないとともに，制度全般に信頼性がなければならない．スハルト政権の崩壊後に，汚職追放が叫ばれるようになったため，改善がなされていることを期待

したいが，2001年の運用利回りは15.14％であり（PT. JAMSOSTEK, n. d. 1, p.11），24ヵ月定期預金の利率をやはり下回った．ちなみに，同利率は2001年初めに14.50％で始まり，1月8日には15.50％とJAMSOSTEKの運用利回りを超え，年末には18.39％まで上昇している（Web-site at http://www.bi.go.id/）．なお，2001年の消費者物価上昇率は，12.55％であったので（Web-site at http://www.bps.go.id），JAMSOSTEK資産の投資利回りは実質2.3％にすぎなかった．また，制度全般の運営経費が拠出金収入に占める割合は，2001年に36.21％と異常に高く，上記のような投資利回りの低さと合わせ，これらはJAMSOSTEKへの信頼性の改善に対する期待が，いまだ現実的でないことを表しているのかもしれない．

②医療保障

(i)JAMSOSTEKの内容と問題点

上述のJAMSOSTEKは，ASTEKを改組した1992年より，ヘルスケア・プログラム（以下，医療保険）を有するようになった．その実施は翌93年からであったが，JAMSOSTEKによる医療保険の特徴は，保険料が全額使用者負担であること，また，被扶養配偶者がいるかどうかで3％ないし6％というように，保険料率が2段階に定められていることである［92年法第20条，政府規則第9条］．家族に対する医療給付は，被扶養配偶者のほか，子ども3人目までとされている［92年法第16条，政府規則第33条］．こうした子どもに対する人数制限は出産費用についても同様であり［労働大臣規則第23条］，人口政策の一端が現われていると考えられる．ちなみに，労働者がJAMSOSTEKに加入した時点で，すでに3人以上の子どもをもっている場合には，出産費用はまったく支給されない［労働大臣規則第23条］．

JAMSOSTEKによる医療給付は外来と入院をカバーしている［92年法第16条，政府規則第35条］．加入者とその家族は1次医療を提供する施設を選択して登録し，2次医療や3次医療は紹介制を通じて受けるのが原則となっている［政府規則第38条，39条，労働大臣規則第32条，35条］．ただし，救急医療は例外であり，入院を要する場合には，JAMSOSTEKと契約のない病院でも，7日を限度として一定の標準的費用が償還される［政府規則第41条，労働大臣規則第28条］．他方，契約病院においては，入院給付は1年間1症例につき

60日以内（20日以内のICU治療を含めて）とされている［労働大臣規則第32条］．1次医療に関しては，原則として患者負担はないが，2次医療と3次医療については，入院期間や病室の種類などに応じて，JAMSOSTEKが定めた基準を上回る費用は患者が負担をしなければならない［政府規則第45条］．なお，JAMSOSTEKによる診療報酬制度は，全国的に統一されたものにはなっておらず，JAMSOSTEKの各地域支部の裁量に委ねられているようである．一般的にいえば，1次医療には人頭割りが，2次・3次医療には出来高払いがとられているようであるが，地域によって診療報酬制度が異なるということは，保険医療に地域間格差を生じさせる要因になりかねないだろう．

以上，JAMSOSTEKによる医療保険の概要をみた[19]が，JAMSOSTEKは，それ自体が民間の人びとのほんの一部しかカバーしていないうえに，医療保険にあっては，JAMSOSTEKと同等以上の医療給付を独自に提供している企業に，適用除外を認めている．その結果，PT. JAMSOSTEKによると，2002年12月末現在で医療保険に参加しているのは，156万7,405人のみであり（家族数は不明），これは他分野の拠出者全体に対して，18.49％にすぎない．ちなみに，インドネシアでは，私的医療費支出のおよそ20％を企業が負担している．大企業が従業員に独自の医療給付を提供することによって適用除外となる一方で，中小企業が医療保障のための追加の費用負担を避けたいと考えているため，JAMSOSTEKによる医療保険の拡大は，二重の障害に直面しているのである（Ramesh with Asher, 2000, pp. 88-89）．なお，PT. JAMSOSTEKによると，2002年の医療保険には，3245億2555万5610ルピアの保険料収入があり，給付総額はその57.25％に相当する1857億9589万7497ルピアであった．また，保険料収入に対する給付総額の割合がもっとも高かったのは，1995年の80.65％であった．

(ii) JPKM（地域健康維持制度）とその課題

JAMSOSTEK以外の医療保障としては，まずJPKM（Jaminan Pemeliharaan Kesehatan Masyarakat）という任意加入の制度がある．これは国民保健に関する法律1992年第23号（国民保健法）を基本法とし，93年

---

19) 法的枠組みの詳細は，Sugaya（2000）を参照．

から95年にかけて出された保健省令や布告にしたがって，96年より実施されている．JPKMでは，国民保健法が定めた基準を満たす団体の申請に対して，制度の運営を行う免許を保健省が与える．免許を得た団体はBadan Penyelenggara (Bapel：執行機関) とよばれ，制度に加入する者はBapelと保険料やサービス内容について契約をする．加入者はBapelと契約を結んでいる保健医療機関で診療を受け，医療費はBapelから保健医療機関に支払われる．競争原理を働かせるため，Bapelになることには民間の参入が認められており，2001年9月現在で24の団体が認可を受けている．その大部分は企業（保険会社）であるが，協同組合や財団などの参加もある．また，保健省[20]のJPKM担当者によれば，加入者数は2001年6月末に100万人を超えたとのことである (Depkes, n. d., p. 95：Marzolf, 2002, p. 19)．保健省は，"Healthy Indonesia 2010" という中期プログラムを掲げているが，その柱のひとつをこのJPKMとし，全国的な展開を目指そうとした．しかし，Bapelが加入を拒否できないという規定があるため，任意加入のままでは逆選択が生じ，ローリスクの人びとは加入してこない．その結果，慎重な保険会社はJPKMのBapelとはならず，保健省の規定から離れて市場でさまざまな医療保険を販売するであろう (Thabrany, 2000, p. 9)．保健省は強制加入化を含む新しい法案の必要性を2001年6月に国会で繰り返したが，経済界から強い反対が表明された (Marzolf, 2002, p. 22)．この件に関しては，もともと政府自身が時期尚早と考えていたし，財務省など関係省庁の合意を得ることもできなかった (Lieberman and Marzoeki, 2000, p. 26)．なお，保健省は，ソーシャルセーフティーネット (SSN) の医療分野 (JPS-BK) での運営にJPKMの管理方式を導入しようと，JPS-BKを母体に州政府から認可を得たPra-Bapelを全国に331置いている．このうち167は協同組合，131は財団である．また，Pra-Bapelには，JPS-BKを母体としないものが13あり，うち12は企業である (2000年現在：Depkes, n. d., p. 96)．しかし，これは完全には成功しておらず，寄付金も1999年から2000年にかけて途切れてしまって

---

20) 保健省は，1999年10月に発足したワヒド政権による省庁再編で保健・社会福祉省となったが，同大統領の罷免により2001年7月に誕生したメガワティ政権下で，再び保健省に戻されている．

いる (Marzolf, 2002, p. 22).

(iii)その他の制度

　公務部門を対象としたASKESは，奇しくもJAMSOSTEKが医療保険の実施を開始した1993年より，民間部門に対し任意で加入を認めるようになった．しかも，その対象は100人以上の企業の従業員であり，JAMSOSTEKとの競合が生じることとなった．公務部門の加入者数（家族を含むと考えられる）は約1460万人と推計されているが，任意加入者は80万人を超えたところである (Marzolf, 2002, p. 20). これに加え，JAMSOSTEKの加入企業はその医療保険に参加せず，民間医療保険に加入することもできるし，JPKMも個人だけではなく企業も対象としている．このようにインドネシアの医療保障では，まさに公私を巻き込んだかたちでの競争原理が導入されている．

　他方，最貧層に対するヘルスカード（Kartu Sehat）プログラムという制度が，1994年に貧困撲滅戦略の一部として導入された．最貧層はヘルスカードを受け取り，それを保健センターや公立病院に提示することによって，無料の医療サービスを受けることができる．公立の医療機関は，カードホルダーへの診療行為に対する報酬として，外来1回につき500ルピア，入院1回につき5万ルピアを保健省から受け取る．しかし，この診療報酬システムはうまく機能せず，ヘルスカードプログラムは本質的に「資金のない所掌（unfunded mandate）」となってしまった（Marzolf, 2002, p. 25）.

　また，村落レベルではDana Sehat（健康基金）とよばれる一種の地域型医療保険が，1970年代より試みられている．その運営に当たっては，ボランティアが1ヵ月1家族当たり100ルピアを集め，保健センターでの受診が2回まで無料になる．多くの村では，この基金への加入を強制化しているが，給付に魅力がないため，ほとんどの家族は加入から1年以内に脱退をしてしまっている（Thabrany, 2000, p. 9 : Marzolf, 2002, p. 22）.

　なお，上記のような競争原理をもちこんだ医療保障の多様なあり方とは対照的に，保健省は貧困世帯を含む全国民を対象とした国民健康保障（Jaminan Kesehatan Sosial : JKN）の導入を計画している（Jakarta Post, Mar. 7, 2003）．これは既存の医療保障制度が，どれもうまく機能していないためであろう．いずれにせよ現行憲法の第28条H(1)項で，すべての人びとの医療を

受ける権利が規定されたことに対して、その具現化が求められているのである.

(iv)施設を通じた医療保障

医療保険による人口のカバレッジは、まだ非常に限定的であるが、こうした状況のもと、一般庶民に対する初期医療において中心的な役割を果たしているのは、全国を網羅している保健センター (puskesmas) である. この施設は、すべての郡 (kecamatan)[21]に少なくともひとつが設けられており、2ないし3つのサブセンターおよび村落レベルのステーション (posyandu) と連携して、「疾病治療・母子保健・予防接種・家族計画・環境保健・学校保健の全てを実施する総合保健医療サービスセンター」(坂井, 1987, p.82) としての役割を担っている. これらの施設は、無料または一般庶民が支払える程度の料金で、サービスを提供している. 保健センターは外来を中心とするが、人口密集地や遠隔地では10床までの簡単な入院設備をもっている場合もある. なお、1次医療の担い手としては、開業医などもあげられるが、大都市にみられる例外を除いては、開業している保健医療専門職のほぼすべては、公立の保健医療機関に勤務しており、夕方や休日に診療を行っている.

2次医療と3次医療を担う病院では、私立病院が相当の割合を占めている. 私立病院はその多くが営利の専門病院であるが、非営利の一般病院もある (坂井, 1987, p.80). 病院での料金は、提供される医療サービスや入院時の病室のクラスに応じて課されるが、私立も含めてすべての病院には、貧困患者のために一定割合以上のベッドを割り当てることが義務付けられている. G. P. Farmasi (1994, p.25) によれば、その比率は公立病院では75%以上、私立病院でも25%という割合である. また、支払能力なしと認められた患者からは、医療サービスに対する費用は一切徴収されない. ちなみに、世界銀行による1991年の推計によれば、経常支出に対する原価回収率は、公立病院で19.9%、保健センターで3%となっていた[22] (Ramesh with Asher, 2000, p.88).

---

21) インドネシアの地方行政区分は、第1級自治区として州(Propinsi)および州と同等な特別行政区(ジャカルタ、ジョグジャカルタ)、第2級自治区として県(Kabupaten)と市(Kota Madya)がある. 郡 (Kecamatan) は、県または市の下部組織であり、それはさらに村 (Kerulahan) に分かれる.

22) なお、非常勤医師や研修医、助産婦などへの給与支払いが未払いになることがある (Jakarta Post, 27 Mar., 1, 2, 9 Apr., 2002). これは保健医療財政の厳しさの現われの一端であるのかもしれない. また、程度の差こそあれ、このような施設を通じた医療保障は、フィ

しかしながら，インドネシアの保健医療が，その多くを公費によっているわけでは決してない．WHO（2002, Annex Table 5）によれば，2000年の保健医療費支出のGDP比は2.7％であり，その76.3％は私的支出であった．また，一般政府（中央および地方政府予算，予算外の財源，社会保障制度を含む）の保健医療への割り当ては，3.1％にすぎなかった．そのうち，予算外の財源は28.5％，社会保障からの医療費支出は7.5％であるが，おそらく前者は外国からの援助，後者の大部分はASKESによるものと思われる．なお，世界銀行の分類ではインドネシアは低所得国に属するが，低所得国の保健医療支出のGDP比は平均で4.3％となっており，インドネシアはこれを大きく下回っている（World Bank, 2003b, pp.93-94）．

③労災補償

まず原則として，「労働者に係る基本的事項に関する法律1969年第14号」第10条は，労災補償を含む労働者保護を推進するとしている．そのうえで，JAMSOSTEKの加入者には，その労災プログラムによって労災補償が提供されている．保険料率は，事業の危険度に応じて分類された5つのグループごとに，グループⅠで0.24％，グループⅡで0.54％，グループⅢで0.89％，グループⅣで1.27％，グループⅤで1.74％と定められている[23]［政府規則第9条］．ただし，メリット制は採用されていない．また，給付内容は以下のようになっている［政府規則付則Ⅱ］．(a)被災者の移送費．ただし，陸上または川を使った移送では15万ルピア，海上移送では30万ルピア，航空機での移送では40万ルピアが上限額とされている．(b)医療検査，治療，入院に要する費用．ただし，1件当たりの上限は640万ルピアである．(c)肢体（またはその機能）を失った被災者に対する機能回復訓練または人工器官に要するリハビリテーション費用．(d)つぎの現金給付．＊一時的障害に対する給付．最初の4ヵ月は賃金の100％，つぎの4ヵ月は賃金の75％，その後は賃金の50％．＊永久的部分障害に対する給付．賃金月額の2-70％の70倍を一時金として支給．パーセンテージは障害のタイプと程度による．＊永久的完全障害に対する給付．賃金

リピンにも存在するであろうし，タイにも存在していた．
23) 各グループに属する具体的な事業は，政府規則附則Ⅰに定められているが，非常に詳細にわたるので，ここでは省略する．

月額の70％の70倍を一時金として支給．あわせて月額5万ルピアを24ヵ月間支給．＊死亡に対する給付．遺族に対し，賃金月額の60％の70倍を一時金として支給．あわせて60万ルピアの葬祭費と月額5万ルピアを24ヵ月間支給．

以上，JAMSOSTEKの労災プログラムの内容をみたが，移送費や医療費に上限が設けられていること，また永久的障害と死亡に対する給付が一時金中心であり，年金給付が用意されていないことは不十分な点であろう．ちなみに，2001年には労災プログラムの保険料収入は3255億9000万ルピア，給付総額はおよそ1350億ルピアであり，過去に遡ってみても制度の発足以来，保険料収入に対する給付総額の割合が50％に達したことはない（PT. JAMSOSTEK, n.d.1, pp.3, 20：PT. JAMSOSTEK, n.d.2, p.30）．したがって，上記のような給付改善は是非とも行うべきである．また，保険料率にメリット制を採用することも，使用者の労災防止へのインセンティブとして必要であろう．

④社会福祉

イルワントとラクスモノ（1998, p.172）によれば，社会福祉に関する諸法令を概観すると，1960年代には独立戦争を戦った人々を保護することが中心であり，70年代には社会秩序の維持が関心事であった．一般市民（とくに障害者）の福祉にようやく目が向けられるようになったのは，80年代になってからであり，これはインドネシアが最貧国から脱した時期に符合する．ただし，現在ある諸法令がすべて機能しているわけではなく，比較的機能しているのは社会統制的法令などである（同上書，pp.170-172）．ちなみに，同上書（pp.175-177）は，社会福祉サービスの概要として，1.児童に対するサービス，2.高齢者に対するサービス，3.障害者に対するサービス，4.社会的障害者（娼婦・ホームレス・物乞い・犯罪前歴者）に対するサービス，5.非行少年への更生援助サービス，6.薬物およびアルコール依存者への更生援助，7.貧困家庭に対する社会福祉的援助および自然災害被災者への援助をあげている．しかし，これらのサービスに対する予算規模や，サービス実績などの具体的数値は示されていない．他方，Santono（2002, pp.48-49）では，第1次長期計画（1969年度から1993年度までの第1次25ヵ年経済開発長期計画）期間中の事業実績が示されているが，それらは同期間のトータルの実績であるし，とても

十分な数であるとは考えられない.

ところで,社会福祉基本法（1974年第6号法）では,社会福祉に関する問題解決の第一義的役割は,地域社会に期待されている.ただし,中央政府は政策決定に責任をもつとされ,地域社会におけるすべての活動も,中央政府の社会福祉政策に即して行われなければならない[24]（イルワント／ラクスモノ,1998, p.178）.反面,社会福祉にかかわる政府予算は微々たるものにすぎず,高齢者のための費用は家族が負担している.しかし,多くの高齢者はこれまで家族と同居をしてきたが,将来は子どもの数が少なくなり,生活様式の変化も重なって,家族内の介護ができなくなることが予想される.近代的な生活を維持するための支出増に加え,拡大家族が住める広さの住居をもつことが不可能になることも考えられる.このため,将来の高齢者は自分の家屋をもち,自らのニーズを充足する専門的サービスを購入するか,あるいは専門的サービスを提供する老人ホームに移り住まなければならなくなると考えられている（同上書, p.166）.

4　フィリピンの社会保障

現地通貨1ペソは2.28円（2003年4月10日午後1時40分現在）

フィリピンの社会保障で主要な役割を担っているのは,公務員などを対象としたGSIS（Government Service Insurance System）,および民間部門を対象としたSSS（Social Security System）である.ただし,インドネシアやタイの社会保障が公務部門と民間部門で完全に分かれている[25]のと対照的に,フィリピンでは国民健康保険（National Health Insurance Program：NHIP）と労災補償プログラム（Employees Compensation Program：ECP）において,公私両部門に対する制度が給付面で一本化されている.以下では,GSIS,SSS,NHIP,ECPについて,それぞれの内容をみていきたい.

---

[24] この点については,スハルト政権の崩壊後,中央政府が地方分権化に着手したことによって,変わっていくであろう.
[25] インドネシアのASKESが民間に任意加入を認めているのは例外である.

(1) GSIS（公務員への所得保障）

　GSIS は，Commonwealth Act 186 が 1936 年に承認され，翌 37 年に制度として誕生した[26]．現行法は GSIS Act of 1997 である[27]が，強制加入対象者は臨時職員を含むすべての被用者であり，これには国有企業も含まれる．ただし，軍人は独自の制度である AFP-RSBS（The Armed Forces of the Philippines-Retirement and Separation Benefits System）でカバーされている．GSIS の財源は労使（使用者としての政府）が負担する保険料であり，給与月額 1 万ペソまでは労使各 9％，12％，1 万ペソを超える部分については労使各 2％，12％を拠出する．保険料納付者（active members）は 142 万 4845 人[28]であり，給付には以下のものがある．

①高齢退職給付

　つぎの 3 つの条件をすべて満たしていることが，受給要件である．A) 15 年以上の在職（拠出）．B) 退職時に 60 歳に達している（定年は 65 歳）．C) 永久完全障害による年金を受給していない．これらの条件を満たす退職者は，つぎの 2 つから受給方法を選択する．a) 5 年分の一時金（基礎年金の 60 ヵ月分）をまず受け取り，5 年後から基礎年金（basic pension）の受給を開始する．b) 一時金（基礎年金の 18 ヵ月分）と同時に基礎年金の受給を開始する．ちなみに基礎年金月額は，再評価後平均賃金月額の 37.5％ に，15 年を超える勤続年数 1 年につき再評価後平均賃金月額の 2.5％ を加えた額である．ただし，基礎年金月額は，平均賃金月額の 90％ を超えてはならない．ここで平均賃金月額とは，退職直前の 36 ヵ月間の平均（ただし，1 万ペソが上限）であり，再評価後平均賃金月額は，平均賃金月額が 1000 ペソ以下の場合には平均賃金月額の 170％，平均賃金月額が 1000 ペソを超える場合には平均賃金月額＋700 ペソとされている．これにより，勤続 33 年前後で平均賃金月額の 90％ の基礎年金を受け取ることができる．なお，以上の記述からもわかるとおり，GSIS

---

26) アメリカからの独立準備政府たるフィリピン・コモンウェルスが，1935 年 11 月に発足していた．
27) 以下，GSIS に関する記述は，GSIS, Primer on the GSIS Act of 1997 (R. A. 8291) によった．
28) 2003 年 4 月 25 日に Web-site at http://www. gsis. gov. ph/で検索した結果であるが，いつ現在かは記載がなかった．

の基礎年金は日本のそれとはまったく異なるものである．GSIS 年金は 2 階建てをとらず，所得比例部分のみで構成されている．

②離職給付

a) 勤続年数が 3 年以上 15 年未満の場合，勤続 1 年につき平均賃金月額の 100％ の一時金が，離職時または 60 歳到達時のいずれか遅い方に支給される（ただし，永久完全障害による年金を受給している場合は支給されない）．

b) 勤続年数が 15 年以上で，年齢が 60 歳未満で辞職または離職する場合，基礎年金の 18 ヵ月分が支給され，60 歳からは基礎年金が支給される．なお，ここでいう平均賃金月額，および基礎年金額の計算方法は，高齢退職給付と同様である．

③失業給付

失業給付は，通常は組織再編から生じる職場や地位の廃止の結果，正規職員が非自発的に離職を余儀なくされた場合に支給される．受給要件は，12 ヵ月分以上の保険料拠出であり，平均賃金月額の 50％ が，拠出期間に応じて 2 ヵ月から 6 ヵ月の間，支給される．ただし，拠出期間が 15 年以上あれば，高齢退職給付または離職給付が支給される．

これらのほか GSIS には，障害，遺族，死亡（生命保険および葬祭費）に関する給付がある[29]．

(2) SSS（民間への所得保障）

SSS は，1954 年 6 月に成立した Republic Act (R. A.) No. 1161 (Social Security Act) が，57 年 6 月の改正後，同年 9 月に施行して創設された民間対象の社会保険制度である．この法律は後に数度の修正を受け，現行法は 1997 年 3 月に成立・施行した R. A. No. 8282 (Social Security Act of 1997：以下，97 年法) である．

①強制加入対象者［第 9 条，9 条 A］[30]

a) 60 歳以下のすべての被用者とその使用者．ただし，家事使用人の場合は月収が 1000 ペソ未満でないこと．

---

29) ただし，GSIS のウェブサイトでは，給付の実績や財政状況が示されていない．
30) 以下，SSS の内容に関する記述は 97 年法によっているが，法の当該箇所をこのように示す．

b) 社会保障委員会の規則によって定められた自営業者層．具体的には以下を含むが，それらに限定されるものではない[31]．
1) すべての自営専門家
2) 共同経営者および個人事業主
3) 被用者の定義に当てはまらない俳優・演出家・脚本家・ニュース通信員
4) プロスポーツ選手・コーチ・トレーナー・ジョッキー
5) 個人経営の農漁業者

このように SSS は，すべての被用者のほか，農業を含む自営業者層までをも強制加入の対象としているところに大きな特徴がある．なお，離職者や家事に専念する配偶者，外国企業に国外で雇用されている者は，任意加入となっている［第9条(b)項，(c)項，第11条］．2001年末の加入者数は，被用者が1935万2845人，自営業者層が417万27人で計2352万2872人であった（Web-site at http://www.sss.gov.ph/）．これは同年の労働力人口の69.9％に相当する．しかし，このうち保険料を支払わずに，受給資格を失っている者は相当いると推測できる．このことは医療保障のところで具体的に述べる．

②財源［第18条，19条］

基本的には保険料と積立金の運用収入が財源である．保険料率は被用者3.33％，使用者5.07％で計8.4％（内0.4％は後述の出産給付部分），自営業者層は8.4％（ただし，月収1000ペソ未満の場合は軽減措置あり：第19条A を参照）であったが，これが2003年3月より1％引き上げられた（同上ウェブサイト）．被用者の場合，この引き上げ分は使用者が負担する．保険料の賦課ベースや給付の算定には標準報酬月額制がとられており，その下限は1000ペソ，上限は1万4750ペソとされている（同上ウェブサイト）．また自営業者層の場合には，前年の純所得が賦課ベースとされている．なお，必要に応じて国庫補助を割り当てる規定［第20条］とともに，法律に基づく給付が保障されるよう，SSS の支払能力に政府が責任をもつという規定［第21条］がある．

③給付

---

[31] この規定自体は97年法第9条Aに定められており，1)-5)の職種もそこに列挙されている．

(i) 老齢・障害・死亡に対する保障

老齢年金の場合は，120ヵ月以上の保険料納入済期間があり，60歳になって退職しているか，または65歳に達していることが受給要件となる．この要件を満たさない場合は，保険料の拠出総額が一時金として支給される［第12条B(a)項，(b)項］．

障害年金および遺族年金の場合には，36ヵ月以上の保険料納入が受給要件であり，それ未満の場合には一時金の支給となる．一時金としては，年金月額（算出法は後述）に保険料納付済月数をかけたものが支給されるが，12ヵ月分が最低保障額とされている．ただし，障害一時金のうち部分障害については，その部位に応じて減額がなされる［第13条，13条A(a)項］．

老齢年金または障害年金の受給者が死亡した場合，遺族年金が第一受取人（被扶養配偶者または子）に100％引き継がれる．受給者が年金の支給開始後60ヵ月以内に死亡し，かつ第一受取人がいない場合には，第二受取人（被扶養両親またはこれがいない場合は，受給者が指定した者）に対して，60ヵ月分の年金と受給者がすでに受け取った年金との差額が支給される［第12条B(d)項，第13条A(c)項］．なお，加入者または受給者が死亡した場合には，1万2000ペソの葬祭費が支給される［第13条B］[32]．

さて，老齢・障害・死亡（遺族）のそれぞれのリスクに対して用意されている年金額についてであるが，月額は1200ペソ（保険料納付済期間10年以上20年未満の場合），または2400ペソ（保険料納付済期間20年以上の場合）を最低保障額とし，つぎの合計で算出される［第12条，12条A］．なお，最初の18ヵ月分の年金は，一時金として受け取ることもできる［第12条B(a)項］．

a. 300ペソの定額部分．
b. 平均標準報酬月額の20％．
c. つぎのうちの最高額．平均標準報酬月額の40％または10年を超える加入期間1年につき平均標準報酬月額の2％，または1000ペソ．
d. 21歳未満の子ども1人につき，上記年金額合計の10％または250ペソの

---

[32] しかし，本文の表7・4にあるように，2001年の支給額は1人当たり1万9487ペソとなっている．SSSの政策策定を行う社会保障委員会によって，規則が適宜改定されることがあるが，さもなくば統計にミスがある可能性もある．

第7章 インドネシア・フィリピン・タイの社会保障 265

うち高額なほうを5人目まで加給.

なお，標準報酬月額の平均には，直近60ヵ月または保険料支払い全期間のうち高いほうが用いられる［第8条(m)項］が，物価スライド制がとられていないこともあり，所得代替率はさほど高くない（San Jose, 2000, p.181）.また，障害年金のうち部分障害に対するものについては，その支給期間は障害部位に応じて3ヵ月から50ヵ月の間に定められている［第13条A(f)項］.

(ii)疾病・出産に関する保障［第14条(a)項，(b)項，14条A］

SSSでは，医療（療養）の給付は行われない．SSSのメンバーと家族は，後述のNHIPを通じてその給付を受けることになっている．NHIPの保険料はSSSを介して集められるが，SSSは所得保障に特化した社会保険になっている．したがって，ここでふれるのは傷病手当金と出産手当金についてである．傷病手当金は1958年に支給が開始された．その後1974年には葬祭費（上述）が，1978年には出産手当金が支給されるようになった（San Jose, 2000, p.183）.

傷病手当金は，疾病や怪我のため就労できない場合に，3日を超えて病床にあること，直前の12ヵ月間に3ヵ月分以上の保険料を納付していること，および使用者が定める有給の病気休暇を使い切っていることを受給要件としている．これらを満たす場合，直前12ヵ月間の賃金のうち，高いほうの6ヵ月間の1日当たり平均賃金額を基準に，その90％が支給される．給付期間は1年間に120日を限度とし，未受給日数を翌年に持ち越すことはできない．また，同一の療養に対する給付は，240日間を限度とする．

出産手当金は，加入者が出産または流産のために就労できない場合，直前の12ヵ月間に3ヵ月分以上の保険料を納付していることを要件に，第4子まで支給される．傷病手当金と同様の方法で計算される1日当たり平均賃金額を基準に，その100％が60日間（通常の分娩または流産の場合）または78日間（帝王切開の場合）支給される．

④SSローン

SSSの大きな特徴として，一定の要件を満たす被保険者への各種ローンサービスがある．一般目的サラリーローン，教育ローン，災害ローン，失業ローン，住宅取得ローンなどが，市場金利より低い利率で提供される（San Jose, 2000, p.186）.なお，SSSは1954年の社会保障法のもとで，失業給付を含ん

でいたが，57年の改正でこれが削除され（*Ibid.*, pp. 170-171），失業保険が一度も実施されないまま，現在に至っている．上記の失業ローンは，SSSにおける失業給付の欠落を，不十分ではありながら補うために設けられたとも考えられる．しかし，2001年の実績では，合計80万6392件，総額101億6424万ペソのうち，80万3330件，99億3693万ペソは，サラリーローンであり（1件当たり1万2370ペソ），失業ローンの貸出しはなかった（Web-site at http://www.sss.gov.ph/）．ちなみにSSSによれば，失業ローンのための基金は，すでに枯渇したということである．

⑤給付構造と財政状況

表7・4は，SSSの給付構造（2001年）を表わしている．給付額の分野別割合では，退職と死亡が大きな割合を占めている．ただし，たとえば年金の平均受給額は，一番高い老齢年金で月2816ペソと低いレベルにある．ちなみに，2001年の最低賃金日額は，マニラ首都圏で250ペソであった．他方，同年のSSS年間保険料収入は309億1195万ペソ，基金の運用収入その他は123億9187万ペソで，合計433億382万ペソの収入があった．この収入の9.7％（保険料収入に対しては13.6％）に当たる42億1154万ペソは，SSSの年間運営

表7・4 SSSの給付構造（2001年1-12月）

	給付額 （100万ペソ）	受給者数	給付額の 分野別割合 （％）	1人当たり 平均受給額 （ペソ）
SSS 合計	37,813.48	1,775,996	100	
老齢	17,686.95	426,986	46.8	
内年金	(13,103.05)	(387,756)	(34.7)	2,816*
内一時金	(4,583.90)	(39,230)	(12.1)	116,847
死亡	12,182.72	461,962	32.2	
内年金	(10,255.48)	(384,619)	(27.1)	2,222*
内一時金	(1,927.24)	(77,343)	(5.1)	24,918
障害	3,227.62	165,451	8.5	
内年金	(2,010.89)	(64,033)	(5.3)	2,617*
内一時金	(1,216.73)	(101,418)	(3.2)	11,997
出産手当金	1,944.43	150,346	5.1	12,993
傷病手当金	1,238.29	492,559	3.3	2,514
葬祭費	1,533.47	78,691	4.1	19,487

注：*の部分は月額である．
出所：Web-site at http://www.sss.gov.ph/より筆者作成．

経費に使われた．なお，2001年の運用利率は9.2％だったが，消費者物価指数が6.0％上昇した（Web-site at http://www.census.gov.ph/）ため，実質利回りは3.0％であった．ちなみに，同年の預金利率は8.744％であった（IMF，2003，p.720）ので，これと比べてもSSSの運用利回りはさほど良くはない．いずれにせよ，2001年12月のSSSの総資産額は1450億7055万ペソとなった[33]．ただし，保険料収入だけでは給付が賄えない状態が続き，総資産額は減少をしてきている．また，老齢人口も増加を始めているため，政府はSSSの財政を持続可能なものとするため，保険料率を現行の9.4％から段階的に引き上げ，最終的には22％とする計画を立てている（Philippine Dairy Inquirer, 22 may 2002）．これに対し，フィリピン労働組合会議（TUCP）はSSS財源の悪化は，エストラーダ政権時代の株式投資の失敗が原因であるとした．基金の運用については，第1に外貨や海外投資よりも，国内企業の生産性を高めるような投資に重点を移すべきであり，第2に株式投資に偏っている運用方針が基金の財政基盤を不安定にしているとTUCPは述べた．また，保険料の大幅な引き上げについては，その代替策として97年法第20条（前記参照）に照らし，国庫支出金で補塡すべきであると，TUCPは主張している（Philippine Daily Inquirer, 18 May, 2002）．

(3) NHIP（全国民への医療保障）

フィリピンの医療保障の内容を紹介する前に，医療スタッフが東南アジア諸国と日本でどのくらい存在しているのかを表7・5で比較してみると，フィリピンはここで取り上げられている東南アジア諸国のなかで，もっとも医療スタッフが充実している国のひとつである．このことが，後述のようにいち早く国民皆保険を目指した下地としてあるのかもしれない．ただし，人口当たり病床数といった施設面では，他の東南アジア諸国と比較しても，フィリピンはインドネシアについで低い水準にある（IMFJ，2003，p.141）．

さて，フィリピンの医療保障では，1969年8月のRepublic Act No. 6111により，72年1月から実施されたメディケア・プログラムが存在していた．

---

33) 以上の記述はSSSのウェブサイト（http://www.sss.gov.ph）によった．

表7・5 医療スタッフ1人当たり人口

国名	年	医師 1人当たり 人口	歯科医 1人当たり 人口	薬剤師 1人当たり 人口	医療補助者 1人当たり 人口	看護師 1人当たり 人口	看護師・助産婦 1人当たり 人口
ブルネイ	2001	1,189	10,737	15,850	…d)	231	201
インドネシア	1999	8,118	33,843	29,364	15	2,541	1,540
日本	2000	496	1,397	583.6	…	122	119
マレーシア	2001	1,474	10,695	9,270	3,432	969	714
フィリピンa)	2000	803	1,840	1,722	…	226	163c)
シンガポールb)	2001	698	3,516	3,621	…	243	237
タイ	2000	3,427	14,916	9,675	…	614.9	618.5c)
ベトナム	2001	1,859	…	13,134	1,599	1,766	1,330

注a) 出所は専門職管理委員会（Professional Regulation Commission）．b) 居住者全体を対象とする．c) 1999年．d) …は不明を示す．
資料：IMFJ（2003, p.161）．出所はフィリピンを除き各国保健省．

これは，2つの段階を経てすべての国民をカバーしていくように企図されたものであった．すなわち，メディケアⅠがGSISおよびSSSの加入者とその被扶養家族，両制度の年金受給者とその被扶養家族を対象としたのに対し，メディケアⅡではメディケアⅠの適用から漏れた人々が対象に考えられていた．しかし，メディケアⅡの実施が遅々として進まないなかで，この問題への取り組みを強化すべく，1995年2月にRepublic Act No. 7875（National Health Insurance Act．以下，国民健康保険法）が成立した．そしてこれにもとづいた，新たな国民健康保険制度（NHIP）で，全国民をカバーしていくように計画がたてられた．これによる制度運営は，フィリピン健康保険組合（Philippine Health Insurance Corporation：PhilHealth）が行っており，1998年にSSSおよびGSISの医療保険基金が同組合に移管された（San Jose, 2000, p.171）．以下，国民健康保険法の内容にしたがって，フィリピンの医療保障について述べていく．

①対象者

現段階のメンバーは，メディケア・プログラムから引継いだSSSおよびGSIS加入者とその被扶養家族，両制度の年金受給者とその被扶養家族を中心としているが，国民健康保険法第6条は，15年以内（すなわち2010年まで）に全国民をカバーする制度にしていくと謳っている．貧困者は，ミーンズテストにもとづき，保険料の拠出なしに，この制度による医療保障を受けるように

なる.ただし,これが全国的な広がりをみせるには,まだ相当の時間がかかるであろうし,15年以内という上記の目標達成は,困難だろう.また貧困者のほか,a) SSSまたはGSISの退職者と年金受給者,b) 退職年齢に達し,すでに120ヵ月以上の保険料を納付した者も,保険料の納付なしに受給権者になれる[第12条34)].なお,被扶養家族には,配偶者,未婚で雇用されていない21歳未満の子ども(疾病や障害の場合は年齢制限がない),両親(上記のように保険料を免除される者は除く)が含まれる[第4条].PhilHealthによれば,2002年6月現在,受給権者(beneficiary)は3820万人と推計されているが,このうち,保険料を支払っている者は約900万人,上記a)やb)のように保険料の支払いを免除されている者が50万人弱,貧困者は93万5318人である."beneficiary"との表現を文字通りに理解すれば,残りは被扶養家族ということになる.NHIPに保険料を支払っている者が約900万人だとすると,先に述べたようにGSISの保険料納付者が142万4845人であるから,SSSの加入者2352万2872人のうち,保険料を支払っているのは約757万5,000人のみ(SSS加入者の32.2%)であると推測できる.これは2002年10月期の労働力人口3367万4000人の22.5%である(Web-site at http://www.census.gov.ph/).この点をSSSに確認したところ,2003年3月現在,SSSの加入者は約2,450万人であるが,実際に拠出を行っているのは,そのうちの30%程度ということであったので,筆者の推測とほぼ符合する結果となった.

②財源と受給資格

主たる財源は保険料であり,被用者の場合にはSSSの部分で述べたような標準報酬月額が,自営業者の場合には前年の純所得が賦課ベースとされる.料率は3%を超えない範囲で設定されることになっているが,現行ではメディケア・プログラムの保険料率が踏襲されており,それは2.5%(被用者の場合はこれを労使折半)である.受給要件は,直前の6ヵ月間に3ヵ月分以上の保険料を納入していることである.

ところで,貧困者のための財源は国と地方政府連合が負担することになっているが,フィリピンでは税制が累進課税になっていないこと,地方政府の財源

---

34) このような記載は,国民健康保険法の当該条数を示す.

が乏しいこと，また税金徴収率がそもそも低いことにより，税収が十分でない（神尾，2001, p.355）．これは，この制度で貧困者を大規模にカバーしていく際の障害になるであろう．また，医療保険の運営はPhilHealthに統合されたが，財源はSSS健康保険基金，GSIS健康保険基金，貧困者健康保険基金に分立しており，財源の相互融通は行われていない（同上書，p.355）．

③給付の内容と規模

緊急などの場合を除いては，指定された病院にかからなければならない（ただし，ひとつの病院に登録する必要はなく，指定されていればどの病院でもいい）．給付対象となるのは，1暦年の間に本人・家族を問わず45日以内の入院療養費，および，外来での手術，人工透析，化学療法，放射線療法などの費用であり，診療報酬は出来高払いである．このように，いまのところ日常的な外来医療は保障されておらず[35]，入院療養についても給付日数に制限がある．また，給付を受けなかった期間を翌年に繰り越すことはできないし，給付費には病院や治療内容などに応じて上限額が定められている［国民健康保険法施行令第41条を参照］．ちなみに，給付額は年々伸びてきているものの，2001年には76億5800万ペソであり，これはGDPの僅か0.2％である．同年の給付支払い件数は141万7124件であり，受給権者すべてに対する受診率は3.8％，1件当たりの支払額は5404ペソであった．

このように国民健康保険の給付には不十分な面が多いが，他方では2001年度における中央政府の保健医療予算は，GDPの0.36％，予算全体の1.85％にすぎなかった（Manasan, 2003, Annex table 2, 3）．ただし，1991年の地方自治法により，国から地方への権限委譲が行われているため，地方自治体もある程度の保健医療予算をもっているのであろうし，私的支出もかなりあるだろう．ちなみに，WHO（2002, Annex Table 5）によれば，2000年の保健医療支出はGDPの3.4％で，その公私の内訳は45.7：54.3で私的支出が上回っている．また，一般政府（地方自治体，予算外の財源，社会保障制度も含む）の歳出のうち，保健医療費は6.7％，このうち予算外の財源によるものが6.9％，社会保障（NHIP）による医療費支出が9.9％であった．これをみてもNHIP

---

35) 国民健康保険法施行令第41条によれば，将来的には外来医療でカバーされる範囲は広められていくと解釈できる．

がフィリピンの保健医療に果たしている役割はまだ小さいことがわかる.

④ NHIPのその他の課題

国民健康保険法では，1995年の制定から15年以内に適用対象を全国民に拡大していくことを明記［第6条］しているが，そのためにはまず，制度の意義を人びとに理解してもらう必要がある．しかし，保険料を支払っても見返りの少ない制度に理解を得ることは，収入が低く不安定層の多いフィリピンではとくに困難であろう．給付の内容や水準を拡充していくこと，またその基盤となる医療提供体制を整備していくこと（医療施設の拡充や地方間格差の改善）は，制度に対する国民の理解と支持を得るためにも必要不可欠なことであろう．もっとも，現在の保険料率からすれば，高い給付水準を提供することには土台無理があり，財源確保は非常に重要な課題である.

⑤ NHIP以外の医療保障

詳細は不明であるが，地域住民が主体となった保健資金調達が行われており，なかには地域型医療保険の試みもみられる（Dalma, 2000, p.68）．他方，任意で，あるいは団体協約に基づいて医療保障を提供する使用者がいる一方で，労働法典第157条は，事業所における労働者の人数に応じて，使用者は医療施設と無料の医療・歯科サービスを提供しなければならないと定めている．ただし，このような企業内医療保障を受けている労働者の数は少なく，1997年現在で企業が負担しているのは，保健医療費全体の2%であった（神尾, 2002, pp. 337-338）.

また，医療保障を行っている非公的機関として，HMOs（Heallth Maintainance Organizations）があげられる．ほとんどのHMOsは，独自の病院をもたず，フルタイムの医療専門家も雇用していない．その代わり，HMOsは提携のある医療機関から，加入者が医療サービスを受けられるように取り計らう．HMOsは通常，予防と治療の両者をカバーする．加入者は，一定の期間にどれだけの医療を受けたかにかかわらず，定額の保険料を支払う．共同保険[36]や医療費上限が適用されるのは，提携関係のない病院への入院や，難病の場合のみである．なお，HMOsは設立主体によって，3つのタイプに分

---

36) 複数の保険者（この場合HMOs）が同一の被保険利益について，その危険負担責任を共同で引き受けること．個々の保険者は，自己の引受部分以上に責任を負うことはない.

かれる．投資家によるものは，被用者部門を対象とし，基本的に営利的である．コミュニティーによるものは，低所得地域における実験的な非営利組織である．使用者によるものは企業が設立し，その被用者のみを対象とする（Dalma, 2000, pp. 66-67）．これら HMOs からの保健医療費の支出は，1997年には全体の2％であった（神尾，2002, p. 133）．

(4) ECP（公私両部門に対する労災保険）

SSS は民間部門を対象とした現金給付に関する総合保険であるが，医療保障は上記の NHIP によって，また労災補償は The Employees' Compensation Program（ECP）によって提供されている[37]．1975年より実施された ECP は NHIP と同様に，公務部門と民間部門の両者をカバーしている点が特徴的である．保険料率は1％で全額使用者負担である．

給付は医療やリハビリテーション，および現金給付からなる．一時的障害による休業補償としては，平均賃金日額の90％が，240日を限度に支給される．永久完全障害については，SSS のメンバーには，その年金額の115％が，GSIS のメンバーについては，その年金額の120％が，終身年金として支給される．年金額は永久部分障害についても同様であるが，この場合は機能損失部位に応じて，支給期間が3ヵ月から50ヵ月の間とされている．

遺族に対する補償については，配偶者（ただし，再婚するまで），未婚で未就労の21歳未満の[38]嫡出子または養子が第一受取人とされ，障害年金と同額が支給される．支給期間は第一受取人としての定義に当てはまる限り続くが，5年間は保証期間とされている．第一受取人がいない場合には，年金額の60ヵ月分が第二受取人に支給される．ただし，死亡した者が死亡前に障害年金を受給していた場合には，60ヵ月分の未受給分のみが支給される．なお，第二受取人に含まれるのは，死亡者に扶養されていた両親，正統の子孫，非嫡出子（年齢などの条件は第一受取人の子に同じ）である[39]．また，遺族には葬祭費も支給される．

---

37) 以下，ECP の内容については，つぎを参照した．Employees' Compensation Commission, *The Employees' Compensation Program*, Web-sight at http://www.ecc.org.ph/ecp.htm/
38) 先天的または未成年期に生じた身体的または精神的な障害のため，自立した生活を営むことができない場合はこの限りではない．

第7章 インドネシア・フィリピン・タイの社会保障　　　273

表7・6　ECPの給付構造（2001年）

給付タイプ	GSIS			SSS		
	給付件数	支払額(100万ペソ)	平均支給額(ペソ)	給付件数	支払額(100万ペソ)	平均支給額(ペソ)
遺族	…	…	…	16,758	773.49	46,156
一時金	1,706	30.46	17,854	856	139.76	16,271
年金	…	…	…	15,902	637.73	3,342*
障害	…	…	…	4,775	183.48	38,425
一時金	3,564	113.10	31,735	2,663	89.38	33,563
年金	…	…	…	2,112	94.10	3,713*
遺族・障害年金計	33,237	442.72	1,110*	18,014	731.83	3,385*
傷病	2,033	7.20	3,540	48,182	144.65	3,002
医療サービス	15,025	101.44	6,751	19,016	87.02	4,576
葬祭費	859	2.28	2,654	1,007	10.46	10,387
リハビリサービス	380	1.01	2,652	618	2.48	4,013
合計	56,804	686.15	12,291	90,356	1,201.58	13,298

注：*の部分は月額である．また，…の部分は出所に記載がなかった．
出所：Web-site at http://www.ecc.org.ph/, Web-site at http://www.sss.gov.phより筆者作成．

　以上がECPの内容であるが，表7・6では2001年の給付構造が示されている．これをみて気になるのは，遺族年金と障害年金の平均額が，GSISよりもSSSのほうで3倍ほど高くなっていることである．その理由として考えられることは，ひとつにGSISのほうが制度の導入当初から法を遵守し，ECPに加入していたため，昔からの年金受給者を多く含んでいると想像できることである．物価スライドや賃金スライドがないため，過去に受給を開始した者ほど年金額は少なくなる．ちなみに，SSS加入者のほうがずっと多いにもかかわらず，遺族年金と障害年金の受給者数はGSISのほうでかなり多い．もうひとつの理由は，加入期間が短い者の場合，36ヵ月の保険料拠出というSSSの障害年金および遺族年金の受給要件を満たしていれば，年金額はGSISよりもSSSのほうが有利に設計されているという点である．とはいえ，SSS加入者の年金月額も遺族年金で3342ペソ，障害年金で3713ペソであり，2001年の最低賃金日額

---

39) SSSとECPでは，第一受取人と第二受取人の定義が若干異なっている．SSSでは非嫡出子が第一受取人に，加入者が指定した者が第二受取人に含められている一方で，ECPの第二受取人に含められている正統の子孫（legitimate descendants）がSSSでは抜けている．ただし，子に対する年齢制限などはSSSもECPも同じである．なお，配偶者が再婚したとき，SSSの場合でも受取人からはずれることになる．詳しくは，97年法第8条(e)および(k)を参照．

のレベル(マニラ首都圏で250ペソ[40])と比較して,不十分な額である.

他方,GSISの加入者が約140万人であるのに対して,民間被用者のSSS加入者はおよそ1935万人である.それにもかかわらず,GSISとSSSの受給者数にはそれほどの差がない.このことからしても,SSSに加入している使用者の多くが拠出を怠り,その被用者が受給権を失っていることが,再度確認できる.これらに加えてECP制度の問題点をあげると,制度が一本化されたとはいえ,NHIPの場合のようにSSS基金とGSIS基金は統合されていない.また,保険料率が全産業を通じて一律であることに加え,メリット制が採用されていない.使用者の労災発生防止努力を促すためにも,メリット制は必要である.

(5) 社会福祉

フィリピンにおける社会福祉行政の役割は,中央では社会福祉開発省が担っている.1998年に制定された行政令15号により,①社会福祉と開発にかかわる機関への支援,②政策・計画・事業の実施に関する監督と評価,③特別な社会サービス,社会開発基金の運営,④社会サービスと開発にかかわる戦略の研究,⑤地方自治体,政府機関,住民組織や市民団体への側面支援,⑥社会福祉と開発課題の唱道,以上の6つが同省の機能とされている.このように社会福祉開発省の機能が定められた背景には,1991年に成立した地方自治法により,地域福祉の計画化や実施の権限が国から市町村に委譲されたことがある.そして同省には,福祉対象者の基準づくりや,地域のニーズに対応した福祉を推進するために必要な技術支援と人材育成などに,さらなる努力が求められている.

社会福祉の実施では,地方自治法に基づいて,村(barangay)には保育所活動,市(city)および町(municiparity)には児童・青少年,家族,地域,女性,高齢者,障害者に関する福祉事業の権限が委託されている.また,浮浪者,物乞い,ストリートチルドレン,廃品回収で生計を立てている者,薬物依存者,非行少年などに対して,地域に根ざした幅広い社会復帰事業の実施が任されている.他方,州(province)は,災害や反政府活動の被災者に対する

---

40) 世界的な景気停滞を考慮し,アロヨ政権は2001年の最低賃金引き上げを見送ったが,その代わりに1日当たり50ペソの緊急生活手当(ECOLA)の支給を決定した(『海外労働時報』2002年11月号).

救援活動などに責任を負っている[41].

このように,社会福祉の実施主体を地方自治体に移したことは,地域の実情に即した事業の実施を目的とすることはいうまでもないが,現実には,自治体の政治的意思や財政力により,福祉政策の実施状況に相当の格差が生じてしまっている.財政的に豊かなマニラ首都圏やセブなど主要都市では,移管諸事業の実施が改善されたが,多くの自治体では技術面・組織面・財政面・運営面で課題を抱えている.中央による支援が必要であることはいうまでもないが,財政面では飛躍的に多くの予算を福祉サービスに振り向ける余裕はなく,おのずと地域住民の自助努力と相互扶助に頼らざるをえないという現実がある.社会福祉の実施主体を地方自治体に移管したことの背景には,地域社会に存続する相互扶助を通して地域の自立と活性化をはかるという狙いもあったといえる.

こうしたなか,フィリピンにおける社会福祉の推進役として,NGOは大きな役割を果たしている.社会福祉開発省は,NGOとの協力を積極的に進めており,政策や法律改正に関するNGOの提言も活発である.様々なNGOによって行われる事業では,児童・青少年・女性・零細農民や土地なし農民・少数民族・都市労働者やスラム住民などが対象とされており,収入向上事業や協同組合の組織化支援をも含む幅広い領域がカバーされている.こうしたNGOの活動では,貧困状況を改善しつつ,その原因となっている社会構造の変革を目指すため,貧困層自身が,福祉を含む様々な活動の計画,実施,評価に参加することに重点が置かれている[42].

5 タイの社会保障

現地通貨1バーツは2.79円(2003年4月10日午後1時40分現在)

(1) 公務部門の社会保障

1951年以来,官僚・軍人・警察官・国有企業労働者は,政府職員年金法に

---

41) なお,フィリピンの地方行政区分は,下から上記の順になっているが,州の上には地方(region)がある.
42) フィリピンの社会福祉に関する以上の記述は,原島(2001)および小林(1998)によっている.社会福祉の各サービスに関する現状の詳細は,両文献を参照されたい.

基づいて年金または一時金の支給を受けてきた（Ramesh with Asher, 2000, p.63）．25年以上在職し，60歳で退職した者には，一時金または年金の受給権が与えられた．年金額は，最終給与×在職年数÷50または55（退職年齢に応じる）という式で計算される．他方，10年以上25年未満在職した者には，一時金の受給権のみが与えられた．これらの給付は無拠出制であり，財源はすべて租税で賄われてきたので，政府の財政を次第に圧迫するようになっていった．このため，1994年に政府職員年金制度の改革が内閣で承認され，「仏暦2536年（1996年）政府職員の退職金および年金に関する法律」が，1997年3月に施行された（Tavara, 2000, pp.213-214）．

新制度（Government Pension Fund : GPF）は拠出制となったが，拠出率は政府が5％，職員が3％である．97年3月以降に雇用された者は，必ずこの制度に加入しなければならない．他方，それ以前から雇用されている者には，旧制度にとどまるか，または新制度に移行するかの選択権が与えられた．ちなみに，新制度に移行する場合，その職員はそれまでに拠出をまったく行っていないので，雇用されてから新制度へ移行するまでの期間について，政府拠出分のうち2％が補塡される（Tavara, 2000, pp.213-314 : Sawatartikom, 2001, pp.145-146）．2002年6月現在，GPFの加入者は約110万人，基金総額は1744億229万バーツである．このGPFのもとで25年以上在職した者は，つぎの2種類の給付から，どちらかを選択できる．第1は，政府予算[43]および職員と政府の拠出を財源とする年金，および利子を加えた報奨金，第2は，最終給与月額に在職年数をかけた金額に，職員と政府の拠出金へ利子を加えた金額をたした退職金である（Kesornsutjarit, 2000, p.7）．

GPFが上中級職を対象としているのに対し，下級職の正規職員（たとえば運転手や掃除婦など）には政府職員基金（Government Permanent Employees' Fund）が存在してきた．これは1987年のPF法に基づいて創設されたものである．職員は，給与の3％を任意で拠出し，政府も同率の拠出をする．職員は退職時に2種類の給付を受ける．ひとつは財務省の規則にしたがって政府予算から支給される報奨金であり，もうひとつは在職中の積立金に運用益を加えた

---

[43] 新制度では拠出が求められるようになったものの，このように政府予算も給付財源に使われている．

一時金である．2002年7月現在，この制度に加入している職員は14万8213人であり，基金総額は35億7100万バーツである（Rojanamungklaporn, 2002, p. 229）．

他方，医療保障（Civil Servant Medical Benefit Scheme : CSMS）は国費により，本人と家族（両親・配偶者・20歳未満の子ども3人まで）を対象とする．上中級職の場合は，退職して年金受給者となった後も同様の医療保障を受けることができるが，下級職には，退職後の医療保障がなくなる．現在の推計では，対象者は約700万人となっている．医療の給付方式は，公的医療機関の場合，外来診療が医療費償還制，入院診療が現物給付（若干の自己負担あり）である．私的医療機関の入院診療には医療費償還制による給付があるが，1回の入院につき上限が定められている．しかし，制度全体では予算規模が急速に増大しており，財源とともに出来高払いの診療報酬制が問題とされている．

（2） 民間部門の社会保障
①所得保障

タイでは，1990年の社会保障法（90年法）に基づき，民間の被用者を強制加入とする社会保険が，1991年3月から実施されている．制度の運営は，労働省社会保障事務局によって行われている．以下ではこの制度の内容と問題点をみていく．なお，90年法は94年と99年に改正され，99年法（Phraraat-banyat Prakan Sangkhom B. E. 2542[44]）［仏暦2542年社会保障法］）が現行法となっている．

(i)強制加入の対象

強制加入の対象は，当初従業員20人以上の企業とされていたが，93年9月には10人以上の企業へ拡大され，94年9月からは強制加入の対象者以外に，任意加入が認められるようになった．そして，2002年4月からは，従業員1人以上の企業へと強制加入が広がった［第2条，40条，103条および関連勅令による[45]］．その結果，2002年3月には，加入事業所数11万5984，加入者数

---

[44] "Prakan Sangkhom"は社会保障と社会保険の両方に訳される用語で，タイ語には両者を区別する用語がない（詳しくは菅谷（1997, pp. 818-819）を参照）．また，仏暦を西暦に換算するには534年を引く．

597万8822人であったが,同4月に24万3681事業所の629万8343人へ,2003年3月には30万7639事業所の706万4724へと,加入が拡大した(Web-site at http://www.sso.go.th/).ちなみに,2002年10-12月調査[46]によれば,民間被用者は,1117万5900人[Web-site at http://www.nso.go.th/]であり,そのすべてをカバーするには,まだ至っていない.ただ,通年の雇用を要しない農林水産業あるいは牧畜業で,他の業務を含まない事業の労働者と,臨時労働者また季節労働者は強制加入の適用からははずされている[第4条および関連勅令による].しかし,タクシン政権の構想では,2004年度には農業とインフォーマル・セクター従事者へ,2006年度には林業・水産業従事者へ適用を拡大することが政策日程に上っている(社会保障事務局による).なお,2002年10月の加入者数は689万9912人であったが,社会保障事務局によれば,加入者のうち保険料を拠出している者の割合は96%と,3ヵ国のなかでは群を抜いて高い.そして,これにしたがえば,2002年10月の拠出者数は662万3,915人となる.これは,同時期の民間被用者数(上記参照)の59.3%に相当する.他方,民間被用者に自営業者,無給家族就業者を加える(就業者のうち使用者と公務員を除く)と,2002年10-12月期に3,007万人となっているが,これに対する拠出者の割合は22.0%となる.また,単純に労働力人口比では19.1%である.

(ii)給付内容と保険料率

上記社会保険制度の給付分野であるが,段階的措置により,まず1991年に傷病・出産・障害・死亡の4分野が導入され,98年12月からは老齢と児童手当分野の保険料徴収が開始されている.このように児童手当を総合保険としての社会保険に組み込んでいる点は,タイの制度で特徴的なことであり,老齢分野とともにこれを導入したことは,少子高齢化への対処として捉えることができる.ちなみに,タイはシンガポールに先んじて児童手当を導入しており,東南アジア全体でもこの制度を実施している国は同2ヵ国のみである.しかも,遅れて制度を導入したシンガポールの合計特殊出生率は,2001年現在で1.4

---

45) このような記述は99年法の当該箇所を示す.また,タイは王国であり,法律はその名の下に作成され,重要な事柄は勅令によって実施される.
46) タイの労働力調査は1-3月,4-6月,7-9月,10-12月の年4回行われる.このうちで1-3月は農閑期,7-9月は農繁期であり,4回の調査で労働力の構造に若干の変動がある.

とタイの1.8を下回っている (World Bank, 2003, p.102). 他方, 2004年1月からは失業分野の保険料徴収が開始される見込みである (Bangkok Post, 29 Apr., 2003). これが実現すれば, フィリピンのGSISを別として, 東南アジアで最初の失業保険が誕生することになるとともに, 90年法当時から法律に定められていた七分野がすべて揃うことになる.

保険料率は, 通貨経済危機の影響を考慮して時限的に軽減されてきた[47]. 傷病・出産・障害・死亡といった4分野の保険料率は, 2003年には政労使各1%で計3%であるが, 2004年からは本来の料率に戻り, 政労使各1.5%で計4.5%になる. そして, このうちの2.64% (政労使各0.88%) は, 後述の医療保障に使われる. 他方, 老齢および児童手当分野の保険料率は, 労使各3%, 政府1%で計7%となっている. このように政府が拠出していることは, タイの社会保険制度に特徴的な点であり, あとで述べるような問題点もはらんでいる. なお, 失業分野の保険料率については, 現在政府において審議中である. また, 制度は別であるが労災保険 (後述の労災補償基金) の保険料率は0.2-1.0%となっており, 2004年から保険料率の合計は, 全体で11.7-12.5%に失業分野の料率を加えたものになる.

以下では, この社会保険による給付のうち, 所得保障に限ってその内容を記す. なお, 保険料および給付額の算定には, 1650-1万5000バーツの間で標準報酬月額制が用いられている.

1) 傷病手当金: 直前の15ヵ月間に3ヵ月分以上の保険料を納入していることが受給要件であり, 従前賃金[48]の50%を1症例につき90日間まで, 1暦年につき180日まで支給する. ただし, 慢性病の場合には, 給付期間は365日まで延長される [第62条, 64条].
2) 出産給付: 直前の15ヵ月間に7ヵ月分以上の保険料を納入していることが受給要件であり, 1回の出産につき, 定額で4000バーツの分娩費用が支給される. これは, 被保険者の配偶者にも適用される. また, 被保険者本人が出産する場合, 休業時の所得保障として, 従前賃金の50%が90

---

47) 詳しい経緯はSugaya (2002) を参照.
48) 直前9ヵ月のうち高いほうの3ヵ月における平均標準報酬日額 (99年法第57条). 以下, 同様.

日間まで支給される．ただし，出産給付は2回目までに限られる［第65-67条および関連省令による］．

3) 障害給付：直前の15ヵ月間に3ヵ月分以上の保険料を納入していることが受給要件である．療養費とリハビリ費用の他，従前賃金に対し50%の障害年金が，終身年金として支給される．なお，障害状態が改善したと判断された場合には，年金額は減額される［第69-72条］．

4) 死亡給付：直前6ヵ月間に1ヵ月分以上の保険料を納入していることが受給要件であり，3万バーツの葬祭費が支給される．ただし，これは被保険者本人の死亡に対してのみの給付である．なお，保険料が3年以上納入されている場合，または10年以上納入されている場合には，それぞれ従前賃金の1.5ヵ月分，5ヵ月分が，葬祭費とは別に遺族へ支給される［第73条および関連省令による］．

5) 老齢給付：老齢年金は，継続しているか否かにかかわらず，180ヵ月分以上の保険料を納入していることを受給要件とし，55歳に達し，かつ被保険者でなくなったとき，その翌月から支給される．年金額は，最後の60ヵ月における平均標準報酬月額の15%に，180ヵ月を超える保険料納付期間12ヵ月ごとに1%を加えて計算される．たとえば，保険料納付期間が480ヵ月であれば，平均標準報酬月額の40%が年金月額である．

　他方，保険料納付期間が180ヵ月に満たない場合は，つぎのことを要件として，一時金が支給される．(a) 55歳に達するか，障害状態となるか，または死亡したこと．または，(b)被保険者でなくなっていること．一時金の支給額は，保険料納付期間に応じて，つぎの二通りに分かれる．まず，保険料納付期間が12ヵ月に満たない場合は，被保険者本人が支払った保険料の合計が一時金額となる．他方，保険料納付期間が12ヵ月以上ある場合には，労使が支払った保険料の合計に，社会保障事務局が定めた利回りを加えたものが一時金額となる［以上，第76-77条および関係省令による］．

6) 児童手当：直前の36ヵ月間に12ヵ月分以上の保険料を納入していることが受給要件であり，月200バーツの児童手当が，子どもが満6歳になるまで支給される．ただし，給付の対象は第2子までである［第74条，75

条および関連省令による］．

7) 失業給付：直前の15ヵ月間に6ヵ月以上の保険料納入期間があり，職業紹介所に登録して月1回以上の報告を行うことなどが受給要件である．給付は，失業して8日目から支給されるが，その内容は現在政府において審議中である［第78条，79条］．

(ⅲ)給付構造と財政状況

2001年（1-12月）の給付構造は，表7・7の通りである．突出しているのは傷病部門であり，出産部門，児童手当部門がこれについでいる．2001年の財政状況については，保険料収入が345億1181万バーツ，運用利子が66億6765万バーツ，その他収入が2億7995万バーツで計414億5941万バーツであった．他方，支出については，給付費が112億2262万バーツ，運営経費が17億4,476万バーツ，その他が322万バーツで計129億7060万バーツであった．したがって，2001年の収支は284億8881万バーツの黒字であった．基金の累積額は1432億9800万バーツ（GDPの2.81％に相当）となり，その内訳は傷病・出産・死亡・障害の4分野で887億2000万バーツ，老齢・児童手当

表7・7 社会保険の給付構造（2001年）

	給付件数	割合（％）	給付額（千バーツ）	割合（％）
傷病[1]	16,067,396	94.81	7,792,129	69.43
内医療サービス	(15,130,000)	(89.3)	(7,269,893.8)	(64.78)
内傷病手当金	(33,312)	(0.20)	(522,235)	(4.65)
出産	184,281	1.09	1,527,450	13.61
内分娩費	(184,281)	(1.09)	(737,124)	(6.57)
内出産手当金	(131,317)	(0.77)	(790,326)	(7.04)
死亡[2]	13,637	0.08	398,417	3.55
障害[3]	435	0.003	92,029	0.82
家族	663,621	3.92	1,335,537	11.90
老齢[4]	16,963	0.10	77,439	0.69
合計	16,946,333	100.00	11,223,001	100.00

注1) 傷病の給付件数は延べ件数．また，療養費・傷病手当金の内訳は原典に示されていない．したがって，…は不明を示す．
2) 葬祭費と遺族一時金の内訳が，原典に示されていない．
3) 療養費と障害年金の内訳が，原典に示されていない．
4) 老齢年金の受給要件を満たす者は2014年まで出ない．表中の数字は退職年齢に達した人に対する一時金の支給．
出所：SSO (n.d.1, pp.22-24) および SSO (n.d.2, pp.51,56) より作成．

分野で545億7800万バーツとなっている．なお，基金の投資利率は前者が5.30％，後者が5.71％であった．ちなみに，同年の消費者物価指数は1.7％の上昇であったので，実質利回りは各3.54％，3.94％となる．なお，市中銀行の24ヵ月定期預金の利率は3.25-4.00％の間にあった（Cf. web-site at http://www.bot.or.th/）ので，社会保障基金の投資利回りは，これを上回っている．また，運用経費の保険料収入および全収入に対する割合は，各5.1％，4.2％であった（Cf. SSO, n. d. 1, pp. 24-29）．

(iv)問題点

以上，社会保険の給付内容をみてきたが，若干の問題点を指摘しておきたい．まず，老齢給付についてであるが，平均寿命の延びに加え，一般的な定年退職年齢は60歳になってきている（日本労働研究機構，2003，p. 54）ので，年金の支給開始年齢を55歳としていることには問題がある．また，現行の規定では，40年加入でも最後の60ヵ月における平均標準報酬月額に対し所得代替率は40％であり，その水準が低すぎるのではないかとの意見もある．これらのことに鑑みて，年金財政を長期的に持続可能なものとするため，また一定程度の生活水準を確保するのに十分な給付を確実に提供するため，社会保障事務局は改めて保険数理分析を行った．それによれば，年金受給者が出始める2014年（15年以上の保険料拠出が要件となるため）までに支給開始年齢を60歳に引き上げ，年金の所得代替率を10％増加させると，支払い準備金は52年にわたって十分であり，2043年までに積立度合は500％となる．これは，現行の制度を前提とした保険数理計算の結果とほとんど変りがない（Kesornsutjarit, 2000, pp. 12-13）．ただし，この数理計算に，物価スライドと賃金スライドが考慮されているか否かは明らかでない．なお，この社会保険制度では遺族年金が欠けている[49]が，これの導入は制度改善のポイントのひとつとなろう．その場合，上記のような保険数理分析の結果は，異なったものになることはいうまでもない．

他方，現在は企業ごとに任意設立であるPFを強制設立にして，上記年金の2階部分に位置付ける方向性も検討されている．PFは1987年のPF法に準拠

---

49) 99年法第77条4項によれば，遺族年金が支給されると解釈できそうであるが，社会保障事務局によれば，遺族年金はないとのことである．

し，企業側と労働者側の合意によって設立される．積立金の拠出率は，労働者が2-15％で，企業は労働者と同率以上の拠出をする．税制面の優遇やPFの導入が上場基準のひとつに定められていることなどもあって，通貨経済危機の前後でさえ設立企業数は拡大を続け，2002年6月現在では，4934社の約124万人が加入している．基金総額も2322億8754万バーツと推計され，1991年当時の96億8500万バーツから大きく増大してきている．ちなみに，この基金は17人のファンドマネージャーによって運用されている（Rojanamungklaporn, 2002, p.214：佐々木, 2001, pp.14-18）．PF設立企業は比較的規模の大きい企業であるが，所轄の財務省は10年をかけてすべての企業にこれを設立させることを目標としている（Bangkok Post, 3 Jan. 2003）．ただし，上記年金の保険料率が引き上げられていくだろうから，すべての企業，とりわけ中小零細企業にPFの加入を義務化することは果たして現実的なのか，疑問が残るところである．なお，国有企業はPFに強制加入であり，約21万1000人がカバーされている．拠出率は民間のそれと同様である（Rojanamungklaporn, 2002, p.228）．

　ところで，筆者は社会保険制度が導入された当初，政府が労使と同率の国庫負担をすることに賛成ではなかった．というのは，社会保険の対象となってきたのは，タイのなかでは比較的恵まれている少数派のフォーマル・セクター労働者であり，所得再分配が歪んでしまいかねないからだ．したがって，政府は社会保険に国庫負担をするよりも，貧困の解消に予算を注ぐほうが好ましいと筆者は考えていたのである（菅谷, 1998, pp.80-81）．だが，こうした議論は聞かれることはなく，筆者は残念に感じていた．1997年に始まった通貨経済危機のもとで，政府は国庫負担を中断しようとしたが，これは財政危機に瀕してのことであり，筆者が考えていた所得再分配とはまったく異なる観点からであった．他方，この政府の方針に対して，学者やジャーナリズムは，保険財政安定のためにこぞって反対の声を上げたのであった（Cf. The Nation's editorial, 14 Jul. 1998）．なお，現在でも，最初に導入された4分野には，政府は労使と同率の負担をしているし，老齢・児童手当分野にしても1％の負担をしている．国民皆保険・皆年金が実現していれば，このことに何ら問題はないが，その達成にはまだまだ紆余曲折があるだろう．ただし，問題はありながら

も，後述の30バーツ医療制度の導入によって，全国民の医療へのアクセスの平等性が高まったことだけは事実である．

②医療保障

(i) 社会保険医療の仕組みと現況

上記でふれた社会保険制度は，医療保障をも含む総合保険である．医療保障に充当されている保険料率は，政労使各0.88%の計2.64%である．この医療保険分野は被保険者本人のみをカバーし，家族は対象外となっているが，後述の30バーツ医療制度の導入後，家族はこれによる医療保障を受けることになった．なお，失業者は最大で6ヵ月間，社会保険の医療分野から給付を受けることができる．

では，社会保険医療がどのような仕組みで提供されるかというと，すべての医療機関のうち，一定の基準を満たしている270（内私立133：2003年現在．Cf. Web-site at http://www.sso.th/）の病院は勅令によって指定され，社会保障事務局と被保険者の受け入れや診療報酬の支払いなどについて契約を結んでいる．これらは主として県病院またはそれと同等以上の比較的設備の整った病院で，メイン・コントラクター（main-contractor）と呼ばれている．被保険者はそうした病院からひとつを選択し，社会保障事務局を通じて選択した病院に登録される．診療報酬は人頭払いで，1人当たり年間1100バーツが登録したメイン・コントラクターに支払われる．ただし，人工透析や化学療法，放射線治療，心臓切開手術，骨髄移植など，特定の高額医療については，それぞれに定められた金額を上限に，別途支払いが行われる．2001年には，こうしたケースが1万1982件あり，9581万バーツが支払われている（SSO, n.d.2, pp. 46-50）．

さて，メイン・コントラクターとなった病院は，登録された被保険者に保険医療を提供するのはいうまでもなく，周辺の医療機関（郡病院や診療所など）と契約を結んで，比較的軽度の登録患者に対する保険医療を請け負わせる．これは被保険者に通院上の便宜をはかるためであるが，そのような請負契約を結んだ医療機関はサブ・コントラクター（sub-contractor）とよばれ，2003年現在，その数は2466となっている（Web-site at http://www.sso.th/）．他方，メイン・コントラクターは，最先端の設備と技術をもつ大学病院とも契約

を結び，診療が困難な患者をそこに移送するようになっている．そうした大学病院はスープラ・コントラクター（supra-contractor）と呼ばれ，全国に8ヵ所（うちバンコクに5ヵ所）ある．このように，被保険者はメイン・コントラクターを中心とする医療機関のネットワークのなかで，保険医療を受けるのである．ただし，緊急時や事故の時には，そうしたネットワークの外でも医療を受けることができる．この場合，医療費は上限つきの償還制であり，人頭払いの診療報酬とは別枠になっている．2001年には7万5910人がこれを利用した（SSO, n.d.2, p.42）．なお，スープラ・コントラクターはそれ自体がメイン・コントラクターにもなっており，この点は医療機関の機能分担のうえで問題をはらんでいるだろう[50]．

最後に，2001年の受診率をみておくと，受給権者1人当たり1年間で公立医療機関の外来が2.37回，私立の医療機関の外来が2.60回で，両者の平均が2.51回，入院では公立・私立で各々0.041回，0.050回で平均が0.046回であった（SSO, n.d.1, p.26）．過去には私立の医療機関が好まれることが多かったが，受診率でみる限り，現在ではその差は縮小している（*Ibid*）．なお，社会保障事務局によると，人頭払いの診療報酬，特定の高額医療費，および緊急時や事故の場合の医療費すべてを合わせると，2001年の医療給付費総額は82億5326万9575バーツであった．この年の平均受給権者数は，592万2515人だったので，1人当たり給付額は1393バーツとなる[51]．また，同様に2002年の1人当たり給付額は1395バーツと，2001年とほぼ同じであった．

(ii)保健省による諸制度

上記のような職域ベースの医療保険が存在している一方で，農村部の所々では，村単位の地域型医療保険が，1983年から任意設立・任意加入で実施されてきた．これは保健省の管轄のもと，ヘルス・カード・プロジェクト（Khroongkaan Bat Sukkhaphaap）の名で，普及がはかられてきたものである[52]．保健省はまた，貧困者に対して公的医療機関を通じた医療扶助を提供し

---

50) タイの医療提供体制については，菅谷（1993, pp.135-139）を参照．

51) SSO（n.d.1, p.49）によると，給付総額は72億6989万3782バーツとされているが，同統計の作成後に，追加的支払いが生じたのであろう．2003年6月の社会保障事務局による回答では，給付総額は本文に示した通りである．

52) 以下，保健省による医療保障各制度の詳細は，菅谷（1997, pp.828-831）を参照．

ていたし,初等教育を受けている児童や他の医療保障制度でカバーされていない60歳以上の者に対しても,公的医療機関で無料の医療サービスを行っていた.何らかの医療保障制度の対象となっていた者は,公務員の制度や民間被用者の社会保険を含め,総人口の63.2%(1996年)となっていた(Singhapan and Ratanaporn, 2001, p.52).しかし,対象となる疾病の種類,サービス内容,医療機関の利用に関する条件などが各制度で異なっており,給付には相当の制度間格差があった(菅谷,1997,pp.830-831).保健省による無料医療の各制度や農村部の地域型保険では,病院への支払いが低額であったため,私費患者からの徴収分や公務員の制度からの支払い分(年間1人当たり2,200バーツ)の一部を転用しなければ,治療ができないほどであった(Singhapan and Ratanaporn, 2001, p.47).なお,WHO(2002, Annex Table 5)によれば,2000年の保健医療支出はGDPの3.7%で,公私の内訳は57.4:42.6であった.また,一般政府(中央・地方政府,予算外の財源,社会保障制度を含む)の歳出のうち,保健医療費の比率は11.4%,そのうち予算外の財源によるものと社会保障給付が,各々0.9%,26.4%の割合であった.

(ⅲ) 30バーツ医療制度の誕生と国民健康保険への動き

上記のように医療保障の対象とならない人びとが総人口の36.8%おり,また各制度の内容に大きな格差がある状況で,1997年新憲法が施行された.同憲法は,第3章第52条で「人が保健医療サービスを等しく(貧困者は無料で)受ける権利」をうたい,その達成は政府の大きな課題となった.そして,この問題は前チュアン政権下で検討が開始され,法案の起草も始められていた.しかし,委員会が作業を終える前の2001年1月に総選挙が行われた.タイ愛国党のタクシン党首は,30バーツを支払えば誰でも医療が受けられる普遍的医療保障,いわゆる30バーツ医療制度(30 baht raksa thuk-rok)の実現を主な選挙公約のひとつとして掲げ,貧困者や恵まれない人びとの支持を得て総選挙に勝利した(Singhapan and Ratanaporn, 2001, p.48).タクシン政権は緊急経済社会対策を矢継ぎ早に実施し,30バーツ医療制度も2001年4月にまず6県で導入した.そして,同年6月にはさらに15県,10月には残りのすべての県へと実施が拡大された.膨大な人口を抱えるバンコクでは,2001年10月,2002年1月,同年4月と3段階で導入され,これをもって全国が30バー

ツ医療制度でカバーされた（Boonyapaisarncharoen, 2002, p. 76）.

30バーツ医療制度は，これまでどの医療保障制度からも漏れていた人びとのほか，保健省が行っていたヘルス・カード・プロジェクトや医療扶助，児童や高齢者に対する無料の医療サービスの対象者をカバーする．これに伴い，保健省よるこれまでの制度は廃止され，医療保障制度は公務部門の制度，社会保険，30バーツ医療制度の3つに当面は収斂された．ただし，貧困者は30バーツ医療制度のもとで，これまで通り無料で医療を受けることができる．

30バーツ医療制度の1人当たり予算は年間1202バーツであり，その内訳は，外来に574バーツ，入院に303バーツ，予防・健康増進に175バーツ，事故・救急に25バーツ，高コストケアに32バーツ，資本投資に93バーツとなっている．前者3種は人頭払いで医療機関に支払われ，後者3種は保健省がプールし，必要な場合には出来高払いで診療報酬が支払われる（Ibid., p. 77）．なお，30バーツ医療制度の利用者には，IDカード（通称ゴールドカード）が保健省より発行され，これを提示することで医療サービスが提供される．ちなみに，2001年10月からの10ヵ月間で4590万人にゴールドカードが発行され，延べ3,500万人が医療サービスを受けたと報告されている（末廣，2002, p. 5）．1人当たり年間1202バーツの予算で，4590万人がゴールドカードの発給を受けたとすると，総予算額は551億7180万バーツとなる．これに対し，政府のプログラム別予算をみると，保健医療サービスへの割り当て（人件費のほか制度の運営費や資本投資なども含むと考えられる）は，2001年度の592億6030万バーツ，2002年度の813億2020万バーツ，2003年度の860億1560万バーツへと増加をしてきている[53]（BOB, 2002, p. 48：BOB, 2003, p. 38）.

上記のようにして性急に導入された30バーツ医療制度であるが，問題点も当然ある．まず，利用者側からすると，深刻な疾患や追加的な費用がかかる治療では，多額の負担を恐れる病院側・医師側に診療を拒否されるか，他の病院を勧められるといったことがある．また，安価な薬しか処方されないことに不満を抱く利用者もいる．他方，医療機関側からみた場合には，つぎのような問題点が指摘される．まず，平均所得が低い県や地方では，患者数が増大し，医

---

[53] すでに述べたように，2002年度予算は2001年10月から2002年9月までである．

師が不足しているため,医師1人にかかる負担が大きく,医療ミスにつながる危険性がある.また,1人当たり1202バーツの予算では不十分であり,とりわけ大病院ほど難病患者が多いため,高度医療で非常に高額となる.そのため,大病院ほど負担が大きい[54].このような問題点を改善し,すべての国民に医療への平等なアクセスを与えようとすれば,まだまだ医療機関や医師の偏在や全国的な不足を改善しなければならず,かつ診療報酬とその財源のあり方を再検討する必要があるだろう.なお,社会保険による2001年の1人当たり医療給付費は1393バーツであるとさきに述べた.30バーツ医療制度と比べると,190バーツほどの差である.また,人頭割りの診療報酬を社会保険が12ヵ月均等で支払っているのに対し,30バーツ医療制度では,そのような定期的支払いが行われていない.さらに,社会保険による給付額が,保険であるだけにフレキシブルであるのに対し,30バーツ医療制度では,予算が1人当たりで固定されている.これらの点が,医療機関とりわけ高額医療を扱う大病院にとって,両制度間の大きな相違なのであろう.

他にも問題はあるだろうが,30バーツ医療制度はあくまでも経過的措置である.政府は現存している公務部門の医療保障と民間労働者に対する社会保険の医療分野,そして30バーツ医療制度の3つの統合を目指し,そのための国民健康保険法案を2002年8月に上院で可決した.しかし,医師は上記のような問題点を放置したままで制度を統合することには反対の意を示し,また法案に盛りこまれた医療過誤に対する責任の重さとアメリカのような医療訴訟事件が増加する可能性を危惧しており,これも法案への反対理由となっている.他方,労働組合もこの統合が行われれば,これまでに積み立ててきた社会保障基金を,30バーツ医療制度の加入者に分配しなければならないとして,統合に反対のデモを行っている.また,公務部門の人びともこれと同様の立場をとっている[55].こうした背景から,とりわけ医師らによる強い反対の声を反映して,2003年1月にタクシン首相はすでに上院で可決した法案を見直し,実施を延期することを明らかにしている(Bangkok Post, Jan. 23, 2003).

③労災補償

---

54) Cf. Bangkok Post, Mar. 10, 12, 14, 26, Apr. 1, 2, 5, 13, 16, 20, 2002.
55) Cf. Bangkok Post, Aug. 9, 14, 22, 29, Sep. 22, 24, 2002.

これまで従業員10人以上の企業は，労災保険たる労災補償基金（Thunngoen thotthaen＝Workmen's Compensation Fund：WCF）に強制加入とされてきたが，2002年4月よりその適用範囲が1人以上の企業に拡大された．ただし，純粋に農林水産業のみを営む事業のほか，基金の創設以前より類似の制度を設けていた国営企業や私立学校，および政府職員は，その適用を除外されている．基金への拠出率（すべて事業主負担）は，雇用する全労働者（臨時労働者を含めて適用）の賃金総額に対し0.2-1.0％の間で業種ごとに設定され，それが当該事業における過去4年間の拠出額と給付額との比率に応じて増減するメリット制が採用されている．給付は，療養費（3万5000バーツ以内の実費：必要に応じて5万バーツまで増額），リハビリ費用（2万バーツ以内），休業補償金（1年を限度に賃金——給付申請事由発生直前のもの：以下同様——の60％：最低月額2000バーツ，最高月額9000バーツ），障害年金（障害の種類・程度に応じて15年を限度に賃金の60％，一時金の選択も可），葬祭料（最低賃金日額最高額[56]の100倍），遺族年金（賃金の60％を8年間，一時金の選択も可）を必要に応じて支給する．このように療養費やリハビリ費用に制限があること，休業補償金が1年までしか支給されないこと，および障害年金や遺族年金が終身ではないことは，不十分な点である．なお，基金に強制加入となっていなかった10人未満の零細企業等では，同様の労災補償金を直接支払うことが，省令で事業主に義務付けられていた．

表7・8は2001年における労災届出件数を示している．1999年と年代は異

表7・8 労災発生件数（2001年）

	WCFの加入者	WCFの未加入者	合計	割合（％）
死亡	607	19	626	0.33
永久完全障害	20	5	25	0.01
永久部分障害	3,510	63	3,573	1.88
3日を越える一時的障害	48,077	43	48,120	25.36
3日以内の一時的障害	137,407	1	137,408	72.41
合計	189,621	131	189,752	100.00

注：それぞれの障害の程度に応じて，医療サービス，リハビリテーション，障害年金，休業手当金，遺族年金の受給者の内訳は，原典に示されていない．また，四捨五入により，割合の合計は100％にならない．
出所：SSO（n.d.1, p.35）．

56) タイでは地域別最低賃金制が採用されており，その最高額という意味である．

表7・9 WCFからの給付（2001年）

	給付額 （千バーツ）	割合 （％）
医療サービス	532,214.50	41.69
リハビリテーション	2,297.88	0.18
所得補償[1]	731,491.80	57.30
葬祭費	10,595.78	0.83
合計	1,276,599.96	100.00

注：1）休業手当金・障害年金・遺族年金の内訳は，原典に示されていない．
出所：SSO(n.d.1, p.33)より作成．

なるが，このときWCFの対象となっていなかった従業員10人未満の企業の被用者数は86万4619人と民間被用者全体（813万4644人）の10.6％を占めていた（MOLPW, 2000, pp.112-113）．このことからすれば，WCF未加入者の労災届出件数が極端に少ない．労働者の意識の低さや使用者による隠滅によって，省令で義務付けられた労災補償が行われないケースが多かったことが推察される．

他方，表7・9は2001年におけるWCFからの給付を示している．所得補償と医療サービスが給付の大部分を占める．同年の収入総額は，22億9900万バーツであり，そのうち保険料収入が17億6463万バーツ（76.8％），運用利子収入が4億7589万バーツ（20.7％）であった．また支出総額は，給付総額バーツを含め，12億8100万バーツであった．したがって，2001年は10億1900万の黒字であり，基金の累積額は114億8200万バーツとなった．このような財政状況からすれば，上記のような給付の不十分な点は，早期に改めるべきであろう．

④社会福祉

タイの社会福祉は，労働社会福祉省の公共福祉局が所管し，同局の年次報告書では，児童・恵まれない女性・高齢・貧困者・障害者・災害被災者などに対する支援活動の状況が紹介されている．しかし，これらの被保護者数をみると，援護を必要としている多くの人々に，サービスが行き届いていないことが，容易に想像できる．とりわけ貧困者はNESDBによって1999年に990万人（総人口の15.9％）とされていたが，公共福祉局による保護を受けた者は，わずか1万人程度にすぎない（DPW, 2000, pp.57-58）．これは同局の予算がまっ

たく不十分なためである．ちなみに政府の予算を省庁別にみると，2003 年度には，公共福祉局の予算は全体の 0.34％ にすぎない（BOB, 2003, p.74）．

このような状況下で相当な役割を果たしているのが，NGO や地域住民組織である．2000 年現在，登録された NGO は 6364 団体，地域住民組織の数は 7万 864 であった（Benjatachah, 2002, p.154）．なお，1997 年憲法のもとで，タイでも地方分権化の流れがみられる．1999 年 11 月に公布された「地方自治体への分権化計画と手続きに関する法律」第 16 条では，地域住民の福利厚生のために，市・パタヤ特別市・行政区に権限を与えるべき分野として，社会福祉，障害者支援などがあげられている．これにより，これまで中央の公共福祉局が所管してきた社会福祉サービスの多くが，地方政府に移管されることになるだろう（萩原，2001, p.418）[57]．なお，タクシン政権が 2002 年 10 月に乗り出した 14 省 1 庁体制から 19 省体制への省庁再編に伴って，社会開発福祉サービス省が新設され，公共福祉局は同省に移管されている．また，労働社会福祉省は労働省に改組されたが，社会保障事務局は労働省に残されている．

6　むすびにかえて

以上，インドネシア，フィリピン，タイの 3 ヵ国における社会保障の現状と問題点を述べてきた．各国に関する記述がかなりの長文となったため，全体の印象が散漫になってしまったかもしれない．そこで，ここでポイントを整理しながら，まとめを行いたい．

(1) 社会保障費の規模

ILO（2000a, Table 14）によると，社会保障支出の GDP 比は，インドネシアで 1.7％（1996 年），フィリピンで 1.7％（1990 年），タイで 1.9％（1996 年）であった．これら 3 ヵ国における社会保障支出の規模は，同じような経済レベルにある世界の他地域の国々よりも小さい傾向があり，このことは東南アジア諸国全般についてもあてはまる．ラテンアメリカと東アジア（ただし，韓

---

[57]　なお，社会福祉については，大枠の考え方しか述べなかったが，具体的な内容については，参考にあげた各文献を参照してほしい．

国・台湾・香港)を比較した宇佐美(2002)および同編(2003)は,このことに関する仮説と解答を提示しているが,それらの紹介と検討は菅谷(近刊1)に譲るとし,可能な限り最新年で社会保障支出のGDP比を試算してみたい.もちろん,この試算はILO統計のような正確さをもたないが,一応の目安としておきたい.ここで用いるのは,保健医療分野ではWHO(2002, Annex Table 5),所得保障・社会福祉分野ではIMF(2002)における各国のデータである.本来ならば,社会保障の各制度の費用を各国ごとに足し上げるのが正当な方法であるが,とりわけ公務部門の制度の費用が公表されておらず,地方政府の分野別歳出が社会保障費に当てはめて捉えられるように区分されていないため,そういった正当な方法がとれない.なお,社会保障基金を含むIMFの分野別歳出項目は,Social security and welfareとなっているが,別項目でHealthがあるので,前者は所得保障および社会福祉と解釈した[58].他方,IMFのHealthの項目が地方政府等を含んでいないのに対し,WHO(2002, Annex Table 5)は,一般政府の保健医療支出として,中央および地方政府,予算外の財源,社会保障制度を含んでいる.そこで,これらのデータによって2000年における各国の社会保障支出のGDP比を試算してみると,インドネシアで1.58%(うち保健医療0.64%),フィリピンで2.29%(同1.55%),タイで3.18%(同2.12%)という結果になった.この値がどの程度正確あるいは不正確なのかは,後にILOのデータが公表されたときに明らかになろう[59].

(2) 公務部門の社会保障

まず,発展途上国の一般的傾向として,公務部門の人々は税財源により相対的に有利な所得保障・医療保障を受けてきた.しかしながら,近年では財政上の負担が重くなってきたため,公務部門にも拠出が求められるようになってき

---

58) IMF(2002)には,各項目に何が含まれているのかが,記されていない.IMFの東京事務所に問い合わせたところ,本部に聞けばわかるかもしれないとの回答であったが,校了に間に合わなかったので,本文のように解釈した.

59) もっともILOによるデータの正確さにも,疑問が向けられている面がある.なお,ILOデータに含まれている住宅対策費に関連する項目として,IMFのデータにはHousing and Community Amenityというものがある.これを含めると,本文中の割合は,インドネシアで4.80%,フィリピンで2.44%,タイで3.99%となる.このようにとくにインドネシアの値が大きくなるが,にわかには信じがたい数値である.

た．また，タイにおいては，医療保障分野で公私両部門の制度を統合し，すべての国民をひとつの制度でカバーする国民健康保険法案がすでに作成されている．このような方向性はインドネシアでもみられるし，同国では公務部門と民間部門で分かれている社会保障制度を統合し，国家社会保障制度（Sistem Jaminan Sosial Nasional : SJSN）を立ち上げる計画も出ている（Jakarta Post, Mar. 7, 2003）．このように，タイやインドネシアでは，発展途上国の公務部門に対する社会保障の一般的傾向が，もはや弱まる兆しをみせ始めている．また，そもそもフィリピンでは，公務部門も社会保険制度に強制加入で相応の拠出をしているし，医療保険分野と労災保険分野では，民間部門の制度との間で給付面の一本化が行われている．ただし，労災以外の所得保障の分野では，公務部門の社会保険に対する使用者としての政府の拠出率は高く，それだけ公務部門の社会保険は，一般財源による補助を多く受けているとも考えられる．なお，公務部門が民間部門に比べて有利な社会保障の恩恵にあずかってきたことには，その低い給与水準を補うことが理由のひとつである，といわれることがある．しかし，Ramesh, with Asher（2000, p. 75）によれば，これは上層部については当てはまるが，下層部ではむしろ民間の賃金のほうが低い．この点では，タイが上中級職と下級職とに対する制度を別個のものとしてきた点が興味深い．

（3）民間部門の社会保障
①人口に対するカバレッジ

人口に対する拠出制システムのカバレッジは低い．しかも，インドネシアとフィリピンでは，加入者の多くが拠出をしておらず，受給権を失っている．この点については，各国とも加入者数のみを公表し，制度のカバレッジが過大にみえている．実際に拠出を行っている加入者の数は，担当部署に問い合わせて初てわかるといった具合である．インドネシアのJAMSOSTEKは，専ら被用者を対象としており，2002年現在の拠出者が労働力人口に占める割合は，8.4％程度である．フィリピンのSSSは，自営業者層も強制加入としているだけに加入者割合は高いが，実際に拠出を行っているのは，労働力人口の22.5％である．タイの社会保険制度は，現段階では被用者のみを強制加入としている

が，加入者の96％が拠出をしており，その数は労働力人口の19.9％である．ただし，国民健康保険を導入するまでの一時的措置ではありながら，また多くの問題を抱えながらも，タイでは社会扶助方式による30バーツ医療制度の実施により，医療保障分野でのカバレッジは100％となっている．なお，シンガポール（Central Provident Fund：CPF）とマレーシア（Employees Provident Fund：EPF）における拠出者の労働力人口比は，各60％，51％と，本章で取り上げた3ヵ国とはかなりの差がある．

②リスクカバレッジと保険料率

インドネシアのJAMSOSTEKでは，老齢プログラムで労使各2.0％，3.7％の計5.7％，死亡・ヘルスケア（医療保険）・労災の各プログラムでは全額使用者負担で各0.3％，3％または6％，0.24-1.74％となっており，これらすべての合計は，9.24-13.74％である．このように使用者負担率が高い点，また医療保険の保険料が二段階に設定されている点は，インドネシアに特徴的である．フィリピンのSSSでは，老齢・障害・死亡，傷病・出産に関する所得保障に対して，保険料は労使各3.33％，6.07％で計9.4％である．また，医療保険では2.5％を労使折半，労災保険では全額使用者負担で1％，全体の保険料率は12.9％である．このように，フィリピンの制度でも使用者の負担割合が高くなっている．なお，労災保険は別として，自営業者層は使用者分も含めて保険料を拠出しなければならない．タイの社会保険では，傷病・出産・障害・死亡の4分野については，政労使が各1.5％で計4.5％（うち2.64％は医療サービス分），老齢・児童手当分野では労使各3％，政府1％で計7％，労災分野は全額使用者負担で0.2-1％となっており，全リスクに対する合計保険料率は11.7-12.5％となっている．このようなタイの制度に特徴的なことは，政府が拠出をしている点，児童手当が総合保険としての社会保険に組み込まれている点である．タイは東南アジアで初めて児童手当を導入した国であり，2004年1月から実施される失業保険も，フィリピンにおける公務部門のそれを別とすれば，東南アジアでは初めての試みである（失業保険の料率と給付内容については，政府において現在審議中）．なお，リスクカバレッジや制度の内容は他の章に譲るが，シンガポールのCPFにおける拠出率は，労使各20％，16％で計36％（所得や年齢に応じて軽減あり），マレーシアのそれは労使

11.5％，13.75％で計25.25％（EPFとSOCSOの合計）と，やはり上記3ヵ国のそれとは差がある（ただし，これらの国々では頻繁に拠出率が変る）．また，公務部門を含めた諸制度における資産総額のGDP比は，インドネシアで4.0％（1999年），フィリピンで9.5％（2000年），タイで9.3％（2000年）であるのに対し，シンガポールとマレーシアでは各60.1％，57.3％（ともに2001年）と，この面でも差が大きい（Asher, 2002, p.78）．

③社会保障基金の投資について

末廣（2002, p.9）によれば，停滞している証券市場・債券流通市場を活性化するために，年金基金や社会保障基金の積極的な活用と税制上の優遇を，タイ財務省は検討している．したがって，すでに述べたように国民全体へ社会保障を拡充していく方針は，通貨経済危機後に強化された社会政策としてだけではなく，証券市場の活性化という経済政策の側面ももつようになっているという．しかし，社会保障基金の運用では，その性質上，ポートフォリオのなかで，ハイリスク商品の割合があまり高くなってはいけない．また，諸制度の資産を合わせても上記の通りGDPの9.3％であるし，末廣氏のいう年金基金や社会保障基金とは，民間部門における社会保険のそれ（GDP比2.81％，うち年金および児童手当基金は1.07％：2001年末現在）を指しているように思われる．このうちのどれだけを使えば，証券市場が活性化するのであろうか．もちろん，今後年金基金が増大していくことは確実であるが，社会保障基金のうち年金基金以外は短期の基金であり，長期の投資には向かない．しかも，タイの株価指数（SET指数）は，バブル経済にあったとみられる1993年に1682.85に上昇し，通貨経済危機後の2001年には303.85まで落ち込んだ（以上，平均値）．2003年7月2日午後4時18分のSET指数は475.49まで回復しているが，これは1988年の水準よりも若干高い程度である（以上SET指数については，野村総合研究所からの資料提供のほか，タイ証券取引所のホームページhttp://www/set.or.th/を参照した）．このような市場に，年金基金の相当割合を投資することは望ましくないであろう．シンガポールやマレーシアのように総資産額が大きくなれば，全体の安全性に配慮しつつも，一部を証券市場に投資し，その活性化をはかることは可能であろう．しかし，タイの場合，そのような期待をすることは，時期尚早ではないだろうか．なお，前記のようにフィリピン

(5) 民主化と社会保障

タイの民間部門に対する社会保障は,通貨経済危機と1997年憲法を契機に,非常に大きな拡充期を迎えた.まず,危機はソーシャルセーフティーネット(SSN)の重要性を認識させた.また,2002年に国会へ提出された国民健康保険法案や社会保険の対象拡大の流れは,総論で記したような1997年憲法の規定が根拠となっている.同憲法は,1991年の軍事クーデターと翌92年の5月流血事件を契機とし,4年以上の議論をへて制定されたもので,新しい政治社会体制を目指す理想主義的な民主憲法である.したがって,最近の社会保障拡充の方向性は,1992年以降の民主化運動の流れのなかに位置づけることができる(末廣,2002,pp.3-4).そして,これと同様に,インドネシアにおける全国民を対象とした国民健康保障や国民社会保障制度の計画,またフィリピンにおけるメディケア・プログラムの国民健康保険への改組といったことは,やはり両国における民主化の一環として捉えることができる.このように,民主化が達成された後には,新しい制度の導入が実現したり,計画されたりしているし,既存の制度を拡充する動きもみられる.また,民主化前には,社会保障が労働者あるいは国民の具体的権利として捉えられる面は弱かったが,民主化後には憲法においてその権利性が具体的に,また明確に認められるようになってきている.スリランカやラテンアメリカの一部の国々などのように,3ヵ国と同等以下の経済レベルにあっても,社会保障の水準の高い国が存在する.民主化後の政権によって,3ヵ国の社会保障がさらに進展することを望みたい.

参考文献

〈外国語文献〉

Asher, Mukul G., 2002, "Southeast Asia's Social Security Systems : Need for a system-wide perspective and professionalism." in : *International Social Security Review*. Vol. 55-4.

Beattie, Roger, 2000, "Social protection for all : But how ?" in : *International Labour Review*. Vol. 139, No. 2, International Labour Organization.

Benjatachah, Ladda, 2002, "Country Report on Social Welfare in Thailand." Paper presented to The 20th Study Programme for the Asian Social Welfare Administrators, 4 June-5 July, 2002, Tokyo, Japan International Corpora-

第7章 インドネシア・フィリピン・タイの社会保障

tion of Welfare Services (JICWELS).
Boonyapaisarncharoen, Tawekiat, 2002, "Thailand Country Report." Paper presented to The 12th Study Programme for the Asian Social Insurance Administrators, 30 Sep.-11 Oct., Tokyo, JICWELS.
BOB (Thailand), various years, *Thailand's Budget in Brief*. Bureau of the Budget.
―――, 2002, *Thailand's Budget in Brief Fiscal Year 2002*. Bureau of the Budget.
―――, 2003, *Thailand's Budget in Brief Fiscal Year 2003*. Bureau of the Budget.
Dailey, M. Lorna and John A. Turner, 1996, *Indonesia's Social Security System~JAMSOSTEK A Base Line Study*. Paper for the Asian-American Free Labor Institute, AFL-CIO (AAFLI) and Federation of All Indonesian Trade Unions (SPSI).
Dalma, Reynald Nolasco, Jr., 2000, "Philippines." Paper presented to The 10th Study Programme for the Asian Social Welfare Administrators, 18 Sep.-29 Sep., 2000, Tokyo, JICWELS.
Depkes (Indonesia), n. d. *Profil Kesehatan Indonesia 2000*. Departemen Kesehatan (Indonesia Health Profile 2000, Ministry of Health).
DOLPW (Thailand), 2000, *Year Book of Labour Statistics 1999*. Department of Labour Protection and Welfare, Ministry of Labour and Social Welfare.
DOPW (Thailand), 2000, *Annual Report 1999*. Department of Public Welfare, Ministry of Labour and Social Welfare.
Djamin, Awaloedin and Sentanoe Kertonegoro, 1998, *ASEAN Social Security Association : Social Security Profiles in ASEAN Countries*. Indonesian Human Resources Foundation.
G. P. Farmasi, 1994, *Health Care in Indonesia : Today and Tomorrow*. G. P. Farmasi.
ILO, 2000a, *World Labour Report 2000 : Income Security and Social Protection in a Changing World*. International Labour Organization.
―――, 2000b, *International Labour Statistics 2000*. International Labour Organization.
IMF, 2001, *International Financial Statistics Yearbook 2001*. International Money Fund.
―――, 2002, *Government Finance Statistics Yearbook 2002*. International Money Fund.
―――, 2003, *International Financial Statistics April 2003*. International Money Fund.
IMFJ, 2003, *SEAMIC Health Statistics 2002*. International Medical Foundation

of Japan.

Kesornsutjarit, Jiraporn, 2000, *Social Security in Thailand : Past Experiences, Obstacles, and Ways to Reform*. Paper presented at the Third APEC Regional Forum on Pension Fund Reform, 30-31 Mar. 2000, Bangkok.

Leechor, C., 1996, *Reforming Indonesia's Pension System*. Policy Research Working Paper No. 1677, World Bank.

Lieberman, Samuel S. and Puti Marzoeki, 2000, *Health Strategy in a Post-Crisis, Decentralizing Indonesia*. The World Bank Human Development Sector Unit, East Asia and the Pacific Region.

Manasan, Rosario G., 2003, *Analysis of the President's Budget for 2003*. Discussion Papers Series No. 2002-24, Philippine Institute for Development Studies.

Marzolf, James R., 2002, *The Indonesia Private Health Sector : Opportunity for Reform, An Analysis of Obstacles and Constrains to Growth. Discussion Paper*, World Bank.

MOPH(Thailand), n. d., *Thailand Health Profile 1997-1998*. Ministry of Public Health.

NSO(Philippines), n. d., 2000 *Family Income and Expenditure Survey : Final Release on Poverty*. National Statisticai Office.

―――, various years, *Philippines Statistical Yearbook*. National Statistical Office.

NSO(Thailand), 1998, *The Status of Thai Elderly*. National Statistical Office.

―――, 1960, *Population Census(Whole Kingdom) 1960ed*. National Statistical Office.

Pongpanich, Sathirakorn, 1997, *The Demand for Health Care for Indonesia : A Comparison of Public and Private Medical Services*. Ph. D. thesis, Department of Health Services, University of California, Los Angeles.

PT. JAMSOSTEK, n. d. 1, *Emplyotees' Social Security System (JAMSOSTEK) 1996 Factbook*.

―――, n. d. 2, *Laporan Tahunan 2001 : Langkah Yang Tepat* (Annual Report 2001 : Taking the right step).

Ramesh, M., with Mukul G. Asher, 2000, *Welfare Capitalism in Southeast Asia : Social Security, Health and Education Policies*. Macmillan.

Rojanamungklaporn, Supatra, 2002, "Country Report." Paper presented to The 12th Study Programme for the Asian Social Insurance Administrators, 30 Sep. -11 Oct., Tokyo, JICWELS.

San Jose, Agnes E, 2000, "Country Report : Philippine Social Security System." Paper presented to the 10th Study Programme for the Asian Social Insurance Administrators, 18 Sep. -29. Sep, 2000, Tokyo, JICWELS.

Santono, Toto Utomo Budi, "Indonesia." Paper presented to The 20th Study Programme for the Asian Social Welfare Administrators, 4 June-5 July, 2002, Tokyo, JICWELS.

Sawatartikom, Yaowaluk, 2001, "Country Report." Paper presented to The 11th Study Programme for the Asian Social Insurance Administrators, 15 Oct., -26 Oct., 2001, Tokyo, JICWELS.

Singhapan, Salinla and Wisessang, Ratanaporn, 2001, "Country Report." Paper presented to The 11th Study Programme for the Asian Social Insurance Administrators, 15 Oct. -26 Oct., Tokyo, JICWELS.

SSO (Thailand), n. d. 1, *Annual Report 2001*. Social Security Office, Ministry of Labour and Social Welfare.

――, n. d. 2, *Social Security Statistics 2001*. Social Security Office, Ministry of Labour and Social Welfare.

Sugaya, Hironobu, 2000, "Review of the Laws and Regulations regarding the Employees' Social Security in Indonesia." 『海外社会保障研究』No. 130.

――, 2002, "The Establishment of Old Age Pension in Thailand." in : *The Regional Economics*. No. 21.

Thabrany, Hasbullah, 2000, *Managed health care in Indonesia*. The Electronic Journal of the Indonesian Medical Association.

Tavara, Petchara, 2000, "Country Report." Paper presented to The 10th Study Programme for the Asian Social Insurance Administrators, 18 Sep. -29 Sep., 2000, Tokyo, JICWELS.

UN Pupulation Division, 2000a, *World Population Prospects : The 2000 Revision, Vol. 1 : Comprehensive Tables*.

――, 2000b, *World Population Prospects : The 2000 Revision, Vol. 2 : The Sex and Age Distribution of Populations*.

UNDP, 2002, *Human Development Report 2002*. Oxford University Press.

WHO, 2002, *The World Health Report 2002*. World Health Organization.

World Bank, 1996, *The Indonesian Pension System*. Country Operations Division, World Bank.

――, 2000, *World Development Report 2000/2001*. Oxford University Press.

――, 2003a, *World Development Report 2003*. Oxford University Press.

――, 2003b, *World Development Indicators 2003*. World Bank.

〈日本語文献〉
アジア経済研究所，2002，『アジア動向年報2002』，アジア経済研究所．
石井米雄他監修，1986，『東南アジアを知る辞典』，平凡社．
石井米雄・吉川利治編，1993，『タイの事典』，同朋舎．
イルワント，バンバン，シュルジ・ラクスモノ，1998，「インドネシアの社会福祉」

（萩原康生訳），仲村優一・一番ヶ瀬康子編，『世界の社会福祉　アジア』，旬報社.
宇佐美耕一，2002,「ラテンアメリカの社会保障制度の特色：東アジアとの比較から」東京大学社会科学研究所プロジェクト　自由化と危機の国際比較（アジア，ラテンアメリカ，ロシア/東欧）2002年11月15日セミナー提出論文.
宇佐美耕一編，2003,『新興福祉国家論』，アジア経済研究所.
大辻義弘編，2001,『タイ国経済概況（2000/2001年版）』，バンコク日本人商工会議所.
恩田守男，2001,『開発社会学』，ミネルヴァ書房.
神尾真知子，2001,「フィリピンの医療保障・介護保障」，日本社会保障法学会編，『医療保障法・介護保障法』（講座社会保障法第4巻），法律文化社.
小林毅，1998,「フィリピンの社会福祉」，仲村・一番ヶ瀬編，同上書.
北原淳編，1989,『東南アジアの社会学　家族・農村・都市』，世界思想社.
経済企画庁調査局編，2000,『アジア経済2000』，大蔵省印刷局.
国際協力銀行，2001a,『貧困プロファイル　インドネシア共和国』.
────，2001b,『貧困プロファイル　フィリピン共和国』.
────，2001c,『貧困プロファイル　タイ王国』.
────，2002,『タイ王国における社会保障制度に関する調査報告書』.
坂井スオミ，1987,「インドネシアの医療保障―その現状と将来展望」,『海外社会情報』No. 81.
佐々木英二，2001,「タイのProvident Fund（退職金積立基金）について」,『所報』，盤国日本人商工会議所，2001年4月号.
JETROジャカルタセンター編，2001,『インドネシア　ハンドブック2000年版』，ジャカルタジャパンクラブ.
新保光二郎編，2002,『フィリピン・ハンドブック2002年度版』，フィリピン日本人商工会議所.
末廣昭，2002,「タイの労働政策と社会保障制度――国民への拡充と制度化の試み――」東京大学社会科学研究所プロジェクト　自由化と危機の国際比較（アジア，ラテンアメリカ，ロシア/東欧）2002年11月15日セミナー提出論文.
菅谷広宣，1993,「導入期のタイ社会保険――1990年の社会保障法（90年法）を中心として――」,『早稲田商学』第357号.
────，1997,「タイ」，田中浩編，『現代世界と福祉国家　国際比較研究』，御茶の水書房.
────，1998,「アジアの発展途上国における社会保障構築への視点」，社会政策学会年報編集委員会編，『アジアの労働と生活』（社会政策学会年報第42集），御茶の水書房.
────，2003,「東南アジアの社会保障：制度による類型化を中心に」,『賃金と社会保障』第1350号（2003年7月下旬号）.
────，近刊1,「東南アジアの社会保障」，大沢真理編，『アジアの福祉戦略』（講座：福祉国家のゆくえ第4巻），ミネルヴァ書房.

日本労働研究機構, 2003, 『海外労働時報』2003年増刊号, No. 336.
萩原康生, 2001, 「タイ」, 仲村優一・阿部志郎・一番ヶ瀬康子編, 『世界の社会福祉年鑑2001』, 旬報社.
原島博, 2001, 「フィリピン」, 同上書.
原洋之介編, 1999, 『アジア経済論』, NTT出版.
水谷四郎編, 1991, 『タイ国経済概況1990～91年版』, バンコク日本人商工会議所.

第8章 ベトナム・カンボジアの社会保障

和泉徹彦

1 はじめに

　ベトナムの市場経済への移行は社会的不安定を生み出しており，社会保障制度の拡充は優先度の高い課題である．労使拠出制導入と対象者の拡大を盛り込んだ1995年改正によって社会保険制度の持続安定性を確保できた．労働社会省が全労働者を社会保険の対象とするために視野に入れている農業従事者や自営業の任意加入制度の導入が今後注目される．近々導入が予定されている失業給付も社会的不安定を解消するために求められている．

　ベトナム国内には様々な民間組織が存在しており，それらが地域資源の最大限の活用を図ることは重要である．社会サービスを国家や行政が直接提供するのではなく，地域の民間組織に委ねられることは地域住民の利益となる．一方で，ODAによるコミュニティ重視のプロジェクトの有用性も認識するべきである．一時点に大量の外部資源が投入されることで実現できる調査活動やインフラ整備といったプロジェクトが存在する．地域の発展のために外部・地域内を問わずあらゆる資源の活用を検討することが適切である．

　アジア最貧国からの脱出に向けて模索するカンボジアは，ASEAN各国が備える社会保障制度に追いつくべく法制化の第一歩を踏み出した段階にある．労働者のための社会保障法の施行，障害者法の成立・施行を目指すことで，所管する労働社会省職員の法律作成能力が高まると考えられる．外国人専門家による法制化支援は引き続き必要と考えるが，自主的な制度拡大の立案や，医療保障などへの発展を期待したい．経済発展のために産業振興政策が資源の選択と集中によって実行されることが求められるのと同時に，良質な労働力を供給して安定的な社会を建設するために社会保障制度の整備は進められなければなら

ない．内戦でコミュニティの機能が失われたカンボジアだからこそ，社会連帯を再び築くために社会保障制度整備を実現する必要がある．

2 ベトナムの経済社会

国土面積は33万1,000 km²，その約75％が山岳地帯である．南北にのびる国土の形はS字にもなぞらえられ，3,200 km以上の海岸線を有しており，中国，ラオス，カンボジアと国境を接している．首都は北部に位置するハノイであり，経済活動が活発なのは南部に位置するホーチミンシティ（旧サイゴン）である．

ベトナムは第二次世界大戦以後，フランスの植民地支配への抵抗であるインドシナ紛争，アメリカ傀儡政権への抵抗独立運動であるベトナム戦争，カンボジアへの侵攻，そして中国による武力制裁と頻繁に戦争状態に陥ってきた．

ベトナム戦争当時の米軍が散布した枯れ葉剤による健康被害は国際的に注目されやすいが，労働能力を失った戦傷者が街のいたるところで見受けられることも事実である．国民は労働者として平等である社会主義国家ベトナムでは表だって言われることは少ないが，ベトナム戦争の後遺症と言える国内問題を抱えている．南ベトナム政府の側で戦った元兵士や住民に対する差別，そして山岳少数民族の弾圧と抵抗である．少数民族の一部は，隣接するカンボジアに流出して難民キャンプを形成している．

①経済改革

1980年代，経済の改革開放を目指すドイモイ政策が実施された．実質的な土地所有の解禁や外国資本の導入，市場経済化などがその施策にあたるが，途上国経済にありがちな所得格差の拡大を招いて社会の不安定要因となっている．国民の大多数が農業に従事しているベトナムでは，市場経済化は平均的な国民生活水準の向上にはつながっていない．

1990年代，アジア通貨危機までは平均8.5％の経済成長率を誇ったが，その後は2％に達しない水準となっている．外国直接投資は右肩上がりに増え続けることが当然のように考えられていたため，通貨危機以後ASEAN各国で外国資本の誘致競争が始まったことに対して十分な対応ができないでいる．

2002年，ホンダ，スズキといった日系企業の二輪車製造工場が相次いで操業停止に追い込まれた．輸入部品の割当て制度が前触れなく導入され，生産台数が制限数量を超過していたためである．日系企業は部品の現地調達率を向上させている過程にあり，操業停止によって失われた現地雇用の影響は大きい．バイク修理工の養成研修など現地社会への貢献も大きかった．輸入制限導入の真相は明らかではないが，競合する中国系企業の製品輸入を支援する目的だったとする見方もあり，社会への影響を斟酌しないことと併せて，ベトナムに残る「人治」の弊害を印象づける結果となった．

②政治システム

ベトナムの政治システムでは，立法と行政は独立しているが，司法はあいまいな位置付けとなっている．民主集中制の下では国家権力を分立させることは認められないためであると考えられている．

立法を担う国会は憲法で人民の最高代表機関かつ共和国の最高国家権力機関と位置付けられており年2回定例会を招集する．国会議員選挙の候補者は，共産党員または共産党の容認する人物である必要がある．さらに，国会の立法活動は，共産党の路線・主張に基づく義務があるため，共産党による一元的支配が行われる仕組みとなっている．国会審議は非公開であり，議事録も公開されない（白石昌也編著，2000）．

国会議員の多くが十分な歳費を得られないために兼業しており，そのあおりで国会会期が短くなり成立させられる法律数が制約されるという事態が生じている．また，法律案の成立と同時に政省令を用意して公布施行に備えるという習慣がないため，意思決定から法律が発効するまでの期間が長くなってしまう問題が生じている．

国家予算法（1996）は収支均衡原則を採用しており，公債発行に関する規定は存在しない．超財政均衡主義を維持できたのは，総収入が増加基調にあったためである．総収入の内訳は税収及び国営企業からの移転であるが，市場経済化による民間セクターからの税収増が貢献している（白石昌也編著，2000）．

表8・1 2002年ベトナム国家予算

支出分野	金額（10億ベトナムドン）	総額に対する比率
予算支出総額	133,900	100.0%
開発投資支出	39,000	29.1%
社会経済サービス支出	70,880	52.9%
教育訓練支出	17,615	13.2%
医療支出	4,460	3.3%
人口政策支出	436	0.3%
科学技術・環境支出	1,810	1.4%
文化情報支出	886	0.7%
放送・テレビ支出	623	0.5%
スポーツ支出	370	0.3%
年金及び社会支援	12,260	9.2%
経済サービス支出	6,988	5.2%
一般行政支出	7,210	5.4%
その他	18,222	13.6%
財政準備基金積み立て	100	0.1%
予備費	2,700	2.0%
その他	21,220	15.8%

資料：Ministry of Finance 2002 Vietnam State Budget, 筆者加筆．

（1） ベトナムの社会福祉サービス

①所管官庁と法制

中央官庁で社会福祉サービスに関連する省庁は，保健省，労働社会省，児童保護中央委員会，教育訓練省である．行政単位は，国，省，県，コミューンと4つのレベルに分かれており，各レベルで中央官庁の出先機関が存在する．上位レベルの機関が指導監督を行い，下位レベルの機関が事業を遂行する関係にある．地方分権化によって一般に出先機関の長は各レベルの人民委員会から任命されており，運営予算やスタッフは地方の負担とされているため，地方の経済格差が社会福祉予算に影響を与える原因となっている．

ベトナムの社会福祉サービスは，施設収容・コミュニティ支援の生活保護，障害者リハビリテーション，障害児教育，職業訓練，医療サービス，災害緊急支援などから成っている．

②ベトナムの生活保護制度

ベトナムにおける社会福祉サービスの歴史を振り返ると，独立直後の食料援

表8・2 ベトナム社会福祉法制

基本的な法制
ベトナム社会主義共和国憲法（1992）
児童福祉・保護及び教育法（1991）
人民健康福祉保護法（1989）
義務教育法（1991）
障害者法（1998）
高齢者に関する改正法（2000）
障害者就労及び児童労働に関する規制を含む労働法典（1994）
洪水防止及び開拓に関する改正法（1993）
Decree No 07/2000/ND-CP 社会的支援の定義に関する政令
Decree No 177/1999/ND-CP 社会基金及び慈善基金の定義に関する政令
Decree No 95/CP 医療費の部分的拠出についての定義に関する政令
Decision No 1121/1997/QD-TTg 公立学校生徒に対する奨学金と社会的支援の定義に関する決定
Decision No 70/1998/QD-TTg 国家的教育制度における公的教育及び研修施設の学費の拠出と活用に関する定義に関する決定
関連法制
婚姻及び家族法
ベトナム国籍法
市民法
刑法
行政認可に関する改正 Ordinance
Decree No 19/CP 地域における触法者に対する教育方法の定義に関する政令(6/4/1996)

資料：国際厚生事業団2001『第19回社会福祉行政官研修カントリーレポート』.
　　　国際厚生事業団2002『第20回社会福祉行政官研修カントリーレポート』.

助そして1954年からの独居老人・障害者・孤児に拡大されたことに始まる．1996年以降は，医療，教育，仕事，生活水準の向上などにもサービスの種類を広げて，対象者のニーズに応えている．

　生活保護は，様々な形態で実現されているため，それぞれの施策に応じた対象者がある．中央政府で生活保護を所管するのは労働社会省（MoLISA）であり，各省レベルには出先機関である労働社会省地方事務所（LoLISA）が存在している．

　生活保護センターは，保護形態のひとつであり，省毎に設置されている．ただし，生活保護センターは国の直轄ではなく省人民委員会が管轄しているため，そこでのプログラムや規模，予算などは独自性に委ねられている．一般的には孤児と身寄りのない高齢者が収容されていることが多い．孤児には，娯楽，教育，自立するための職業訓練が提供されている．コミュニティに戻るための支

援が行われている．2000年時点で，生活保護センターに入所したのは2万5,000人，コミュニティで生活保護を受けたのは17万5,000人であった（国際厚生事業団，2001）．

　ベトナムにおける生活保護制度の基本原則を確認すると，コミュニティによる支援が第一優先であり，コミュニティによっても支えきれないケースに関して生活保護費の支給，生活保護センターへの収容という措置がとられる．予算措置や支援プログラムに関しては地方レベルに責任があり，中央レベルでは全体を把握していない．障害者や自然災害被災者も生活保護制度の適用対象であるが，緊急保護などの対応が存在している．

　入所児童は，生活保護センターから地域の学校に通うことができ，所内では裁縫・電気工・バイク修理・伝統工芸の木工技術といった職業訓練を受けることができる．国際NGOの入っている省では，ITを職業訓練プログラムに取り入れているところもある．

　貧困家庭には生活保護費（ときには米の現物）が毎月支給される．支給を受けようという場合にはミーンズテストを受けて，県レベルで裁定を行う．独居老人や孤児についても同様のプロセスがあり，生活保護費を受給しながらコミュニティの中で生活するというケースも少なくない．生活保護センターに入所したければ労働社会省地方事務所（LoLISA）に申請を行うが，定員には限りがあるため許可されないこともある．森林伐採の影響などで頻発している洪水などの自然災害被災者については別個の緊急保護の対応が存在している．

　ストリートチルドレン対策は，中央レベルでも最優先課題のひとつに挙げられている．但し，ストリートチルドレンの全てが孤児というわけではなく，いくつかのタイプが存在している．季節的な要因として収穫期の狭間で収入が途絶えた家庭の子どもが物乞いをするタイプ，普段は学校に通っているのに休日になると物乞いをするタイプ，そしてハイシーズンの観光地によく見られる山岳少数民族の子どもが物乞いしにやってくるタイプがある．孤児でないストリートチルドレンに関して，施設収容という対応が適切でないことは明らかである．

　ベトナムにおいては，国際NGOが支援のためにコミュニティに介入することを快く思わない風潮がある．身の丈にあった発展をするという意味では正当

な理由がある一方で,支援物資を持ち込みがちな国際 NGO の活動内容への批判,外国人＝スパイといった偏見も重なって形成されたものである．一方で,農業者組合など国内 NGO の活動が存在しており,コミュニティの資源を最適化することで共助の支援を行っていることが挙げられる．国際 NGO はコミュニティの資源を最適化するような活動を行ってきていない．コミュニティの外から与えられる継続性の不明な経済的支援よりも,コミュニティ内部で融通される経済的支援の方が重要であるとの考えが支持されている．

(2) ベトナムの社会保険制度

ベトナムの社会保険制度の創設は 1961 年に遡る 40 年以上の歴史を有しており,加入者の拠出を要する社会保障給付および公的年金制度からなっている．社会保障給付は,公務員,軍人,国営企業の被用者,10 人以上被用者を有する企業の被用者,外資系企業・国際機関に働くベトナム人が対象となる．給付の種類には疾病休業給付,出産育児休業給付,労働災害給付,遺族給付の 4 つが含まれる．失業給付についても近年導入が検討されている．公的年金制度は公務員のための国費負担による制度として始まっており,対象者を拡大した拠出による制度への移行時期に入っている．所管する労働社会省では農民や自営業者らを含む全労働者の制度にしたいと考えており,新たな対象者について任意加入の形式になってもやむを得ないと考えている．

①社会保障給付

(i)疾病休業給付

病気やけがによって働けなくなった労働者や,病気になった 7 歳未満の子どもを世話する親,妊娠中絶・不妊治療などを実行する者に対して,休業期間中月給の 75% を給付する．

病気やけがによる年間最大給付日数は社会保険料拠出の長さに依存している．拠出年数が 15 年未満のとき最大 30 日,15 年以上 30 年未満のとき最大 40 日,30 年以上のとき 50 日と定められている．重労働や職場環境が悪いときの条件緩和として,15 年未満のとき最大 40 日,15 年以上 30 年未満のとき最大 50 日,30 年以上のとき 60 日と定められている．また,保健省の定める長期療養を要する病気に罹った場合には拠出年数にかかわらず年間 180 日の給付が認められ

る．180日間の上限を超えてしまったとき，拠出年数が30年未満であれば月給の65％に，30年以上であれば月給の70％に給付が減額される．

3歳未満の子どもが病気になったときは年間20日以内，3歳以上7歳未満の子どもが病気になったときは年間15日以内の給付が認められる．ただし，これは第1子および第2子にのみ適用される．ベトナムは貧困からの脱出のため人口抑制政策をとっており，子どもをもつのは2人までという動機付けを各種制度によって実施している．妊娠中絶などが疾病休業給付に含まれてくるのは人口抑制政策と整合的であり，不妊手術も該当する．

(ii) 出産育児休業給付

女性労働者は，第1子および第2子の出産育児にかかる休業について月給の100％にあたる給付を受けることができる．妊娠中3回の検診日の休業給付，そして流産してしまったときには妊娠3ヵ月未満では20日間，妊娠3ヵ月以上では30日間の休業給付を受けられる．

産前産後休業は，通常の職場環境であれば4ヵ月，3交代制勤務など職場環境が悪いときは5ヵ月，職場環境がとくに過酷であるか省令に定める専門職であるときは6ヵ月が認められる．双子以上の多胎妊娠のときは1子につき30日間の延長が認められる．女性労働者本人が望むときは職場復帰を早められるが，少なくとも産後60日間の休業と医師による診断と同意が必要となる．

生後60日未満の乳児死亡の場合は出産から75日間，生後60日以後の乳児死亡では死亡から15日間の休業給付が認められる．

(iii) 労働災害給付

労働災害給付は，職場はもちろん通勤途上の事故，職業病も対象に含まれる．使用者は労働者の医療費および治療中の給与を負担する義務がある．医療審査委員会によって認定された障害の程度に応じて一時金または毎月の給付が決められる．労働能力喪失率が5-30％であったとき4-12ヵ月分の最低賃金にあたる一時金が支給される．労働能力喪失率が31-100％であったとき最低賃金の0.4-1.6ヵ月分が毎月の給付として支払われる．

労働能力喪失率81％以上で，脊椎損傷，全盲，両腕又は両脚の喪失，重度の精神病の者がヘルパーをつける費用として最低賃金の80％を毎月補助する．四肢，耳，目，歯，脊椎などを損傷した者には，義肢装具，補助機器を供与す

る.労働災害給付の受給者が職場復帰する際には,再度の労働災害防止が図られるように社会保険機構による審査を実施する.

労働者が労働災害によって死亡した場合には,その家族は最低賃金の24ヵ月分にあたる一時金を支給される.さらに遺族給付および葬祭費用給付の対象となる.

(iv)遺族給付

労働者,年金受給者,労働災害給付受給者などが死亡したとき,葬祭を取り仕切った者に対して最低賃金の8ヵ月分にあたる葬祭費用が給付される.

遺族給付の条件としては,15年以上の保険料拠出をした労働者,年金受給者,労働災害給付受給者などがあり,子どもが15歳(就学中は18歳)になるまで毎月支給される.また法的に扶養関係にある父母(男性60歳以上,女性55歳以上)にも毎月支給される.給付額は最低賃金の40%を基本とするが,他に収入の道がない場合には最低賃金の70%まで給付する.毎月の遺族給付の条件を満たす親族がいない場合には一時金が支給される.一時金は,労働者の保険料拠出年数によって決定される(Decree No. 12/CP (26/1/1995) 社会保険制度の定義に関する政令および Circular No. 06/LDTBXH 社会保険制度実施に関するガイドライン,1995).

②公的年金制度

公的年金制度への拠出は労使負担によって行われているが,1995年改正以前からの受給者については国費負担によって賄われている.1995年改正以前の公的年金は,公務員,国営企業被用者,軍人のみを対象にした制度であった.そのため年金支給総額に占める加入者の拠出割合が約10%,国費が約90%となっていた.

(i)年金受給資格

満額受給するための条件は,20年以上保険料を拠出し,男性60歳・女性55歳に達していることである.過酷な労働環境で15年以上働いた経歴をもつ場合には,20年以上保険料を拠出したことを条件に,男性55歳・女性50歳から支給される.この条件緩和は,1975年4月末日以前に南ベトナムまたはラオスで10年間働いた経歴をもつ者,または1989年8月末日以前にカンボジアで10年間働いた経歴をもつ者にも適用される.

表8・3 社会保険加入者数の推移(人)

	1995年	1996年	1997年	1998年	1999年
国費拠出	1,178,995	1,170,829	1,158,801	1,140,341	1,102,535
社会保険庁	404	13,281	30,031	49,463	82,049
合計	1,179,399	1,184,110	1,188,832	1,189,804	1,184,584

資料:国際厚生事業団2001「第11回アジア社会保険行政官研修カントリーレポート」.

表8・4 社会保険基金収支の推移(10億ベトナムドン)

	1995年	1996年	1997年	1998年	1999年
収入	1,978	7,026	8,804	9,384	9,837
社会保険庁	788	2,588	3,706	4,370	4,899
(保険料拠出)	788	2,570	3,514	3,898	4,234
(投資収益)	-	18	192	473	665
国費	1,190	4,438	5,098	5,013	4,938
(年金)	1,149	4,937	5,047	4,995	3,952
支出	1,191	4,937	5,932	6,122	6,561
社会保険庁	42	398	706	975	1,556
(社会保障給付)	42	381	588	743	940
内〈年金〉	13	224	372	486	738
国費	1,149	4,539	5,227	5,147	5,015
(年金)	1,079	4,248	4,996	4,966	3,952
収支合計	787	2,089	2,872	3,262	3,276

資料:国際厚生事業団2001「第11回アジア社会保険行政官研修カントリーレポート」.

減額年金を受給するための条件は,15年以上20年未満保険料を拠出し,男性60歳・女性55歳に達していることである.20年以上保険料を拠出し,男性50歳・女性45歳に達した労働能力喪失率61%の者も減額年金を受給できる.年齢に関係なく,過酷な労働環境で15年以上働いた経歴をもつ,20年以上保険料を拠出している,または労働能力喪失率61%以上の者は,一時金を受給できる.

(ii)年金受給額の計算

15年間保険料拠出したとき平均月収の45%を年金給付として受け取ることができ,拠出年数が1年増える毎に2%ずつ年金給付額は増加する.20年間保険料拠出したときには,平均月収の55%を受給できることになる.ただし,平均月収の75%に上限が定められている.減額年金の計算方法は上の例と同様で,15年間保険料拠出で平均月収の45%を基準に1年毎に2%減額していく.30年以上保険料拠出したとき30年間を超える部分を一時金として受給す

ることができ，その上限は最低賃金の5ヵ月分を超えないものとする．

平均月収の算定には，退職前5年間の賃金を用いる．ただし，平均月収を算定するに適切な給与表がないか，一部の期間について給与表が失われているときには，保険料拠出した全期間の賃金を用いて算定する．

年金受給者は社会保険基金の運用する医療保険の対象者となる．年金受給者の死亡によって親族は葬祭費用給付および条件を満たせば遺族給付を受ける権利をもつ．

年金受給権をもちながら外国に居住する者は，母国在住の親族を一人指定して受給させることができる．このとき6ヵ月おきに居住する国のベトナム大使館に届け出なければならない．

③制度運用の状況

4種類の社会保障給付の制度運営はベトナム労働総同盟（Vietnam General Confederation of Labour）が行い，公的年金制度の運営は労働社会省（MoLISA）が行う．社会保障給付制度の保険料納入および給付支払いを行う社会保障基金の運営はベトナム社会保険庁（VSI）が担当する．社会保険庁の運営委員会メンバーは，労働社会省，財務省およびベトナム労働総同盟の代表者，そして社会保険庁長官から構成される．

社会保険基金は労使拠出および国費によって賄われている．労働者は月給の5％を公的年金および遺族給付のために拠出する．使用者は公的年金および遺族給付のための10％と疾病休業給付・出産育児休業給付・労働災害給付のための5％，併せて15％を拠出する．

社会保険に加入義務のある対象者は労働力人口の約10％程度に止まっており，実際の加入者数をみても毎年確実に増加しているが，対象者数には到底達しない水準にある．

〈コラム〉 ベトナムへのODA

（1） 支援の枠組み

世界銀行を含め欧州諸国からの援助が地域コミュニティ活動や人間開発といったソフト的分野にシフトしているのに対して，対ベトナム円借款の大部分が道路・橋梁・港湾・発電所などの産業基盤整備に向けられており，日本以外の援助国が産業基盤整備に関心を失ってきているのが現状である（大野健一，2000）．

国家目標プログラムとしても取り上げられている貧困削減戦略プログラム PRSP に合意することで，世界銀行と IMF から貧困削減融資を引き出している．

日本以外の国も含めた ODA の受け入れ状況は，2001 年において 17 億ドルを超えている（UNDP ODA Survey）．毎年増加する傾向にあり，その伸びの大半がインフラ整備となっている．インフラ整備のなかでも水道事業や公衆衛生事業の比率が下がり，エネルギー事業の比率が大きくなっている．

ベトナムに ODA を実施している各国は支援国会合を開いて，それぞれの支援分野を明確にすることを行っている．2000 年時点で，日本は 8 億 7,000 万ドルでトップドナーとなっており，アジア開発銀行 2 億 2,600 万ドル，世界銀行 1 億 3,900 万ドルを大きく引き離している．地域的には，ハノイ周辺の北部地方，ホーチミンシティ周辺の南部地方に偏っており，山岳地帯や中部地方への供与は割合として低くなっている（JICA ヴィエトナム事務所，2002）．

ODA には無償供与と借款が存在する．援助目的や相手国の状況によって区別されることが多く，産業資本整備では返済義務のある借款，公衆衛生事業や相手国の平均国民所得が低い場合には無償供与となることがある．産業資本整備への借款は，経済発展によって得られた収益から返済を求めるという立場である．カンボジアでは東南アジアで最低の平均国民所得ということで，日本の ODA 全てが無償供与となっている．

ベトナムでは，1994 年以降無償供与は 4,000 万ドル前後で，借款が増加している．ベトナムの経済発展が先進国側から評価された結果とみることができ，そのキーとなるのが 1994 年といえる．日本の ODA でベトナムに借款が始まったのは 1993 年のことであり，ちょうど符合している．そして 2003 年には 10 年間の猶予をおいて借款の返済が始まるので，超財政均衡主義をとるベトナムがどのように返済を実行していくかが注目されている．

社会保障分野に関して，ベトナムは JICA 派遣専門家を受け入れていない．専門家派遣は，相手国の要請に基づいて行われるため，同分野での要請がないことを意味している．ただ，タイ，カンボジアなどの派遣が行われている国の事情と比較すれば，事前折衝で要請の可能性や日本側の派遣できる人材に関して詰めが行われているので，ベトナムが要請したくないと理解するべきではない．

医療保健分野では，日本 ODA の目玉プロジェクトである母子保健プロジェクトが実施されているほか，青年海外協力隊でも地方派遣の看護師がいる．社会保障分野においても医療保険制度整備や年金制度整備の課題は存在するため，日本の経験を生かした援助が行われる可能性は十分にある．

(2) ベトナムにおける日本の NGO 活動

ベトナム中部の都市フエは，ユネスコの世界文化遺産に指定されている古都であ

り，ベトナム戦争時の非武装地帯DMZに近い過去の激戦地である．フエにおいて，元小学校教諭・小山道夫氏が「子どもの家」を支援している．日本に支援組織JASSを作り，現地では小山氏とNGOメンバーが運営を支援している．「子どもの家」が保護しているのは，学齢期の少年少女たちであり，ストリートチルドレンであったり，貧困のために就学できなかった子どもたちである．直接の処遇はフエ市人民委員会が派遣した職員が行い，小山氏らは運営方針の確認と資金援助を実施している．

小山氏は「子どもの家」を守るために，様々な努力を行っている．それは単に国際援助NGOという枠組みだけでは理解できない行動も含んでいる．「子どもの家」の子らが自立できるように見守るという思い入れである．現地の行政サイドには外国人が入り込んで支援を行っていることについて快く思わない人びとが存在している．自らに利益供与がないことを不満に思う人びとである．小山氏は，そういった敵対勢力に対して抑えの効く勢力と連携を深めるといった活動をされており，撤退という選択肢を封じている．「子どもの家」の運営は約10年継続されており，その間フエに進出した国際NGOはあったが短期間に撤退してしまった．JASSはその継続性と地域貢献を認められてNGOライセンスのパッコム最上級を取得しており，これは公的機関と見なされる効力を有している．

1998-2001年度にJASSは，JICAの開発福祉支援事業に指定された障害児支援プロジェクトを実施した（JASS, 2002）．「子どもの家」運営よりも障害児支援の方が，地元住民から信頼を得るのに役立ったと小山氏は語った．事業は，障害児を発見するための調査員研修，実地調査，障害児手術，そしてリハビリ・車いす提供から構成された．4年間で調査員を1,000人養成し，2万6,000世帯を調査した結果2,300人の障害児を発見した．900人の障害児に手術を受けさせ，その他の障害児にはリハビリ，車いすを提供した．手術を通じてトゥア・ティエン・フエ省の医療機関ネットワークとのコネクションを作れたこと，障害児リハビリテーションの推進が図れたことで障害児リハビリ施設・平和村との関係が強化できた．現地社会に根ざした活動を行っているNGOが，JICAプロジェクト資金を得て成功したモデルとして評価すべきである．

3 カンボジアの経済社会

カンボジアにおける社会保障制度は，医療・福祉の両分野において一切が未整備である．後述する労働者のための社会保障法の成立が法整備の端緒である．現状では，国際NGOが官庁との協定を結んで提供する社会サービスや各国のODAが，カンボジア国民にとって利用可能な医療・福祉サービスとなってい

る.

　夕焼けに映えるアンコール遺跡, メコン河の雄大な流れ, そして毎日どこかで発生している地雷被害, そのいずれをとってもカンボジア王国の現在を表している. カンボジアは国際的な援助に頼らざるを得ない経済財政状況にありながらも, 2002年秋に首都プノンペンで開催されたASEAN首脳会議を1つの区切りとして自立的な経済社会運営に向けて意欲を見せている. 1999年に加盟したASEANのなかで最貧国のひとつであることは反面, 経済発展の開拓余地を大きく残しているとみることができる.

　1975年4月-1979年1月にかけての「3年8ヵ月と20日」と呼ばれるポルポト時代は, 恐怖政治とその後1990年代まで続く国内の混乱をもたらした. ポルポトは知識人の大量虐殺という人道に対する罪によって非難されるべきなのは当然である. しかしながら, インドシナ半島における植民地支配からの歴史的経緯を振り返ることなく, ポルポトにのみカンボジアの混乱を押しつけることはできない. 客観的に見れば, カンボジア王国のシアヌーク国王さえも混乱の一端を担っていた. ポルポト政権下で形ばかりの大統領を務めたことだけではなく, フランスの植民地支配から独立した直後シアヌーク国王が政治権力を独占したことで, 各政治勢力による争いが激化した経緯がある.

　カンボジア王国領土は, フランス領インドシナ連邦におけるカンボジア保護王国と直轄植民地西部3州に由来している. 1946年11月のフランス・タイ条約, 1949年3月のフランス・ベトナム協定によるベトナム建国と, フランス議会とコーチシナ植民地議会によるコーチシナのベトナム国編入を承認する決議, 1954年のジュネーブ会議によって, 国民国家カンボジアの枠組みは確定した. カンボジアの独立は, 1953年8月にフランスからの司法権と警察権の委譲, 同年10月に軍事権の委譲, および1954年3月の外交自主権の承認によって完成した (天川直子編, 2001).

　親ベトナム政権誕生後もポルポトが反政府勢力であるクメール・ルージュを率いることができたことに, 東西冷戦における大国に弄ばれた感は否めない. 米国および西側の隣国タイはベトナムへの警戒感からクメール・ルージュを支援していたと言われており, 中国の関与も噂されている. 冷戦終結に伴ってクメール・ルージュ, フンセン派, ラナリット派という3つの軍事勢力が和平を

実現しようとした．ポルポトの責任追及を免れさせない国際社会からの圧力によりクメール・ルージュが和平協議から外れたのは当然の帰結であった．1991年のパリ和平協定，UNTACによる暫定統治を経て，1993年にフンセン派とラナリット派が連立政権を組んで，2人の首相が並び立つという新生カンボジア王国政府が成立した．

地方でのフンセン派，ラナリット派の軍閥争いは凄まじく，非合法化されたクメール・ルージュの幹部を自らの勢力に取り込む動きに出た．1997年，ラナリット第2首相の外遊中にフンセン第1首相がクーデターを起こし，政権を掌握するという事件が発生した．国際社会からの圧力によって，ラナリット第2首相の帰国は認められたが，その後の選挙を通じてフンセン首相が単独で首相を務めることになった．この事件は，カンボジアの復興に対して援助してきた国際社会の期待を裏切るものであり，カンボジア社会および政治の不安定さを印象づける結果となった．

（1）カンボジアの公衆衛生・保健医療

カンボジアにおける疾病構造は，経済先進国において生活習慣病等の慢性疾患が多くを占めるのとは異なり，感染症対策が喫緊の課題となっている．とくに，国際的に3大感染症として患者の多い，HIV，結核，マラリアの感染率が世界でもっとも高い国のひとつがカンボジアである．カンボジア政府保健省は，初期医療を国民に提供することの重要性を認識しているが，人材および財源の不足によって実現の見通しはたっていない．地域における個別サービスの提供では国際NGOの活動に頼っており，国家的な取り組みに関しては国際機関を通じた多国間援助の枠組みもしくは二国間援助の枠組みが期待されている．

代表的な国際援助機関としては，世界保健機関（WHO）や世界食糧計画（WFP）を挙げることができる．実際には，現地に根付いて活動を行っている国際NGOや二国間援助のプログラムとのタイアップによって，相乗効果を高めている．

政府の人材および財源の不足は，カンボジアで医療保健サービスを提供しようとする国際NGOを規制できない状況となっている．規制のための法制度が整備されていないという事情もあるが，技術水準が高いサービスを提供し一定

の資金を有する国際NGOの参入することで住民の健康が向上するため,これを拒む理由がないためである.しかしながら,国際NGOは独自の方法論と特定地域の住民にのみサービスを提供するため,平等で普遍的な社会サービスを提供することは期待できない.

公衆衛生・保健医療分野における日本の貢献としては,1995年4月から開始された母子保健プロジェクトがあり,乳児死亡率の低下と出産時妊婦死亡率の低下に成功している.また,日本の無償資金協力によって国立結核対策センターが建設され,日本人専門家が保健省と連携してその運営に携わっている.援助計画は1999年8月に開始され2002年度に5年計画の4年目を迎えるが,結核対策のみならず初期医療の水準向上にも貢献している.

①ヘルスセクターリフォーム

カンボジアではヘルスセクターリフォーム(HSR)が進行中である.これは,行政区分に応じて医療保健機関を配置しようとした構想が破綻したために,新たに医療圏を設定して再構成しようとするものである.

従来の行政区分に対応した医療保健機関の配置構想では,国レベル,プロビンスレベル,郡レベル,コミューンレベル,村レベルという階層が設定されたが,プロビンスレベルから郡レベルにおいてさえ病院としての機能を果たさず,コミューンレベルでは医師もいないという状況であったと言われている.新たな医療圏では,国レベル,プロビンスレベル,そして郡レベルに病院を設け,コミューンレベルに保健所を設置する.保健所はコミューン毎に設置されるわけではなく,原則的にいくつかのコミューンにひとつ,人口が集中している首都プノンペン近辺ではコミューンを分割して設置する.

ここで言う保健所は,カンボジアにおけるHealth Centerを指しており,

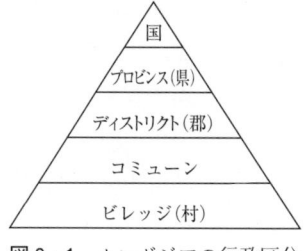

図8・1 カンボジアの行政区分

日本のように公衆衛生を中心に担う機関ではなく，あくまでも看護婦を中心として医療サービスを提供する傍らで公衆衛生の成果も期待するという位置付けである．つまり，住民にもっとも近いところで初期医療を提供する機関とみなされている．

保健所はコミューンに独立して設置されるわけではなく，保健所毎に住民の代表者からなる委員会が運営方針を決定する権限を有している．委員会の決定する運営方針には，利用料や人件費への配分割合なども含まれる．従来から委員会方式はとられてきたが，ヘルスセクターリフォームによって複数のコミューンにエリアをまたぐ保健所が増えたため，委員会がうまく機能している所としてない所の差が拡がったといわれている．うまく機能していない所では，統合によって別のコミューンに保健所の本拠地が移ってしまったコミューンにおいて住民の参加意識が薄れたためと考えられる．

保健所が初期医療を担う上での課題は，サービスの質の向上である．中心的な役割を果たしている看護婦らは高度な保健医療教育を必ずしも受けておらず，その能力の向上がサービスの質の向上につながると考えられている．そのため，保健省では新規に地域に進出する医療セクターNGOに対して，保健所の質向上に関する協力を依頼するといった対策をとっている．

②カンボジアにおける結核対策モデル

結核対策の基本は，早期発見・早期治療であり，感染者には6ヵ月以上の継続的な服薬指導が必要である．WHOの提案する結核対策の服薬指導としてDOTSがある．これは，不規則な服薬によって結核治療薬への耐性菌が発生し拡散することを防止しようとする方法である．患者に治療薬を渡したその目の前で飲んでもらうための方法をいい，治療薬が現金化できたり，効果が現れたからといって継続が必要な服薬を中止したり他者に分け与えたりという行為を防止するために考案された．

日本が無償供与した国立結核対策センターを核とするプロジェクトに参加している小野崎医師は，患者を見つけては遠隔地の病院に長期入院させていた手法を改め，コミュニティにもっとも近い保健所をDOTSの基盤にすることを考えた．

カンボジアでの結核患者は重症化してから病院を訪れるケースが多く，発症

から1年以上を経過した患者も少なくない．早期発見・早期治療を実現するためには，コミュニティに近い保健所で結核対策が完結することが望ましい．この対策モデルは，患者とその家族の生活のためにも有益である．成人男性が結核に感染して遠隔地の病院に長期入院すれば，家族の生活基盤が失われてしまう恐れがある．そのため，結核感染が判明しても治療せずに長時間が経過し，近隣が集団感染した後に入院するという例が見られる．保健所でDOTSを行うことで，患者は家族と一緒に住み，働き続けながら治療を継続することができる．

一方，結核治療のために長期入院させずに済むようになったことで，病院の空きベッドができた．これを，カンボジアにおけるもうひとつの感染症対策の柱であるHIV/AIDS患者のために使うことができるという副産物もある．

結核対策は公衆衛生の一環であるため，検体を保管したり，DOTSを行ったりしても保健所に報酬は入らない．しかし，コミュニティに近い保健所が結核対策を行って近隣住民が健康を取り戻しているという事実から，利用料を徴収できる医療サービスに対する信頼も高まるという効果をもたらした．無報酬の結核対策を行うことで，報酬を得られる医療サービスの需要量が増すという好循環のインセンティブが，保健所に生まれるのである．

この対策は，パイロットプロジェクトとして一定の成果を挙げている．国立結核対策センターの建設費等を除けば，保健所の活用ということ自体は日本の援助だからこそできたモデルではなく，カンボジア人の手によって普遍化することができる持続可能なモデルであることを小野崎医師は強調する．個別NGOの援助にせよ，JICAのような二国間援助にせよ，将来的にカンボジア人の手によって持続可能なモデルをもったプロジェクトが望ましいことはいうまでもない．カンボジアにおける結核対策モデルは，まさにこの特徴を備えた優れたモデルである．

③カンボジアの医療従事者

知識人が駆逐されたことによって，ポルポト時代が終わったときにカンボジア国内には身分を隠した数十人の医師が残っていたのみであると言われている．現在，医師法は定められておらず，医師免許の位置づけは極めて不明確な状況にある．極端な医師不足は，医師の単なる助手であった者，野戦病院で救急法

を身につけた者などが医師を名乗って開業するという粗製濫造を招き，現在の重要なポストにこういった経歴の医師が少なくないと見られている．国内の医師養成課程は信頼されておらず，国外の大学医学部で学んだ医師が増えたり，シンガポール人や中国人の医師が増えたことで質は改善しつつあるものの，玉石混淆である．しかも，ASEANでは医師免許の域内相互認証を巡る議論が展開されており，これが実現した際にはカンボジアは他のASEAN地域からの医師に席巻されるのではないかと予想されている．

看護婦は，医師のいない保健所において中心的な役割を果たしているが，質の低さが指摘されている．公立病院における看護婦は医療技術のみに特化し，入院患者に看護・介護サービスを提供しないとして住民から敬遠されており，私立病院では看護・介護サービスを提供しているとして人気がある．しかし，私立病院においても知識量や能力の面で看護婦の質が高いとはいえない．

日米のNGOであるFriends without a Borderが運営するアンコール小児科病院では，カンボジア人医療従事者の質を向上させることをひとつの重要な目標として掲げている．これはカンボジア保健省との取り決めに含まれている将来的な公立化により，カンボジア人自身による病院運営を可能にするための必要条件である．カンボジア人医療従事者のスキルアップは，一方で他のNGOなどからの人材引き抜きの危険を増すことでもある．しかし，設立から2年を経過しようとしているアンコール小児科病院では，50人を超える看護婦を採用しているにもかかわらず退職したのは4人である．しかも近隣に最高で給与が3倍程度という好待遇のNGOが運営する病院があるにもかかわらず，継続して契約する看護婦が多いという事実は，医療従事者教育の意図が正しく伝わっているものとみることができる．さらに，アンコール小児科病院では，カンボジア人医療従事者のキャパシティビルディングに取り組み始めている．

臨床検査技師の教育課程はカンボジア国内に存在せず，OJTで手順のみを覚えて検査を実施する従事者がほとんどである．アンコール小児科病院においても，臨床検査技師の役割を果たしている従事者はみようみまねに手順を修得したため，実施している検査内容の意味を理解せずに手順を勝手に省略したりする例がみられたとのことである．

医師，看護婦，そして臨床検査技師と医療従事者の資質について述べてきた

が，教育課程の不備によるものが大きな要因であると考えられる．現在は，資金的に必ずしも潤沢ではない国際NGOが活動の一部を振り向けるかたちで，教育訓練が行われており，その方法論や教育水準は千差万別といえる．

公立病院の医師の給与が安すぎるため，勤務時間外に自ら開業したプライベートクリニックで生活費を賄うということが行われている．医療従事者の給与を引き上げることが能力開発の経済的インセンティブとして機能すると考えられる．ヘルスセクターリフォームによって，利用者から徴収した額の一定割合を人件費に充てることができるようになったが，その配分は出来高制であり，外科医がもっとも高く，公衆衛生を手がけて利用者から徴収することができない医師が最低保証額しか受け取れない事態となっている．早急に公衆衛生に対する予算を確保し，医師全体の給与水準の引き上げが必要である．

本来，無料で行われなければならない公衆衛生と有料で行われる医療サービスとの区別がついていない医療従事者が多い．確かに行為としてみれば，感染症の予防接種を行うことと病気の治療のために液剤を注射することは同じだけの労力と技術とを必要とする．しかしながら，公衆衛生の対象は感染の循環を断ち切ることによって，コミュニティ全体の健康を実現することであり，そのためには無料化によって達成度を高める必要がある．

カンボジアでは，ヘルスセクターリフォームによって医療サービスの対価として利用者から徴収する額の一定割合を医療従事者の収入とすることが認められた．しかしながら，公衆衛生の対価を徴収することを禁止することへの補償を行政側が行っていない．いくらかの費用を公衆衛生の利用者から徴収する医療従事者が後を絶たない．

（2） カンボジアの社会福祉

カンボジアにおいて社会福祉を所管している行政庁は，社会省（Ministry of Social Affairs, Labor, Vocational Training and Youth Rehabilitation 通称MoSALVY）である．

社会省の主な事業としては，身体障害者リハビリテーションおよび職業訓練，人身売買対策，児童労働防止対策，孤児・里親対策，少年教護対策が行われている．公務員の年金制度は勤続20年以上を条件に55歳から支給される規定が

あるものの，基準となる給料が安いために生活を支えるに足る保障とはなっていない．社会省予算に制約があるために，社会サービスの実施はほぼ全てにおいて国際NGOとの協力によって行われている．

およそ7億ドル（US$）の社会省2000年度予算のうち，半分以上が公務員給与，行政事務経費や公務員年金や疾病給付に充てられ，正味の事業費が少ないという問題がある．これは公務員の月給がおよそ15-20ドルと兼業しなければ生活できない水準であることを考えれば，社会省の予算規模自体が小さいと言わざるを得ない．幽霊公務員の存在も指摘されているので改善は必要であるが，13.4%の伸びを実現しても国家予算に占める割合が1.1%に過ぎないという社会省予算の規模はあまりにも小さく，絶対的な伸びを確保しなければ事業費の確保までには至らない．カンボジアでは，雨期になると必ず河川が氾濫して洪水の被害が生じる．社会省予算に数少ない事業費として，災害被災者支援対策が1億3,000万ドルが計上されている．労働災害対策で5,000万ドル，孤児対策費も国際NGOを通じて2,230万ドルが計上されている．

社会サービスの実施は，国際NGOが社会省と覚書を交わして，独自のプログラムによって特定地域に入り込むかたちで行われている．社会省には社会サービスを実施する予算もノウハウもないため，国際NGOが活動する便宜を図ることで支援を行っている．国際NGOが入り込んだ特定地域の住民はサービスの恩恵を受けることができるが，活動資金に限りがあるためカンボジア全土で同様のサービスを期待することはできない．また，国際NGOには独自の活動方針とプログラムが存在するため，サービスの提供方法も異なるのが通常である．社会省としては自らの事業計画に沿った国際NGOの進出を期待している．

7つのプロビンスに設立された障害者リハビリテーションセンターの運営には，3つの国際NGOが携わっている．担当数の多い順に，イギリス系のCambodian Trust，フランス系のHandicap Internationalそしてアメリカ赤十字という3団体である．シェムリアップに設立されたセンターは，Handicap Internationalが運営を行っているが，予算の8割はJICAが開発福祉支援事業を通じて援助を行っている．

リハビリテーションを受ける利用者の障害原因は地雷被害と小児マヒ・ポリ

表8・5 分野別2000年社会省
協力海外支援団体数

分野	数
障害者リハビリ・支援	9
児童福祉	6
職業訓練	6
貧困家庭支援	3
その他	8
合計(数には内容の重複を含む)	32
団体数	29

資料:MoSALVY(カンボジア社会省)資料.

オの後遺症が多くを占める.地雷被害者対策は日本の国内外から要請される象徴的な援助事項であるが,障害原因から障害者を差別することは人道援助の観点から許されるべきではない.あらゆる障害者を差別なく扱って社会復帰させることを目標にする援助計画が立てられている.

(3) カンボジア社会保障法制
①労働者のための社会保障法

2002年8月,政治的優先順位が低いとみられていた「労働者のための社会保障法」が国会で可決成立した.翌年に総選挙を控えてフンセン首相がポイント稼ぎを行ったという見方はあるが,主に賃労働者を対象とした年金保険および労働災害保険制度が成立したことはカンボジア社会保障制度史にとって大きな出来事である.

法案の検討自体は1993年からプロジェクトチームが発足して開始され,2001年には草案が完成していた.カンボジアの法制は政省令による裁量が大きく,施行までには政省令の整備が必要となる.行政の裁量に委ねる部分が大きいことは,経済成長の実現などによって身の丈にあった制度対象者の拡大が望まれることも意味している.

この制度の対象者は労働法に定める労働者であり,別の制度で全額国庫負担による年金の対象となっている公務員・軍・警察は除外されている.公的機関である国家社会保障基金(NSSF)が財源を管理し,雇用者および労働者が分担して拠出する.2002年7月に社会省担当者にインタビューした際,約500

万人の労働者のうちおよそ30万人が制度の対象になるという見込みを聞いた.社会省と使用者団体との議論でも,ASEAN各国には同様の制度が整備されていることから,導入には合意に達していた.

年金給付には,老齢年金および老齢手当金,障害(廃疾)年金,そして遺族年金および遺族手当金が含まれている.業務上の事故・職業性疾病および通勤中の事故が対象となる労働災害給付は,医療ケアサービス,一時的に就労できない期間の日当給付,永久的な障害に対する年金・手当金,そして葬祭手当金および遺族年金の給付が含まれている.

②カンボジア障害者法

障害当事者の団体であるカンボジア障害者協会(CDPO)が,米国・カナダの支援を得て障害者法の素案を作成し,2000年に社会省に提案した.これに対して,社会省内部でもワーキンググループが立ち上げられて独自に障害者法案を検討した.前者が行動に先進的な内容を盛り込んでいる一方で実現可能性に薄かったのに対し,後者は法律として稚拙であった.そこで両者の中間を探るべく,1999年に日本の厚生労働省からJICAを通じて派遣された林民夫氏が全面的に指導を行うことになった(林民夫, 2002).

現状としては,未だ障害者法は国会で可決成立するまでには至っていない.2002年5月時点,関係者およびNGOとのワークショップでの意見交換を反映した修正が施されて社会省内の手続きを進めている段階にある.今後,閣僚評議会による了解を経て,国会に提出される予定である.

障害者法の目的は,障害者の権利および利益を強化・保護し,平等に社会のすべての活動に完全参加できるようにすることである.法案の特徴としては以下の通りである(林民夫, 2002).

1) 日本の障害者基本法のような基本法的性格と身体障害者福祉法等の実体法的性格を併せもつ障害者問題に関する総合法である.
2) 身体障害者とともに精神に障害をもつ者(知的障害者を含む)も対象とする.
3) リハビリテーション,医療,ビルや交通施設のバリアフリー,教育,職業訓練および雇用等障害者のニーズに幅広く応えようとするものである.
4) バリアフリー,障害者雇用義務制度等について官民ともに適用するとと

表 8・6 労働者のための社会保障法が定める給付の種類

給付の種類	適格条件
老齢年金	55 歳に達したとき，最低 20 年間 NSSF に加盟し，年金受給資格取得日までの 10 年間に少なくとも 60 ヵ月間分担金を拠出していると受給資格を得る．
早期老齢年金	老齢年金の指定条件は満たしているが 55 歳に達しない者のうち，肉体的または精神的に早期消耗した者は審査を経て支給される．
老齢手当金	55 歳に達しており 60 ヵ月以上分担金を拠出しているが老齢年金を受けるその他の条件を満たしていない場合に，一時金が給付される．
障害(廃疾)年金	55 歳以前に障害者になった者が，少なくとも 5 年間 NSSF に登録されており，就労不能になったので 12 ヵ月以内に 6 ヵ月間以上の分担金を拠出しているとき，一時金が支給される．
遺族年金	老齢，早期老齢および廃疾年金を受ける資格をもつ者又は 180 ヵ月間以上分担金を拠出している者が死亡した場合，遺族年金が支給される．
遺族手当金	NSSF 加入者のうち，廃疾年金の資格を満たさず，180 ヵ月間以上分担金を拠出していない場合でも，遺族手当金が一時金として支給される．
労働災害給付	通勤途上を含む業務上の事故および職業性疾病に対して，医療ケアサービス，日当給付，障害年金，葬祭手当金，遺族年金が給付される．

資料：MoSALVY（カンボジア社会省）「労働者のための社会保障法」，林民夫『あさやけのクメール』．

もに，罰則により担保する．

5) 障害者の日，障害者雇用率義務度等について日本の制度を参考にした．

特徴から日本の障害者関連法制に盛り込まれている内容をひとつに凝縮した法案となっていることが分かり，厚生労働省の法律事務官として初めて国際支援に赴かれた林氏の 2 年 9 ヵ月の努力が結集されている．日本において歴史的な積み重ねがあって到達した障害者法制を，カンボジアにおいて一度に適用することが現実的なのか懸念されるかもしれない．その心配は，他のカンボジア法制と同様に行政に裁量を委ねる部分が多い障害者法には当てはまらない．現実を見ながら政省令によって適用対象や条件を定めていけば，状況に応じた適用が可能なのである．

誰もが日々の貧しい生活のなかで生き延びることを目標にしているカンボジアにおいて，障害をもつことは大きなハンディキャップとなる．しかも，クメール・ルージュによってコミュニティが破壊されたために，アジア的といわれる共助は期待できない．障害者法が成立・施行されれば，障害者が社会参加するための大きな力になることは間違いない．

〈コラム〉 カンボジアの ODA

（1） 支援額

2002年，第6回支援国会合（CG 6）を終えて，カンボジア側の要求額を超えた支援額6億3,500万ドルを決定した．日本はそのうち約1億1,500万ドルを拠出するトップドナーである．支援国会合で約束された支援額は，政府の一般会計が公務員人件費で尽きてしまう現状において，直接的な産業資本整備や社会サービスの実施の原資と言える．

支援総額がなぜカンボジア側の要求額を超えてしまうのかという点については説明がある．カンボジア復興開発委員会に出向しているJICA専門家安達氏によると，要求額よりも約束される支援額が増えてしまう理由としては，支援国側のスキームによるダブルカウントがあり，会計年度や執行金額との関係もあるという．

たとえばEU諸国であれば，自国の拠出額として計上した支援額が，EUとしてもカウントされることがある．執行金額についても同様である．もちろん，支援の執行条件に合わないであるとか，現地の受け入れ態勢が整わずに執行されないというケースは存在する．さらに，3年間にわたるプロジェクトであれば，単年度分として計算しなければならない支援額を毎年支援額合計で報告してしまうことがある．

（2） 国際NGO

多国間・二国間援助のスキームであれ，NGOの活動であれ，数多くの機関・団体がカンボジア国内で活動している．それらが実施するプロジェクトには期限が設定されていることが多く，現場で働く人びとには華々しい成果を挙げることが求められ，またそれが継続への評価となっていく．外国人のスタッフのみで活動を進められるわけではなく，相当数の現地カンボジア人スタッフと協同で活動を展開している．有能なカンボジア人スタッフの確保は難しく，業務経験の無いスタッフに語学やOA操作を含めた事務処理業務をOJTで能力開発をするといったことが行われている．すべての機関・団体が自前でスタッフの能力開発をすれば問題は起きないのであるが，有能なスタッフの引き抜きという事態が頻発している．費用と時間をかけて能力開発したスタッフが引き抜かれることが大きな損失であるとともに，プロジェクトの進捗にも悪影響を与えることになる．カンボジア人に高給を支払えるカンボジア企業がわずかである状況において，有能なカンボジア人スタッフ引き抜きは国際協力機関同士の問題と言える．この問題の解決には，現地スタッフの能力開発にかける費用と時間をプロジェクトの予算と計画に盛り込むことが必要である．

民間非営利活動と括られるとしても日本のボランティア団体と国際NGOの活動は大きく異なっている．国際NGOは活動計画を定めて大口の寄付者から規模の大きな活動資金を得ており，その反面として限られた期間内に目立つ成果を挙げるこ

とが義務として課せられている．寄付に対する活動評価が厳しいために，国際NGOには目立つ成果を挙げるためには手段を選ばないインセンティブが働くとともに，国際的に注目を集めやすい地域に活動拠点を移していく．近年では，東南アジア最貧国のひとつであるカンボジアからアフガニスタンへと注目が移っていることから，東南アジアでの国際NGOの活動規模が縮小するのではないかと懸念される．

国際NGOが持ち込む物質的豊かさへの批判については，活動の現地化や現地スタッフ育成といった地道な活動は時間がかかりすぎることと関係している．建物を建設する，機材を供与する，数千数万人にサービスを提供するといった評価されやすい成果に活動方針を絞ることによって，いわゆる物量作戦を手段として用いることにつながるのである．あまり表面化することはないが，国際NGOが活動を円滑に進めるために現地の実力者に対して金品を供与することも希ではない．こういった活動実態が批判を招く原因となっている．

注

「平和村」はベトナム各地にドイツの支援で建設された障害児リハビリ施設である．建設後にドイツは運営経費を支出しなかったため，各地の平和村は運営経費の捻出に苦労している．しかし，日本のODAによる支援だとしても同様の状況となるであろうし，高額な機械を無償提供しても保守費用が負担できずに放置されるケースと何ら変わりない．ライフサイクルを意識した支援手法の開発が求められる．

2000年のカンボジアにおける取材・資料収集は国際厚生事業団(JICWELS)実施の「平成12年度社会保障分野海外派遣専門家養成研修」プログラムに参加して得られた機会であった．林民夫専門家，漆原克文専門家にはカンボジア取材にご支援をいただいた．JICAヴィエトナム事務所の方々には取材に関してお世話になった．改めて謝意を表したい．2002年のカンボジア・ベトナム調査の費用はユニベール財団研究助成によって賄われたことを付記しておく．

参考資料

Joint Report of the Government of Viet Nam-Donor-NGO poverty Working Group (1999) Vietnam Development Report 2000: Vietnam-Attacking Poverty.

World Bank (2000) World Development Report 2000.

MoSALVY in Cambodia 2001 Report on Work Result on the Year 2000 and Future Objectives.

Council for the Development of Cambodia, Cambodian Rehabilitation and Development Board (2002) Development Cooperation Report 2001.

Royal Government of Cambodia (2002) Socio-Economic Development Priorities and the Official Development Assistance Needs.

Ministry of Finance in Vietnam (2002) Vietnam State Budget-Final accounts

for 2000 & plan for 2002.
JICA Office in Vietnam (2002) Briefing on Activities.
小山道夫 (1999)『火焔樹の花』小学館.
岡本文良 (1999)『ベトナムの「子どもの家」』金の星社.
大野健一 (2000)『途上国のグローバリゼーション』東洋経済新報社.
白石昌也編著 (2000)『ベトナムの国家機構』明石書店.
天川直子編 (2001)『カンボジアの復興・開発』アジア経済研究所.
国際厚生事業団 (2001)「第11回アジア社会保険行政官研修カントリーレポート」.
国際厚生事業団 (2001)「第19回社会福祉行政官研修カントリーレポート」.
国際厚生事業団 (2002)「第20回社会福祉行政官研修カントリーレポート」.
ベトナムの「子どもの家」を支える会 (JASS) (2002)『JICA開発福祉支援事業4年間の軌跡』.
林民夫 (2002)『あさやけのクメール』中央法規出版.

第9章　中華人民共和国の社会保障

金子能宏・何立新

1　はじめに

　中国は，1978年の党11期3中全会で国内経済改革（活性化）と対外経済開放政策（いわゆる改革開放政策）を採り，1979年には経済特区の設置や農家請負制と人民公社の解体などを始めることにより，それまでの社会主義計画経済を見直し，経済発展を通じた国民生活の向上を図る経済政策を実施することとなった．経済成長には資本蓄積と豊富な労働力と技術進歩が必要であるが，労働力が豊かである点を除いて，1980年代当時，その他の要素が不足していることが認識されていたため，中国政府は，1984年の14沿海開放都市にみられるような優遇措置を実施して対外直接投資の促進とそれによる諸外国からの先進技術の導入を図った．このような合弁企業の活用による技術導入と製造業の生産能力の増大と平行して，中国政府は，1984年の工場長責任制度の試行にみられるように国有企業改革を進めた．そして，1993年の全国人民代表大会8期1回会議で，社会主義市場経済を中国の新経済体制とする憲法改正を行い，同年の党14期3中全会では，憲法改正を受けて所有と経営を分離して国営企業を国有企業に改めることが定められた（本章ではこの3中全会以前までは所有権と経営権がともに国にあったので国営企業とよび，それ以後は所有権は国にあるが経営権は企業にあることに留意して，1993年以降は国有企業とよぶ）．このような市場経済化への条件整備の過程で，国有企業が株式会社化するなど国有企業改革が一層進むと同時に，天安門事件（1989年）の後一時的に停滞した対外直接投資も再び増加して，合弁企業の生産力の増大が続いた．
　その結果，中国は，1979年から2001年までの年平均実質GDP成長率が9.4％になるほど，高い経済成長率を達成することができた（表9・1）．2001年

表9・1 中国の人口・社会保障に関連する主要統計指標

年	総人口	人口増加率	出生率	国内総生産(GDP)	実質GDP成長率	労働力人口	1次産業	2次産業	3次産業	登録失業率
1952	57,482	2.479	3.797	679	—	20,729	17,316	1,528	1,885	—
1978	96,259	1.200	1.928	3,624	11.7	40,152	28,313	6,970	4,869	5.3
1985	105,851	1.308	2.104	8,964	13.5	49,873	31,105	10,418	8,350	1.9
1990	114,333	1.439	2.126	18,548	3.8	63,910	38,428	13,654	11,828	2.5
1991	115,823	1.298	1.968	21,618	9.2	64,799	38,685	13,867	12,247	2.3
1992	117,171	1.160	1.824	26,638	14.2	65,754	38,349	14,426	12,979	2.3
1993	118,617	1.145	1.809	34,634	13.5	66,373	37,434	14,868	14,071	2.6
1994	119,850	1.121	1.770	46,759	12.6	67,199	36,489	15,254	15,456	2.8
1995	121,121	1.055	1.712	58,478	10.5	67,947	35,468	15,628	16,851	2.9
1996	122,389	1.042	1.698	67,885	9.6	68,850	34,769	16,180	17,901	3.0
1997	123,626	1.006	1.657	74,462	8.8	69,600	34,730	16,495	18,375	3.1
1998	124,810	0.953	1.603	79,396	7.8	69,957	34,838	16,440	18,679	3.1
1999	125,909	0.877	1.523	82,067	7.1	70,586	35,364	16,235	18,987	3.1
2000	126,583	0.535	—	89,404	8.0	71,150	35,575	16,009	19,566	3.1

出所:中嶋(2001)「中国長期経済統計」,平田(2002)「中国データ・ブック2001/2002」,『中国労働・社会保障年鑑』.
注:総人口,労働力人口,都市部失業者の単位は万人.人口増加率,経済成長率,失業率の単位は%.

には中国の国内総生産は9兆5,933億元(約1兆ドル,約120兆円)に達し,アメリカ,日本,ドイツ,フランス,イギリスにつぐ世界で6番目に国内総生産の大きい国となった.さらに,このような経済成長が持続した一方で為替レートが長期にわたって固定されていたことと,合弁企業などを通じた技術導入と海外で技術を習得した中国人技術者の起業を促進する「海亀派」政策などによる技術移転とが合わさって,中国の国際競争力が向上し工業製品の生産力が増大した結果,2000年には世界の輸出に占める中国のシェアが6.1%になり,日本についで世界第4位を占めるに至った(内閣府2002).

しかし,総人口が12億6,583万人(2000年11月)にものぼるため,1人当たり国内総生産はまだ低く850ドル(2001年)である(ただし香港・マカオを除く値).しかも,沿海都市から経済成長が進んだため,農村部と都市部との所得格差が拡大し,農村部から都市部での就業を求める大きな労働力移動が起こり,2001年都市部失業率が3.6%に達するなど社会問題化している.また,農村部から都市部への人口移動に伴い,労働力人口に占める第2次産業と第3次産業比率が上昇し(1998年のそれぞれの値は23.5%と26.9%),労働

力人口に占める非農業労働力人口（2次産業と3次産業を合わせた労働力）の割合が5割以上となった（表9・1）．経済発展を通じて国民生活の向上を図る中国政府にとって，非農業労働力人口の多くを占める勤労者の医療制度と引退後の生活保障のための年金制度の近代化が重要な政策課題となっている．

このような課題に加えて，経済発展を持続させるためには，働く人びとの食糧および企業活動と国民生活にとって不可欠なエネルギー資源の確保と環境保護が必要とされる．中国政府は，これらに対処するために1979年から「一人っ子政策」をとったが，その結果，日本と同様に，欧米諸国が経験した以上の速さで高齢化が進むこととなった．高齢者の増加は引退後の所得保障としての年金制度の整備のみならず，加齢に伴う医療需要の増加に対処するための医療制度の整備も必要とされる．しかし，改革開放政策に伴って，農村部で農家請負生産責任制度を導入して人民公社制を廃止したため，この制度と密接に関連していた農村における高齢者の生活保障や医療保障が必ずしも十分には機能しなくなり，新たな農村部を対象とする社会保障制度の構築が求められている．

以下，この章では，こうした中国の社会保障制度に様々な課題をもたらすに至った背景としての人口構造と高齢化の特徴およびこれらに起因する中国社会保障制度の構造を考察したうえで，年金保険制度，医療保険制度，労働災害保険，失業保険，社会福祉制度を概観する．

2　中国の人口構造——「一人っ子政策」の内容と生育保険制度

(1)　中国の人口構造

国連の経済社会問題局人口動向部の世界人口予測2000年によれば，中国（中華人民共和国）の総人口は，2000年に12億7,513万人であると推定され，2005年には13億2,136万人になると予測されている．このような中国の総人口は世界の総人口60億人の21％を占めるが，その割合は中国以外の発展途上国の人口増加率が中国の人口増加率を上回ることが予測されているので，次第に低下する傾向にある．1979年に始まった「一人っ子政策」により，1980年代以降，0-14歳人口の増加率は，それ以外の年齢階級の増加率に比べて際だって低くなった．2000年では，総人口の増加率が4.5％であり，生産年齢人

口と高齢者人口の増加率がそれぞれ5.9％と17.3％であるのに対して，0-14歳人口の増加率は－1.7％である．

（2）「一人っ子政策」の内容と生育保険制度

中国の「一人っ子政策」は，中国が1971年に国連に加盟して，世界の人口食糧問題や環境問題のなかで自らの位置づけを行う必要性のなかから生まれた政策である．中国は，社会主義国家建設のために，大躍進の時期，およびその失敗による人口減少を回復するためにとった毛沢東の人口資本説による人口拡大の時期という2つの時期に，出生率が増加し0-14歳人口の増加率が10％以上の水準となった．また大躍進の失敗による人口減少の時期を除いて平均余命の増加もあって，総人口の増加率も約10％の水準となった．しかし，1970年代前半，耕地面積の減少が起こり，まず人口増加が食糧需給の観点から問題となることが認識され始めた．これに加えて，レスター・ブラウンによる地球環境問題からみて中国の人口増加をある程度抑制する必要性が指摘されたことなどが一因となって，1978年末の3中全会において人口抑制策の必要性が認められ，1979年1月から「一人っ子政策」が国策としてとられることとなった．

「一人っ子政策」の内容は，男22歳，女20歳より3年以上遅らせて結婚するように法定婚姻年齢を定め（「晩婚」），女性は24歳を過ぎてから出産することとし（「晩産」），さらに出産する場合には子どもの数を少なく生み（「少生」），かつ出産期間を3-4年間あけること「稀」を勧める数量的な面と，遺伝的障害

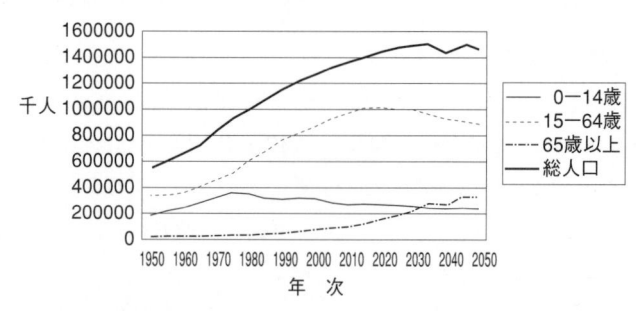

出所：Population Division of the Department of Economic and Social Affairs of the United Nations Secretariat, World Population Prospects : The 2000 Revision.

図9・1　総人口と年齢3区分別人口の推移：中位推計

のある場合の婚姻・出産を抑制する優生保護的な側面とがある．婚姻年齢は1980年の「中華人民共和国婚姻法」により定められ，「晩産」「少生」「稀」に該当する内容はチベットを除く中国の29地区それぞれの地区の計画出産条例により定められている（若林，1996）．

このような計画出産政策が採られた反面，出産・育児の支援策は1980年代以降も引き続き整備されていった．その背景には，中国では，社会主義建設のために男女が平等に働く理念が国営企業，国家機関や事業部門において実現され，女性の就業率が高いことがあげられる．すでに1953年の「労働保護条例」により有給の出産休暇が定められていたが，国務院は，これが国営企業労働者のみを対象としていたことを改めて，1988年に「女職工労働保護規定」を定めて，労働者と職員を対象とする統一的な女性労働保護規定と出産・育児支援策を提示した．この制度をより詳細に規定するため1993年には「女性職工保健工作暫定規定」が公布された．ただし，ここに至るまで，出産・育児にかかわる母子保健のための医療給付や育児手当は，労働者の場合は労働保険医療制度で国家機関や事業部門の職員の場合は公費医療制度（詳細は5節を参照）によって支給されていたため，必ずしも統一的な給付が提供されるわけではなかった．こうした問題点を解消するとともに出産・育児支援策と育児手当等の財源を社会保険として安定化させるために，1994年に「企業職工生育保険試行弁法」が公布された．これにより，企業が賃金総額の1％を上限に全額負担する保険料を生育保険社会保険準備基金に拠出し，この基金から育児休業期間中の賃金手当（生育手当金）や出産・育児にかかわる医療給付を賄う社会保険として生育保険制度が導入されることとなった．1992年には，労働・社会保障部，国家計画委員会，財政部，および衛生部が共同して，都市部労働者の出産費用とその他計画出産に要する費用を生育保険で負担できるようにする「都市職工計画生育手術費問題対処通知」を発令した（烏，2001）．

3 人口の高齢化と社会保障の構造

(1) 中国における人口の高齢化と地域格差

「一人っ子政策」が人口構造に及ぼす影響は，高齢化率の上昇である．「一人

っ子政策」が始まった直後の1980年の高齢化率は4.7％であったが，1990年には5.6％になり，2000年には6.9％になった．そして，2005年には高齢化率が7.5％となって，人口構造の高齢化の基準となる65歳以上人口比率7％を超えることが明らかとなっている．さらに，人口構造の点で高齢社会とみなされるのは高齢化率が14％以上に達することであるが，中国の高齢化率は2030年にはこの水準を上回ることが予測されている．高齢化率7％から14％に倍増する期間を国際比較すると，フランスは128年（1864-1992年），スウェーデンは85年，アメリカは70年，イギリスは47年かかっている．また，統一ドイツは40年かかっていると推定されている．これに対して，戦後急速な出生率の低下（1947年から57年にかけて半減）があった日本は，1970年から94年の間の24年間で高齢化率が7％から14％に上昇した（若林，1996，p.207）．中国の高齢化の速さもわが国と同様であり，2005年から2030年の25年間で高齢化率が倍増して14％以上に達することがわかる．

　中国の高齢化のひとつの特徴は，このように高齢社会への移行がわが国と同様に欧米諸国に比べて速いことである．もうひとつの特徴は，総人口が12億人以上に達しているために，65歳以上人口の規模そのものが非常に大きい点である．表9・1からわかるように，2000年の65歳以上人口は8,742万人であるが，2010年には1億94万人となり，2030年には2億3,374万人にも達する．

　中国の高齢化の3番目の特徴は，65歳以上人口割合の地域格差が大きいことである．2000年の国勢調査によれば，上海市の高齢化率が11.46％と最も高く，ついで浙江省8.92％，江蘇省8.84％，天津市8.41％，北京市8.42％の順で，平均（7.10％）より高い高齢化率を示している．これに対して，青海省4.56％，寧夏回族自治区4.47％，シンチャン・ウイグル自治区4.67％のような辺境地区の高齢化率がとくに低い．これについで，黒龍江省5.56％，甘粛省5.20％，貴州省5.97％，雲南省6.09％のように，少数民族と漢民族が混在する省の高齢化率が低くなっている．

　しかし，高齢化がわが国と同じように速く進んでいるにもかかわらず，高齢化率の地域格差はわが国が経験した格差よりも小さい．その理由は，都市と農村とを区別する戸籍制度により，人口移動が制限されてきたからである．「1

はじめに」で概観したように，1979年の改革開放政策を採ってからの中国の経済発展はめざましい．その結果，先進諸国からの海外直接投資に伴う合弁企業の増加や国営企業改革の進展などにより都市部の労働需要が増加して，高齢化率が低く若い人口の多い農村から都市への人口移動が生じたことは確かである．1990年代の失業問題の顕在化とこれに対する失業保険制度の整備は，こうした人口移動がもたらす社会保障政策の具体的対応であるが，公表されている人口移動の規模は12億の人口からみれば小さい．

(2) 戸籍制度の特徴と社会保障の構造

中国において農村から都市への人口移動が人口規模や経済成長率に比べて比較的小さい背景には，1958年の「中華人民共和国戸口（戸籍）登記条例」の公布以降，中国政府が農村から都市への農民の移動を政策的に管理・抑制してきたことがあげられる．具体的な手段は，戸口（戸籍）制度，口糧制度，および労働就業制度である．戸口（戸籍）制度とは，戸籍を農業戸籍と非農業戸籍（都市戸籍）とに分け，農民（農業戸籍をもつ者）が都市に流入する際には，都市労働部門の採用証明，学校への入学証明，あるいは都市戸籍登記機関の移入許可証明書を常駐地の戸籍登記機関に提出することを要することを戸口（戸籍）登記条例に定めたものである．口糧制度は，農業戸籍と都市戸籍に分けられた者のうち，都市戸籍をもつ者のみに食糧の配給を行う制度である．労働就業制度は，社会主義計画経済の実現のため都市での就業を国家の労働部門が統一的に管理する制度である．ただし，こうした3つの側面をもつ戸籍制度は，改革開放後の社会主義市場経済の発展により修正を余儀なくされた．1984年に，国務院は「農民の集鎮転入・定住に関する国務院通達」を公布して，食糧を自弁できる農民の都市への移動・定住を許可するという戸籍管理の緩和と調整を行った．ついで1986年には，国営企業改革とも連動しながら，国家による労働力の全面配分方式の廃止と終身雇用制の廃止により，労働力市場の形成を決定した．

このように農村から都市への人口移動が1980年代に緩和されたことに対応して，都市部の人口が総人口に占める割合は，1980年の19.39％から1990年には26.41％となり，1995年には28.85％まで増加した（若林，p.114 表4-

1）．しかし，この事実は1990年代後半に至っても，中国では農村部の人口が総人口の7割以上を占めることを意味しており，そのため都市戸籍か農村戸籍をもつかによって社会保障の制度と体系が異なるという特徴がみられる．

都市戸籍をもつ職員や労働者が都市部や農村周辺部の国営企業や郷鎮企業の従業員として働く場合には，従来，就業期間中の医療サービスや住居などは企業の福利厚生制度として企業から提供され，退職後も年金に相当する退休金を退職した本人が死亡するまで企業から受け取ることができた．ただし，国営企業が福利厚生制度のすべてを担うことは国営企業の競争力を失わせる一因となるので，国営企業改革の進展に伴い，1990年代以降，後に述べるように福利厚生制度としての養老年金保険，医療保険や労災保険を，国が統一的基準を設けてそのもとで都市や地方が管理・運営する公的年金制度，医療制度および労災保険に改める改革が進められている．かつて年金保険の主管部門は企業等については労働社会保障部，官公庁・関係団体の公務員・職員については人事部，その他については民生部であった．医療保険と労災保険の主管部門もかつて労働社会保障部であり，公務員の医療保険の主管部門は人事部であった．さらに，都市の労働需要の伸び以上に農民が都市に流入した結果顕在化している失業問題に対応して，労働部と民生部が連携して失業保険の整備を開始した．現在，これらの社会保険はすべて労働・社会保障部が所管している（図9・3）．

これに対して，総人口の約7割を占める中国農村部では，人民公社制が解体

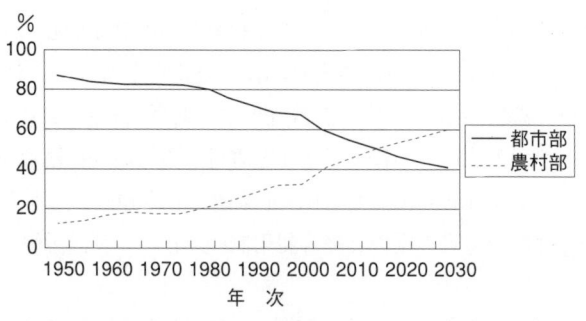

出所：Population Division of the Department of Economic and Social Affairs of the United Nations Secretariat, World Population Prospects : The 2000 Revision.

図9・2　都市部と農村部の人口割合の推移

してからは,「五保」制度と農村合作医療制度しか社会保障の役割を担うものがない.「五保」制度は,無子女,無収入,無工作のいわゆる「三無老人」(労働能力を失い身寄りがなく所得源泉のない孤老,病人(虚弱者),孤児,寡婦,身体障害者など)に,食糧,衣服,住宅,医療,葬儀の世話(場合によっては孤児の教育など)を農村が集団的に保障する貧困対策に近い制度である.農村合作医療制度は,農村集団化の時期に始まった医療費用の相互扶助(共済制度)である(王,2001).「五保」制度は,1956年第1期全人代第3回会議の「高級農業合作社模範規定」から実施され始めたが,文化大革命の混乱などを経た後にもその役割が維持され,1994年に,国務院は「農村五保扶養工作条例」を制定して「五保扶養」を制度化した(若林,1996, p.218).これらの制度が改革・開放以前から農村の社会保障の役割を担ってきたのに対して,農村における郷鎮企業の発展などに伴ってその退職者の引退後の生活保障が必要となってきたことに対応して,近年,民生部は郷里企業や農民を対象にした個人積立方式の農村年金保険の整備を始めている.

次の節から,こうした中国の社会保障制度を構成する年金保険制度,医療保

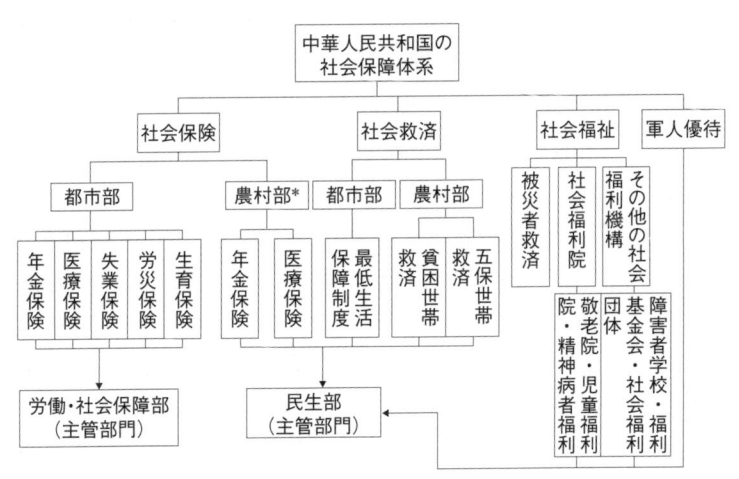

出所:労働・社会保障部編『社会保障概論』(2001)と前田紘比呂子(1996)図1を参考にして筆者作成.
注※:農村部の年金保険と医療保険はごく一部の地域で導入したばかりであり,適用者がまだ少ない

図9・3 中国の社会保障体系

険制度，失業保険と労災保険，および社会福祉と公的扶助を取り上げて概観するとともに，その役割と課題について考察する．

4 年金保険制度

中国の年金保険制度は，1951年の「労働保険条例」によりその原型が作られたが，以下に述べるような段階を経て1995年・1997年の年金改革を迎えることとなった．なお，総人口の約7割を占める農村部の人びとに対する老後の所得保障は，農村年金がごく一部で始まったばかりであり，未だに家族扶養に依存している場合が多い．家族扶養が困難な高齢者の老後の生活保障は「五保」制度やその他の社会福祉事業によって担われている（7節を参照）．この点に留意しながら，以下，主に都市部の国有企業労働者に関係する年金保険制度の推移と現状について概観する．

(1) 年金保険制度の成立とその変容

1951年から1966年に至る時期に，1951年に公布された「中華人民共和国労働保険条例」と同「条例」の改定によって企業正規従業員を対象とした企業に関する年金保険制度が確立した．すなわち，一定規模の国有企業と公私合営企業は，従業員賃金総額の3％を労働保険金として全国総工会（日本の労働組合連合に相当）に拠出し，これをもとに退職後の老齢年金を支給する労働保険が制度化された．また，1955年12月に「国家機関人員の定年退職に関する暫定弁法」が公布され，国家機関，事業部門に定年退職制度とその後の年金保険制度が導入された．1958年には，「労働者，職員の定年退職に関する国務院の暫定規定」が公布され，一時的とはいえ上記2つの年金保険の統合が試みられた．

しかし，「文化大革命」のためこの規定の実施は中断され，その後の社会的混乱から総工会も労働保険金の運用などの活動停止を余儀なくされた．この総工会の活動停止を補ったのが国営企業，公私合営企業である．これらの企業は労働保険条例で定められた保障内容に準じて企業ごとに労働者の引退後の生活保障を行った．その結果，中国の年金制度は実質的に「企業保険」（企業別の老齢年金保険）へ移行した．すなわち，こうした現実の変化を受けて，1978

年に，国務院は「労働者退休，退職に関する暫定弁法」と「老（老人），弱（身体が弱い者），病（病人），残（障害者）幹部に関する暫定弁法」を公布した．この2つの「暫定弁法」によって企業の年金制度と機関の幹部年金制度は再び分離された．1978年「暫定弁法」に基づく年金制度は主に国営企業を適用対象とし，国有企業の従業員が引退した年金給付などの費用は，その企業が営業外支出として負担することとなった．これに対して，国家機関，事業部門の年金費用はその機関・部門の経費として国家財政で賄われた．

（2） 経済改革の進展に応じた年金保険制度の改革

ところが，1978年に始まった経済改革の進展により市場経済化が進むにつれて，1978年「暫定弁法」に基づく年金制度の問題点が顕在化した．養老・医療などの保障を抱えている国営企業は，こうした保障を強いられていない他の形態の企業（たとえば，集団企業，外資企業，私営企業など）に比べて不利な競争条件に置かれた．また，高齢化に伴って従業員の年齢構成が変化し，年金扶養率（企業から年金を受け取る高齢者に対するその企業の現役従業員の比率）が，78年の30.3％から83年の8.9％へと大幅に低下した．こうした個別企業の従業員年齢構成の変化は企業内の世代間の摩擦を引き起こし，「企業保険」の継続を困難にした．

このような国営企業とその他の企業との格差解消と「企業保険」の不安定化を解決する必要性から，「社会保険」への転換が求められるようになり，1991年に国務院は「企業職工養老保険制度改革に関する国務院の決定」を公布した．これは，従来の国営企業ごとの老齢年金に依存した年金制度を改めて，企業からの保険料を年金基金が集めて管理し，この基金が国営企業から引退した者へ年金給付を支給する社会保険としての年金制度に転換することを図ったものである．その後，修正案として1995年に「企業職工養老保険改革の深化に関する通知」が公布され，個人年金勘定の創設や財政方式の改定などの施策が打ち出された．この通知により，一律の賦課方式を改めて，年金財源の主要部分を積立方式で賄い，基礎的な給付だけを賦課方式で賄うという，年金制度の財源方式の変更が行われた（複合型財政方式の採用）．これは，世界銀行の1994年年次報告書"Averting Old Crisis"で打ち出した「3つの柱からなる年金制度

(Three Tiers Social Security System)」の理念と符合する年金改革だった．

さらに，1997年には，世界銀行が中国における年金改革のあり方に関する報告書をまとめた（The World Bank, 1997, China 2020 Series, "Old Age Security"）．この報告書で，世界銀行は，中国の高齢化率の推計値を示すとともに，賃金上昇率，利子率，労働力率などの経済的要素を想定して，上に述べた混合型財政方式（積立方式を主として最低生活保障のために賦課方式年金によりこれを補う財政方式）を維持することのできる保険料率の将来推計を示した．このような世界銀行の示唆に応じて，国務院は，1997年に「統合した企業職工基本養老保険制度の確立に関する国務院の決定」を公布した．

（3） 年金保険制度の現状——新制度と旧制度の比較

中国の年金制度は以上のような歴史と改革を経てきたが，1995年・97年改革によって確立された年金制度（以下「新制度」と呼ぶ）のもとで保険料を納める労働者と年金給付を受け始めたばかりの退職者に加えて，1978年「暫定弁法」に基づく年金制度（「旧制度」と呼ぶ）から年金給付を受けている退職者とが併存しているのが，今日の姿である．表9・2は，新制度と旧制度を財政方式，負担，および給付基準を視点に比較したものである．

新制度の給付水準を旧制度と比べると，所得代替率が低く設定されていることがわかる．そのため，旧制度から新制度の移行時期に当たる年金対象者には経過的な措置がとられている．

負担については，旧制度では国と企業による全額負担だったのに対して，新制度にはこれらの負担に加えて，年金加入者本人も一部負担するようになった．具体的には個人年金勘定を設立し，本人出費賃金（出費賃金は年金加入者本人前年度の月平均賃金である）の11％に相当する額を個人年金勘定に計上する．ただし，この11％は全額個人より給付拠出するわけではなく，企業と個人がそれぞれ一定の比率で負担する．この改革では，保険料率は，1997年時点で，個人が4％，企業が7％とするが，以後2年ごとに個人の保険料率を1％ずつ8％まで引き上げ，企業の保険料率を2年ごとに1％ずつ，3％まで引き下げていくこととなった．企業の年金費用には，個人年金勘定に計上されるマッチングの負担に加えて，社会保険基金に計上される部分つまりプール化された拠

表9・2 新旧年金制度の比較

	財政方式	負担	給付		
旧制度	賦課方式	企業が実費拠出 個人拠出なし	定額で勤続年数によって引退時の給与の60-80%が給付される．		
			退職種類	勤続年数と年金給付基準 (退職時の基本給に対する比率)	
			退休	20年以上の場合，80% 15-19年の場合，75% 10-14年の場合，60%	
			退職	90%（1989年以降引き上げ）	
			離休	100%	
新制度	賦課方式 ＋積立方式	従業員個人負担 ＋企業負担	積立部分に対し実質運用利益に基づく年金個人勘定から給付（残高÷120） 賦課方式部分に対し保険基金から確定給付（20%）		
			対象分類	年金給付基準	
			第1グループ 新制度実施以後就職，加入年数15年以上	前年度地域平均月賃金の20%＋個人勘定残高/120	
			第2グループ 新制度実施前就職実施後退職，加入年数15年以上	第1グループと同じ給付に加えて旧制度からの移行に伴う付加給付を支給	
			第3グループ 新制度実施前に退職	旧制度と同じ給付 スライド制適用	

出所：金子・何（2000）．

出がある．企業負担の比率は，従業員賃金総額の20%となっている（この20%の中に個人年金勘定に計上される部分が含まれている）．なお，この20%の比率は国務院が定めた上限で，具体的な比率は各省，自治区，直轄市によって決められる（退職者が多く年金負担が過重な地域は，認可を得て20%を超えることもできる）．このように，企業負担については，改革開放による国有企業以外の形態の企業との競合により採算が悪化した国有企業も増えている現状を考慮して，負担を軽減する計画が盛り込まれているが，1997年時点では労使合計で28%そのうち8%は個人の負担を求めたために保険料納付の遅滞が生じてしまった．このような問題を是正するために，国務院は1991年に

表 9・3 中国における退職者を対象とした社会保障の給付費（億元）

年	年金	離休	退休	退職	医療	その他
1990	279.0	34.6	239.4	5.0	76.2	110.0
1991	315.8	38.6	271.5	5.7	94.5	144.1
1992	392.6	47.1	338.8	6.7	116.3	176.7
1993	501.2	57.1	435.5	8.6	154.3	246.2
1994	882.1	103.2	766.5	12.4	192.8	144.0
1995	1,123.5	121.9	986.3	15.3	236.3	162.6
1996	1,354.1	137.7	1,199.3	17.1	265.6	178.0
1997	1,610.0	162.6	1,423.9	23.5	277.6	156.2
1998	1,900.3	167.7	1,708.5	24.1	286.9	143.7
1999	2,248.5	186.1	2,035.2	27.2	320.1	139.7
2000	2,537.1	201.1	2,305.7	30.3	346.9	156.5

構成比（合計100％）　　　　　　　　　　　　　　　　　構成比（合計100％）

年	年金	離休	退休	退職	医療	その他
1990	60.0	7.4	51.5	1.1	16.4	23.6
1991	57.0	7.0	49.0	1.0	17.0	26.0
1992	57.3	6.9	49.4	1.0	17.0	25.7
1993	55.6	6.3	48.3	1.0	17.1	27.3
1994	72.4	8.5	62.9	1.0	15.8	11.8
1995	73.8	8.0	64.8	1.0	15.5	10.7
1996	75.3	7.7	66.7	0.9	14.8	9.9
1997	78.8	8.0	69.7	1.1	13.6	7.6
1998	81.5	7.2	73.3	1.0	12.3	6.2
1999	83.0	6.9	75.1	1.0	11.8	5.2
2000	83.4	6.6	75.8	1.0	11.4	5.2

出所：『中国労働・社会保障年鑑』726頁.

「社会保険料徴収条例」を発布して，年金制度財政の安定化を図った．

　国有企業の保険料未納などの問題は現在もみられる問題であるが，加入者数は着実に増加し，2001年6月末時点で，基本養老保険に加入した従業員は1億547万人，定年退職者は3,241万人に達している．また，2000年までの離休，退休，退職に分類される年金給付額の推移は，表9・3の通りである．

　以上のようにまとめられる中国の年金制度は，主として国有企業（93年以前は国営企業）等の労働者を対象としたものであり，農村部の人々を対象としたものではない．適用対象者が限られているという問題に対して，1997年の「決定」には，「基本養老保険制度は徐々に都市にあるすべての企業と従業員ま

で拡大していく．都市部自営業者にも徐々に基本養老保険制度を実施する．その保険料比率と給付水準については各省，自治区，直轄市が本規定の趣旨を参考にして決定する．企業化管理を実施している事業部門は原則として企業養老保険制度に基づき実施する」という条項が含められた．

この条項を具体化するために，2000年12月25日，国務院は『城鎮社会保障体系を整備する試行方案の配布に関する通知』を出して，各地方政府・省庁が『試行方案』に基づき試行を行うことを求めた（ちなみに，現在省全体で試行案を実施するのは遼寧省のみで，他の省はモデル市を除き，現行制度のままである）．この『試行方案通知』では，年金制度に関する規定を以下のように変更した．企業が負担する従業員賃金総額の20％の保険料は個人口座に振り込まず，全額プール化した社会保険基金に計上する．個人拠出率は本人出費賃金の8％となり，すべて個人口座に計上する．個人口座の規模は本人出費賃金の11％から8％に縮小する．プール化した社会保険基金と個人口座積立金は別管理を行う．加入者は加入年数が満15年で退職する場合，基礎年金として社会保険基金から前年度地域平均月賃金の20％が受給でき，1年増えるごとに一定の増加率で給付率も引き上げ，上限として地域全体の基礎年金（社会保険基金から受給する分）の給付率が30％程度に収める．加入年数が15年未満の場合，基礎年金を受給することができない．個人口座にある積立金を本人に一括に支払う．適用対象に関して自営業者・自由職業者を含むすべての都市従業員が加入すべきとなっている．

5 医療保険制度

中国の医療保険制度は，現在，公費医療制度，労働保険医療制度および農村合作医療制度から構成されている．これらの医療制度の特徴は，それぞれの起源が社会主義的な発想に基づいて医療サービスを必要に応じて無料で提供することを図った医療制度であるために，高齢化と市場経済化の進展に伴って様々な問題が顕在化した．とくに，年金制度改革と同様に，改革開放のためには国有企業の費用負担を軽減してその他の形態の企業と国有企業との格差を解消する必要があり，主として国有企業の労働者を対象とする労働保険医療制度改革

が，地域ごとに試行されてきた．そして，1998年末に全国的に統一された新しい医療保障制度が構築され，1999年からこれが実施された．このような医療制度の歴史的展開に留意しながら，以下，公費医療制度，労働保険医療制度，農村合作医療制度について概観したうえで，現在の改革動向について述べる．

(1) 公費医療制度

公費医療制度は，1952年政務院（今の国務院）の「全国各級人民政府・党派・団体および所属事業単位の国家職員に公費医療予防を実施することに関する指示」の公布によって発足した．この制度の主管部門は衛生部であり，その適用対象者は，全国各級の国家機構，党派，団体の職員と退職者，文化・教育・科学研究・衛生・体育等の事業団体の職員と退職者，および大学の在校生や2等乙級以上の障害軍人である．財源は国庫負担であり，各地方の政府は上記の規定に基づいて定められた基準にしたがって，適用対象者の所属する各機関・団体等の編成人員に応じて公費医療経費を公費医療管理委員会に配分し，この委員会がこの配分額を用いて各機関・団体が，医療契約を結ぶ医療機関から医療給付の対価として請求される医療費を賄う（張，p.397）．このような国庫負担により，適用対象者は所属する各機関・団体と医療契約を結ぶ指定公費医療病院で，原則無料の医療給付を受けることができた．1965年10月には「公費医療管理問題に関する通知」が公布され，さらに医療制度の改善がなされた．

(2) 労働保険医療制度

労働保険医療制度は1951年政務院公布，1953年改訂・公布された「労働保険条例」によって確立された．この制度の主管部門は労働社会保障部であり，その適用対象者は，国営企業と一部の集団所有制企業の従業員，退職者およびそれらの扶養家族である．労働保険医療費の財源は，従業員賃金総額に一定率を掛けた生産コスト項目として計上された企業の福利基金及び営業外支出である．企業はこれを「企業職工福利基金」として積み立て管理し，適用対象者が医療給付を受けた場合にその費用を支出することにより「無料医療」と呼ばれる医療保険を実現した．ただし，扶養家族については医療費の半額を自己負担

する必要がある．労働保険医療の適用対象者は，通常まず企業または所属機関の職工病院や医務室で治療を受けるが，それができない場合に限って指定の公立病院や労働保険契約病院で治療を受けることができる（張，p.398）．

計画経済の時期には国営企業が赤字化しても国家財政による補填が行われたので，「無料医療」を原則としたために生じた過剰受診と医療支出の増加による労働保険負担の増加に対して，国営企業は必ずしも敏感に対応することはなかった．労働保険医療の場合，医療費の総額と1人当たり医療費は，1978年にはそれぞれ28.3億元と37.98元であったものが，1990年では226.4億元と218.83元，1996年には615.7億元と547.38元にまで増加したことが指摘されている．しかし，1978年の改革開放以後の経済改革と市場経済化に伴い，国営企業がその他の形態の企業と競合していかざるを得ない状況の中で，医療負担の軽減が医療政策の課題となった．また，このような医療費の増加は，公費医療制度における政府の財政負担も増加させたため，医療支出の抑制は，1980年代以降，労働保険医療制度と公費医療制度共通の課題となった．

(3) 農村合作医療制度

農村合作医療制度は，1958年に「農村に人民公社を設立する問題についての中共中央の決議」に基づいて全国の農村で人民公社を設立して，農業を集団化する過程で導入された．人民公社では，農民が人民公社の社員となり，その社員が集まって基本単位の生産隊を構成し，これが集まって生産大隊を作ることによりその組織が構成されていた．人民公社が成立したことを契機に，それ以前に農民の互助組織として始まった医療費用の相互扶助制度が，農村合作医療制度と呼ばれる制度に改められた．このような経緯から，農村合作医療制度には当初異なる実施形態がみられたが，1959年に現れた実施形態，すなわち受診に伴う注射料，処置・手術費と診療費などの労務費は互助制度が負担して無料とし，薬剤の購入は本人負担とする「合医不合薬」が農村合作医療制度の一般的な内容となった．この合作医療制度の財源は，人民公社など集団の財政拠出金，集団と個人の共同支出金，および個人の支出金の3つによって賄われていた．

このような農村合作医療制度は，1965年には全国範囲で導入され，農村部

の医療給付の共済制度として重要な役割を担うようになった．この制度は文化大革命の混乱期以後も再びその役割を発揮することとなったが，改革開放政策の開始（1978年）により1979年から農家請負生産責任制度が導入され，人民公社制度が1980年代に廃止されたことが契機となって，今日，その機能が失われつつある．80年代後半には経済発展地域で医療保険制度が創設されたが，その数は少なかった．したがって農村部の医療保険制度の整備が，現在の課題となっている．

（4） 医療保険制度改革の動向

中国の医療制度改革の課題は，公費医療制度と労働保険医療制度が直面する「無料医療」による過剰な診療行為と医療需要に伴う医療費の増大を抑制することと，農村合作医療制度に代わる農村部の医療制度を確立することである．とくに，医療費の増加は公費医療制度の場合には国庫負担を増加させて政府の財政を圧迫する要因となり，労働保険医療制度の場合には国営企業の費用負担を増加させてその他の形態の企業との競合関係を悪化させる問題があるので，農村部の医療制度改革よりも早くその対策がとられ始めた．

まず，政府は1984年から，増加する医療費の抑制を目指して，指定された病院で受診する場合，個人が医療費の15％を負担し，非指定病院で受診する場合は医療費の25％を負担するという医療費の個人負担制の導入を指導した．この方法は1992年以降の改革まで，多くの企業に採用されてきた．このような医療費の自己負担制が政府の指導のもと主に国営企業の自主的な実施によって普及していったが，この時期の経済発展に伴って，国営企業以外の諸形態の企業の労働者数が増加する一方，これらの人びとを対象とする医療制度は未整備のまま推移した．そこで，自己負担制を国営企業などの自主的施行から統一的な制度として改めるとともに，医療制度を国営企業以外の多様な形態の企業の労働者にも適用拡大するために，1994年以降，社会保険医療制度の確立を目指した医療改革が開始された．

1994年に，元国家体（制）改（革）委（員会），財政部，元労働部，衛生部は共同で，「労働者医療制度改革に関する暫定意見」を打ち出し，地域プールと個人勘定を結合した医療保障制度をモデルとして江蘇省の鎮江市と江西省の

九江市に取り入れた(両江モデル).この新しい医療制度の実施範囲は,1996年に38都市に広げられた.これらの試行に基づいて,1998年12月に「都市部労働者基本医療保険制度の確立に関する国務院の決定」が公布された.これによって,公費医療制度と労働保険医療制度に代わって,全国的に統一された公務員,企業労働者及び団体職員等を対象とする医療保障制度が実施されることになった.その主な内容は以下のとおりである.適用対象者は,都市部にあるすべての事業所,具体的には企業(国有企業,集団企業,外商投資企業,私営企業等),機関,事業単位,団体等の労働者・従業員である.これらの人々は基本医療保険に参加することが義務化されるのに対して,郷鎮企業と都市部の自営業者が基本医療保険に参加するかどうかは各地の地方行政ごとに決定する.保険者は,原則的には市以上の行政単位となるが,県を単位に実施することもできる.この医療制度の財源は,賃金総額の6%前後の範囲で負担する使用者負担と,本人賃金の2%に決められている従業員負担とからなり,これらの保険料は企業を通じて保険者が管理する社会医療保険基金に積み立てられる.社会医療保険基金は社会プール医療保険基金と個人口座からなり,従業員負担は従業員の個人口座に入るのに対して,企業負担はその30%が個人口座に入り,残りの70%分が社会プール基金に積み立てられる.なお,医療保険基金の救済と税金の免除,および医療保険管理部門の経費に国庫負担が充てられ,保険料率は経済成長の状況によって調整できることとなっている.

6 労働災害保険と失業保険

(1) 労働災害保険

中国の労働災害保険は1953年に公布された「労働保険条例」によって創設された労働保険医療制度や,1952年に公布された「全国各級人民政府・党派・団体および所属事業単位の国家職員に公費医療予防を実施することに関する指示」に基づく公費医療制度の中に,それぞれの適用対象者の労働災害に対して必要とされる医療給付を原則無料で支給するものとして導入されたものである.この点は,単独の法規で労働災害保険制度が確立した欧米諸国とは異なった起源をもっている.これらの法規で定められた労働災害補償の内容は,

1963年に国務院が職業病の待遇基準と管理方法に関する規定を公布したことと，1978年の退職関連法規で労災保険の適用範囲を拡大したことなどにより改善された．

しかし，適用対象者は，上記の2つの医療制度とも関連して，国有企業や政府機構，関係団体等の労働者や従業員とその家族に限定されていたため，改革開放以後，国有企業以外の形態の企業とその従業員の増加が続いたことと矛盾が生じるようになった．そこで，1996年3月に国家技術監督局が「職工工傷与職業病致残程度鑑定」により労働災害認定基準を公布した上で，労働部が，1996年8月に「企業職工工傷保険試行弁法」を公布して，労働災害保険を単独の保険制度として確立した（張，p.342）．これによって，労働災害保険の適用対象者は，国家機関で働く公務員等（公費医療制度により労災補償がなされるため）を除くすべての企業の労働者・従業員となった．保険料は企業が負担し，保険料と基金の利子収入と政府からの補助金が労災保険基金の財源となり，これをもとに労災保険の諸給付が支給される．すなわち，上記の基準にしたがって業務上の事由による負傷，障害，職業病または死亡事故が生じた場合には，それぞれ療養補償給付，障害給付，死亡補償・遺族補償給付などが労災保険基金から支給されることとなった（張，p.373）．

（2） 失業保険

1978年の改革開放以前の中国は社会主義計画経済であり，2節で述べた労働

表9・4　失業保険と労災保険の推移

年	失業保険			労災保険	
	加入者数 (千人)	受給者数 (千人)	基金残高 (万元)	加入者数 (千人)	基金残高 (万元)
1993				11,035	31,038
1994	79,680	1,965		18,221	67,688
1995	82,380	2,613		26,148	126,792
1996	83,331	3,308	863,803	31,026	197,492
1997	79,614	3,190	969,901	35,078	276,677
1998	79,279	1,581	1,334,457	37,813	395,344
1999	98,520	2,714	1,598,555	39,123	449,216
2000	103,263	3,297	1,959,333	43,503	578,542

出所：『中国労働・社会保障年鑑』2001.

就業制度（社会主義計画経済の実現のため都市での就業を国家の労働部門が統一的に管理する制度）があったため，原則として失業問題は存在しなかった．しかし，1974年に文化大革命によって下放された知識青年の都市への回帰を許可することが契機となり，これらの知識青年が都市に戻っても職場がない場合の「待業青年」問題が社会問題化した．その数は，1979年までに累計1,538万人にのぼり，この時点で失業率が5.8％であったことが指摘されている（張，p. 301）．さらに，1978年の改革開放政策以降，国有企業改革が進み，終身雇用制の崩壊と職業選択自由制度の導入，および企業倒産などが原因となって，改革開放直後の経済成長による一時的な失業者数の減少を除いて，失業者数の増加傾向が続き，しかもその他の形態の企業と競合して収益が悪化した国営企業の一時帰休労働者（下崗（レイオフ）労働者）も増加した．

このような失業問題に対処するため，国務院は1986年に「国営企業職工待業保険暫定規定」を公布して，破産した国営企業の従業員，破産に瀕した国営企業の法定期間内の退職者，労働契約を停止または解雇された従業員を適用対象者とする失業保険制度を導入した．この失業保険制度の適用企業は国営企業であり，国営企業は従業員賃金総額の1％に当たる失業保険料を失業保険基金に拠出する．失業保険基金は保険料と基金の利子収入および地方政府による補助金を財源として，失業保険給付に当たる失業救済金，失業保険期間中の医療費・死亡葬祭補助金，扶養家族補助金，破産企業定年退職者の離・退職金，転職訓練費などを受給要件に応じて支給する．

このような失業保険制度が導入された後にも，失業者数の増加が続いたため，労働部は1993年に「国有企業職工待業保険規定」を定めて，適用企業を国有企業に改め，適用対象者を上に述べた範囲に加えて国の関係規定により廃業・解散または生産停止・業務整理を命じられた企業や，省・区・市政府の規定により同様の措置を受けた企業の従業員にまで広げることにより，失業保険制度の拡充を行った．しかし，このような適用拡大は失業保険支出の増加をもたらしたので，その財政の安定化のために，労働部は1999年に「失業保険条例」を公布して，本人賃金1％の保険料率を従業員にも課すこととし，同時に保険としての負担と給付の関係を明確化するために，失業救済金を失業保険給付に改める制度改正を行った．

失業者数は2000年以降も増加し，2001年6月，全国都市部登録失業者が618.7万人，下崗（レイオフ）労働者が700万人に達し，都市部実質失業率は7％近い水準にある．2001年6月現在，失業保険の加入者数は1億251.1万人，失業保険金を受領した失業者は243.5万人，失業保険金受領者は220.1万人にのぼっている（日本労働研究機構『海外労働時報』2002年中国）．

7 社会福祉制度と農村年金保険制度

(1) 社会福祉制度

中国の社会福祉制度は，社会救済制度，社会福祉事業，傷病軍人と軍人遺族を対象とする優撫事業（優遇補償救済制度），退役軍人の雇用促進を図る配置事業，社会的相互扶助事業などから構成されている（張，p.512）．これらのうち，社会救済制度の内容は，自然災害などにより家屋を失ったり貧困におちいった者に対して住居，食料，衣服などを提供すること（家屋救済，食糧救済，衣服救済），医療費の支払いが困難な貧困者には医療給付を行うこと（医療救済）などである．

国有企業，集団企業，国の機関・事業部門の従業員と扶養家族については，別途，互助制度があり，「労働法」と「工会（組合）法」に基づいて「中国工会職工互助補充保険試行弁法」において具体的な内容を定めている．

中国では，4節から6節でみたように，都市部における国の機関，関係団体，国有企業，その他の形態の諸企業の労働者とその扶養家族は社会保険によってカバーされているのに対して，農村部の人びと（農村戸籍の農民）は，人民公社制がなくなって以後，体系的な社会保障制度によってカバーされていないのが現状である．このような状況の中で，身寄りのない高齢者や稼得能力のない身体障害者などに対して，農村が集団的に生活保障を与える制度が「五保」制度であることは，2,3節で指摘したとおりである．このような「五保」制度は，農村の貧困者に対する貧困対策および社会福祉事業としての役割を担っている．しかし，この制度を法定した1994年「農村五保供養工作条例」で適用対象者の基準が厳しくなったため，かえって適用対象者数が減少することとなった（「五保戸」の人数は1985年274万人，1994年273万人であったのが，

1997年には223万人に減少した（張, p.523 ; 若林, p.218))．

社会福祉事業には，都市部で身寄りのない高齢者を収容する都市（城市）社会福利院，農村部で同様の役割を果たす集団経営の敬老院，退役，傷病軍人を収容するための福祉施設（光栄院），孤児などを収容する児童福利院などがある．これらの事業は主に民生部によって所管されている．

(2) 公的扶助制度

都市戸籍のある居民において，日本の生活保護制度と類似する最低生活保障制度がある．この制度は1997年『全国にわたる都市居民最低生活保障制度の設立に関する国務院の通知』の公布によって明確的に導入された．その後1999年9月国務院が公布した第271号令『都市部居民最低生活保障条例』は具体的な内容を示して条例化した．この条例によって，都市部居民において家族構成員1人当たり所得がその都市の居民最低生活保障基準より低い場合，その地方政府に最低生活保障待遇を申請することができる．この待遇は貨幣の形で月ごとに給付し，必要に応じて実物給付することもできる．給付財源は地方

表9・5　中国都市部における最低生活保障基準

都市名	最低基準	都市名	最低基準	都市名	最低基準
北京	290	福州	200-220	貴陽	156
天津	241	南昌	143	ラサ	170
石家庄	182	済南	208	西安	156
太原	156	鄭州	180	蘭州	172
フホホト	153	武漢	210	西寧	155
瀋陽	205	長沙	180-200	銀川	160
長春	169	広州	300	ウルムチ	156
ハルビン	200	南寧	190	大連	221
上海	280	海口	221	青島	200-210
南京	220	成都	178	寧波	260
杭州	270-300	重慶	185	深圳	290-344
合肥	169	昆明	190	廈門	265-315

出所：労働・社会保障政策法規編集班（2002）『最低生活保障特集』中国労働社会保障出版社．
注：単位は元．1ヵ月の1人当たりの金額．

財政に組み込まれる．2002年7月1日より主な都市が実行する最低生活保障基準（月）は表9・5にまとめられる．

(3) 農村年金保険制度の取り組み

農村部の社会保障は，「五保」制度が1994年に法定されたにもかかわらずその適用対象者が減少する問題や，医療制度の未整備から実際には社会救済制度の医療救済に医療保障を頼らなければならない問題など，様々な問題を抱えている．また，1995年・97年の年金改革で始まった新しい年金制度においても，農村部の郷鎮企業がその適用を受けるかどうかは地方政府の判断に任されるなど，必ずしも完全に適用される状況にはない．これらの問題に対処するため，民生部は，国務院の指示に従い1991年に農村年金保険制度をいくつかの地域をモデル地域として選びその試行を行った．ついで，民生部は1992年に「農村社会養老保険基本方案（試行）」を公布して，農村年金保険制度を県レベルの他の地域にも普及させていった．1994年末現在，1,100ヵ所の県，市（県級市），区で農村年金保険制度が始まり，700ヵ所の県（市）政府が農村年金保険制度の確立に関する政策を策定した（張，p. 201）．1998年から，この制度は労働社会保障部が主管することとなった．

このように次第に普及しつつある農村年金制度は，農民個人が年金保険料を農村保険管理機構にある本人の個人年金勘定に積み立て，引退後にその運用利子収入と積立額を年金給付として受け取る制度である．給付の財源には国庫負担がない点は，労使の拠出と国庫負担を財源とする国有企業等の労働者を対象とする基本養老保険と異なる（王，2001）．1997年末時点では，農村年金保険加入者数が8,200万人で農村総人口の10.4％を占めるにすぎなかったため，1998年以降，労働・社会保障部は農村部における社会保障確立のため，この制度の普及を誘導・促進している．

文献

（日本）

金子能宏・何立新（2000）「中国国有企業における退職行動と年金制度改革」『海外社会保障研究』第132号．

張紀潯（2001）『現代中国社会保障論』創成社．

厳善平（1992）『中国経済の成長と構造』勁草書房．
伊藤正一（1997）『現代中国の労働市場』有斐閣．
今野浩一郎主査（1997）『中国の労働政策と労働市場』日本労働研究機構．
内閣府（2002）『世界経済の潮流　2002秋』http://www.go.jp
若林敬子（1989）『中国の人口問題』東京大学出版会．
若林敬子（1996）『現代中国の人口問題と社会変動』新曜社．

(中国)
馮蘭瑞（1997）『中国社会保障制度重構』経済科学出版社．
国家統計局編『中国労働統計年鑑』各年版　中国統計出版社．
国家統計局編『中国統計年鑑』各年版　中国統計出版社．
国家統計局編『中国人口統計年鑑』各年版　中国統計出版社．
国家統計局編『中国 1990 年人口普査資料』②　中国統計出版社．
何平編（2001）『社会保障概論』中国労働社会保障出版社．
孔径源（1998）「基本養老制度的風険防範与前景展望」『中国社会保険』中国社会保険雑誌社　1998 年 2 月 4-7 頁．
厲以寧主編（1994）『中国社会福利模型』上海人民出版社．
李南・李樹茁主編（1996）『区域人口城鎮化問題研究』．
劉貴平（1998）「対我国城鎮職工退休保障制度改革的再認識」『人口研究』第 22 巻第 4 期 42-45 頁．
労働部課題組（1994）『中国社会保障体系的建立与完善』中国経済出版社．
労働・社会保障部編（2001）『中国労働・社会保障年鑑 2001 年』労働会保障出版社．
烏日図編（2001）『医療・工傷・生育保険』．
王旭東等主編『労働和社会保障全書』下巻　中国城市出版社．
王東進編（2001）『中国社会保障制度的改革与発展』法制出版社．
中国国務院法制弁公室編（1999）『社会保険政策法規編集』中国法制出版社．
庄啓東主編（1988）『労働工資手冊』天津人民出版社．
張塞（1995）『中国社会保険工作全書』中国統計出版社．

アジアの社会保障・資料統計編

日本
大韓民国
中華人民共和国
台湾
ベトナム
フィリピン
タイ
カンボジア
マレーシア
シンガポール
インドネシア

*本書にてケースとして取り上げた国々のみを紹介している.

東南アジア*

国土および人口

	国土面積 (km^2)	人口(2001) 100万人	人口密度 (人/km^2)	人口増加率(2001)	都市人口比率(2001)	合計特殊出生率	平均寿命(2000)歳	乳児死亡数(2000)/1000
カンボジア	176,520	12.3	69.7	2.02%	17.4%	4.00	54	88.4
中国	9,327,420	1,271.9	136.4	0.84%	36.7%	1.90	70	32.0
インドネシア	1,811,570	213.6	117.9	1.52%	42.0%	2.49	66	40.9
日本	376,520	127.1	337.6	0.18%	78.9%	1.40	81	3.8
韓国	98,730	47.6	482.1	0.78%	82.4%	1.43	73	8.2
マレーシア	328,550	23.8	72.4	2.23%	58.1%	3.01	73	7.9
フィリピン	298,170	77.0	258.2	1.88%	59.3%	3.40	69	30.7
シンガポール	680	4.1	6,721.3	2.08%	100.0%	1.48	78	2.9
タイ	510,890	61.2	119.8	0.84%	20.0%	1.90	69	27.9
ベトナム	325,490	79.5	244.2	1.27%	24.5%	2.23	69	27.5
台湾	36,188	22.4	619.0	5.79%	83.5%	1.40	75	5.9

出所:World Bank Development Indicator 2001, ADB Key Indicator 2001.

人間開発

	HIV/AIDS 感染者数(1999)	上水道普及人口比(2000) 都市	上水道普及人口比(2000) 地方	初等教育在籍率(1999)	中等教育在籍率(1999)	人間開発指数 HDI(2000)
カンボジア	220,000	54%	26%	88.6%	15.6%	0.54
中国	500,000	94%	66%	93.2%	—	0.73
インドネシア	52,000	90%	69%	91.3%	47.5%	0.68
日本	3,400	—	—	101.3%	100.8%	0.93
韓国	3,800	97%	71%	97.3%	94.4%	0.88
マレーシア	49,000	97%	94%	101.4%	88.8%	0.78
フィリピン	28,000	91%	79%	—	—	0.75
シンガポール	4,000	100%	—	—	—	0.89
タイ	755,000	95%	81%	81.4%	55.4%	0.76
ベトナム	100,000	95%	72%	96.3%	61.3%	0.69
台湾	2,100	—	—	99.7%	99.6%	—

※人間開発指数 (Human Development Indicator) は国連開発計画 UNDP が公表している指標であり、平均寿命、教育の水準等を総合化している。

出所:UNDP Human Development Report 2002, ADB Key Indicator 2001, エイズ動向委員会結果報告 2000.3, 感染症情報誌 No. 230 (1999).

高齢者率（65歳以上） （%）

	1980	1990	2000
カンボジア	2.9	3.0	4.4
中国	4.7	5.6	10.1
インドネシア	3.3	3.9	7.6
日本	9.1	12.0	17.3
韓国	3.8	5.0	11.0
マレーシア	3.7	3.7	6.6
フィリピン	2.8	3.5	5.5
シンガポール	4.7	5.6	10.6
タイ	3.5	4.3	8.1
ベトナム	4.8	4.8	7.5
台湾	4.2	6.1	8.6

出所：ADB Key Indicator 2001, 国勢調査.

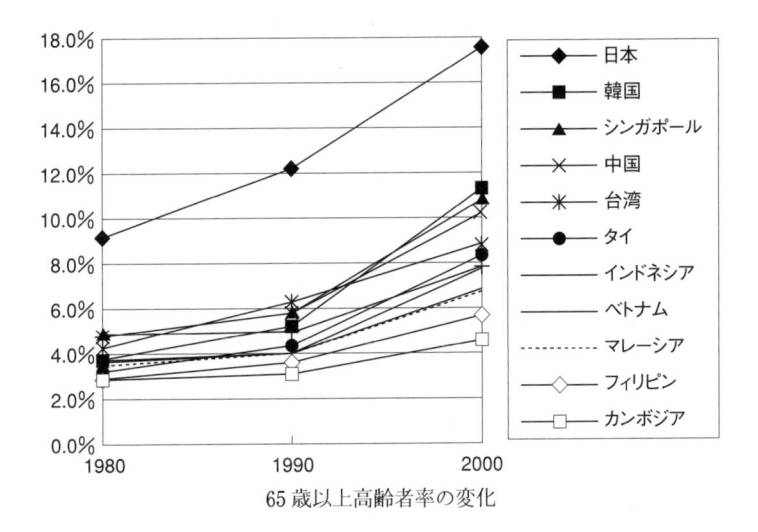

65歳以上高齢者率の変化

■ 0-14　□ 15-64　□ 65-

国	0-14	15-64	65-
日本	14	68	18
タイ	21	70	9
韓国	22	71	7
シンガポール	22	71	7
中国	24	69	7
ベトナム	24	70	6
台湾	34	60	6
インドネシア	30	65	5
マレーシア	33	63	4
フィリピン	37	59	4
カンボジア	43	54	3

出所：ADB Key Indicator 2001, 国勢調査.

年齢グループ別人口割合（2001年）

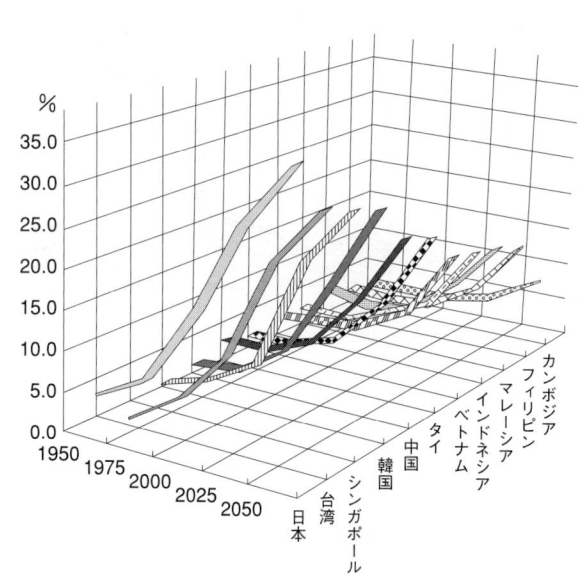

出所：国連 World Population Ageing：1950-2050, 中華民国社会指標統計, 行政院経済計画委員会統計.

65歳以上高齢者率の変化と予測

医療従事者数（人口10万人当たり）

	医師	看護師	助産師	歯科医師
カンボジア	29.7 (1998)	73.8 (1998)	28.8 (1998)	1.8 (1998)
中国	161.7 (1998)	98.6 (1998)	3.9 (1998)	—
インドネシア	16 (1994)	50 (1994)	26 (1994)	—
日本	193.2 (1996)	744.9 (1996)	18.9 (1996)	68.6 (1996)
韓国	65.8 (1997)	113.3 (1997)	27.1 (1997)	8.6 (1997)
マレーシア	123 (1996)	418 (1996)	163 (1996)	52 (1996)
フィリピン	136.1 (1997)	291.2 (1997)	—	33.4 (1997)
シンガポール	162.7 (1998)	492.1 (1998)	—	28.9 (1998)
タイ	24 (1995)	87 (1995)	—	—
ベトナム	48 (1998)	56 (1998)	17.6 (1998)	—
台湾	136.4 (2001)	369.4 (2001)	—	39.9 (2001)

※人口10万人当たり人数。
出所：WHO Statistical Information System (WHOSIS), 中華民国統計月報.

医療関連支出

	対GDP比医療関連支出 (2000)	総医療費に占める政府支出 (2000)	総医療費に占める民間支出 (2000)	政府予算に占める医療関連支出 (2000)	国民1人当たり医療関連支出 (2000) $
カンボジア	8.1%	24.5%	75.5%	20.5%	111
中国	5.3%	36.6%	63.4%	11.0%	205
インドネシア	2.7%	23.7%	76.3%	3.1%	84
日本	7.8%	76.7%	23.3%	15.4%	2,009
韓国	2.5%	58.8%	41.2%	5.8%	234
マレーシア	3.4%	45.7%	54.3%	6.7%	167
フィリピン	6.0%	44.1%	55.9%	11.2%	909
シンガポール	3.5%	35.7%	64.3%	6.7%	913
タイ	3.7%	57.4%	42.6%	11.4%	237
ベトナム	5.2%	25.8%	74.2%	6.5%	129
台湾	5.4%	26.8%	73.2%	16.7%	680

出所：World Health Report 2002, 中華民国行政院衛生統計.

国民経済指標

	国内総生産 (GDP)(2000) 10億$	経済成長率 (GDP) (2000)	ジニ係数 (括弧内は年)	消費者物価平均伸び率 (1990-99)	国民1人当たり国内総生産(2000)$	国民1人当たり援助受取額(2000)$	対外債務 (2000) 10億$
カンボジア	3.18	5.0%	0.40(1999)	7.1%	260	33.1	1.96
中国	1,079.95	7.9%	0.40(1998)	9.9%	840	1.4	133.24
インドネシア	152.23	4.9%	0.32(1999)	13.1%	570	8.2	135.00
日本	4,841.58	2.4%	0.27(1999)	0.9%	35,620	—	—
韓国	461.52	9.3%	0.32(2000)	5.3%	8,960	—	128.45
マレーシア	89.66	8.3%	0.49(1997)	4.0%	3,370	1.9	42.87
フィリピン	74.73	4.0%	0.45(2000)	8.5%	1,040	7.6	50.77
シンガポール	92.25	9.9%	0.39(1993)	1.8%	24,740	0.3	—
タイ	122.28	4.7%	0.44(2000)	5.1%	2,010	10.6	76.56
ベトナム	31.35	5.5%	0.36(1998)	—	390	21.6	11.14
台湾	275.08	5.9%	0.33(1999)	2.7%	12,499	—	0.02

出所：ADB Key Indicator 2001, 国民経済計算年報.

□ 農業生産対GDP　■ 鉱工業生産対GDP　■ サービス生産対GDP

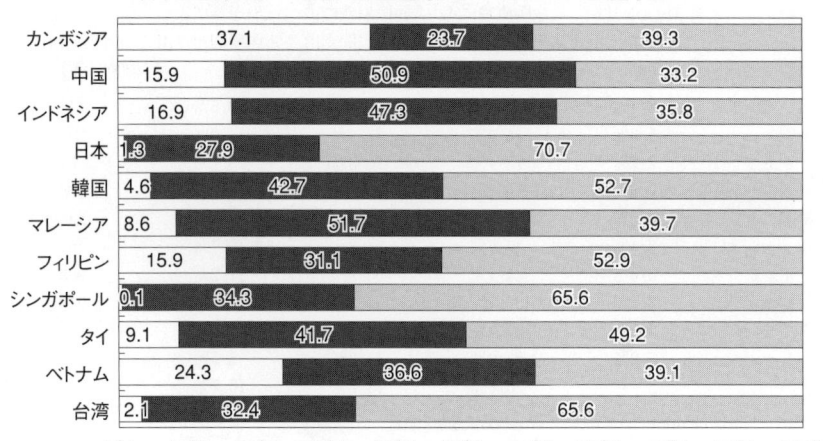

国	農業	鉱工業	サービス
カンボジア	37.1	23.7	39.3
中国	15.9	50.9	33.2
インドネシア	16.9	47.3	35.8
日本	1.3	27.9	70.7
韓国	4.6	42.7	52.7
マレーシア	8.6	51.7	39.7
フィリピン	15.9	31.1	52.9
シンガポール	0.1	34.3	65.6
タイ	9.1	41.7	49.2
ベトナム	24.3	36.6	39.1
台湾	2.1	32.4	65.6

出所：World Development Indicators 2002, ADB Key Indicator 2001.

産業セクター別生産対GDP比（2000年）

名目 GDP (10億$) [1990-2000]

	1990	1991	1992	1993	1994	1995	1996	1997	1998	1999	2000
カンボジア	1.12	1.63	1.98	2.01	2.41	2.94	3.14	3.09	2.87	3.12	3.18
中国	354.64	376.62	418.18	431.78	542.53	700.22	816.49	898.24	946.31	989.47	1,079.95
インドネシア	114.43	128.17	139.12	158.01	176.89	202.13	227.37	215.75	98.83	142.51	152.23
日本	2,970.04	3,402.20	3,719.04	4,275.09	4,689.08	5,137.38	4,599.32	4,212.26	3,808.09	4,346.92	4,841.58
韓国	252.62	295.23	314.74	345.72	402.52	489.26	520.21	476.49	317.08	406.94	461.52
マレーシア	44.02	49.13	59.15	66.89	74.48	88.83	100.85	100.17	72.49	79.04	89.66
フィリピン	44.33	45.42	52.98	54.37	64.09	74.12	82.85	82.34	65.54	76.56	74.73
シンガポール	36.64	42.81	48.92	57.62	69.84	83.68	91.51	94.60	82.77	84.95	92.25
タイ	85.35	98.23	111.45	125.21	144.51	168.00	181.85	150.72	112.09	124.37	122.28
ベトナム	6.47	9.61	9.87	12.83	15.53	20.19	23.44	27.61	27.18	28.68	31.35
台湾	122.60	136.94	151.98	168.48	183.99	199.77	218.57	237.09	254.46	264.45	275.08

出所:World Bank Development Indicator 2001, ADB Key Indicator 2001.

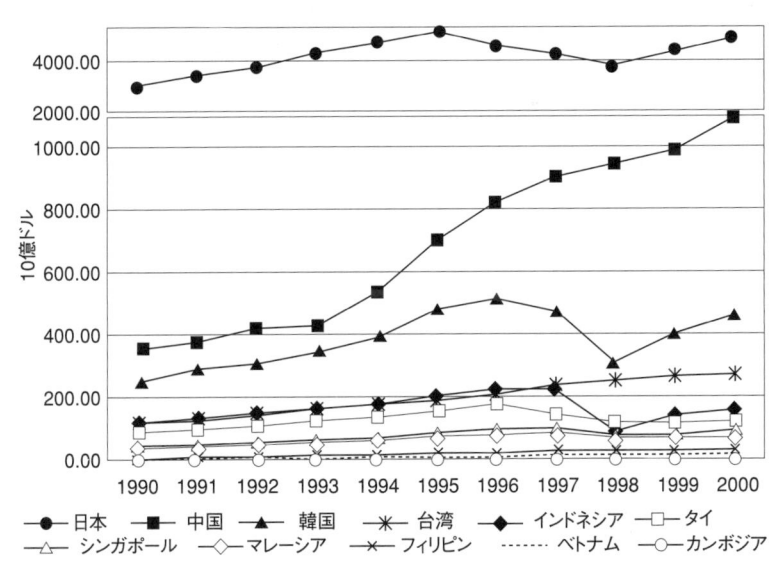

出所:World Development Indicators 2001, ADB Key Indicator 2001.

国内総生産 GDP の変化

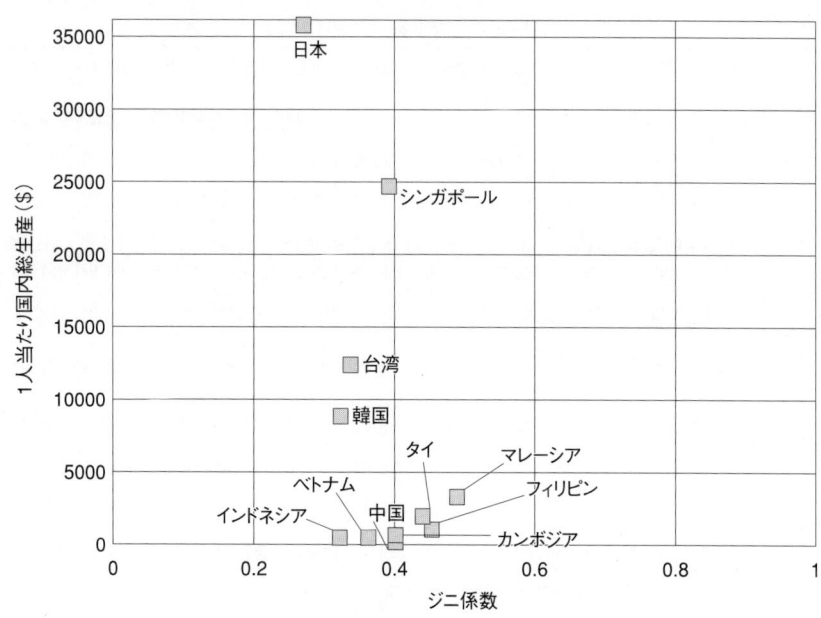

グラフ：縦軸「1人当たり国内総生産（$）」0〜35000、横軸「ジニ係数」0〜1

プロット点：
- 日本：ジニ係数約0.25、35000
- シンガポール：約0.45、24500
- 台湾：約0.40、12000
- 韓国：約0.38、9000
- マレーシア：約0.48、3000
- フィリピン：約0.50、2000
- タイ：約0.42、2000
- ベトナム：約0.36、500
- 中国：約0.40、500
- インドネシア：約0.32、500
- カンボジア：約0.45、500

出所：ADB Key Indicator 2001，国民経済計算年報．

国際経済格差と所得分配

索　引

あ行

アジア型福祉国家　3, 7-9, 21, 37, 52
アジア経済危機（アジア通貨危機）・通貨危機
　47-49, 101, 105, 106, 112, 115, 116, 124, 125,
　127, 238, 306
アジア的価値　10
アジア福祉ネットワーク　42
アセアン　4
アマルティア・セン　9
アメリカ型社会福祉事業　234
イスラム教（圏）　21, 232
（一部）自己負担（制）　120, 152, 189, 348, 350
医療保護　125, 127
医療保護1種対象者　127
医療保護2種対象者　127
医療保護制度　118
医療保護法　118, 127
医療保険統合推進企画団　118
インドネシア憲法　228
インフォーマル・セクター　11, 14, 39, 48, 231,
　278
運営経費率　296
エスピン・アンデルセン　7, 52
オリニジップ（子どもハウス）　131

か行

解雇者・一時帰休社　74
開発層　233
開発独裁政権　297
皆保険　23, 27, 35, 118
加給年金　114, 115
確定給付年金　164
家族圏　233, 234
家族収支調査結果　137
家族（の）扶養機能　101, 107, 128, 129, 132
カトリック　232
カトリック修道会　233
カンボジア障害者法　324
企業保険　342
基本医療保険制度　351

基本年金　114, 115
旧宗主国　18-20, 56, 57, 234
旧マレー系　232
行政院衛生署　145, 148
行政院労工委員会　145
拠出制システム　231
均衡の伴わない経済発展　89
均等部分　114, 115
均等分割　112, 113
クズネッツの逆U字カーブ仮説　41, 51, 52
99年法　277
軍公教福利　147, 167
計画出産　337
敬老年金　129
敬老年金制度　128
敬老福利生活手当　144, 162
結核対策モデル　321
健康転換　15, 16, 58
健康福利税　151, 157
甲案　161, 163
公共事業型社会保障　37
公教人員保険　144
孝行（孝心）　102-104, 128, 194
工作単位　72, 74, 85
公的扶助　124, 221, 231, 298
公費医療制度　347, 348
公務人員保険　144
公立病院　200, 211, 257
口糧制度　339
国際NGO　317, 319, 325, 329
国民医療保険法　19, 24, 26, 268
国民皆年金　18, 19, 23, 40, 112, 267
国民基礎生活保障制度　110, 118, 124
国民基礎生活保障法　24, 110, 112, 125, 127
国民健康保険　118-121, 133, 231, 298
国民健康保険公団　118
国民健康保険法案　118, 288, 298
国民健康保障（Jaminan Kesehatan Sosial :
　JKN）　256
国民党　137

国民年金　112-117, 133, 160, 163
国民年金基金　166
国民年金制度　111, 128
国民年金法　111
国務院　67, 337
国有企業　74, 353, 354
国有企業部門の崩壊　92
戸口（戸籍）制度　339
孤児対策費　325
雇主負担率　81
個人年金勘定（口座）　32, 85, 88, 90, 91, 181, 251, 343, 344, 347, 356
国家社会保障基金（NSSF）　326
国庫負担　111, 113, 114, 133
「五保」制度　341, 354
雇用保険　123, 124

さ行

災害被災害支援対策　325
在宅サービス　130
最低賃金法（制度）　53, 54, 219, 239
最低生活保障制度　354
サブ・コントラクター　284
産業別就業者割合　241
三三三安家福利法案　138
三三三公約　138, 161
30バーツ医療制度　286
ジェンダー平等　33
試行方案　347
慈善　233
事前強制積立型年金（プロビデント・ファンド）　19, 55, 227
失業救済金　353
失業給付　167, 265, 311
失業分野　279
失業保険制度　266, 294, 339, 352, 353
疾病休業給付　311
疾病群別包括診療報酬制度　121
児童手当　278, 294
児童福利法　130
児童労働　239, 240
ジニ係数　41, 137, 179, 221, 236-239
社会化された福祉制度　68
社会サービス　36
社会主義市場経済システム　12, 33

社会的入院　36
社会統筹　80
社会白書　93
社会福祉基本法　260
社会保険制度（方式）　76, 77, 79, 81, 84, 89, 144, 161, 163, 182, 246, 282, 283, 297, 311, 341
社会保障基金　295
社会保障の国際協力　42
社会リスク・マネジメント　6
自由開業医制　122
就業保険　144, 166
就労促進手当　167
儒教（文化）　52, 101-103, 106, 132
儒教型福祉国家　8
出産育児休業給付　312
出生時平均余命　242
障害者リハビリテーション　325
初期医療　321
職場加入者　119
（所得）代替率　87, 88, 282, 296, 344
所得認定額　126
所得比例部分　114
ショートステイ　130
私立病院（私立医療機関）　190, 257
人口高齢化　61, 106, 108, 243
人口転換（少産少死型社会）　57
新マレー系　232
診療報酬　121, 128
ストリートチルドレン　310
スープラ・コントラクター　285
生育保険（生育保険社会保険準備金）　337
生活保護（法）　124, 125, 309
生産的福祉　101, 106, 132
生産部門を通じた社会保障　37
政府職員基金　276
政府職員年金法　275
世代間移動　50
セマウル幼児園　131
1991年地方自治法　274
全民健康保険　23, 141, 147
専門医　122, 190
総額予算制　153, 157
早期退職　92
総合保険　145
総合保険制度　141

相互扶助　13, 37, 233, 297, 349
(ソーシャル・)セーフティネット　22, 47, 48, 298

た行
第六類被保険者　148
待業青年　353
タイ憲法　229
地域加入　120
地域住民組織　291
地方分権　77
中医学　33
中央健康保険局　148
忠誠　102-104
地雷被害者対策　326
賃金スライド　211, 273
賃金と雇用に関する法律　82
賃金法　82
積立方式(積み立て)　161, 182, 344, 345, 351
デイサービス　130
鉄飯碗　85
ドイモイ政策　306
土着の宗教　232

な行
日本型福祉社会　9
日本の経験　33, 35, 40, 41
乳幼児保育法　131
年金分割　115, 133
農村合作医療制度　341, 349
農村年金保険制度　356

は行
比較福祉国家論　5-7
一人っ子政策　33, 68, 86, 335-337
標準報酬　150, 156, 158
貧困率　236-238
ヒンドゥー教　232
フィリピン憲法　229, 234
フォルモサ島　135
付加価値税　244
賦課標準所得点数　119
賦課方式　64, 80, 81, 85, 91, 92, 161, 343-345
不完全就業率　240
負担比率　149

物価スライド　90, 265, 273, 296
仏教　232
浮動人口　73
ブミプトラ政策(原住民優先政策)　19, 28, 173, 198
プロテスタント　232
平均保険料　150
ベトナム社会福祉法制　308
ベトナム戦争　306
ヘルス・カード・プロジェクト　25, 285, 287
ヘルスカード　256
補完性の原則　9, 20
保険基金　151, 156
保険センター(puskesmas)　257
保険料率　150, 158, 294
母子生育保険　66
母子保健プロジェクト　320

ま行
3つの代表　93
三つの柱からなる年金制度　343
南ヨーロッパ型福祉国家　8, 20
民間部門　231
民進党　160
無年金者　159
無料医療　349
メイン・コントラクター　284
メリット制　274

や行
薬価差益　157
薬剤費　153
幼児教育振興法　131
養老保険(年金)　66, 80, 84, 86

ら行
リスクカバレッジ　294
両江モデル　351
労工保険　141, 159
労工保険失業給付　166
労災補償基金　279, 289
老人状況調査　138
老人福祉施設　128
老人福祉生活手当　159
老人福祉法　128

労働災害給付　311, 312
労働災害対策　325
労働災害保険　342
労働社会省（MoLISA）　309
労働・社会保障部　67, 80, 337, 356
労働・社会問題　63
労働保険医療（制度）　32, 347, 348
労働保険条例　342
ローマ・カトリック　232

欧文

ASABRI　248
ASKES　29, 248
ASTEK　249
Civil Servant Medical Benefit Scheme: CSMS　277
CPF（中央積立基金）　22, 181-183, 203

Dana Sehat（健康基金）　256
ECP　272
GDPの分野別構成　235
Government Pension Fund: GPF　276
GSIS　260
Healthy Indonesia 2010　255
HMOs　271
JAMSOSTEK　29, 249
JPKM　254
JPS-BK　255
MoSALVY　324
NGO　200, 223, 275, 291, 329
NHIP　265, 267
posyandu　255
SSS　262
TASPEN　29, 247

執筆者一覧 (所属・肩書執筆時／＊編者)

広井良典＊　千葉大学法経学部教授　　第1章
駒村康平＊　東洋大学経済学部助教授　　第2章, 第6章
小川哲生　　オックスフォード大学高齢化研究所研究員　　第3章
柯　瓊芳　　台湾中央研究院欧美研究所研究員　　第3章
許　棟翰　　九州国際大学経済学部助教授　　第4章
角田由佳　　久留米大学文学部非常勤講師　　第4章
小島克久　　国立社会保障・人口問題研究所室長　　第5章
菅谷広宣　　岐阜経済大学経済学部助教授　　第7章
和泉徹彦　　千葉商科大学商経学部・政策情報学部非常勤講師　　第8章, アジ
　　　　　　アの社会保障・資料統計編
金子能宏　　国立社会保障・人口問題研究所室長　　第9章
何　立新　　一橋大学大学院経済学研究科博士課程　　第9章

編者略歴

広井良典（ひろい　よしのり）

1961 年　岡山県生まれ．
1984 年　東京大学教養学部卒業（科学史・科学哲学専攻）．同大学院総合文化研究科修士課程（相関社会科学専攻）修了後，86 年から 96 年まで厚生省勤務．千葉大学法経学部助教授を経て．
現　在　千葉大学法経学部教授．
専　攻　社会保障論，医療政策及び科学哲学．

主要著書
『日本の社会保障』（岩波書店，1999 年）
『ケア学』（医学書院，2000 年）
『定常型社会』（岩波書店，2001 年）
『生命の政治学』（同，2003 年）など．

駒村康平（こまむら　こうへい）

1964 年　千葉県生まれ．
1995 年　慶応義塾大学大学院経済学研究科博士課程単位取得退学．
1993 年　社会保障研究所研究員，国立社会保障・人口問題研究所研究員，駿河台大学経済学部助教授を経て．
現　在　東洋大学経済学部助教授．
　　　　参議院厚生労働調査室客員調査員．
専　攻　経済政策論，社会保障論．

主要著書
『日本の社会経済システム』（共著，有斐閣，1995）
『家族の経済学』（共著，多賀出版，1997）
『年金と家計の経済分析』（共著，東洋経済，2000）
『福祉の総合政策』（創成社，2003）

アジアの社会保障

2003年9月19日 初 版

［検印廃止］

編 者　広井良典・駒村康平

発行所　財団法人　東京大学出版会

代表者　五味 文彦

113-8654　東京都文京区本郷7-3-1 東大構内
電話 03-3811-8814・Fax 03-3812-6958
振替 00160-6-59964

印刷所　大日本法令印刷株式会社
製本所　誠製本株式会社

© 2003　Yoshinori Hiroi and Kohei Komamura
ISBN 4-13-050153-4　Printed in Japan

Ⓡ〈日本複写権センター委託出版物〉

本書の全部または一部を無断で複写複製（コピー）することは，著作権法上での例外を除き，禁じられています．本書からの複写を希望される場合は，日本複写権センター（03-3401-2382）にご連絡ください．

福祉国家の再構築をめざす先進諸国の現状と展望

先進諸国の社会保障【全7巻】

●A5判上製・カバー装／平均400頁

1 **イギリス** 武川正吾・塩野谷祐一［編］
A5判・472頁・本体価格5200円／4-13-054121-8

2 **ニュージーランド・オーストラリア** 小松隆二・塩野谷祐一［編］
A5判・400頁・本体価格5200円
4-13-054122-6

3 **カナダ** 城戸喜子・塩野谷祐一［編］
A5判・408頁・本体価格5200円／4-13-054123-4

4 **ドイツ** 古瀬徹・塩野谷祐一［編］
A5判・416頁・本体価格5200円／4-13-054124-2

5 **スウェーデン** 丸尾直美・塩野谷祐一［編］
A5判・416頁・本体価格5200円／4-13-054125-0

6 **フランス** 藤井良治・塩野谷祐一［編］
A5判・408頁・本体価格5200円／4-13-054126-9

7 **アメリカ** 藤田伍一・塩野谷祐一［編］
A5判・352頁・本体価格5200円／4-13-054127-7